吴荻舟香港文存

吳荻舟香港文存

編者：吳輝

OXFORD
UNIVERSITY PRESS

Oxford University Press is a department of the University of Oxford. It furthers the University's objective of excellence in research, scholarship, and education by publishing worldwide. Oxford is a registered trade mark of Oxford University Press in the UK and in certain other countries

Published in Hong Kong by

Oxford University Press (China) Limited
39th Floor, One Kowloon, 1 Wang Yuen Street, Kowloon Bay, Hong Kong

First Edition published in 2022

吳荻舟香港文存

編者：吳輝

ISBN: 978-988-87479-0-0

This impression: I

目　錄

吴荻舟1991年在北京家中。

1984年夏，吳荻舟、張佩華去桂林參加西南劇展四十周年座談會後到南寧、昆明、貴陽等地舊地重遊——抗戰期間他們曾在這一帶生活、工作。

1950年1月15日招商局起義當日，吳荻舟在招商局碼頭附近。

左起：廖靄文、羅孚、吳荻舟、張佩華、謝瑩(金夫人)、馬志民、金堯如。

1954年與黃作梅等合影於石澳。左一吳荻舟、左三起：張佩華、廖一原、汪雲、黃楚妍(黃作梅五妹)、王家禎、譚幹夫人，右二雷善儒(黃作梅夫人)、右一黃作梅。

南方影業公司同仁歡迎到訪的蘇聯電影界友人。後排左九為吳荻舟、前排左八為張佩華。

1961年2月4日《文匯報》圖片：上海越劇團在清水灣片場舉行《紅樓夢》開鏡儀式。照片前排左一為吳荻舟，中為白彥，第四排右一是張佩華。圖中還有徐寶玉、夏夢、石慧等上海和香港的演員。

1966年11月12日北京舉辦紀念孫中山誕辰一百週年大會，大會開始前宋慶齡與周恩來、何香凝等接見與會的部分外國友人、港澳同胞和華僑代表。二排右三吳荻舟。

1966年11月，吳荻舟陪同港澳工委和報界國慶訪京團到延安等地參觀，由左至右：周明，祁峰，吳荻舟，梁威林，孟秋江。

1991年冬，國務院外事辦公室的老人們在國務院宿舍合影留念，前排左一朱仄，左二吳荻舟，第二排左一辛冠潔，左二苗漱石，第三排左一馬列。

1985年4月30日招商局船員起義35週年紀念大會與習仲勛握手。左起：習仲勛、習遠平、董華民、吳荻舟。

八年了，兄弟！

——[illegible]友[illegible]並告愛我們的——

吳荻舟

本文原定於九月一日刊出，惟該日因出記者節紀念特刊，稿擠不及付排，故改在本日發表，還祈作者和讀者鑒諒。本文作者吳荻舟先生是軍委會政治部劇宣七隊隊長。——編者附啟

八年前的今天，我們十個演劇隊（四個抗宣隊）在武昌的曇花林，正式分發工作，正式在武漢三鎮和敵人接觸了。今天，已是第八年啦，兄弟！我們的隊伍，雖然在曇花林訓練，在曇花林分發，但我們不像曇花，僅僅一現就消失，就謝落了，而是戰鬥了八年，一直到敵人投降，還堅強地活躍着，比八年前更茁壯地活躍着。

今天是我們正式分發工作的紀念日，已經是抗敵期中最後一個紀念日，明天就是日本法西斯軍閥正式向民主國家簽約投降，這個日子該多麼喜歡、多麼興奮啊！在這樣的日子裏，是常常要想到往事的，我們就在這樣的日子裏做一次輕快的回憶吧。

八月一日起我們十四隊、集中曇花林受訓，所以對外有時也以受訓開始的日子，舉行紀念，而內部，總是今天看做溫暖的日子。

當時，我們這一隊是軍[illegible]

[illegible]頭因爲任務側重壁報，口頭與一般宣傳上方面非隸屬以戲劇藝術爲工具的第六處（田漢先生）而隸屬於國內外以文字美術爲工具的第五處（胡愈之先生）所以[illegible]有時也不得不用戲劇和音樂，都是平白起家，所以有時特別爲這門功課而忙碌。

武漢臨危了，我們撤退到長沙，那時三廳也來長沙。那是廿七年十月間事。在長沙我們展開了大規模的壁報工作，組織了四五十個民衆壁報工作小組，分派在工廠、學校、兵營，以及街坊間發動保衛大湖南運動時，除了街頭演講外，還四五十個小組都各以議定的（通過壁報座談會）內容，一天出了二百多份壁報，分貼到市內外十多里的區域。及敵人圍攻長沙，前來到長沙外圍的時候。我們奉令作最後撤退工作，記得當時，長沙市幾乎沒有人走的時候，我們還提着燈在街上工作，向市民散發宣傳品，勸他們繼續疏散，及對敵宣傳的準備。後來，大火起來了，[illegible]

[illegible]萬大山，換北餓，完成了三千餘里的長途跋涉，在八月底及抵桂林。這次我們了解了[illegible]和沿海漁區民同胞的生活與抗戰情緒，我們了解了敵人積極布置從南寧南進犯邕柳的活動，當我們的報告送到部裏不久，[illegible]防寧[illegible]桂路[illegible]，我們又分份陳[illegible]戰地份，一部份參加崑崙關戰地工作，當敵人陷賓陽迫遷江時，差一五分陷入敵手，[illegible]夜敵人的步兵與飛機追擊下渡過遷江。一部份在桂林求[illegible]等地進行動員和協助過境軍隊的工作，廿九年二月我們兩部份再集中桂林，這次的工作中，我們犧牲了兩個同志——一個隊員，一個士兵。汗淚未乾，三月下旬又奉令出發[illegible]路沿綫，[illegible]一個月後，折回桂林，一直到三十年四月，奉令屬七戰區，還之前，改組過兩次，換過兩次名，一次奉柳州奉令改爲軍委會政治部[illegible]宣十二隊[illegible]

[illegible]仍屬三廳，[illegible]一次在曲江奉令改爲現在的名義，隸屬部長[illegible]指揮，[illegible]七戰區政治部工作。編制廿人擴充爲廿八人，連士兵三十三人。但我們[illegible]了工作，經常是保持着超額的，在第一次長征（粵南工作），每人每月由[illegible]元薪給自動減爲二十元支持八個額外人員，三十年後我們保持了三十八個名額，連士兵等四十多人。

三十年[illegible]回曲江，曲江，劇工作了半年多，並且在粵漢綫上走了一回。這一年多，是我們的隊由一般宣傳隊蛻變爲演劇宣傳隊的時代，所以內部的[illegible]整及演劇訓練爲當時的重心。及三十一年八月開始第二次長征，自曲江北行，沿粵漢[illegible]各站直達長沙，再由衡[illegible]湘西行沿湖，[illegible]南線，直達宜山，再由柳州南行，經桂東各縣到梧州，再由梧州東行[illegible]西江，到沙坪等[illegible]陽界，再北行經[illegible]會清遠英德，三十二年八月返抵曲江，又是三四千里的跋涉，一年內共演出一百七十餘次。

返抵曲江後，休息了兩月，十一月起籌備參加西南劇展，作第三次的流動，卅三年二月底抵桂林，西南劇展後到柳州[illegible]行[illegible]公演所布置的劇目未演完，六月粵漢路南北兩端戰事爆發、在十分緊張的急行軍中，經過衡陽返抵曲江，參加粵漢綫保衛戰的後方工作，十月後應[illegible]專員之邀，奉准赴[illegible]旅行公演，本擬向東南一行，後因[illegible]敵人[illegible]擾，除部自曲江、[illegible]同向定南撤退。耗去卅餘萬元、幸人員與物資（除[illegible]者外）無甚損失，旋請准赴東江流動，並奉余長官命爲[illegible]軍總醫院[illegible]款，共籌淨二十五萬元，並將疏散[illegible]追欠各員薪給還清。正待秋季展開[illegible]東江鄉村的部隊之流動宣慰經費、趕排離離草、小人物狂想曲、[illegible]等劇時日本宣佈無條件投降了。

八年了，兄弟們！我們還要堅強地工作着！但是我們明白，抗戰留下的建國工作，爲了完成一個民主自由的新中國，和爲了世界的永久和平的建設工作還不知要幾多個八年呢？在這勝利與隊慶的日子裏，在這緊張的工作生活告一個段落的日子裏彼此親一親，互相熱烈地祝福一下彼此的健康，和打算一下將來的工作吧！

[illegible]！八年了，我們送走了多沉重的日子！

但，贏得了勝利也贏得了健康！

一九四五，九，一，

劇場裏的自然主義、現實[illegible]

[illegible]表演是[illegible]普通的事，如今它（表演）價值是少數偉大的演員，如玉斯（Duse）和沙爾文尼（Salvini）的事。這些偉大的演員在表演時，[illegible]是在表演[illegible]現實主義並不把它在生活裏所找到的每一樣東西都取出來，但[illegible]取一些東西，[illegible]的東西，這就是表演的東西，它[illegible]但示的[illegible]取生活的真實；它給我們純正的感覺。

有時候，他把細節很好地提供給我們，在這場合其結果是自然主義。因爲那些細節是照像術的意思。[illegible]在藝術劇場[illegible]是現實主義式的[illegible]或者說在「夢都」（[illegible]）中，你有沒有看見過什麼細節？然而，在「夢都」一個劇中，[illegible]貴族提供了一個示若干細節的機會，在這場合，[illegible]除了演出之外，[illegible]有些劇作者時寫並不提供細節，[illegible]你已經來到[illegible]，自然主義演出者（導演者）就要使你在廊道上把[illegible]抖掉，[illegible]等。

一個劇本可以用一種現實主義的樣式來演出，[illegible]者用想像的現實主義的樣式來演出，由於[illegible]的效[illegible]，[illegible]加有力、因爲想像的現實主義[illegible]爲全[illegible]人民所理解的。

歌劇[illegible]地域最現實主義的地方[illegible]

1945年8月15日日本投降，吳荻舟和演劇七隊正在廣東汕頭地區工作，他在當地報紙《汕報》發表《八年了，兄弟》。

体说新华社、招商局等各有多支，也有一挺机枪，我又向钱报了一次。要决定通知前方，马上撤出来。我接到已撤出来时(27/7)我又报了一次。

（关于枪枝（船上原航西（警））此类事，交通部反映最早，而且很重视，继指挥部报告之后，广州航运部门军管代表和海员部门保卫科长（由交通部一位处长陪同来办公室）又反映一次。——这次我没有向钱反映，下同）。

（关于船舍上军用枪收不收的问题，据交通部同志反映部里讨论过，并正式通知我，考虑到来回搬怕出事，决定不收回了。当时办公室已通知撤出来，我怕引起混乱，没有把交通部的意见通知下去。撤出后，我告诉了交通部。）

（二）我银行营业情况。（报了一次）

（三）我对港贸易，及侨社侨校斗委会组织宣传车队等。

第 16 页

吳荻舟寫有關槍支私運至香港的記錄。

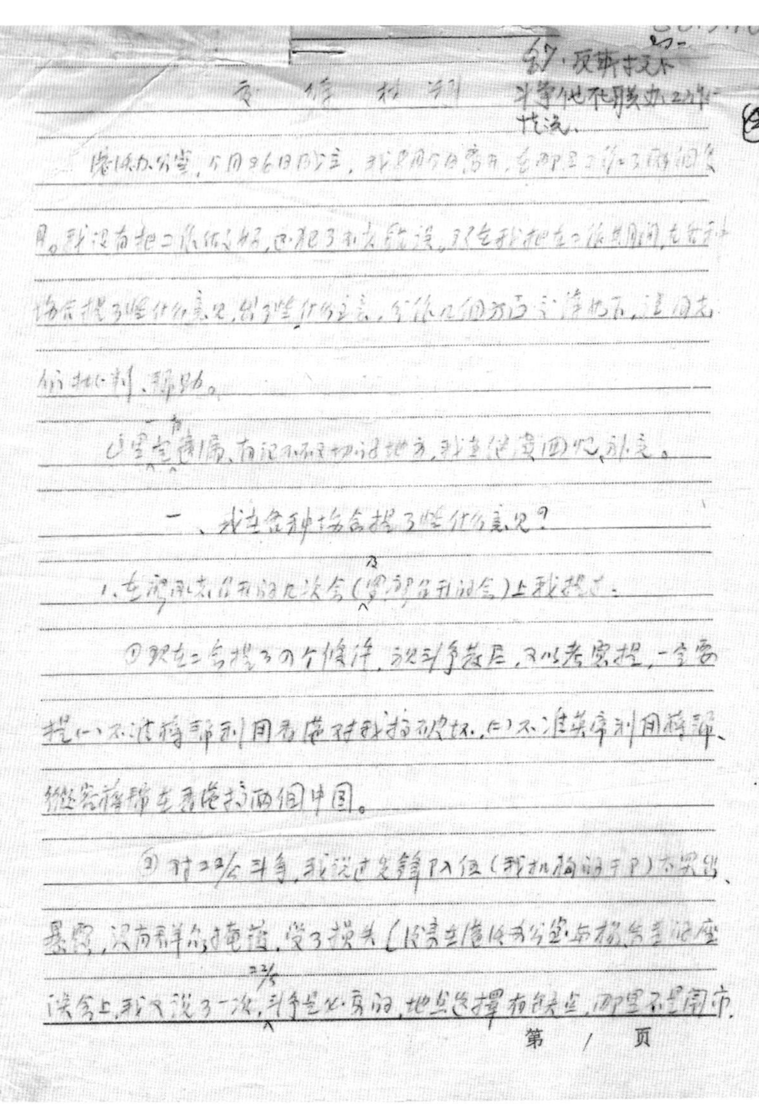
交待材料

港澳办公室，6月26日成立，我是8月6日离开，在那里工作了两个月。我没有把工作做好，也犯了不少错误。现在我把在工作期间，在会上和场合提了些什么意见，做了些什么工作，分作几个方面交待如下，请同志们批判、帮助。

以上交待一定有遗漏，有记不确切的地方，我还继续回忆补充。

一、我在会上和场合提了些什么意见？

1、在廖承志同志召开的几次会（廖承志召开的会）上我提过：

①联办会提了四个条件，就斗争发展，可以考虑提，一定要提：(一)不准蒋帮利用香港对我搞破坏，(二)不准英帝利用蒋帮、勾结蒋帮在香港搞两个中国。

②对22/5斗争，我说过先锋队伍（我机构的干部）不要出来暴露，没有群众掩护，受了损失（在港澳办公室向廖汇报座谈会上，我又说了一次，22/5斗争是必要的，地点选择有缺点，那里不是闹市。

第 1 页

吴荻舟隔離審查中寫的有關聯合辦公室工作交待材料（三一八交待）首頁。

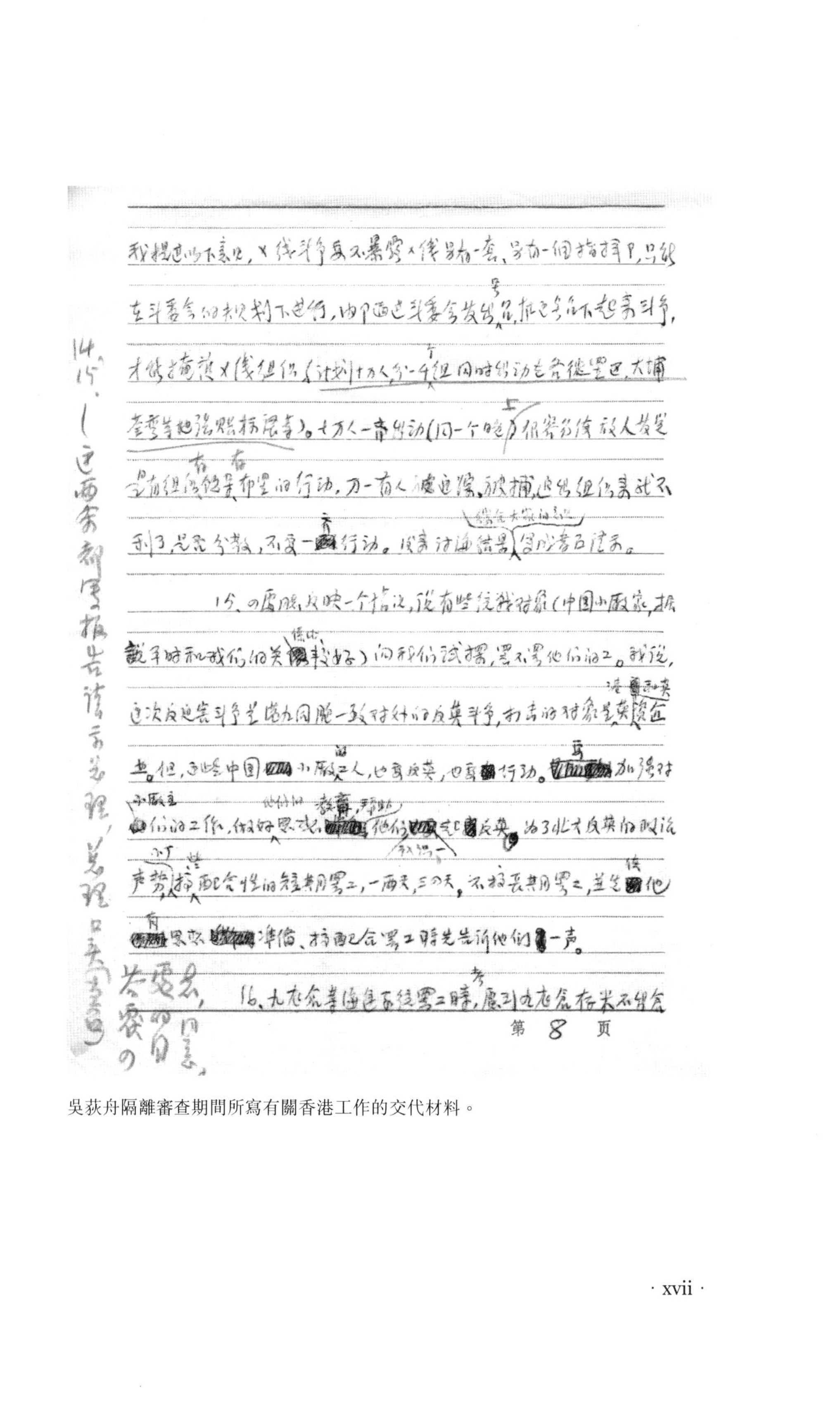

第 8 页

吳荻舟隔離審查期間所寫有關香港工作的交代材料。

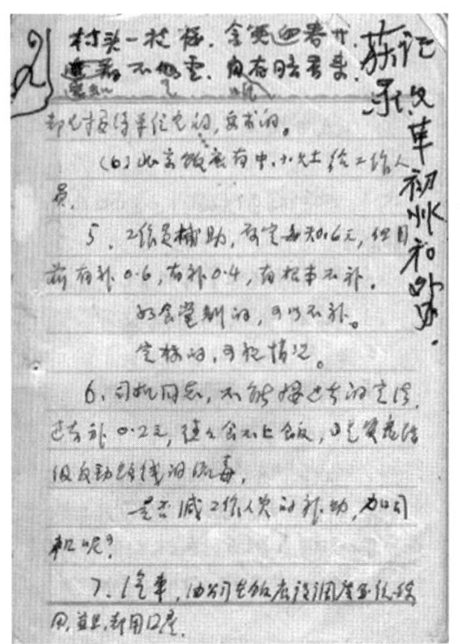

記錄周恩來指示、港澳工委匯報、開會內容的六七筆記只有巴掌大小。

記錄港澳工委1959年五十天整風的筆記本。

序：「南國人懷召伯棠」

許禮平

吳荻舟先生的女兒吳輝女士，以十年之力去整理尊人手澤，其至孝可感。現出版在即，邀為作序。在下喤引遵命。謹以梁任公「南國人懷召伯棠」之成句為題，用誌我對吳荻舟先生的景仰。蓋周朝初期，周公作傅、召公作保，夾輔成王。岐山為界，周公管東，召公管西。其間召公親民，曾於甘棠的樹蔭下理訟，其簡易之風讓後人追慕。《詩經》有「蔽芾甘棠，勿翦勿敗，召伯所憩」。就是叮囑不要毀敗遮蔭的甘棠，因是召伯休憩過的。因而「召伯甘棠」就成為思慕前賢的典故。

我沒見過吳先生，但聽過長輩間的傳聞。近日又得讀吳輝的整理資料，傳聞和整理資料都能互證的，吳先生在忠於黨和政府的同時，是能發揮理性，更好地守望香港。儘管吳輝曾說過：「父親作為龐大機器裏的小齒輪，作為夾在中央核心和香港前線之間的技術官僚」，但政治本身畢竟也是「人事」，在紀律和理性間能有所取捨平衡。

吳輝所整理的遺稿，有筆記、有日記、有公牘，以及政治運動中的自我檢查……，是不一而足的。但總而言之，可以感受到一位發自內心的謙卑者，他不居功，不自誇，不怨誹，待人接物，處處相平。所以在香港作為重要的領導者，並沒有讓人感到雷霆奮發，他只是「潤物細無聲」。

數十年的革命積累，該是「桃李不言，下自成蹊」了。但也曾因讓人有過小「誤會」。三國時，程普說「與周公瑾交，如飲醇醪，不覺自醉」。我想吳先生也是這樣「持久」而又「慢熱」的

人。在五十年代就發生過一次有趣的小誤會。據《陳君葆日記》1958年6月27日星期五條下:

> 晚，敘餐會在中國銀行舉行，鐵老(鄭鐵如)作東道。來參加的，除新華社長梁威林，前次已見過；還有温康蘭，初認識；吳荻舟則久已未晤談了，記得有一次廖恩德還說過，吳荻舟的毛病是總不出來與眾接觸，因此工作也無從展開了。這點似乎很對，但他也許有實際困難，冒進似又非所宜！

廖恩德非惡意，倒有點恨鐵不成鋼的意思。而陳君葆回應應從性格上分析，卻用上「冒進」一詞，這令人費解。而近讀李炳煌《追念吳荻舟同志》卻有記:

> 吳老雖不苟言笑，但和藹可親；絕不高談闊論，而娓娓道來的卻是循循善誘。吳老言行極之穩重，使人肅然起敬。

把陳君葆和李炳煌的文字對照參讀，那是能說明性格了。而這誤會倒像《世說新語》中的題材。

吳荻舟的遺稿要妻女整理十年之久，可見當年草草，並未居心作流傳以宣示自己，因而更能平實地物如其人。相對一些名人日記，喜歡東塗西抹，那未免是存心讓別人看，又或者是忌諱別人看，那不見得就是率意直書了。

吳先生主理過《華商報》讀者版，在文字上也是斲輪老手，有時以不經意而刻劃入微，紀錄下歷史的真實。比如一九六四年東江之水引入香港。這是香港史上的大事情，吳先生也是當中致力的一員，但他不提自己，恍如東漢那人稱「大樹將軍」的馮異，是「獨立大樹下，不誇己績。」但當說到周總理時，他突出了周總理的

「先作口頭批准」，接着又突出地記下周總理指示要象徵性收費，更又叮囑事情不可作政治宣傳，用意是要避免刺激港英……凡此種種，都記錄了周總理的心細如髮和能處處持平。

但從東江水來香港到發生「六七暴動」其間只相隔三年。港英政府由「不要刺激」轉為要「鬥垮」「鬥臭」，其間政策是有「分水嶺」的存在。於是讓世人開始感覺到內地是有「治命」和「亂命」之分了，但有一事顯示吳先生是從「治命」而不從「亂命」的。

這也是最令港人感恩的，在「六七暴動」期間，有人以華潤公司總經理的名義擬引入「七百打甘蔗刀」以資「攪局」。其時吳先生是國務院「港澳聯合辦公室」「群眾鬥爭組」負責人，但吳先生於事前並未被知會，而得知時，「甘蔗刀」已是赴運途中。吳先生出於對中央一貫政策的理解和盱衡新近情勢，急令「截留在深圳」。這是力挽狂瀾的舉措，但日後的厄運也由此而起。

且插說什麼是「甘蔗刀」，或「砍竹刀」，那是隨對象而立名。刀，當然是單刃的。但刀背特厚，故砍斲時沉着有力。刀尖是作平截，不能作挑刺動作。但平截卻加重了耳背，讓揮舞時更沉着有力。而且砍伐時不須作深度彎腰，只稍欠身便可發力。

試想：八千多把鋒利的「甘蔗刀」須由八千多人操持，而出現在一個國際城市的通衢大道，該是怎樣的一個情景。而其時，一些「文革」的倖進者、當權者，卻是需要這些場景，為自己製造「考驗」、「鬥爭」的場面，要以「狠」以證明「立場」。

吳先生力挽狂瀾，制止了「甘蔗刀」的輸港，也勒令「槍支被提上岸」「也要馬上撤下來」等等，令冒險倖進者受到挫折。因此，吳先生自然被視為異己了，於是「叛徒」、「特務」、「別動隊」、「假黨員」、「走資派」的帽子都來了。於是停職，要受審查，並於1969年下放寧夏平羅國務院系統幹校，是經歷了整個「文革」時期，還得另加三年等待平反，共長達十三年。

十三年的雷霆火石之後，能倖存幾箱筆記零稿是個「異數」。隨之而來的又是如何「整理」？這難題自然是落到吳先生的妻女的身上了。

吳荻舟太座張佩華女士(1918–2014)也是革命幹部，曾任港澳工委秘書、南方影業公司經理室秘書，隨丈夫北調之後出任中影公司亞非科副科長。張女士深知夫君這批殘稿的重要意義，以其耄耋之年，猶努力整理，後來又由女兒吳輝賡續其志。多年前，吳輝曾將乃父筆記賜讀，令拙文〈吳荻舟是香港守護神〉得以產生(見《舊日風雲》第二集)。但我見到吳先生家屬為整理而費心奔忙，令我聯想一歷史故事:

南宋高宗禪位宋孝宗後，孝宗迅為岳飛案平反。案是平反了，但文獻整理卻困難。因有關岳飛的文獻多被毀佚，岳雷已不在，岳飛舊部多老死，久之，岳霖又病死，責任只落在孫兒岳珂肩上。箇中艱苦，和吳輝何其相似！古語有云「中郎有女」，這句是慶幸和讚羨的話，用贈吳輝當是貼切的。

謹此為序。

編者前言

編者的父親吳荻舟1948年至1962年在香港為中共做地下工作，後來調到北京國務院外事辦公室港澳組，仍然是做香港的工作，身處連接中共–香港的關鍵位置前後二十年。本書借助吳荻舟留下的大量珍貴文稿展現中共的香港方針、香港工作——從某種意義上說，看懂中共的香港方針、香港工作，就能看懂中共的追求和戰略；了解吳荻舟和他的同志們，對理解中共歷史和吳荻舟那代「共產黨人」也會有幫助。

他們究竟是怎麼想的、是怎麼走過來的——這正是編者扒梳故紙十年的最大動力。他們那代人都不愛說自己的事，即便是對家人也不說，母親張佩華對編者抱怨過不下十次：「老頭子什麼也不告訴我！」編者的一位朋友說，他父親曾經作為中共派去朝鮮的代表住在金日成家，可是沒有留下有關的隻言片語。相比起來，編者能通過吳荻舟的文稿走進他的內心世界，學習百年歷史，何其幸運。

吳荻舟是福建龍岩人，生於1907年5月5日。從小學到大學，一步步深入到學生運動、農民運動和工人運動中。他的啟蒙者是同鄉、學長、閩西革命根據地和蘇區的主要創建者鄧子恢，他們都希望改變不平等不公義、窮困落後的社稷。吳荻舟於1930年1月在上海讀大學期間加入中國共產黨，其後被國民黨逮捕，判刑九年十一個月。西安事變後國共合作抗日，他得以提前出獄，來到上海，一邊在亞東圖書館做《胡適文存》的校對，一邊找黨組織和找機會投身抗日。偶遇在中央軍人監獄的難友、《引擎》月刊主編柳乃夫，柳向他約稿，他寫了《從國際法論中日戰爭》，提出堅持長期抗戰的主張，那是1937年，筆名「吳狄周」。

後來他擔任副團長，和柳乃夫一起帶領上海文化界內地服務團到江浙皖廣大鄉鎮、農村宣傳「有錢出錢，有力出力，全民抗戰」。在安徽舒城，吳荻舟邂逅了張佩華，張佩華的父親是在合肥基督醫院學了七年的學徒式西醫，日軍打到安徽後到傷兵醫院救治國民黨士兵。在日軍攻佔舒城之際，吳荻舟和其他團員帶着不知向何處逃難的張家老少婦孺，徒步翻越大別山到湖北武漢。在武漢，吳荻舟被委任為國民政府軍事委員會政治部第三廳抗敵宣傳隊第一隊隊長，張佩華和三個弟弟也先後參加抗日工作。此後八年，吳荻舟帶領抗宣一隊(後改為劇宣七隊)跋涉在湖北、湖南、廣西、廣東、貴州等地宣傳、鼓動和慰勞主戰場抗日軍民，是所謂「共產黨的隊伍活躍在國民黨統治地區」，還要加上他「沒有組織關係」的特殊性，此中的艱辛難以想像。

抗戰勝利，內戰開始，他們從廣州撤退到香港，輾轉東南亞，以海外華人為對象，做反內戰、建立新中國的宣傳教育工作。在新加坡，饒彰風為吳荻舟解決了組織關係，在饒彰風的領導下，他參與了新中國成立前後在香港發生的許多驚心動魄的事件，如策動雲南起義、送龍雲回內地；香港招商局起義、護產；中國航空公司和中央航空公司起義、護產；護送海外愛國人士回國等。

中華人民共和國成立前後，許多香港左派幹部回內地，他也想回去，可是饒彰風說，找不到人接替他。饒彰風回國後，吳荻舟成為中共香港工作組成員之一，港澳工委成立後，他是常委，歷任《華商報》編輯、招商局顧問、香港《文匯報》社長，長期負責交通、新聞、文化界的統戰工作，「九龍暴動」的時候擔任「反暴鬥爭總指揮」。他為落實北京「長期打算，充分利用」的香港方針不遺餘力，活脫脫一頭「不待揚鞭自奮蹄」的老黃牛。

根據張佩華的回憶，1961年12月底，吳荻舟在深圳開會——他那時已經調到廣州省委宣傳部四處任處長——通知張佩華到深圳。他告訴張佩華，我們全家都要到北京，他去北京任國務院外事辦公室港澳組副組長，張去中影公司。當時外辦港澳組另一位副組長孔筱也在場 ，她對張佩華說：你原來在南方公司搞電影發行，還是到中影搞電影工作去。從深圳回到香港，張開始辦理工作移交手續，不到兩個月，1962年2月初即舉家搬進北京西城區西便門外國務院宿舍。吳荻舟立刻返回廣州開會，張佩華則忙着安頓，四月初她開始正式上班，在中影公司任亞非科副科長，並繼續負責聯絡香港的南方公司。

很快他們便發現，國內形勢不像廖承志1959年給他們作報告時說的那樣是一個指頭(缺點)和九個指頭(成績)的關係，圍繞三面紅旗等的爭論，令他們感到震驚，在編者看來，吳荻舟長期處於「白區」環境，必須實事求是，如是，才可以帶着共產黨的隊伍在國民黨統治區存活並做出成績，才可以不管是在香港還是在新加坡，走到哪裏都能打開局面，甚至化險為夷。但是在官僚系統裏，他卻有些「水土不服」。

1967年香港爆發「反迫害鬥爭」* 時，他又臨危受命做「群眾鬥爭組」組長，負責在周恩來和香港「鬥爭前線」之間溝通。當香港工作遭到極左路線干擾的時候，他根據多年工作經驗，對極左做法予以抵制，竭力避免香港發生更多血雨腥風場面，以致突然被從「火線」撤下來隔離審查。

長期在國統區和海外工作，「文化大革命」是吳荻舟第一次遇到「政治運動」，在政治高壓下，在隔離的孤獨中，他鉅細無遺回想自己的一生，所寫交代材料堪稱「鬥私批修」典範。雖然也摻雜着違心給自己上綱上線、把自己踩進污泥的成分，不過從字裏行間仍能看到他對自己參加革命的初衷以及一生努力的肯定和自豪，看到他忠厚謙卑又倔強的性格，看到他實事求是、據理力爭的心路歷程。

那些「造反派」除了逼他「上綱上線」外，並無資格評判他的

---

* 吳荻舟文稿中的「反迫害鬥爭」，又稱「反英抗暴」、「六七暴動」等。

歷史，不是說他們水平低，而是說吳荻舟的經歷太豐富，沒有哪一個人了解所有吳荻舟經歷過的歷史階段和事件。編者從吳荻舟遺文中看到「造反派」如何恐嚇威逼他——所謂「造反派」，其實就是他的同事，上下級，一些還是編者熟悉的「叔叔阿姨」——看到打不倒他，便擱置他的專案，顯示一些人已經「異化」到罔顧事實。

1969年吳荻舟被以「敵我矛盾」之身下放幹校勞動改造，遭受漫長的「政治審查」，也遭受「白髮人送黑髮人」的家庭變故。1979年給吳荻舟作出的「審查結論」指：「歷史已審查清楚，無政治問題。」他調任中國戲劇家協會書記處書記兼研究室主任，參與戲劇界撥亂反正，牽頭創刊《中國戲劇年鑑》，離休後還繼續留任全國少年兒童藝術委員會，殫精竭力貢獻餘熱。1988年確認了他1930年入黨的事實。

吳荻舟1992年7月26日病故。1996年張佩華編寫《吳荻舟》紀念文集時，原中共中央顧問委員會委員張光年為他題詞：「吳荻舟同志勞苦功高，為革命的文化事業作出了多方面的寶貴貢獻。文化界文藝界的同志們永遠懷念他」；原廣東省政協主席、副省長、新華社香港分社社長梁威林題詞：「污泥不染顯本色，勤勤懇懇為人民」；原中共中央黨史資料徵集委員會副主任謝筱迺題詞：「多才多藝有膽有識盡責盡力為香港回歸修橋鋪路，一心一意利國利民無悔無怨為中華振興鞠躬盡瘁」；原國務院港澳辦公室副主任李後題詞：「吳荻舟同志從事港澳工作二十年曾作了多方面的貢獻，如今香港已經回歸祖國人們不會忘記其中也有他的一分功勞」；香港《文匯報》社長張雲楓題詞「文化先驅，報人楷模」。

張佩華晚年一直在收集和整理吳荻舟留下的故紙——包括日記、書信、自傳、「文化大革命」時期寫的「交代材料」、「證明材料」，著作草稿、工作記錄等。這些故紙充滿時代印記，可說是難得的中國近現代百年史第一手資料。沒有張佩華，他們的故事會隨着他們的離去灰飛煙滅，沒有張佩華，編者也沒機會看到吳荻舟如何從尋常百姓家的小孩子變成堅決跟中共走的青年，如何從革命幹部變成挨批鬥的「階級敵人」，如何從身經百戰、長袖善舞到手足無措、失卻自信，如何堅守初衷和反思，在時代畫給他的框框裏，慈悲、忠厚又堅韌，一輩子不沉淪，不滑頭，不算計，不世故，「做笨事」(1965年四清日記)。

編者未受過歷史研究的訓練，「文革」前只讀到小學六年級，要一次次鼓起勇氣才能完成此書。好在書中全部內容基於吳荻舟留下的原始資料，編者只是按照事件發生的時間軸加以梳理，錄之筆之，常常感覺是在代他聯綴口述歷史，而由於編者的能力和條件限制，本書所呈現，仍有待進一步的補充。需要說明兩點：

一、吳荻舟的文稿年代已久，字跡開始模糊，只能盡量辨認，編者更是無法核實其內容。本書 [ ] 為編者加註，存疑的用 [?]，未能辨認的字跡用□標示。速記、草稿原文，不完整的文句，編者盡可能維持原狀，未做改動。

二、本書只收錄了吳荻舟所寫與香港有關的文稿，文章基本上按照時序編排：他在香港十四年的情況；他在北京國務院外事辦公室港澳組工作特別是1967年「反迫害鬥爭」期間的情況；文革受審查期間所寫文稿；最後是晚年所寫文稿。附錄「吳荻舟工作回憶」和編者後記主要是交代一些前面沒有涉及的、與香港無關的內容，嘗試以有限的篇幅給讀者一個關於吳荻舟的全貌。

竭盡全力仍力有不逮，期待得到讀者、專家學者、當事人及其後代指正。感激生命中遇到的每一個人，感激生命對編者的歷練。

感謝許禮平先生為本書作序，感謝牛津大學出版社總編輯林道群先生為本書出版所付出的心血。

吳輝

2021年秋

1. 香港工作組織架構的説明

編者説明

這份説明是一份草稿，編者為之命名。在發現並整理這份説明之前，包括編者在內，坊間對於吴荻舟文稿中頻頻出現的「四處」都感到混亂，比如在吴荻舟「對港澳工人五一觀光代表團的談話記錄」裏出現「組織部四處」字樣，在「吴荻舟同志回憶香港工作」(即從化溫泉的訪問記錄)裏出現「宣傳部四處」的字樣，到底「四處」是指哪裏？程翔寫作《香港六七暴動始末：解讀吴荻舟》期間也有和編者探討這個問題，編者也只能據實告知我所看到的吴荻舟原文。直至看到這份説明，我才知道前後曾有五個四處，並提供給程翔。

華南分局成立時書記是方方，下面有港澳工委書記是章漢夫，下有：

文委　夏衍任書記，委員有邵荃麟、馮乃超等。

外委　喬冠華

經委　許滌新

統委　饒彰風書記，委員有張鐵生

報委　章漢夫書記(兼)

群委　李嘉人

婦委　蘇惠

海委　連貫(兼)

還有城委(秘密線)書記梁廣，委員黄施民、鍾明、陳楓、馮燊等直接向方方負責。

城委管香港市委、廣州市委、南寧市委等

香港市委第一任書記馮燊，宣傳部長黃施民，組織部長潘靜安

廣州市委書記鍾明

南寧市委書記陳楓

47–48年成立了武裝工作委員會，書記尹林平，香港市委一直存在(這與香港工委1949年撤銷不是一回事)，它直屬方方領導。

香港工委則於1949年初結束，結束後成立了中共香港工作小組，直屬中央，和香港市委無關係。

1951年11月張鐵生、饒彰風、黃施民在廣州向葉帥匯報工作，決定恢復港澳工委(同時，撤銷了香港市委)。書記是饒彰風，副書記黃施民。下面分線工作向省委各有關部門負責。

香港工作組初由張鐵生、吳荻舟、溫康蘭三人組成，1951年底52年初，張回內地後由黃作梅任組長，黃1955年夏初(萬隆會議開會前，黃飛往萬隆途中，飛機遭爆炸)犧牲後，由吳荻舟任組長，並補充了譚幹。譚負責外事。

1954年在廣州成立港澳工作委員會，在省委宣傳部、統戰部、組織部裏各成立一個處，即各部第四處管理。吳荻舟方面的工作由宣傳部管，由宣傳部四處聯繫。起初處長是杜埃，杜調工作後，是麥君素，1960年麥因故下放，是港澳工委常委吳荻舟兼處長，向宣傳部部長王匡同志負責，直到1962年2月吳調國務院外事辦公室。統戰線溫康蘭即由統戰部四處祁峰具體管，向饒彰風負責。

1954年廣州成立的港澳工委由組織部的黃施民、統戰部的饒彰風、宣傳部的杜埃組成。各部設立一個處，具體聯繫香港各線的工作，均由廣東省委各部(組織部、統戰部、宣傳部)領導。至1956年才統一起來，成立海外工委，實際上是港澳工委，把三個部合起來，書記林李明，副書記王匡，秘書長黃施民(黃原是組織部四處，負責香港地下線和澳門的工作)，不到半年覺得這個名稱不妥，又重新叫港澳工委。林李明調海南地區書記局，港澳工委書記由王匡，黃施民(記得組織部四處改由陳能興負責)任副書記，饒

彰風當秘書長(反地方主義被下放調外語學院任書記，改由祁峰任秘書長)。中南局成立時王匡被調書記，而港澳工委書記改由區夢覺，黃施民仍任副書記，秘書長仍為祁峰。工委成立後分組織處、宣傳處、統戰處、情報處。此外還由中調部、公安廳(公安部華南辦事處)、政策研究室各派人成立了一個保衛處，三個部各有矛盾，不久又分開了。

港澳工委成立是在廣州辦公，1957年在北京開會向廖承志匯報工作，廖公覺得工委在廣州領導不那麼直接，易受國內影響和干擾，還是推進到前方為好，於是整個機構都推進香港。梁威林開始是代書記，祁峰任秘書長(後提為副書記，調楊松任秘書長，楊是公安部一廳管保衛工作的，中央辦公廳提出要派一個兼管政治工作和瞭解國內幹部情況，是掛名的，不管業務工作)。區夢覺提出把黃施民留下協助省委管港澳工作，58年的公開職務是省委副秘書長，有一段時間港澳工作是雙重領導，中央港澳辦(公開為國務院外辦)也管，廣東省委也管。*

過去我們在港澳工作上犯過幾次左的錯誤，受到中央的批評。

「五十年代初」中央提出的港澳工作總方針是：「長期打算，充分利用」。並說香港(包括澳門)是個自由港、情報站、跳板，要宣傳愛國主義，長期保持其自由港的地位對我有以下有利作用：一、吸收、購買外匯、僑匯和游資；二、出口商品；三、收集國際文化、政治、經濟、軍事等情報；四、派遣人員出國的通道；這作用，尤其在解放初期，與我建交的國家不多，持中華人民共和國護照是出不去的，不方便的，港澳跳板的作用便更顯著。

* 原注：1956年中僑委管宣傳，外交部管外事，中央第四辦公廳管黨群，具體工作仍由省委領導。1958年國務院辦公室成立，港澳工作統一由外辦領導。

2. 版面內外

——憶《華商報》讀者版的工作

1948年7月至1949年10月(報紙終刊)，我擔任《華商報》讀者版編輯，在這僅僅一年多的日日夜夜裏，確實很忙，每天24小時，幾乎百分之八十的時間，都投入版面內外的業務。

顧名思義，讀者版就是為讀者服務的。只要是本刊的讀者有問題，學習上的、生活上的困難，甚至家庭糾紛、婚姻問題、兩口子吵架、醫藥、衛生(請教醫藥問題，多數由專業醫生公開答覆)，都會來找我。版面編務之外，還有更多版面以外的工作。《華商報》是立場鮮明的進步報紙，香港與國統區、解放區都能來往，讀者版的任務便有其特殊性了。董事會調我到讀者版時，董事饒彰風對我說：「讀者版是報社對外的口子，任務複雜，工作面很廣，從海內外經港的進步讀者，各界朋友，要去解放區，有何困難，都會找我們協助，便有許多具體工作要幹，任務會是十分複雜、繁重的。」

的確如此，解放戰爭發展越快，越接近全國解放，我們的工作就越多，這裏略談幾件主要的「版面內外」的事：

一、為本報各版服務。為了加速全國解放，中國共產黨不斷發出各種號召，宣佈各項政策。本報刊載後，讀者不了解的，便寫信來報社詢問，或親自來報社要求解釋，都由我或在讀者版版面答覆，或信覆，或面談。

二、舉辦讀者通訊學習。為了廣泛聯繫讀者，讀者版舉辦過讀者通訊學習。辦法是把讀者版作為他們互相通信的中轉站(不公布參加者的住址，防止壞人利用)，他們讀報、學習中遇到問題，要求解答，我便把它刊出徵求讀者解答。解答得好，且有普遍參考價值的，換句話說，有許多讀者要了解的，我便把它發表在讀者版上。如果只是個別讀者要了解的，便把解答信轉給原徵求解答的讀者。

這個活動開展後，讀者踴躍參加，他們互相鼓勵，互相切磋，收到很好的社會效果。發現有品質好、學習認真的讀者，我便登門拜訪，經過一段時間，把他們組織成學習小組，繼續學習，並加以輔導。

這個活動要不是華南解放，報紙終刊，還可以繼續開展下去。我一直認為這是報紙聯繫群眾、發現進步群眾的好辦法，始終也未出現過政治上、男女關係上的問題，曾得到報社領導人的讚許。

三、讀書會的輔導工作。有些讀者自動成立的讀書會、學習小組，要求讀者版輔導。讀者版還將一些有專業知識的、有技術的讀者組織在一起學習政治理論和國內外形勢，提高他們的認識，準備他們有朝一日回解放區工作。如當時的氣象工作者譚丁和在啟德機場工作的梁讚勳，在廣九鐵路工作的張工程師等，他們各自成立小組，定期學習。雖然這些小組很分散，我總是按時去參加他們的活動。這些讀者在廣州解放前後相繼回到內地工作。現在有的入了黨，擔任氣象學院、飛機製造廠的工程師或者當了有關專業的幹部。

四、和平簽名運動。1949年初，第三次世界大戰的陰影一度威脅着全人類，愛好和平的人士發起和平運動。《華商報》讀者版便在董事會同意下積極開展讀者的和平簽名運動。郭沫若為此題詞，發出號召。題詞發表在報上，我們再用淡墨印在信箋上，每日附報送給讀者，讀者也可以到報社索取。廣大讀者每日寄回數以百計的簽名箋。當晚整理，次日便在版面上看到他們自己呼籲的簽名。每晚數以千計的簽名要辨認、整理，工作量很大。起初我一個人搞，搞到半夜一兩點鐘，影響後面的工序——檢字、排版、校對……十分緊張(香港報紙每天早上四時便要印完，送到派報站)，後來董事會請《大公報》的張學孔來臨時協助，我才鬆了一點。許多讀者還推動其親友、同學參加。簽名運動愈來愈向縱深發展，範圍愈來愈擴大，從港九以至澳門，不少小商販，木屋區居民，平日買不起報紙的，也都簽了名。讀者版版面由八分之一擴大到四分之一，真是欲罷不能。後來許多簽名來不及發表，最後，郭沫若所題封面，以及全部簽名，燙金精裝成厚厚的四大冊，1950年由他帶往世界和平大會，表示港澳同胞對和平的願望和支持世界和平運動。

這一運動，震動港、澳，影響很大。

五、協助進步讀者和各界知名人士去解放區。隨着全國解放戰爭的發展，解放區迅速擴大，國統區和海外各僑居地不斷有許多學生、青年、專家、學者到香港來，要求報社協助他們去解放區工作、學習。有些通過民主黨派、進步人士、愛國工商界介紹來報社，有的直接找到報社來，均由我接待，聽取他們的志願與要求。得到解放區有關部門同意，便安排他們秘密進入解放區。抗日戰爭期間，國民黨幾次製造反共高潮，不少失去組織關係的中共黨員，由國統區來到香港，找到色彩鮮明的《華商報》，也由我接見，了解其情況後，幫他們去解放區。解放區有關部門也來信要求讀者版介紹一些科技人員回去工作。記得我曾通過倫敦，組織了一批航空技術人員(包括地勤和飛行員)回到解放區。據後來了解，他們參加了在東北創辦的第一間航空學校的工作。

更大規模的是在1949年天津解放後，中共中央決定召開新政治協商會議和文代會、婦代會、青代會……許多民主黨派的領導人，如李濟深、何香凝、郭沫若、蔡廷鍇、茅盾、吳祖光、沈茲九、嚴良堃、劉式昕、蘇怡、司馬文森等以及後來的李四光夫婦、華羅庚一家，還有國民黨起義將領的家屬(如參加湖南和平解放的康樸的家屬)，首次從台灣飛回解放區去的某某某的夫人，以及在《華商報》發表聲明反對蔣介石頑固集團破壞團結建國的國民黨人某某某先生等，都是經過《華商報》讀者版協助安排回大陸的。

總之，中共黨員、民主黨派領導人、國民黨愛國將領、科技人員、愛國工商界人士、文化藝術界人士、會議代表、學生、青年等及數以千計的本報讀者，都是從香港秘密通過海上(李四光、華羅庚、龍雲是經深圳)回到華北解放區去的。他們何時走、怎樣走，讀者版都要具體安排。

這項工作開始時，東北還未完全解放，國統區與解放區陸路通道被國民黨反動派嚴密封鎖。大陸東南廣大的海域，也被美蔣海軍嚴密控制，不時有國民黨海軍艦艇巡邏。要去解放區，唯一的辦法又只能是通過台灣海峽和巴士海峽海面。如果暴露目標，隨時都可能遭國民黨海上武裝挾持去台灣，後果便不堪設想。為了做好這項繁重、保密性又極高的工作，曾成立一個三人小組，由我向董事會饒彰風負責。

這項業務持續了一年多，有時為了高度保密，如送李濟深、何香凝、郭沫若北上，他們的行李還是饒彰風和我搬的。從海上進入解放區的人，最初是在鄰邦口岸登陸，再輾轉進入東北。隨着解放戰爭軍事的發展，進入解放區的口岸先後增加秦皇島、天津、青島、煙台、上海以至深圳。也就是說，解放戰爭由北而南發展，送人去解放區的登陸口岸，也是由北而南。深圳解放後，也就不大使用海上交通線了。

1949年底，原在香港的大批幹部回解放區，《華商報》也在10月15日停刊。饒彰風也去廣州了，這項業務便由我向張鐵生負責。雖然無需再冒海上被劫持的風險，但這時大批國民黨特務潛逃來港，保密要求一點也不能放鬆。地質學家李四光先生回國，國民黨特務從瑞士、倫敦追蹤到香港，要綁架他去台灣。我們與李先生的親屬聯絡好，他們一上岸便送到郊區安全地點隱蔽起來，幾天後才送他們經深圳回去。數學家華羅庚一家，從機場接出來，我們帶他穿過半島酒店，安排到九龍酒店住下。當時這樣做，華先生自己也許會以為半島酒店客滿，才同意移到九龍酒店下榻吧。

經我們先後安排回解放區工作、學習的不下千人，不但當時全部安全到達，直到今天也未發現錯送過一個壞人。「文化大革命」

中我為他們足足寫了幾十萬字的證明，所幸當時記憶力甚好，否則也就不堪設想了。一位當時才十幾歲的山東青年，因不理解政策，在家鄉解放前夕逃來香港，流落在洗衣店當苦力，他到讀者版傾訴，經過説服，講解政策，給他買了船票，經天津回鄉。「文化大革命」中為他寫證明時，才知道他已經是一位人民公社幹部了。

華南解放前，我福建老家有些青年也跑到香港，來找讀者版幫他們找工作。我為他們講解形勢，勸他們回家鄉鬧革命。「文化大革命」中知道一位任湖北建材學院講師，一位當了福建某縣縣長。

六、幫助國民黨財貿交通機構員工護產起義，動員民族資本企業家回內地復業。南京解放後，上海工人響應共產黨的號召，紛紛開展護產鬥爭運動，影響到港九地區。隨着國民黨軍事上的迅速潰敗，香港國民黨財貿、交通機構員工的思想也開始彷徨、浮動。1949年秋，我們便因勢利導，通過各種關係開展這項工作。舉個例子，1949年夏秋間，饒彰風要我去看香港招商局總船長陳天駿，我便以讀者版編輯身份與陳天駿會面，交了朋友，在取得互相信任後，由他去做各輪船長和公司高級職員的工作，爭取他們帶着公司和輪船回到人民的懷抱。1949年冬，已先後做好了10多位船長的工作，簽了名，準備起義。1950年1月15日上午，招商局辦公大樓、碼頭、倉庫、13艘遠洋輪船、若干艘拖頭，還有一座小船廠的全體職工，同時宣佈起義。20多面五星紅旗，在香港海面和岸上升起。震撼了港九，驚呆了國民黨。

《華商報》是在特定的環境裏立場鮮明的報紙，報社同仁，上上下下，除做好本職工作之外，都願意為人民多做工作，大家廣泛聯繫着各階層人士，不管工作多忙，生活多苦，都冒着被國民黨特務綁架殺害的危險，幹得非常起勁，非常愉快，而且卓有成效。

今天回憶起來，也感到自豪和愉快。

1985年11月於廣州

附：1984年籌備組建《華商報》史學會發言記錄

連貫：廖承志同志、潘漢年同志，三八年抗戰開始時就是八路軍新四軍派來香港的代表，這也是香港政府完全知道的。因為我們做的工作是一種情況，在表面上又是一種情況，是在當時的革命環境所限下不得不這樣做的。當時駐重慶中共代表團周恩來同志對英國駐華大使海爾將軍(軍人出身)講：現在八路軍新四軍抗戰英勇，得到海外華僑擁護，捐款，藥品，救護車等等，我們在香港沒人接收，因此想在那裏設個辦事處，派人在那裏工作。當時英國標榜自己：中日之戰，英國中立。那麼我們派工作人員，不掛八路軍辦事處招牌，不妨礙其中立地位，所有事自己負責，不會影響英國中立地位。於是就在香港皇后大道中18號(一個兩層樓，樓內無廁所，現大概是高樓大廈了)掛了一個招牌：「粵華公司」，海爾將軍告訴了香港總督，這就是八路軍辦事處。廖承志的親戚(表姐夫鄧文釗，劍橋大學畢業)同情革命(他哥哥鄧文田是生意人，大英銀行經理)，鄧文田，鄧文釗同大哥都有份(家產)，鄧文田做了經理，鄧文釗就做副經理，把這兩個銀行都做了八路軍代收捐款的地方。另外，宋慶齡孫夫人去香港組織了「保衛中國大同盟」(抗戰時期)，在國民黨蔣介石清黨時，在上海還組織了「保衛人權大同盟」，意即，蔣介石隨便殺人是對人權的損害。楊杏佛被殺害就因了參加保衛人權大同盟，《申報》史量才也是。宋慶齡住在租界，蔣介石也不敢輕易動國母，蔣介石還正在追求宋美齡。宋美齡說，信基督教就結婚，蔣介石還要靠孫中山的聲望抬高自己的地位，讓別人看蔣是孫中山的人。

27年412上海、南京、青島殺共產黨、進步人士，是宋慶齡組織「保衛人權大同盟」起因。宋慶齡死後追認共產黨員，是有歷史來源的。她擁護孫中山三大政策，聯俄，聯共，扶助農工，早就向周恩來等同志要求做共產黨員，討論後認為不應該此時收她，主要考慮革命影響，在群眾中，你是國母，在國民黨中任中央常務委員，宋慶齡在國民黨中、在全國影響很大，還是留在國民黨中好。鄒韜奮是個作家，在延安開追悼會，承認他是共產黨員，他也是早就要求入黨。我們也曾勸他留在文化界進步人士中間為好，對革命有利，死後馬上追認。關於香港的《華商報》，也是這樣一種情況，不要以黨的面目出現，由文化界人士以進步面目搞。「華商」的商字比較商業化，叫誰登記？就叫鄧文田，大英銀行的經理做登記人，公證人，他答應了。後來《華商報》出來後，都叫小商小販撕了，報童也挨打，鄧文田就害怕。這事不好辦，鄧文釗挺身而出，所以後半段是鄧文釗。文革前是廣東省副省長，文革被逼死了，好人，對革命有貢獻，不能忘記，都是對中國人民解放有幫助，不是共產黨員也不要緊。《華商報》對海外、對國內進步宣傳一個重要標誌。

陳嘉庚[19]40年回重慶。陳的兩段歷史，在抗戰開始後在東南亞華僑中有名望。他辦廈大、集美，辦教育，東南亞各個地區都組織籌徵會。但在陳嘉庚回國前，一個銅板也不能拿給八路軍新四軍，說我們的政府是國民政府，所以所有籌來的錢、藥品只有給國民黨，蔣介石才是我們的政府，邊區政府是共產黨的，是地方上的人，不能代表全國的，正統觀念。40年第一次回重慶，當時的秘書是李鐵民(解放後僑委副主任)，使陳嘉庚到處瞭解情況，才瞭解到國民黨熱心內戰，不抵抗日本。「腐敗無能，貪污腐化。」因此李鐵民介紹同董老、周恩來見面，談後要求去解放區、延安看看。人家講延安、邊區政府怎麼好，他自己去看。恰好坐的吉普車，頭皮都碰傷了，醫生要送回去，因此陳嘉庚要等他，就多出時間看邊區了。所有都看了，林伯渠，李鼎銘，都見到了。邊區大生產運動是朱老總搞的，都見到了，才曉得原來，中國積極抗日，從前線怎麼個情況；後方怎麼生產自救無貪污。結論：共產黨是有希望的，要抗戰勝利，要國家強大，只有靠共產黨。見到毛主席，談得很好，回新加坡後，40年，鄧文釗的報紙沒人敢印，就派了某某同志(今天在座)去見陳嘉庚，請他幫助，陳嘉庚自己沒有多少錢，已經被英帝國主義弄破產了，他的子孫，親戚有錢，就指定他的一個親戚出錢辦了「有利」印刷廠，派了一個商人，代表陳嘉庚當經理，專門印《華商報》，然後印其他。還有一件事，我要辦《南僑日報》，陳嘉庚要我們派人去主持辦，我們就派了胡愈之、沈思文、邵中漢。前兩個不是黨員，邵中漢是。他是幫金仲華辦《星島日報》的。那時的香港派出胡、沈、邵。後來到棉蘭，太平洋戰爭，日本投降後才辦的。

現在講一下達德學校，是很多文化界人士、教授、專家在國內呆不住，給蔣介石壓迫，到香港，安排好多人。海外來的青年學生要去延安、抗大、魯藝。後來國民黨到處殺人，很困難。香港青年、海外青年無處學習，香港又有這麼多專家、學者，於是十九路軍的蔡廷鍇拿出了青山的別墅，讓我們辦起學校，做校舍不要錢，不夠大，租些民房。叫誰做掛名、登記校長？找了個美國回來的陳其尤先生，他是大革命時代在廣州辦了個國民大學，校長，又是美國回來，(大革命)失敗後去美國的，這樣的人去登記才有資格。陳其尤解放後是內務部部長，當時是一般進步人士，愛國學者。總而言之，當時環境不允許共產黨隨便辦報紙，這樣對革命不利。事實上是廖承志同我們幾位向中央提出，中央同意我們這樣做，團結了各民主黨派以後，太平洋戰爭結束了，我又回去了，廖承志被從韶關抓至江西，我回去後馬上找饒彰風恢復《華商報》，我規模更大地做民主黨派的工作。民革李濟深做主席，柳亞子反對，書呆子一樣，柳的確是堅持三大政策的。可他說：「李濟深做民革主席，還蠻守共產黨的職呢？」當年412廣州415差三天，他在廣東省一個什麼名稱的軍事組織手下殺掉很多人。國民黨的人物當中，北伐以後蔣介石害怕他在舊社會、舊軍隊的影響，叫他當參謀總長，蔣是總司令。北伐到南京他就關在南京小湯山，加很多罪名。以後李濟深就很進步了，然後福建省人民政府主席不是他嗎？所以我們不要把歷史隔斷，要看到前進情況。柳亞子那時書呆子，有一次，開會在一個飯店裏拍桌子，玻璃都打爛，我在座：啪！要宋慶齡來做主席？我呢？我來做監察委員會的主任。後來再三再四勸他他才同意。當時何香凝起了很大作用，宋慶齡説，我不做主席，我還是留在國民黨裏面，做舊的國民黨，同蔣介石有關的，常務委員。最後找不到人，還是李濟深做主席。民盟把農工民主黨等拿來成立，開始叫什麼同盟，後叫民盟。致公黨也是我們在香港搞成。找陳其尤出來，實在是沒辦法。司徒XX[司徒美堂?]一回到上海，蔣介石就派人，一個是女的做他的八十多歲的老婆，一個是這樣那樣，把他包圍了，也不能他做主席了，應該是他的。當時國民黨蔣介石包圍着上海、南京，我們在香港叫陳其尤出來。陳其尤不是XXX的，是陳XX[陳濟棠?]時期的人物，做過海關監督的小官，也只好叫他出來。現在陳死了。黃鼎臣(原副主席)提做了主席，黃是與澎湃、汕頭、汕尾的海豐、陸豐、澎湃老根據地有關的。當時民革很困難，一個譚平山，他是很早的第三黨，在上海組織了三民主義同志會，是一個派別。蔡廷鍇、蔣光鼐就搞一個民促會。現在周建人死後葉聖陶的民促會，我們勸他們放棄民促，你蔡廷鍇、蔣光鼐誰人不知是十九路軍頂呱呱有名的，應該擁護李濟深。李濟深當年福建人民政府事變的時候，是蔣介石派十九路軍，你喜歡打仗，淞滬之戰是蔣介石弄得他失敗的，沒有幫助他，那就叫你去閩西剿共產黨。到了閩西，他派代表去見王明，同王明講，我們是被逼來的，共同反蔣組織政府吧。王明答覆：第三勢力(李濟深、蔡廷鍇這些人)比蔣介石還可怕，不同他合作。結果沒有一個月(幾個月)，人民政府就垮台了。毛主席説這是錯誤的，這就是説香港當年團結了各民主黨派，辦了很多事業，在太平洋戰爭前後做了很多事，這是中共中央同意廖承志在香港做的，不是什麼都由共產黨出面。應當説，中央今天的政策還是團結民主黨派，還是希望民主黨派去做，很多是智力投資，團結青年，做海外工作等等，這是正確的。講當年，就是説明在中共中央，特別是周恩來同志的很多指示下，在南方工作委員會指導下，是成功的。今天許多在香港工作過的同志聚會，我先講這些，作為內部參考。現在仍要各民主黨派去團結海內外更多知識分子資本家投資，開放要用各種形式，不要呆板，單一不會擴大我們的力量，不能爭取更大的勝利。我作為一個共產黨員，一個當年在香港八路軍辦事處工作的工作人員，在廖承志同志主持下的內部情況談一談。再三講，各位朋友今天還不是共產黨員的話，不要馬上爭取入黨，還要做一段對革命有利的，不管什麼形式，做資本家也可以，人家罵就罵，幾十年怎麼還沒參加共產黨，好像共產黨就是香的，沒參加就是臭的。只要對事業有利，對革命有利，儘管是慢一些，將來事後承認你是共產黨員也是光榮的。以宋慶齡、鄒韜奮做榜樣。

張友漁：日本人佔香港之前我們有個估計錯誤，開國際座談會之類時總估計日本人不會打香港。喬冠華頭一天講國際時事，還説不會打香港，但是第二天早上就扔了炸彈。我也是，還有根據呢，以為日本人在經濟上依靠美國，不會跟美國打，也不會跟英國打。結果估計錯了，後來接到總理的電報，總理是在武昌從國民黨政府那邊得到消息的，國民黨政府是從XXX那兒得到消息，知道日本人是會打，讓我們做準備。從總理來了電報我們才積極做準備，所以還算好，沒什麼犧牲。12月，茅盾同志寫了篇小説挖苦了我們：三個半國際問題專家估計日本人不會來。三個半是指誰？XXX，喬冠華，楊潮[羊棗]，我是那半個，估計錯了，弄得大家很被動。XX同志是很有功的，他安排XX營救出來。我是幾乎失掉關係，原來住在跑馬地，後來是銅鑼灣。印刷廠不合適，又搬到XXX，日本人的飛機炸，臨時又搬到商店(?)裏頭。

廖沫沙：我知道的事很少，因為我的習慣就是叫幹什麼幹什麼，叫到哪裏到哪裏。我是《蘇皖日報》。皖南事變以後，稿子發到手裏一看，頭一條是新四軍叛變，在什麼地區被殲滅。我一看新四軍怎麼會叛變呢？這怎麼能登？《蘇皖日報》是民主陣營的，我就把稿子扣下來，寫下條子給夏衍，他在城裏，請示。他是主編，我是編輯主任，請他做指示。到新四軍辦事處，在桂林叫八路軍辦事處，回信來了，我就沒登。當時別的報紙都登了，就《蘇皖日報》沒這條消息。(吳：《大公報》是四九年才轉過來，原來在香港是大罵小幫忙。)

劉思慕：我到香港時，《華商報》已經準備出版，見到夏衍，他告訴我到《華商報》工作。籌備工作不知道。大中華旅社住下。41年《蝦球傳》。去報館後，胡仲持同志分配我的工作就是編輯主任，管發稿，我管國內外要聞，香港的稿子都是英文，所以還要翻譯。有曹國涵等，老人兒，已不在。我每天上午編稿子，吃午飯後上印刷廠看看排版，兩三點鐘就完了。

編輯室是三個小房間，一個房間XXX，另外兩個房間是我、胡仲持，張惠通也去過吧，我跟胡仲持一個小床，那時我很□□□胡仲持喜歡□□□買了些外國的刊物，我就買了些古籍，宋朝、明朝、給《大眾文化》遺跡寫些歷史故事。(我寫日本問題，我一直文化人的生活，辦了好些刊物，《文藝陣地》)(鄒韜奮辦《大眾文化》，張某某辦的《青年生活》，某某某是《世界知識》)

那時候幾千塊錢很好了，編輯部沒幾個人，《華商報》後來也分編輯，翻譯，內勤，外勤十幾個人。廖公那時寫了好多中日文。

胡愈之：我是46年參加後期《華商報》，創辦時我在印尼。前期、後期、歷史，至今相當長了。41–43年。後期46–48年(?)。勝利結束其任務是49年，辦了三年零九個月。沒有全部在，我離開的時期的同志不認識。從親身經歷來講，《華商報》前、後期都是革命，光榮，為黨宣傳服務的歷史。解放後香港《華商報》的性質呢？有的人事部門瞭解到你在香港《華商報》幹過，就打個問號，是黨的嗎？是革命的嗎？現在中組部明文規定《華商報》是黨在白區直接領導的新聞出版機構，包括他的直屬單位在內。

據我所知，中共廣東省委、香港新華分社同志在北京的與《華商報》兩個附屬單位有關係的同志，為了弄清楚、確定《華商報》的歷史面目，奔走呼籲兩三年甚至更長。根據中組部今年7月24日發出的組通字84年22號通知《關於我黨在白區直接領導的部分組織、團體成員參加革命工作時間問題的通知》有關的部分，唸一下，現將我黨在白區直接領導的組織、團體成員參加革命工作時間的有關問題通知如下：

……

三、抗日戰爭時期，在桂林文化XX社，湖南《觀察日報》，抗日戰爭至解放戰爭期間，國際新聞社(香港，重慶，桂林)，上海時代出版社，香港《華商報》，解放戰爭時期的上海《聯合日報》、《聯合晚報》是我黨在白區直接領導的新聞出版機構。凡建國前參加這些機構的正式工作人員，一直堅持革命工作的，其參加革命工作時間從加入上述機構之日算起。

……

五、上述各個組織、團體的成員，在組織、團體活動期間和停止活動以後，間斷了革命工作的，其加入革命工作的時間，不能從加入這些組織、團體之日算起。

《華商報》包括兩個附屬機構，所有工作人員大概是200多到300人左右(前後)，初期少些。過世、離開的大概50多人，現在還健在的200多人，在北京30多人，在港澳15人，健在的人。因為時間不饒人，歲月過去了，那時是中年的，像我是四十多歲。已是第三名。除了張XX、夏公之外就是我了，現在已是八十多了。退休改離休問題，有了文件，文件出來後，在廣州，同仁都很高興。今天趁這個機會唸出有關文件，供參考。

另談三點希望。一、廣州的同志已經有個組織，在北京人雖沒有那麼多，但也有30多人，需不需要有個組織，在某個時期，比如創刊多少週年時聚會一下，平時可來往，大家議一議。

二、現在《華商報》的歷史作為黨史資料廣州徵集了相當時間，大家知道社科院新聞研究所有一本《新聞研究資料》，裏面有張老一篇文章，主要講前期《華商報》，夏公一篇《白頭記者話當年》，前後期都講了，還有一本《廣東文史資料》，裏面有三篇講《華商報》的，一篇是楊奇〈憶復刊後的香港《華商報》〉，一篇是莫廣智的〈《華商報》的廣告鬥爭〉，還有一篇是何繼寧的〈《華商報》的報童生活〉(第三十八輯，1983年6月)。還不夠，還希望北京及其他地方的《華商報》的同志寫回憶錄，就他所知道的、所經歷的寫，寄到廣州。廣州有暨大的新聞系和廣東政協文史資料編輯部負責此事，前些時，呂劍同志已將關於副刊的寫了去了，我還沒寫，催了好多次，還把《華商報》關於國際問題和□□的複製件寄來。債欠了好久，還掉了。今天聽了連貫同志的講話，又增加了些材料，我這個材料還不夠，還不確切，他們還希望其他同志寫，無論長短，寄到暨大新聞系鍾紫同志處。

三、大家都知道中英協議，很可能12月左右就正式簽字。香港1997年恢復主權。一國兩制是大事，祝願大家健康長壽，看到歸國的一天，去一次。身體好的、還在工作的同志繼續為四化、為黨的光榮艱巨的事業工作，退休的同志也發揮光和熱。

周沙塵：我是47–49採訪工作。

匯報一個信息。我是香港一個資本家的兒子，老實講，我後悔加入了共產黨(準備發大財)，79年父親病重(我父母都在香港，一貫在那，我祖父十九世紀末去香港，我父親後來經了商，十年有房子，我49年參加共產黨)，我回去住了半年，我的侄子在香港大學有同學，我有機會去看了香港的大學，碰到馮平山圖書館副館長叫黎樹添，帶我看看，我在香港《華商報》時主要寫些港聞，跑香港消息。我想複製一下當時我寫的一些東西，他就跟我講《華商報》在海外的影響。他說，《華商報》現在在世界上各個大圖書館很重視，美國國會圖書館，大英博物館，大英圖書館現在想方設法取得《華商報》合訂本的全部，如果不齊，互相交換情報補。馮平山圖書館保存了一份不全，又和別處聯繫。我差一九四幾年的那幾期，你給我，我給你。因為研究中國那段歷史，沒有別的報紙，特別是解放戰爭期間，解放區有很多報，但不能出去，當時沒有方便條件流傳到海外，即使出去了，紙張不好，不齊，不好保存。《華商報》在香港，香港大學有個教授陳君葆，已死，他對報紙很感興趣，每期收存，不全，去世前不久送給了馮平山圖書館。黎樹添問我有什麼辦法補齊？後來我想盡辦法寫個地址，請他跟香港新華分社楊奇同志聯繫。我問楊奇同志，解放後，《華商報》離開香港以後，給了《人民日報》，北京圖書館，《南方日報》全的，現在國外引進了微型膠卷。我跟《南方日報》說趕快製微型膠卷。現在國內有人利用北京圖書館的資料做微型膠卷，賺了很多錢，我向前輩匯報這個資訊。

《華商報》停辦這麼多年，國外影響卻越來越大，回頭研究那段歷史，土改、解放戰爭進展情況，還有國內很多有名的政治家、文化界知名人士，回憶錄，當時情況，都要研究《華商報》。

還有一個不好的消息，我辦離休是沒遇到問題，文件沒下來我們那裏也知道《華商報》是黨領導的。可是我愛人到現在還沒辦好，請幫忙。她從幹校回來，調到一個中學工作，中學的人認為是有問題，不能算革命工作時間。中組部文件是7月24日發的，10月初才到北京。我愛人在中學當圖書管理員，現在也沒辦好。

吳荻舟：……提出的建議，再找這麼多人來很不容易。議一議，仿效廣州，再幾個人籌備醞釀，一個要不要成立，一個是誰來籌備，花幾分鐘。廣州來信希望我們有個相應的組織。廣州的做法是每年一次年會，敘談一次，二、三年了，我們也可以。檢閱一下隊伍的健康存在，再也是個機會談談歷史。這次我們五個人有點強加於你們了，拿十元，時間也沒徵求意見，欠周到，我們要打報告給哪裏？成立小組還是怎樣？

今天這五位是我(77歲了，能否到97?)、高天、姚立明、楊喬、余鯉庭，另外再選人也好，簡單化就以這五個召集人、聯絡員去參加他們的籌備組。(大家贊成不另成立，也不另選籌委，就以這五人參加廣州的籌備工作。)

《華商報》很艱苦，我是讀者版的編輯，晚上要編讀者版、發稿，白天就扛行李，民主人士如李濟深、蔡廷鍇、李四光、華羅庚回來，我是接待的，送人、買車票，送了上千名。「文革」讓我寫證明，一面之交怎麼記得，寫得我頭痛，最後我説送他回來怎麼送的，只要交代得清楚就算他了。何香凝、郭沫若當然可以記得，只有我和饒彰風，每天上碼頭扛行李，到李濟深家把行李扛到碼頭上。當時是睡四層床，現在兩層就覺得苦了。我睡四層，滾進去，坐不起來，生活上呢？記得吃飯只有一塊豆腐乳大的鹹魚下飯。當時還要與特務鬥，解放初期，還有雲南起義，我當時要和龍雲、盧漢派來的人接頭。有一次特務跟在背後，我沒辦法了，跑到有個雄雞飯店，進去(後來新華社在那樓上)，從後門出來。又跟到彌敦酒店去接頭。當時既有生活上的鬥爭，還有特務，還有英國政府，他雖然承認了我們，還是有很多麻煩，我都被叫去問了兩次話。香港的高級特務黃翠薇經常跑來，男的，港英當局的特務。

62年我才回來，我接你們班在《文匯報》當社長。孟秋江接我的班，後來《華商報》撤退，運行李時剩我們三個人，香港方面的是我，張鐵生，和一個姓溫的，溫康蘭，溫前幾年死在香港。張回來後黃作梅參加了工作組，可是黃作梅搞新聞，在新華社，不大參加我們的工作。

保產護產工作也很緊張。解放後，《華商報》內遷了，我留下搞善後工作。我到招商局當顧問，搞輪船起義，兩航起義，護產工作鬥爭厲害得很。我去招商局當顧問，後來在《文匯報》當社長。整天破壞輪船、飛機，搶我們的飛機。在《華商報》那段很有意義，每個人擔任多少工作，冒多少風險。

為了楊杰的事，我被香港政府叫去問了話。楊杰從昆明來的時候，我們對他講，不要住你自己找的房子，我們給你安排。他不聽，結果暴露了，被蔣介石特務跟上了，結果被暗殺了。我去過他家，帶了張鐵生的信去他家跟他談，他又把信留下了，結果他被打死後，我就變成「嫌疑犯」了，香港政府把我帶進去，幸虧我是讀者版編輯，他問為什麼替張鐵生送信？我說誰是讀者，我都給誰服務。他也蠻客氣，請我喝咖啡。解放初期，大軍已過江，他也有點怕，客氣，找不到什麼把柄，就沒什麼事了。

《華商報》的事值得我們大寫特寫。

華嘉在前，我在後，編讀者版。

3. 和陳天駿策劃香港招商局起義

1948年秋，我任香港《華商報》讀者版編輯，同時又在饒彰風領導下兼負輸送進步人士北上的任務，與航運界的接觸日多，饒彰風要我去找連貫談談，連即將回解放區，請他把陳天駿的關係交給我們。

我去連貫家，談起這事。連說：我們在上海就認識了，那時他出錢支持我們搞文字拉丁化運動。我插言：現在任香港招商局總船長，也叫值埠船長，不出海，是所有船長的頭，招商局所有船長都要聽他調遣。我們一致認為要做他的工作，做好一個，帶起一片。我這才說彰風要他把陳的關係交給我，連說：這人很聰明，他來港後找過我，但未見面，你就用我的名義約他試試吧。連以後回去了。

1949年舊曆元旦後的春茗，我有意識地和這位多次謀面但未打招呼的總船長接近，只打了招呼，未提連貫和他的關係，也未約再見，航運界很複雜，國民黨特務多如牛毛，形勢發展未到火候呢。

全國解放的軍事進展迅猛，香港《華商報》不斷用大幅的，有時還用套紅的地圖報導解放軍每天進展消息，它震撼着每個香港居民，包括英、美、法國人，國民黨人，正如斯諾說的「中國震撼世界」！

臨近天津解放，讀者版編輯(實際只我一人)幾乎每天都要接待國民黨機構人員，或經愛國人士介紹，或「白撞」上來，有財經機構人員，有陸、海、空軍人，也有國民黨內明智之士，有的來掛鉤，有的醞釀起義，有的準備集體脱離國民黨。總之，要求棄暗投明者眾，尤其大軍渡江前夕，談判破裂之後。這時，我們也不斷伸出援手、觸角，指引他們走應走的方向。從此，我有意識地和航運界多些往來，也與陳天駿交談，但仍未提到連貫。

1949年4月，我剛發完60多位國民黨黨員靠攏人民的起義宣言，又接待了一位與國民黨海軍有關的人。他說某艦人員有意帶艦起義，要我們聲援。同時也在這天，倫敦先生(後在北京戲劇學院任教授)找我說：他的親戚在國民黨空軍工作，他要動員他和他的朋友起義去解放區，我立即鼓勵並答應協助。9月，倫敦的親戚果然動員六位國民黨空軍(包括地勤人員)起義回解放區，這就是解放區建立第一所航校的骨幹的一部分。

1949年7、8月，北京臨近和平解放，我根據和彰風談定的計劃，用連貫的名義，約陳天駿秘密會見。第一次是在德輔道中一家低級廣東茶樓，是一般市民出入的地方，外省人不懂廣東話是不進來的。一見面我直言連貫先生已回了解放區，行前告訴我，陳先生曾找過他。

其實他早猜到我是何人，並不感到突然地說：「我和連先生是老朋友，到港後一直找他，沒有地址，也不敢隨便打聽。」兩人公開了身份，便言歸正傳，他說天天看我們的報，但還想聽聽更重要的，如國共和談，有前途嗎？我說：這要看蔣介石有沒有誠意，不過看來他是不見棺材不掉淚的，要死硬到底了。

「長江天塹，蔣還有二三百萬軍隊，何況還有美援支持。」

「這倒也是，不過你該聽說北平將和平解放，傅作義將軍思變，蔣一再施壓吧？」

「傅蔣本來就貌合神離！」

「與蔣貌合神離的，江南就沒有了嗎？」他看看我，沒說什麼，接着，就談起招商局內人心不安定情況，希望和我多見面，我問了幾位經理情況，他說各人都有心思，但誰也不說，我問船的生意如何？他說，近來貨運可以，幾十條船都在跑。最後約好下次見面時間，並希望他提供公司人員的思想，尤其各船長的思想情況，他同意了。

以後又見過幾次。

1949年9月，廣州解放，第一面五星紅旗在香港《華商報》社升起，10月15日《華商報》停刊，並遷回廣州建《南方日報》，組織決定我留下來，饒彰風、羅理實走前把他們聯繫的關係都交給了我，主要幹部都回去了。香港由張鐵生、吳荻舟、溫康蘭成立工作組，工作很繁重。

黃作梅任香港新華社社長。

我和陳天駿改在晚上見面，這時《華商報》辦公樓已空，我白天在樓上一間房辦公，晚上約陳天駿在那裏相見。

我們靠得很近坐在一張長凳上，一小時兩小時地談着，都很興奮，是在策劃招商局起義啊！

「老陳，現在要盡可能多地找藉口把散在東南亞、日本、台灣、菲律賓的船，集中到香港來，為了不暴露我們的意圖，又要特別小心做好船長的工作，找到充分理由，把船留在香港，戰略上來一條扣一條，多多益善，人民的財產，都要回到人民手裏，但在具體戰術上，又要做得靈活，選一兩位極可靠的船長，攬一些貨，把船放出去，以為掩護，使陳福善、徐學禹這些死硬派，見到有來有往，不起懷疑。可又要隨時能調回來。放出去是為了能更多地收回來。」陳說：「這點有絕對把握，已經聯繫好幾位船長，都簽了名，留在港內的，都有一定的理由，如小修、洗底、鏟銹，有的還進了廠……」

「進哪家廠？不是九龍、太古吧？按國際海事法律，船進了塢，要臨時接受船塢指揮，宣佈起義，會發生產權糾紛……。」

「不，船要在船台上，才有這問題，何況我們進的是旺角船廠，戰時被日寇強佔，戰後才收回來，它的產權是招商局的。」

「這就好了！」

原來陳天駿準備了一張簽紙，説通一名船長，便在紙上簽名，但為了不分先後，陳説這次起義決心簽名是繞着一個圓圈來簽，簽後由陳保管，這使我想起連貫説陳很聰明、能幹的話。

約在宣佈起義前一個多月，未到約定日期，忽接陳電話，要求當晚見面，這天我正安排一批人上船去天津，才到報館辦事，否則也接不到這次電話，他堅持當晚見。

我整理好名單，送到中華旅社，交給李濟深留下的關係，再回報館，準七點他就來了，迫不急待地告訴我，有一個自稱高山克的人來找他，説他是華東空軍司令，用高山克的假名要他馬上起義，搶頭功，等他回信，很急，問我是否知道此人此事。

我一聽就知道是假的，可能國民黨特務聽到什麼風聲來摸底，便斬釘截鐵地説：「如果那人再來，就堅決表示：『我忠於國民黨，決不投共。』態度要堅決，話説重點都行，你説明我代表黨説的，不過，登禹船長自己會不會要搶頭功？」

「我估計不會。」

「我們的確擔心這點，」我説，「你一定要做好登禹船長的工作，這是為立更大的功，我們的目的是團結更多的船長，起義的船越多越有功。登禹先動，打草驚蛇，引起國民黨注意，不但會強迫現在停港的船開走，還會強迫在外航行的船不來香港，這樣，整個起義計劃就被破壞了，登禹船長表示不起義，『效忠黨國』，要把道理講清楚，表態越堅決越能掩護其他船，使國民黨不起壞心，來港船越多，功勞越大。」

他同意了，問：「這意見可對其他船長説吧？」

「能！告訴他們，如有人去勸他們起義，都可以這樣表態，當然，話有各種説法，才不致使蔣特摸到是事先約好的，否則，也會引起懷疑，必要時，罵幾句也行，或『攬到台灣的貨，就開台灣。』一定不能讓蔣特聽到風聲，起義的船愈多愈好，是一條原則。」

「對，對，現在已有11條，還有一條就要回來了。」

約好下次會面，便分手了。

離開報館，我去向張鐵生匯報這事，他完全同意我的意見，用濃重的江北口音説：「空軍司令員駐在香港，扯蛋！」

4. 永遠做一個普通共產黨員

我是1941年夏秋之間才認識彰風的。那時我帶着「劇宣七隊」剛到曲江不久，組織關係也未續上，只知道他是合作總署的負責人，還是一位進步詩人，不知道他是廣東地下省委負責人之一。一次，我和七隊幾位同志到曲江北部去看他，南方的氣候是四季常青，但合作總署竹木結構的灰色平房加上當時的政治低氣壓，卻使人有蕭索之感。我是福建龍岩人，他是廣東大埔人，我們既非同鄉，也不是故知，他卻以熱情誠意和樸實的歡迎轉變了氣氛，我們便一見如故，傾談起來，他帶領我們參觀這個機構。路上他轉身拉我落後幾步，對我說：「你們在桂林的工作搞得很好，我聽說了，曲江的政治氣候和桂林不同，情況複雜得多，你們還是先熟悉一下情況，再活動吧，這裏會有人支持你們的。」這簡短的幾句話，頓時使我想起離開桂林時，左洪濤也曾這樣囑咐我。顯然，他的話是組織的意見，初到曲江，我們隊除到長官部演出兩場外，便沈默下來，一直到弄清了情況，打開了各方面的關係，才重新活躍起來。而陸續結識的魯郎、何平、張泉林等熱情支持七隊的忠實好友，實際就是彰風派來的聯絡員或協助我們開展工作的同志。

1946年夏，國民黨反動派迫不及待地發動內戰，形勢日益險惡，陰雲密佈，敵人準備對七隊和後到的五隊下毒手了。廣東地下黨根據周恩來的指示，領導兩隊進行撤離國統區的鬥爭，我和一位同志趕到香港會見饒彰風，這時我已知道他的政治身份，向他匯報了工作，他不但支持我們的鬥爭，還安排我們撤到香港後的工作和生活。強有力的後盾，立刻增強了我們鬥爭的信心和力量，最後兩個隊都安全地到達香港，在他和其他同志的領導下成立了新的文藝團體——「中藝」[中國歌舞劇藝社]，繼續進行愛國、民主的宣傳。當時黨在各方面都有困難，但彰風從來不使我們感到失望，他日夜奔波，籌措「中藝」的演出，安排我和「中藝」去南洋。他有遠見地、率直地告訴我：「困難是有的，但是暫時的，工作要盡量多做、做好。」

1948年夏，馬來亞英國殖民當局頒佈緊急法令，我當時是華校教師公會的秘書，受到統治者的注意，彰風立即把我撤回香港，讓人通知我個人先走，家屬留下，由他安排人照顧，組織關係也由他帶回香港，他的措施使我既感到組織的力量，又感到組織對同志的關懷。

回到香港，我進入《華商報》，在饒彰風直接領導下工作。全國解放前夕，新政協、文代會、婦代會、青代會相繼在東北、北京召開，他讓我負責安排護送從世界各國各地回來的代表，包括郭沫若、何香凝、李濟深、蔡廷鍇等黨內同志、愛國民主人士、科學家、高級知識分子、文藝工作者、愛國青年、華僑學生等進入解放區。當時國民黨反動派控制着這些代表們必經之路——台灣海峽，國民黨特務猖獗於港九、澳門。這樣嚴峻的艱巨的任務，在他的策劃下讓我放手去做，僅憑我的一個代號，他們便能順利地在指定的港口上岸。他這種信任幹部，放手讓幹部工作的作風，使每個在他領導下工作的同志都能愉快地完成任務。他一點領導幹部的架子也沒有。當時，為了輸送人員的安全，經常要轉移住處，他一有機會就來幫我扛行李。一次，我說：「老饒，你是領導幹部，是《華商報》負責人，別搞了，讓我來幹吧。」他圓圓的臉上泛起笑容，說：「怎麼，怕人笑話我？扛行李是光榮，我和你分享吧！」

五十年代廣東反「地方主義」，彰風受到了錯誤處分，調動了工作。工作地位雖然變了，但他都能在新的、不同的崗位上愉快、積極地工作着，我幾次去看他，他不同意有什麼「地方主義」，但他強調，一個共產黨員，不管地位怎麼變化，對黨的工作都應該認真負責地去完成。他這種堅持黨的原則，以黨的利益為重，不計較個人得失的品格，不但當時令我感動，至今想起來我仍然熱淚盈眶。

饒彰風不管地位多高，永遠甘當普通黨員，勤勤懇懇、兢兢業業地為黨的事業工作了幾十年。他在海內外認識的人多，知道的事多，掌握的機密多。因此，萬惡的林彪、「四人幫」妄圖逼他為其反黨奪權的罪惡行徑服務，他在林彪、「四人幫」以及他們的爪牙私設的牢獄裏受了酷刑折磨，但始終堅持了一個共產黨員的堅強信念，寧死不屈。於是，林彪、「四人幫」對他更恨之入骨，終於在12年前將這位堅強的共產黨員謀害了。

饒彰風離開我們12年了，我懷念他，流着眼淚寫此拙文，意在痛恨萬惡的林彪、「四人幫」，控訴這夥害人蟲，也借此點燃熾熱的生命之火，矢志黨的事業，多做一些工作，奪回十年動亂中失去的時間，奪回黨失去饒彰風的損失的萬一！

1982年8月20日

附：與饒彰風、與香港工作有關的一份手稿(寫作日期不詳)

讀者版是我們對外開的窗子，當時的香港總督葛量洪宣揚香港是民主櫥窗，可是我們黨還是處在地下，外界雖然看到報紙立場，可是他們要找組織還是有困難，有事、有要求，只有來找你，找你這個讀者版編輯。我們要與外界接觸，也只能用你這個讀者版編輯，三教九流，好人，壞人。革命的，不革命的，反革命的，只要他上門找，你都可以接見，少談，多聽——這是1949年初饒彰風同志傳達組織決定大力開展對外活動時，再一次強調讀者版的作用時說的。我很瞭解組織的意圖，抗日戰爭的八年，開展過廣泛的統戰工作，我和愛國人士，愛國群眾接觸過，也與牛鬼蛇神打過交道，甚至正面和國民黨特務頭子做過針鋒相對的鬥爭，但總免不了有點擔心做不好，給黨的事業帶來不利。聽了饒的囑咐，我打了愣頓。他看出來了：「黨瞭解你。相信你會做⋯⋯」

在組織和領導同志的指示和領導、在具體工作的同志努力下，一般說，這些工作都完成了，以下是記幾件零碎、不完整的記憶。

(一)據不完全統計和沒留下名字可查、隨着解放軍事發展，秘密經過海上(被嚴密封鎖與監視的台灣海峽及台灣與菲律賓之間航道)先後在仁川、秦皇島、天津、青島、煙台、上海等港口登陸進入解放區的運載數以千計的民主黨派負責人、黨內外領導幹部、科技人員、各種會議代表、起義人員、學生、青年的船隻，都安全到達。

主要一條經驗是絕對保密。為此，比如李濟深先生、何香凝、蔡廷鍇將軍、郭沫若、章漢夫同志等的行李有時饒彰風同志親自和我一起扛。比如湖南起義將領康樸、雲南起義有關人員李一萍先生的眷屬子女都是我親自安排送上船的。

**

其實讀者版的工作遠不止上面所說的，越是臨近全國解放，它的工作越多，從1948年夏起，解放區越來越擴大，香港的幹部不斷的往那裏調，留在香港的幹部越來越少，大家的工作便越來越重。我每天的休息時間從六個小時減到四個小時，最後減到四個小時也保證不了，因為在家的時間太少了，引起家裏老人對我的「行為」發生懷疑，我的岳母不信我這樣忙，叫岳父到我「辦公室」來「偵查」。看到事多和川流不息的人來人往，回去說「他的確忙」，才相信。天曉得，我在「辦公室」的時間，可不夠三個小時呀！我要去參加好多個讀者的學習會，要聯繫一些民主派，要安排一批批去解放區的幹部，專家、學者，學生、青年，到1949年的夏秋，新政協、文代會、婦代會、青年代表從海外來，國統區來(包括台灣來)，我要接待他們和給他們找船，搬行李，秘密送他們上船，到港口時的聯繫。要策動國民黨政權在港財貿、交通起義，護產。

工作完成得都很出色！因為我們每個人都清楚地意識到，自己的每項工作，都是要把水深火熱的人民從國民黨統治下解放出來！

(二)生活艱苦算什麼？

1948年夏，組織要我從新加坡撤退回香港，我接到通知，馬上通過同鄉買了船票，秘密從新加坡河僱了一條小船，劃到海中上大船，什麼也沒帶，愛人帶着三個孩子留在新加坡。那時正是馬來亞頒佈緊急法令，組織要我留下妻子馬上撤退回香港(同天撤退的有饒彰風、黃力丁)。到香港組織決定我進《華商報》，擔任讀者版編輯。

記得是饒彰風同志對我說，讀者版是組織與社會接觸公開窗口，任務複雜重要，除編務外還有很多工作，要遇到很多困難。當時我擔心做不好，但，想到有組織依靠，便不加猶豫地接受了，每月支生活費20港元。

我雖不是單身漢，但妻子兒女留在星州，又是單身漢，正好做單身漢處理，便住在報館四樓。

編輯部的同志大致重複着這樣的，我吃了東風螺，便在人行稀少馬路轉悠一會，有時覺得累，便走上四樓的床上躺一會，做個短促的夢，又起來活動了。當時報館還有宿舍：間道九號(紅房子)，這裏除大廳也是漆身碌架床(兩層)，還有一些房間，那是有家屬的住房，他們有的連一碗東風螺還享受不上，便三三兩兩回家去了。讀者版的工作是無法用這篇文章概括的，這裏只記一件與報館生活共性的。有一次，我這工會主席走到香港中央市場，遇到一位賣蔬菜的熟人，他有點不以為然地問我，「你們咁大間報館，少有也一二百人，這個好主顧，哪知每天只幫襯一二十元，我總便宜的賣俾你地，為乜今天不買，嫌我貴嗎？」

(三)兩航的幾千萬美金的財產，在只有三、四位黨員骨幹不辭辛苦，機智勇敢，工作細緻地領導群眾做了極其複雜的工作，保護。雖然在港英的袒護下，把七十幾架飛機無理地判給陳納德，被劫走了，但，這是一筆必須追還的債。幾位黨員只有何鳳元一人，經常和我保持秘密聯繫。

5. 1959年五十天整風記錄節選整理稿

編者説明

吳荻舟留下兩本港澳工委1959年6月至9月五十天整風記錄，內有各級領導有關國際形勢、香港形勢的講話，與會者檢討香港電影線和新聞線統戰方針等。借用其中區夢覺書記的話説：這是「第一次各方面的同志來參加詳細討論研究，認真其事。把過去的缺點做了一次批判，端正了作風。」又提及「主席和少奇」來時看到問題，以及「廣東省委書記陶鑄也來講話」，國務院外事辦公室主任陳毅、副主任廖承志、黃施民秘書長* 等人也講了話，中央並派了「幸同志參會†」，會議規格很高。會議期間，陳毅批評港澳工委「左得可愛，左得可恨」，這句話在「文革」中遭到批判，卻在日後被很多人引用。

根據國務院港澳事務辦公室黨組書記李後的著作《百年屈辱史的終結》所述：「新中國成立以來，中央對香港的正確方針和政策先後受到過三次左的衝擊和干擾。第一次是建國初期。由於中方部分從事香港工作的幹部不瞭解中央對香港的政策，誤認為香港很快就要解放，因此搞了一些表面上轟轟烈烈，實則暴露自己力量和刺激英方的活動。結果，一些愛國團體被解散，許多愛國人士被遞解出境，最後在『三一事件』中付出了血的代價，中央認為，中方人員當時的一些做法是不適當的和不符合中央政策

---

* 關於黃施民等人的職務：在1959年五十天整風記錄裏黃施民是「秘書長」，根據前出「香港工作組織架構的説明」，1956年成立海外工委黃施民擔任秘書長，半年後重新改為港澳工委時黃施民任副書記，1958年港澳工委推進到香港辦公，黃施民的公開職務是省委副秘書長。「區書記」等估計也有同類情況，不同時期職務變動頻繁，編者無法核實，只原文錄入。

† 幸：原文未有提供全名，會議記錄顯示，幸是由中央派來參加會議的。有指應是辛冠潔，當時任職國務院外事辦公室，編者不能確定。

的。第二次是1958年中央從事香港工作的幹部，受當時國內政治氣候的影響，不考慮香港的特殊情況和特殊環境，照搬國內的一套做法。提出了一些不適當的口號，搞了一些不適當的鬥爭。周恩來，陳毅等中央領導人對此再次提出批評，陳毅批評有關人員『左得可愛，左得可恨』，為此專門將有關人員招到北京，要他們學習中央對香港的政策。發生於1967年的『反英抗暴鬥爭』是建國以來對中央正確方針和政策的第三次、也是最嚴重的一次衝擊和干擾。當時正處於文化大革命時期，中方在香港的工作受到極左思潮的嚴重影響。在鬥爭中不是引導群眾適可而止，做到有理、有利、有節，而是毫無節制地一味鬥下去，致使事態迅速擴大。」吳荻舟這兩本筆記，為李後所述第一次和第二次「左的衝擊和干擾」提供豐富的註腳。至於第三次「左的衝擊和干擾」，詳見「六七筆記」等文章。

筆記中吳荻舟用了很多速記符號，如M代表美國，K代表國民黨，MK代表「美蔣」，E代表英國，HK代表香港，A代表共產黨，A元是黨員，D是黨，另外如「左冒」，是「左傾冒險」，「思、政」是思想、政治，「中落」是中間落後等等，打字時順手補上部分，也刪減了難以辨認的字句，所以這是一份「整理稿」。

5月27日

廖講話：

前已與祁談過，現在聽來，顯然務虛不夠，今應少談事務，多談今天對HK如何看法，總理說現考慮不是解放HK，它是長期的，看國際條件，在東壓西[東風壓倒西風]情況下，或經談判解決。但這是中央事，你們不必考慮。

它的用法，長期。

盡量擴大愛國團結。

HK鬥爭是有理、利、節，祖國對資產階級鬥，HK也是一部分，不給E舒服，才時鬆時緊，對人民福利事做適當鬥爭，根據整個氣候來做。

從這出發，HK不是D報，小事報道也突出階級鬥爭。

暫時不動，給E比交給M好，輿論方針為對HK人進行適當愛國主義教育。

務虛不透，再討論。

只能是統報、愛國報，什麼叫愛國報？本質進步的，形式、風格。

方向明確，人民覺悟提高。但是報與國內有很大或根本區別，即根據港環境，爭取HK多數中間落後群眾。

應每份可入中落[中間落後]群眾手中，直接做他們的工作，教育他們，有計劃有意識的向進步方向帶動。

報不應突出，銷路多才說明成績。

應看成直接聯繫中落群眾，不必通過中間手。

絕不是鼓動鬥爭，過去有此傾向，資本主義社會中一切都是不合理的，如鬥，則每事必鬥，如何幹下去？

今天我們不是比任務，如此，與整個方針違背。

主席說我們不怕鬼，今與1927年不同，不要我們那樣做。

可以適當揭露，但不要搞成鬥爭，不要鼓動，這是基本問題，只要了解任務，好解決。

怎樣進行愛國主義教育。

一種是本質的，愛國，馬說是只有共產主義愛國，資產階級愛國是假的，但在外邊如這樣談，就只有馬克思了。

我們說，國內是社會主義國家，愛國主義的，共產主義的，毛領導的國家，我們用「認廟不認菩薩」就好了，故廣泛，因此別追究投機。

人、社團(掛旗不是愛國不愛國標準)，不是清一色才好，有各種為難不表示，我們都要團結，報就要做此工作。

「過年過節」紅旗如海是值得懷疑的，為什麼要炫耀力量？應該含蓄點，謙虛點，有十分說五分何妨？

愛國不是這樣的，今天祖國力量大，不要當地這樣搞，給自己工作增麻煩。

HK解放是看需要，我們着重思想啟發工作，心裏不能有宗派主義，民族情緒也助其長起來，不走到反動方面。

明天的話今天不講，後天的話明天不講，到時才說好了。

鬥，就要能放能收，放不能收就被動了。

反美，鬥的對象是美，叫人反美把港暫不動，也是為了反美，給M不如給E。

反M如何反？要水到渠成(是毛思想)，要暴露M的基本一面，E、M也有矛盾，暴露M的壟斷資本，方式看自己做的有無思想性，要打中要害，通過要害(李卓案是偷雞不着蝕把米)，能使群眾心服。

要求能了解M動態，HK作為反美據點，不了解其動態，有什麼用？工作如何做？

E挖苦M的文章我可以用，E無話可說。

假洋鬼子可給我用，資產階級報紙上的文可用，用了我們也可機動。

斯說：俄的苦幹與美的實際主義結合起來(即M的講究快、效果，是對的)。

反M生活方式庸俗化，不是從階級分析。

M生活方式是整個資本主義的，不只是M一個的，要妥當處理。

我們應回到政治上來，損人利己強盜作風，大棍主義的，發展到反對一般的人民的生活上，不必！

反阿飛，適當進行。

M片反到他少來一些，好，ME片商也有矛盾，可利用。

M片也有較好的，反飛，反M片都不能絕對化。有分析地進行批評。

在HK社會，資本主義社會家庭多少孩子會有一些飛，把他們都為鬥對象，十幾萬人罵了，是笨做法。

M片可一部部評，六七部壞，有一部可看，這才能信服人(M的製片、出版過去被排斥的人又有些回去了)，評法是八仙過海，各顯神通。

過去做法，有成績，但不中要害。掛帥要掛在基本問題上。

報道基本方針。

統戰的是策略方針，報導基本上是無產階級的。

1. HK報必須樹立威信，報導要真實，虛假、誇張的不來，反M，對M問題加油加醋，也不好，對社會主義報導也如此。

2. 報導大躍進，成績也肯定，但一定有缺點，因此HK報導可能和國內一樣，必須是較成熟典型、大量存在的才報導。

E人大量收我地方報，用來挑剔，外國記者報導還是資產階級觀點，我們就要沉住氣，慢報較好，應多問，多請示，多回來看看，因我們的報外國人也看，就要慎重。

3. 聳人聽聞的還是不幹，只求一天效果，不理明天效果，是資產階級的做法。

我們策略不同，方針、任務不同，不能誇張，過去和談問題就是急了，做錯了，我們是穩步前進，內容是躍進的，對資產階級鬥爭，我們從來不急，只有水到渠成，條件成熟才能做。否則，誇張、輕浮是不當的。

4. 黃色問題。

有分寸的，真實的，讀者來信問及兩性問題不黃。

黃的根本避開社會真象、政治問題，專門突出談色情，或露骨的猥瑣的描寫就是黃色。

我們的正面報總以健康為主，但如何健康，照搬國內學習之類不行，還是要結合當地情況，如武俠之類小說也可以，但不能導致迷信，廣大群眾愛讀的，體裁，內容改一下，可以用。

5. 社會欄要。

***

我們的報必須成為統工[統戰工作]的，廣大的各界愛看的報。

6. 分工。

《文匯》多點大文(如藏問題可全文)，《大公》《新晚》摘要。

表現方法上海派少點，粵化多點，《大公》還可退些，《新晚》更退後些，《新晚報》是茶餘飯後的，娛樂性多些，一天派一條關鍵新聞即可，其他各式各樣辦法吸引觀眾。

人民報紙不等於和A報一樣，應做成聯繫廣大各階層群眾的讀物。

在港辦報，不要在紙多紙少上與人競爭，不抵，應想法出奇制勝：就是一條新聞，打動讀者心弦就好。

7. 日本的中小企業的廣告可適當登。廣告鬥不過他們是正常現象。

5月28日

港工委對報紙領導的意見(金)

不是抓得緊是鬆，有意見說得簡單。

對版面。

要求一個時期助檢查，平日具體些說明那些對，為什麼，那些不對，為什麼。

黃：

電影方面突出我們派幹部，有了領導權，但搞得緊張，如蘇誠壽，韋，經驗傳入貿易，搞肅反，如何領導。

對去台演員如何處理？對敵人是否寬大無邊，或有邊，尤其被迷惑拉過去的，如何界分。

其他如邵氏，過去當敵性看。

6月9日陳總：

辦報也有生意經，看對象，沒人看不行，像李麗華的事可登。吸引高知，就要有點文學。看的東西對象要覺得「有味」，無味人家就不看了。沒有藝術性，人家就不看了，政治性等於0。藝術性強的作品，政治性是最強的。

多樣性點，不要死板板。

香港報多，似櫥窗，應好好用，擺一個臉孔，嚇跑了人，是最低的政治。

要以群眾為對象，先遷就群眾的水平，才能提高群眾的水平。

辦報，要看對象，狂風暴雨好，有時毛毛雨更好，開門見山不一定時時好。

我報常把戰略意圖擺開，這是最笨的，要叫敵人猜不到。

有時我主張宣傳我戰略，有時不宣傳，看我的需要，對M也要留有餘地。

報導(如三峽)上有浮誇，也有是自己腦筋發熱，(修水壩，容七省水，如開運河把水北調，長江下流無水如何解決？)故未定案事，不要宣傳，這是科學，不要畫鬼當人。

版面過份吹影響。

吳對韋事發言：

主要是對方針政策體會不足(中央的海外方針政策)，如報館大字報。

及個人頭腦發熱，小字報。

飛記組織形式

從飛記看，58年飛記方針是正確的，應爭取少賠不賠。

韋事，第一階段同意同人大會存在，實質錯了，後來大會不鬥爭也必然達到鬥爭的後果。這點未考慮到。

前一段不同意自己出面，推她同行政談，今天看來是對的。

後來韋承認錯，本可轉回，曾有意見簽二部，作為過渡，給一個機會，看有無誠意，但這意見未被重視反映給梁。

後來梁有了決定，也就同意了，這說明在個別問題上宣委雖抓了一下，但從整個來看，是頭腦熱，對中央政策體會不深，是枝節認識，整個是認識不足的。

對韋事今後認為仍應從政策上出發，要她回來

(1)先批評，同意她回去；

(2)必須防止韋回後翹尾巴。

(3)說服群眾是艱苦，但為了政策，應主動考慮如何進行工作，才對。

她回，

1. 貫徹愛國統工方針，

2. 不能打擊群眾的積極性，因此提出韋可回來，並藉此機會不妨進行一次政策教育，也藉此考驗我們自己。

**

廖：對中提58年國語統戰有成績，粵語未開展，有意見。

實則國語統戰做法是走向孤島。

舉一例：吳租兆記，引起誤會，說明有統工有宗派(張有不同看法)傾向。

**

談到港公司性質。

多擺些現象，(有關韋的)，爭論一下，韋的事，如無宗派，不會如此，如「干涉」之類。

**

蕭公：精簡節約不如增產節約，拍片越來越少。人拍戲少，錢也少。說明統戰要有基礎，你不能抽象化。統戰基礎，一是愛國拍

好戲，一是拍戲，有戲拍才行，樂蒂給人挖去，就因無戲拍給人以可乘之機。

**

我們是兩條腿走路，時鬆時緊，E摸到我底，大建設好，鼓勵他搞建設。

下面緊，E有錯覺，以為是北京意見不好。

我對印度鬥爭適可而止，雙方都收，他再搞我再來，尼用來打擊印共(主要是尼搞的，與MK關係不多。)

下面同志思想急躁，小資情緒。

——如何做共產主義。我們不是港，老實講我們要全世界，為了大目的，小的排後面，台港澳都不要，如何？我要全世界，應忍耐，小不忍則亂大謀。

蔣兵有兩萬在緬邊擾，一個運動，邊區少數民族就跑，後又回來，我出兵一團就解決了，就是不出，一出東南亞震動。

我用28年解決一個政權問題，今天只搞好自己，只搞自己的，將來水到渠成。

我們要爭取和平國際環境，掩護建設，又不示弱，也不能盲動。

説夏秋有變，也如此，敵要緊張，別把自己也搞緊張了。

陳總：

我們去年太熱，超ME，幾萬萬人戰線，出點問題，也別見怪。大躍進，緊張(58年)了一次，總結了經驗，今後組織生活過日子，留有餘地。

在港具體環境，我半公開下工作，不是要改變半殖民地地位，他對我有利，才留下，不要用暴露自己的辦法做事(不搞捐，思想改造)，發狂的做法是小資的東西，助敵。

作風上暴露式的做法，是不利的，左傾革命家與馬克思主義毫無共同之處，要退就退，要攻才攻。明顯的，不是E問題，是M問題。

應總結一下，好好分析一下具體環境，大家是受資本主義氣，沉不住氣。

對主席文章也別迷信，要研究，如紙老虎，何必在銀行人中學，是自討沒趣，有搞政治的，也有拿錢吃飯的。

**

陳説，「左」(指我們HK一些A元)得「可愛」，「左」得可恨，「左」比右壞，初看進步，最後破壞。

對院商會例説明

統工方針

對敵鬥爭

過紅(國貨公司開幕去)

***

另一是機關的做法，戲個別談話等耐心不夠，是用會議的方式領導。

不是中央無方針，是用自己水平要求人，統工不劃思想界線，愛國不是界限，是實質，不是愛國團結，是團結愛國，對人。

複雜問題–要純潔隊伍，這就不是統戰，本要培養骨幹，積極分子，結果想全部搞，不得人心。

**

HK隊伍就是複雜的，政治上要求到什麼程度？

**

樂蒂走的本質是什麼，演員票房價值。

***

如HK影界不斷出去一二個，將來不只是孤島，且將陸沉，孤島是否維持得住，界限分明就孤立，原因何在？應多想想。

6月13日夕先發言

(應好好檢查，過去從思想到行動上表現出的主觀，片面，及混亂情況——張)

***

務虛，要有一種風格，問題不在X部或誰，主要在於有自批精神，如果談起來責任在上下，自己沒什麼，就不好了。

我們的思想影響着群眾，群眾在大勢下，常比我們更「左」，形成了上下一致，內外一致的排他性，與關門主義——辛

宗派情緒產生與驕傲是否有關？在HK雖非我地，但A的力量大，背後有強大的祖國，國際形勢又東壓西，社會、民主人士靠我吃飯，就對A外人士，特別對中落更加看不起。

宗派情緒在作風上產生簡單粗糙行政命令，國內更易產生，HK環境不同應少些，但思想上有了(如學習)宗情，就不是反復與人商量，做細緻的工作。

社會主義民主，資產階級攻擊我們，説我人大等都一致通過，不民主。我國初不懂，後在經驗中，每次舉手就產生了許多複雜細緻的工作，問題十分多。在HK把A的政策貫徹到群眾中去，更要細緻耐心，多協商，不是簡單粗糙官僚作風——黄

對統工艱苦性不認識，過去批自己生活方式，坐茶樓——廖一原*

在HK的各企業逐步都變成我出錢，統工統到這地步，以前資本家出錢，我掌握，如今變了，這對不對——諸

在品，我們(1)錯在當初搞紅了它(2)錯在58年又放夕下去，(3)請示「組織」這口氣哪來的。

對品實質的看法(呂的看法)，呂是比較好的資本家(基本上算是進步愛國的)，對這種資產階級的兩面派，估計不恰當，做法就

* 原文有「廖元」、「廖源」等，統一為「廖一原」。

會錯，當呂消極地想退出搞別的，未明確堅定安定他。而一則染紅了，二則賠本，三則把權拿過來，弟弟的權也削弱了(如劇本被説明莫名其妙)。

從現象看如此，實質上是越錯越深，派人接管了。

説明長期無人下去，政策貫徹不下去的説法，是不正確的。

姜明的「左」實際也應由我們負責，因未教育他。

過去所提隊伍(自己的，純潔的，A的)是不要了，隊伍要，但不是那樣的。

鞏固陣地問題，提法是不錯的，但不是形式上的，問題是我們用什麼路線、方針、方法去鞏固 —— 施公

6月16日羅夕在韋事發言

直到京談之前對統工政策未有認識。

「干涉」–未叫X部討論。

政策問題–請示過的。

請工委談談，認識清楚。

工委出面好不好，説過。

當時氣氛，電影經濟–長經濟壓力

韋事，—— 上做法，建議交支部

不了解，請示過，反案怕。

中問過梁，決定了，才怕為難，

張提出上下不講過，對立不好，不如開會，請吳參加。

張不同意吳才提出真理，不怕叫，是政策。

一些觀念要澄清。

飛記是合作社性質；

對資本家的(如呂三未請上廣州)

去者不留，來者考慮。

號召父母扯後腿可不要。

到外國留學問題。

對袁仰安的看法是否對。

蕭公：

對落後面如何辦(小資演員天天都會亂說亂動)，對害群之馬如何辦(韋是否害群之馬？)統戰中各式人提出要求如何辦？過去說讓他們自由主義一點，另面又說要教育提高，這幾條界如何劃。

國內、國外鬥爭形式如何分，在國外有理、利、節如何抓，不同對象又不同，但宗派情緒可能障礙着我們。

在統戰中如何調動一切積極因素是大學問(提到梁漱溟、費、呂等)。水平低是一回事，問題在於執行，對A的政策是什麼態度。

54年以來，就一直想着培養自己的隊伍，如何設想HK一千餘人成為我的隊伍？

**

電影與報紙不同。

從一部影片看，如眼兒媚，只能說藝術水平低，但這是假象，本質不揭發，會麻痺了，引發一批批走，孤島就會陸沉。

6月16日黃公：

一、內部統工，我們所掌握的機關、學校，它不決定於機關性質，而看有關對象，國家機關有民主人士，故必須做統工，有統工政策。

HK國家機關是社會主義性質，但報館影片公司有私人資本，有A領導，就要做統工，對對象做統工，交朋友，否則，孤立了自己。

過去革命大失敗，往往敗於統工不好，「左」錯多於右。

統工有團結有鬥爭，這是經驗總結，一切鬥，自己就孤立，這國內外一樣。

HK統工，是長期的(國內也是)。不只如此，HK解放後也是有統工的，兩個長期。在這情況下，要求不同，政策尺度不同，因條件不同，只是愛國主義，故政策更寬不會更嚴，如對資產階級知識分子，提和平改造，是說服教育，這在HK更重要，鬥爭也是說服教育，鬥爭是政治上的，思想上的，工作上、政策上不渾水。

無產階級和資產階級是界限分明的，與右鬥是界限分明，處理則作為人內[人民內部]矛盾。愛國標準，在統工上衡量，是要求的標準，要求他們，分進步、中落是內部掌握，內部秘密。

不了解政策就不能貫徹政策，要研究人物，自己排隊，才能掌握。

國內是贖買，五不變，A花點錢，在政治上主動，如西藏，用錢買回政權制度。

(如對韋等薪水是否應加不敢說)

毛說：A只有權團結人，無權排斥人，凡已合作過的人，除有證據的K，不能渾水，此外作風私生活品質等惡劣的，要教育，不能排斥，尤其在HK叫愛國一家，使他有印象覺得與A來往不吃虧。

與這些人合作，不怕叫，就怕他不叫，我們提倡唱對台，互相監察，他叫得好，從他的角度，反映，有好處，叫得不好，錯，我們可以了解他，只要我頭腦清醒，統工就是做落後工作，我們要提高進步分子，一起做落後工作。這要教育，可能他們比我們還左。

HK這種情況下，要求低些，愛國統工。

群眾路線問題，A的群眾路線貫穿各面，統工同樣講群眾路線，為的貫徹A政策，過程中又教育與提高群眾。

在HK，國內的許多指示、運動，要分析。有時A內外搞，有的A內外不，但對上層A外人士，有的保護，分別對待，故韋事，人雖肯定不好，也不能根據群眾意見(國內反右時，鬥時群眾比我們「左」)，處理時，說服寬的好處，具體處理時，寬，群眾、右派自己歡喜，說明群眾思想從寬，思想感情上甚至接近右派，在運動中的「左」的表現是大勢所趨(如夏夢批韋)。

韋的自檢是假，必要我們就弄假成真，按自檢不執行再批評，我就主動了。

尼赫魯五項原則我承認是真的。

走群眾路線是為了貫徹A的政策，把A的政策與群眾要求要一致，處理韋，問題錯不在群眾。

對韋的處理，應看她的觀眾，群眾影響，從這二項考慮對她的處理，一方面貫徹A的政策，一方面不能損傷群眾情緒，是否她向群眾低頭認錯。把我們與她的關係緩下來，祁提七關，可用，多方面談談，不要看她是一根頭髮，背後有一把頭髮。

韋事是兩條路線的鬥爭。

一是小資盲目性，有宗派主義，即不能廣泛地在愛國一家的情況下工作，又不完全是盲目的，有一定的自覺，否則多次教育為什麼不接受？

一是無產階級路線。

品、飛是統工的單位，非社會主義性質文、電單位，群眾大會還是要A首肯的，如是社會主義性質的也不能人身攻擊，(私生活)統工單位明確不能。

是國家幹部，也是統工對象。

品飛從業員，是幹部(在A的意圖下工作)，也非幹部，在HK環境，首先是統工對象，在實際工作中起了為我工作的作用，但用作標準要求就不對了。

明確了是統工對象，就不會用A、B標準去要求，也不能社會主義幹部，用A性修養去要求(如鬥韋，人像，私生活，錢)廖公說「馬馬虎虎」的愛國標準去要求。

韋也是舊社會的犧牲品，用無產階級的人道主義看是可憐的，應該同情。到現在同志們的思想感情未改，這點不搞通，將來執行政策也是勉強的。

韋是拍了幾個片子，有這一點功勞，這樣處理，是過橋抽板，殺雞給猴子看，會叫人涼半截的。

韋問題不是偶然現象，只是一個例子，我們提出「伸正、打歪、純內」，根本是不可能的，國內都未行(民主D派)，是什麼純潔呢？政治上不行，思想上更談不上。

分配是嚴重的政治問題，減薪是笨的辦法。

不要明星制、捐獻、學紙老虎哪一樣合乎統工的文化機構呢？

**

我們的思想是割裂的，談韋事，不聯繫蘇，聯蘇不聯陶秦，談韋事，也分為十幾個問題，而不是聯起來看看究竟是一個什麼問題。其實這有一條線，從思想到政治到做法一套。中央一套，這不是兩條路線的鬥爭是什麼，到現在，談起來還說難，面子，是什麼意思呢？

將來應與韋說幾句親切的話，說明人身攻擊不對，二說未及時簽約不好，及時簽下，三說未簽約以後無此不愉快。

如此說得好可感動人，提高自己，否則不僅與韋的結解不開，我政治上的主動權難爭，她出去翹尾亂說正好說明我。

心中不服，說韋翹尾，A元與韋爭一日之長，是笑話。

一是機關事業內純潔，一是A內純潔，關於純潔，毛說，在江西最純潔最難過，在延安三三制，好過一點，在解放後最不純潔。

在HK，純潔下來，成了孤家寡人，那兒硬是有兩條路，我們不要，別人向他招手，不只思想，政治，而是實際兩條路。

思想上討厭落後，劃清界限，政治、工作上不能討厭。

我們所說宗派不是指A內，是指在統工上，思想上的排外情緒。

6月17日□公：

統工重要性問題，三大法寶之一，這句話如何具體運用，研究不夠。

統工是全A政策，每個A元都要做，特別城市，任何部門、崗位都要有統工，按馬列原則、觀點、實際情況，產生一個政策，中國革命的理論豐富了馬列主義寶庫，理論之一就是統工政策。毛選是談統工及總結經驗。

統工社會基礎為我國有不同階級，產生了不同思想、政見、認識、階級、民族分析後，從不同中找出共同目標，定出政策，共同為之奮鬥。

統工執行的正確不正確，關乎中國革命之成功與否，歷史已告訴我們，就這樣才說它是三寶之一。

舉幾個例子，1936年A提出抗日民族民主統一戰線政策，民族即抗日，民主反獨裁，當時統工範圍相當廣大，包括到不願做亡國奴的地主階級在內(資產階級在內)，工農是統工基礎，當時在敵後，解放區是充分貫徹，在大後方，也動員廣泛力量為抗戰，抗戰八年，與K談了八年，戰勝後又談，談本身就是統戰，這是當時統工任務之一，另一是與上層資本家，知識分子等統工。當時與地下A工作分開，為的是怕K反動，K不敢抓談判者，因有解放區保鏢，當時與各方談，交，為的是團結一切可團結的力量，孤立蔣，蔣原想用限制孤立、說服來溶我們。

K想限制孤立我，結果我們孤立了他，如皖南事變後，K圖利用各民主D派上層來軟化我們，使我們為K擦粉、捧場(參加他的一個什麼會)。當時上層對K有幻想，恐懼，也來勸我投降，我們則苦口婆心，說明我之12條，為了說服這些人士(明知蔣不接受)再提更溫和的新12條(我們六人談)，蔣真拒絕了，教育了民主D派上層，知蔣的欺騙，而同情我們，蔣想孤立我失敗，我們當時為一二十人如此花勁，就因為他們不是一根頭髮，是一把。後來(41年)送他不少人去港開闢海外統工陣地。

1944年文化界宣言，當時A提出召集國是會議，成立聯合政府，有300多人包括各界(使國民D惶惶然)，當時郭老積極(他的一個團體被K搞掉)是左的，及一些中間的，通過我之不懈工作，國民D想孤立我，結果為我所孤立。

舊政協時，5方面各12人，國民D動機是騙人民，分化出青年D及其他D及社會賢達，以孤立我們，爭取時間運軍備佔華北，又受M一定壓力，我做了很大鬥爭，結果民盟內有許多動搖，但由於我統工影響，如羅隆基、張君勱等未被拉出去，反孤立了國民D。

當時這樣的鬥爭，分化、孤立的鬥爭，是A進一步擴大影響。

較場口事件，撕了政協決議，儘管決議沒什麼了不起的內容，也被撕毀。當時的幾十個民主D派，工商界幾十人，教學界幾十人，文藝界百把人，階級層雖廣，只幾百人，整天開座談，內容就是時事政策，用之來宣傳A的方針。另一是個別談話，可以深入，做壽等方式傳我方針政策，皖南事變後，緊了，也不能天天做壽，就做戲，來打破K的控制，及爭取廣泛中落分子，當時是爭多一個朋友，就少一敵人，利用各種各樣形式，把A的政策交下去，根據不同具體情況，靈活使用。

A的領導，肯定的；

堅持立場、原則；

靈活的方式；

可深入中落，可深入國民D心臟。

**

HK要否統工，毛說，HK是長期的不收回，外貿、僑工、碼頭、僑匯、反M陣地，通過HK深入全世界，大有好處。對台工作基地，這許多好處，誰做，統工佔重要地位，這些方面深入到HK社會各行業，各階層中去，才能起影響作用。

不通過HK，華僑工作也不容易深入東南亞。因之，我們對這工作應有認識，這是A及人民的要求。

HK的統工與內地不同，國內比解放前高了，由共同綱領–過渡時期總路線–社會主義建設總路線，來進行改造教育以備在幾十年後消滅他，用統工消滅，不只用軍隊。HK大概連共同綱領也提不上，基礎就是愛國反資的政治基礎上團結一切可團結的人，不唱高調，人民公社是「挖祖墳」的，資產階級受不了，作為宣傳可，作為行動綱領不行。

統工目的是打入複雜，使其不複雜，只有提高，不能怕複雜、麻煩，工會工作容易，但工人階級不解放全世界自己也不能解放，工人階級必須解放自己以外的其他階級才能解放自己。這是教條、方法，也是事實。如我避開這麻煩，將來更麻煩，故統工似雜貨攤，目的給以政治糧食。

因此，也不能簡單搬國內，如紙虎[紙老虎]學習，國內的資產階級也是口是心非。在HK，我銀行職員就不幹了(也不去台M)，説明搬不行，要根據HK環境來決定我們的做法。

HK左中右如何劃，國內由六條劃為二條。

這在國內也不易，五–十年才能大概符合，在HK就根本不應搞。

是否放棄？宣傳可以，故劃分左中右。

是否還是從愛國反資劃，還是否要劃？也不一定。如陳祖沛在國內右，在港左，如在HK，能起進步作用。

但掌握、團結一批進步分子為我工作，是要的，統工公式：團–鬥–團，團左，爭中，孤右如韋，和風細雨的教育要，鬥爭式的批不妥。

從反資愛國標準看。

朋友多一個好一個，敵人少一個好一個，一件事上的朋友也好，使對方對M的向心力越少越好，對我向心力越多越好，不是搞跑搞臭人才好。

鬥人人就不來了，孤立有什麼好，太壞批下，不接受，等下來。

對人民做了一點好事，雖思想有點搖擺，也不忘記。

因此，在HK統工是要深入各方面，擴展A的影響，除報紙外，還要通過一些社會活動，接觸，交朋友方式來了解熟悉一些人，通過他們來擴大A的影響，對台工作滲入等，故不要怕麻煩，純潔有何用呢？這是不容易的事，怕比在渝花更多時間。

不怕麻煩，複雜、渾水，如有人怕失立場，機械劃界，縮手縮腳，乾淨了，有何用？使A的工作損失，觀點是從個人打算出發，只圖個人清高、乾淨，結果把A的影響、利益損失，把群眾送到敵人處去了。

右是階級不分，敵我不分，不是我統人被人統了去，使A損害，群眾送給敵人(如陳獨秀，給敵統去，有團結無鬥爭，終至投降失敗)。

「左」到打倒一切，把群眾推到敵人去，故統工中反對寧左勿右，統是為了消滅階級，就是一個正確的政策，「左」右都不利。團–鬥–團，就是反對「陳」的右，「王」「李」的「左」的經驗而成一完整體系的。

在A歷史上，「左」的損失大於右，對「左」的危險認識不夠。

有人說五年滅資產階級，如果如此，他們摘了資產階級帽子，再販賣資產階級思想，反削弱了對資產階級的改造，有什麼好？

宗派主義(1)即把我與A外劃一界限，不是把我們深入各處擴大A工作，它是主觀主義的思想方法，用主觀尺度量人，合乎個人願望同意，不合就扣帽子，是有了有墻有溝，不搞掉是不行的。(2)不研究分析各階級的思想政治動態，看人討厭，生活方式不合意，不知應鑽進去，了解他們，熟悉他們，才知他們對A態度，思想轉變過程，如何影響他們，把群眾推到離我遠了。(3)不熟悉A的政策方針，不與具體實際結合、貫徹，有什麼用呢？結果教條、八股，就不能擴大影響，完成A的工作，使自己吃了虧。

**

對台工作，是建立我之力量。

。

現是敵我矛盾，將來可能轉化為內部矛盾，這是將來事，不能拿到今天看。

今天K與我有不多的一定共同點，一是不贊成兩個中國，二是(小的)他由於個人利益有點抵M(反M不敢)，我反M，可以擴增加些。

為了孤立、打擊M，擴大他反M行動(他有反M經驗)反M經驗，抓住台澎金馬，不被M佔，就好。

解放台灣可能是10–20年事，工作卻現在就可以做，做得好，早一點，這在HK做就方便了，但不能急，不見急效，通過對他們在HK上層的交友等，造成一種氣氛，但我不策反，引起M的挑撥加壓力。

問題宣傳要廣泛，具體行動不能廣泛，只搞其上層(三個)，對他們有影響的，以免他們以為我急，看來不是群眾工作。

與邵來往，南方來往，大會等做法，是為了爭取團結？還是利用？

當時認識是親美K，做法是團結、爭取？

樂蒂走，我緊張，說投對方，去後，緊了，界限，王影要過來，我考慮要2500，勸留在那邊，是否怕來了又回。

歐陽莎靠過來也說「過去」。如認飛記也是統工單位，兩邊來，有何不可。

二、對蘇誠壽罪告，續拉人(思思)，王震關係。拉于粦為邵作曲。

拿品不用劇本給邵。

李翰祥勸蘇拍大堆頭片，做蘇劇務，因此認為不只是去邵氏問題，還有K間諜。

根據這三點，鬥他，把MK目的和邵目的混在一起，為觀點正確。從團結出發，揭MK目的，滿足邵目的，就與蘇說明，不必偷摸，覺給去可回，可團結邵，抵制MK政治目的，達到我之愛國主義教育，團結工作(主要把邵與MK分開，我們把一件事的兩種性質混攪了——肯定邵機構有MK分子——)。樂蒂發宣言，是樂個人事，不應是邵氏帳。如主動給樂去，樂寬慰，邵也不會發宣言。過去我們看品飛是我們的，僑委早明確是統工單位。

新廠租給邵用，是為了掩護，警惕壞活動，沒有把壞蛋活動與邵氏分開。

租給邵後，敵人怕，攻邵氏，我們欣賞，如正確，就該幫助MK，爭取觀點不牢固。

鍾當時不主張租，夕認為有利，但因單純利用觀點，MK搞，就旁觀了，沒有為他着想，以爭取他，體諒他。

飛記合約問題，強調鬥爭一面，不怕一年半載是超過了限度，不應考慮到破裂(是MK不在乎，是團結對象，鬥也有餘地)。這是把邵政治性質估計強，MK與邵混攪，正確的，大力爭取簽約才行，也不至忘記「面向海外」，向國家拿錢。

總：我們應估計邵中有MK關係，但要合理，是否每事都有MK活動。

孤島之形成，力量出去，疆界分明三點之原因，傾向之形成及今後。

如李萍倩的落後，有宗派，可能離開——吳應可負責

吳近日心中緊張，如社會主義寫上，緊張什麼呢？

6月20日

吳對邵氏的發言：

1. 沒重視他拒絕台灣的一些無理要求如派來徐欣夫，以及仍買我們的影片等。

2. 強調了邵氏是被打入，要把美蔣與邵氏區別開來。

**

[廖一原]：HK對中間落後的方針是搞渾水，非搞孤島。過去未把方針緊緊結合實際工作，不斷根據方針佈置工作與檢查工作。「三一」事件是在大軍過江時狂熱發生，事後未總結、吸收經驗，朝戰後又狂熱。1. 對電影工作如何長期生存，從沒有系統的研究過，我片是導人向上向善，這一套方針邵氏能否接受呢？2. 怕負責。HK是長期的，不會不犯錯，中央方針來了，一層層傳下去，檢查起來，有説過，是不是完了呢？事實是做錯了，這是客觀效果，不容否認，問題是HK沒有訂出一套辦法，為什麼沒有A員氣魄大膽承擔下來。3. 多年來，如我們不是這樣對待邵氏。

蕭：(關於海外文藝)，中央對於海外方針是有一套的，為什麼外面沒搞好。看來主要是下面同志自以為是，經驗主義，未把政策好好務透，就做錯了，但不足為奇！

對陸氏邵氏破夠，立不夠。對呂氏，三權都沒了，國內都不這樣搞，也是政策上的錯。影聯現在也要考慮，只能搞福利，擺得不好，影響統戰，這也是方針問題。對中華商務問題，也是政策問題。HK工作中，反「左」比反右慢，歷來反左反得不夠，這是最大的危險。

幸：對邵陸是政策上的錯，是把友當敵來做。現應肯定邵陸是中間的。兩公司中都有MK分子，其實邵氏對MK活動有疑慮。

王：就像國內資產階級知識分子是否革命對象也未完全解決，在香港，誰是敵、友？毛在階級分析時說：劃清敵友，是革命政權領導成功失敗問題，我們主要的戰略是團結友，打擊敵，劃清1. 經濟地位，2. 對革命的政治態度。民族革命時，民族資產階級是中間階級；在社會主義革命時，民族資產階級就不是中間階級，因社會主義革命是消滅階級，他們是革命對象。但由於有積極的一面，我們又採取和平改造政策。在香港現在不搞社會主義，大躍進、總路線都不能搞。在香港，資產階級、逃亡地主、官僚資產階級、MK特務是革命對象，一定時期對某一敵人還有一定程度的暫時聯盟，對分化敵人也有利。「打倒一切資產階級」也是「左」的，海外華僑都希望國家國際地位提高，又因在國外不搞社會主義革命，及可做生意，幫他發財，他也願在某些地方與我合作，受我領導。他有剝削、反動的一面，任何資產階級都有兩面性，與我們來往得利，我們政策執行好時，與我們好；在生意吃虧、國際環境差或我們政策執行差就翻過去，這是長期的，反復的，直到被消滅為止。

邵氏不是買辦，不是官僚資產階級，是「有奶便是娘派」，與台有往來，是中間偏右。看他應付MK，不易，不知是否有軍師，看得出來他不敢也不願斷我們關係。因此應團結爭取，在某些地方應有某種鬥爭，但應是和平的批評，目的是達到進一步的團結，就片論片，具體分析，不是你死我活的鬥爭，而是有理有利有節，可以交友，我們頭腦清醒，就能出污泥不染，而能影響他，能影響多少是多少，有來有往。

6月22日　王：

在香港不能樹敵太多。思想是客觀實際的反映，香港是資本主義世界，甚至會有一定的洋奴思想、崇拜資本主義，中國從政治經濟思想戰線上説消滅資產階級，但資產階級思想是長期存在的。

國內以馬列主義改造，香港不可能，因之報上有自由主義存在是客觀反映。右傾保守是對形勢估計不足，不能及時掌握有利時機展開工作，縮手縮腳，魄力不大，缺乏創造性，思想不解放是右，國內一套搬到另一環境，簡單化是左，故務虛批左又批右，不要批一邊又偏向另一邊。

6月22日　報統(金)：

55年，是廣泛交友，友多才好。別老52張牌，別怕複雜。友多才説明有活動。當時《大公》，《文匯》等A外人士均在座，要求打開新聞左右。又提打破壁壘，渾水摸魚。現從版面上看是壁壘分明，人事上，《華僑》《星島》內部人士有敵有友，有時可利用。如藝團、國慶廣告等。

人有些往來。如何、岑、李等，有些我報酒會，何等也會到。《華僑》有些開展，《星島》少。下層與我幹部(如張思建)有些來往，這是暗中，明的不往來。老關係的個別暗來往一下。

這三家有些開展。對台政策開點，他們來往也多些，但基本局面改不了。有時在版面上一致，如劉自然事，飛雁輪等有些一致，似共同點。並非他們找，是不能不如此說。平日有來往，還是天天罵我們。

這是M起作用，如邵氏一樣，派人進去。如何等受M津貼，亦派人進去。

《成報》宋郁文也與M新聞處關係密切，有人懷疑汪雨亭也受M津貼。

故蔣滲透與M津貼，使報面對我敵視，是我工作之困難。

幾個報(如《星島》、《工商》，現為何世禮，性質要重研究，《成報》)我們對它觀念是錯誤的，妨礙我交友。有二(這是廣州的意見看法)：

認為敵視的，HK基本無中間報，只有兩極端，華、星不是嫡系的，是雜牌的。岑在台有辦事處，《星島》握大權的非台即M人馬。版面天天罵我，替M台捧場。不承認是中間性的，儘管有往來，但看為是國民黨的人爭取過來，好像是為了分化他們，拉他們出來，也是把他們內部MK幹的事上在岑等老闆頭上。不是認為是岑的報，他不是MK員，來往中也表示對MK不滿，對K失望，不是忠貞分子(也不滿大陸)。本來是中間狀態，故缺乏階級分析(金的)。

《星島》更緊張，胡仙無社會經驗，文化不高，更談不上政治經驗，她把報當商品辦，要名要利，她也說父親說《星島》是中立的，認為目前是中立的(人家告他)，有時她也看出不「中立」(如《星島》與《時報》版面同)，認為父親說是要「中立」就如此。

M在拉她，請她去M玩，參加國際新聞會。但去後對M印象壞。今天M對她的利誘不存在。她對我們意見多，胡文虎死前與我關係不好。永安堂被封，公債，徵用後我與之談歸還，她說是空的，無人肯回來管。公債無下落，萬金油允許，後無下文。

吳：白報紙生意做成了。

金：萬金油做不做得成，不能肯定拉得成《星島》過來(原料靠M，台灣是大市場)。如今考慮，入口油不如給她原料更實際。

永安堂現抓在緬籍華人吳某某手上，從入口原料上賺錢。此人與胡仙之間有矛盾(吳與緬甸領導有關係)岑靠E發財，胡不靠E。胡文虎與E有矛盾，胡仙可能也受影響。辦《虎報》原意罵E。可推想胡仙也有反E情緒。聞她手下為MK，她被包圍。有一些人，失了勢，想借我勢力把胡拉過來一點，排MK者，提高自己。這些人我可以使用。

**

岑與K本有矛盾。他由E培養的，省港罷工時對E有功，結了關係。E是他衣食父母，日時做了漢奸。光復後國民黨通緝他，想拿他財產報紙。經E保護妥協，現為台灣僑委。他對台灣無望，蔣介石要他去台灣，他不去。去年叫兒子去，在台灣的辦事處。K抓得緊，《華僑》報去台有時要改版，台也不滿。故岑對台多方干涉不滿。

目前M拉他，叫他與兒子去M玩，不是台忠貞分子，也與我有個別來往(如今年春茗)。

岑在春茗中說「大陸改好(人民生活苦，殺人)才回，否則不回，但來了，說明個人願與我們交友。

49年大軍過江時，何建章看形勢E也要承認我，曾號召「左」轉。又估計《華僑》可入口賺錢，後來E對我強硬(封了38個團體)，我不允許入口等。

現我對他要求不高，不要求公開來往，手下人為了混飯吃故私人來往。

《成報》為了賺錢，版面反共，與《華僑》不同，用我的白報紙，自稱中立，與我有來往。幾家報下有200人可來往。

主要我未將版面與報館性質劃清，何建章與我公開來往，雖也可能是岑授意，個別MK罵我當為報館的事。現想起對台事常與他們聯繫，否則對台冷熱應與他們無關，無冷熱問題，說明是把報紙性質混淆了。對台冷也冷了他們(金馬事件時)，不去與他們來往了。特別和談後，不必主動去哀求他們。

當時上面批我們右傾(尤其當金與馬鬼等貿貿然談投資登門造訪)。

他們與台當然有聯繫，但不是

**

急功近利，各種節日邀請來京觀禮，一再要求，逼人攤牌，個人搭上線幾次就想拉人回國。吳在與岑第一次吃飯上就提出。在大會堂問題上，也發動他們捐款，故後來何建章交不出捐款冊，這是要他們參加我們的運動。

吳：大會堂時還要請他們做顧問，後來岑不肯，何建章用假名。

金：最不好是急於要他們表態。

《華僑》與《星島》有界限，如何劃分？

胡仙中立，下面壞人多，我們對之壞，《華僑》我們理得多些，實則兩家一樣，應一視同仁。

發帖子的反應，我未分析。有人把帖子視為榮，只要不罵，無不可，罵的如陸海安，可不必發。他們下面的記者，我們看為是混飯吃。交換照片等，下面做了，以助他們免被老闆罵。

過去報上罵人，「三一」事件後，說明不能樹敵太多，就不罵了。

現打擊對象是斯人、陸海安、鄭柳郎等三人。報紙對象打《真報》。廖主任對這三人已定案的說法也反對。

《虎報》吳嘉棠張國興是徹底M化。

吳：去年開始張聽説已與小蔣有關係。

羅：對報補充意見。

1. 版面壁壘分明。個別問題上如西藏、劉自然事，我們滲透，不能在版面上渾水(廖公未説過 —— 幸)

2. 上層一部分來往，下層來往多。

3. 下層採訪合作多，體育合作尤其多。

4. 副刊稿較多(他們的人寫的)使用。我們未有計劃地給他們稿，使用他們的報，因我自顧不暇。本來有可能使用港聞消息、照片，我們與之大量交換。

5. 我《大公》《華僑》合用一個體育職員，且正式的，不過少些。我們也未好好使用。他們對我反映《華僑》情況是有保留的。

6. 過去劃界界限模糊，從個別報館的人罵我們，就反感，未分析報館的性質。

如老闆看，《星島》更中立，岑未這樣表示，版面上就不一視同仁。幫助《華僑》，反對《星島》，罵《星島》多。

7. 搞蕭紅遷骨，今天想起來還是「左」了。開會多是進步，如冼星海紀念會、畫展、回國參觀後報告觀光(文藝茶敘)。都是進步的，沒有談天説地。小型比大型好，自由主義多點。

高雄不來國內觀光，心中不舒服。(來了就紅了 —— 僑委)

諸：從以上説明他們願與我們來往，不過不等於敢公開來往。我心裏明白他是什麼人就行。不過我們不能不研究他來的動機。

6月22日

蕭：HK報注意要分析三點。

報紙

報紙後台問題

報紙內部編輯記者問題

分析他們什麼關係，分別對待問題。

幸：報與電影不同，統工複雜，因它是直接政治鬥爭，針鋒相對。

金：三種報

1. 蔣資，直接蔣投資。如《真報》、《新生》、《時報》也是MK混血兒。

2.《工商》。

3.《星島》、《華僑》。前者是華僑資本家，後者不拿M津貼，在當地新聞上是E的傳聲筒，是土生土長的。故《華僑》、《星島》、《成報》可爭取。爭取不是要變過來，只是稍稍轉過來，不妨礙他進台灣。

幸：下面做些準備，把資料等準備起來。各報有總趨向。各報因負責人不同，表現也不同，現放下，維持着，等廖公指示一些原則，但可看出一點，對各報新聞從業員要來往。(《時報》、中央社再請示)。就是陸海安也別看死，他的政治態度不是已「定論」，只有美國人絕不來往。

施：過去對陸等看死，過去看法上左，未分析，打擊面就擴大了(怕不止三人)。

2. 把報館與編輯記者分開，如何區分將來要考慮。

3. 過去看個別同志的做法，可做可不做。(金：事實上我也未做多少。)

幸：過去中央有一條明確，不與之交鋒(即扭打)，不策反。去年對《真報》梁曾提出交鋒。(幸：以後別搞。)

《真報》想挑起來和我們吵架，交鋒他們會增紙，所以我們千萬別與之扭打。《真報》內有托派，要認真研究。

與《時報》、《真報》、中央社機構不發生關係，各從業員可以來往。

6月22日

[廖一原]：「三一」事件前後粵語片未搞「影學」，因他們較落後，受歧視。「三一」後，中央方針是長期生存，爭取多數，以灰色姿態出現。52年底中聯出現，提出「伶星分家」，我們通過盧敦去勸說。「三一」事件令粵語界害怕，黃曼梨在《華僑》報聲明脫離影聯，我們未歧視他；55年張瑛搖擺，後因為路狹，想回中聯(中聯曾眾怒要開除他，我們派人勸阻)，我等也奔走說服。

粵語界怕談政治，演員只想生活，有工作就行了。幾年來看，因為在台灣無市場，他們與MK無聯繫；另一方面，大陸也非他們市場，故貫徹中央方針不夠。

我們未鼓勵他們去(邵氏)，也未指責。我們包不下來，對他們的生活也無理由干涉，只是承認了客觀事實，一定程度遷就了客觀事實。

意見：幾年來領導對粵語界重視不足，未好好做一專題研究，58年鬥爭多，粵語片部分人怕直接參加鬥爭，顧慮多。他們參加固然好，不參加不應指責，總結中說粵語片開展不夠，根據是指揮他們可能不夠，國語界我們能指揮，這我不能同意。所提意見接受，希多指示。

蕭：1. 粵語界把團結放第一。統戰工作有廣狹之分。廣義的統戰是政綱，愛國、團結、友好。2. 在HK是愛國反M統戰，粵語界重視了團結，注意了演員的切身利益，沒有脫離政治(脫離就右了)。3. 國語界把我們的標準當做人家的標準去要求，不允去邵氏拍片等，把自己的手束縛住了(允許其去邵氏拍片，又教其如何應付，就教育了他不脫離政治)。

真：1. 提團結出發，先團結才能教育。

2. 國語照搬國內一套，要求高，工作上是上下級。粵片承認客觀現實，工作方法通過上茶館，廖如此工作結果，對他們瞭解，頭頭是道。

蕭：先搞好朋友，再做領導者。我們先以領導者自居。領導不是自封的，但粵片也要注意提高。

真：張瑛去亞洲，又回來，還要。他的事比蘇嚴重多了，這是很大感觸的。吳、李給人拍片，國片就做不到。

3. 對群眾的看法，一看群眾均積極分子，又進步，又不放心。怕給人拉走。粵界相信，來去自如。

4. 領導——從宣委到支部總結工作如何評價。好的認為不好，不好的認為好。有不統一的思想，也未引起爭論。對省委不同的意見也未反映上來，這是危險的，因上下看法不能一致。據反映，宣委對電影、宣傳有說未討論，有說有討論，這也不好。

樺：說粵語片落後，不重視。重視恐怕反而壞了。國語界花錢多，粵語界花錢少，管不了人，只好建立老老實實的統戰關係，中聯有困難自己解決，我們給一點，人家也感謝，做了朋友，不負擔責任。因此粵語界是統戰，國語界是上下級關係。國語片演員被我束縛得緊，必須有信仰支持，才能工作。

6月23日

外省人不看，進步人士插手改觀。伶星分家，藝術品質提高。大明星大進大出，無公司可包。不新收新血，後繼無人。各公司才不得不培養新人，形成新的關門。劃線口徑不一，也起了一定作用。廖的認識、工作方式好，我X部四人不瞭解統工艱苦性。

國線從滬來不行，新中國成立，分線。三一、司馬、未徹底批。性質錯了，新方針不透明，X部成立，承襲大躍進下，少政策研究。我陣地掌握、對方利用、警惕。社會主義愛國主義教育，我的方式，關門[主義]。個人教條、事務水平低。粵片研究少(X部)。

6月23日

三段：

一、1949年全國基本解放至52年。「三一」事件，左，未總結批判，錯誤觀念(國語片界)一直存在。

二、「三一」到57年。樂蒂被拉過去。因無A員，情況不明，至去年有A員去後才揭露出來。這階段中央提出新方針，但因觀念不明確，做時就無分寸。雖提出打破壁壘分明，渾水，但掌握不到。

三、57年至現在。大躍進情況下，用社會主義思想教育，號召(香港人參加學習)。説明對中央方針不明確，不嚴肅。

廖一原：對中央方針客觀違背。被迫承認客觀事實。並沒有兩套路線在鬥爭。粵語片今天沒有壁壘。

1. 無界限，兩邊拍片。

2. 特點，善於爭取與資產階級合作，利用資本家的資金。有5類，a. 邵氏、國際、院商；b. 片蛇；c. 藝人搞的——中聯、植利；d. 如新聯；e. 華僑之類，有一點政治性。粵語片公司多，原因在此。

3. 適應性強。十年來粵語片市場天天走下坡，M州49年賣一萬多，幾年來下泄到3千。新馬過去賣38–40%(2萬7)，現萬餘。粵劇歌唱片至多9千，但還能生產一百多部。過去我們認為三日仙、四日仙是粗製濫造，但實在他們不如此不行。

4. 以前敵人對粵語片較不重視活動，現在已較前重視。如桃源性質就要研究。國內也未召他們上來談過。

造成特點的原因：

1. 歷史性的，49年前無界限。

2. 敵人不重視，我方也重視不足，但現在桃源已大規模制國粵語片。

3. 沒有拿出大量資金逐步包起來。

黃：在統戰上有兩條路線，這局面不是説在A內有兩條路線，也不是離開中央在組織上形成兩條路線，但在實際工作上尤其電影統戰上明顯(存在兩條路線)。

A的工作，A的方針是中央根據大量客觀存在的事實分析制定的，故我們應用正確否定不正確，不應存在個人東西。國粵語兩條做法，一是搞先鋒隊，孤軍奮鬥，不與人合作，把自己陣地建成高級的，人家不易跟得上。另一以粵語片為代表，不脫離實際，根據客觀使群眾跟得上一起前進。過去認識不夠，無意識地壓迫過。

國語片局面之所以形成，一是從主觀願望出發，從片面出發。HK有兩方面，1. 靠祖國，有有利條件，2. 是敵人地方，鬥爭是複雜的，思想是複雜的。我們強調了有利的唯一條件，另從主觀願望出發，從小資狂熱的幻想出發，急功近利。

結論，錯誤的東西是從錯誤的分析得來，無馬列的，不能用任何特殊性來解釋。粵語片是摸出來的道路，不能用分線來解釋。掛旗不一定公開，主要看政治態度。什麼人都團結進去，和平相處(過去可能看為右了)。所謂A的領導，不是用A員的面貌，而是用A的方針政策領導，否則把A的領導機械化、庸俗化了。宗派的傾向也就是這樣來的。

國內搞大規模群眾路線，國外不能，只能多深談，說服。

粵語片善於廣泛合作，懂得充分為生存不斷搞下去，這是群眾創造的經驗，過去我們輕視，不知這一旦變為我們的東西就很好，這個經驗要總結。因為它是樸素的、群眾性的，也就滲入一些壞東西，我們只看到他壞的一面，批判他們，對他有了宗派情緒。

我們不懂非政治就是政治，不跟M走就是反M。與敵人爭群眾，它不受M影響就是好的。擴大公開活動是擴大社會化，群眾化，不是用A的面貌出現，暴露自己，是列寧批評的(左傾幼稚病)。

6月23日　吳：

一、是小資產階級主觀、盲動、宗派情緒起作用。粵片。

二、HK形勢的認識，強調了紅旗高掛，E無奈何我，就不記得白區(中央要求的)工作的方法了。

三、「三一」後，務虛，只談了製片方針，未談那些做法不合長期方針，學習機構撤銷了，未批判「三一」所犯左的錯誤，飛記成立，肯定機構性質。

四、在主觀等毛病上，未總結粵語片方面的經驗，如施公今早所做那樣。反將國片做法有一些用到粵片。如影聯會的成功未及時總結推廣，如及時總結可舉一反三。

五、粵片優點，繼續發揮，打破如國片的壁壘，使幾個公司的演員可通用。

6月23日　幸：

施公今早說了很多，但未說絕，總還有意見好說。

金：兩個局面，兩個路線。即中央方針有無貫徹問題。中央同志不離中央方針衡量工作，下面工作就不是這樣。總結，總是談成績缺點。

形勢變化，忘記中央方針，如東壓西後，就認為長期生存沒問題了，產生了冒險思想，對中央方針研究重視不夠。陳總說我們是半公開半合法，半地上半地下。這話早就說過，57年十一狂歡七天，58年又來了。說明中央不斷有意見，我們不斷重複(我們容易自己解釋，自己發展)。

吳：還有許多工作(過去)使中央造成被動，過去請示報告也不夠。(今後出口影片中央審後，最後一關交港澳工委，可控制不出)。

補充：中央方針、和談宣傳廖周也談過，自己也談「實事求是」，做的時候就忘記了。去年總結30項鬥爭為功。不會把中央方針(幾個)有機結合，中央方針前後發下來是連貫的，我們一個個分開。

廖：可悲之處，自以為辛辛苦苦做了工作，還有思想方法問題。事事處理，事事報告。三水(水平)不行，三法也不高(領導、思想、工作方法)。忙，卻長期發現不了問題。

中心組成立於57年，領導也不完全。58年4月成立X部。

蕭：施公把國粵語對照出兩條路。國片中心特點，統戰面越來越少，影響整個統戰。粵片統戰面越來越大，A與群眾要求是一致的。前者引起生存問題，粵語片不引起生存問題。

一、1. 主題思想擴大問題，是電影統戰的特點。

2. 電影內容擴大問題，如何多種多樣，人物要擴大，各階層人物生活的反映。

3. 創作方法擴大，跳出一種創作方法的圈子。

4. 觀眾擴大，飛品觀眾為知識分子。粵片觀眾多，也要看到白雪仙等的觀眾。

5. 作家的圈子也要擴大。

6. 影界內部合作擴大，應相信群眾，放手多鍛煉，可以鍛煉出來。

7. 導演與演員，要培養青年(列寧：代替自己)又要尊重老的，各得其所，但絕不培養特殊人物。明星制是資本主義社會規律。我們要研究如何利用。

8. 各階層統戰擴大，電影不能孤立，如張瑛與何賢合作。

9. 與文化藝術界合作，以擴大宣傳，與中落結合。

(幸：《新晚》是否帶頭樹一風氣，寫幾篇影評？)

(蕭：把幾篇標兵交中新社發東南亞。)

(金：過去對電影兩條路兩報也有貢獻，面向三家。)

粵語界秦劍有辦法，找到了生存的道路。謝益之有三家西貢關係。應跳出香港的圈子，否則星馬不能去如何？

10. 加強與國內的團結。(向吳打了擴大的機關槍。)

二、產生國粵語對照的做法，主要是對任務的看法是否明確，國語片不明確，粵語片明確，是生產問題。

建交區兩百萬，非建交兩千萬。社會主義不要我去工作(要我一二片)。我片可起安定政治作用，面向海外，粵片國內無大希望。

廖公要求對東南亞形勢向困難多看點。右派又較抬頭，應細水長流，要求低點，粵片摸出一條生存的道路，國片未摸出。沾沾自喜於一套政治術語，無濟於事。沒了馬列主義，看文件術語，未看到文件精神，是脱離群眾的，國片也無粵片勤儉。

A的製片、統戰方針就告訴你如何解決這些矛盾。(是矛盾論，又是實踐論)。A的方針，一個思想方法、工作方法不同。如何總的估計？今後如何總結好經驗吸收好經驗。

MK(張國興)走在我前，他們早知另起爐灶不行(只有關門)，不如打入其他公司。你們(吳)要敢於進行階級鬥爭，與左右中有鬥往，敢做邵陸工作。

幸：今天務虛有發展，並擴大統工。也出了金的務虛以來的心得。在下面對中央政策觀念不強，反復犯錯，未把工作與中央方針對照。

黃：退出問題。先鋒隊現在退出，但不是消極的，是為了前進，為了接近群眾，不至脱節。過去光顧自己的長城、鳳凰、中新，有了圈子，有了宗派。長此會自己消滅自己，把群眾也讓給了敵人。先鋒隊離開了群眾，必會失敗。

別認為退出是右傾。但要有思想準備，53年工會退過一次，退後也有人説內部複雜了等等，上面也動搖了一下，以後一點點回復。這樣幹部更隱蔽了。當然，退出後不能發號施令了，是有困難，但是退出後有高度靈活性。品質降低是完全可能的，一個時期後會逐步好起來。也會有些論調，説是右等。

6月23日　蕭公提問題：

泰國發行問題與華僑投資問題。

要潮劇片，他們可在五月叫人來港具體拍。

發行問題，僑委建議給潮劇一起搞。

國粵語片是否可翻潮語問題(寮、越、泰、沙撈越、柬、星馬)。

柬埔寨給《蘇六娘》金塔，專員主張給金塔。偉亞與M有關。

明年去拍片。

蕭主張拿一批片去，請金塔投資拍片。

加拿大至秘魯。廉賣，贈送。

兩個問題。

陸片登台，看氣候。

合作拍片，不至坐在香港，空談。面向海外。

6月24日

1. 對中央方針的認識。(金)

2. 對形勢的認識。(羅)

對中央政策在香港貫徹不好的認識。

急功近利 —— 廖(蘇誠壽問題)

小資產階級狂熱 —— 吳

組織紀律性加強 —— 吳

今後不可能不犯錯，問題是錯了如何正視，敢於大膽承認，吸收經驗教訓，不應該辯解、逃避，不敢用中央方針來檢查錯誤 —— 廖

兩條路線統工 —— 吳

國粵語 —— 羅

説明不能擺脱個人的東西就不通 —— 小羅

形勢(中東)金、羅不通。

中央同志常舉出一些例子，來説明政策(如徐部長報告)。不好好體會是不能吸收的 —— 小羅

對粵片內容重視不夠 —— 58年底關於佔領澳門市場的意見 —— 粵片(張)

中央方針是兩條腿走路，去年中央分析形勢是不好不壞，下面強調了不壞，未重視不好。對和解台也迷信，把策略當成就要做了，造成對方認為我「苦苦求和」。

辛：HK方針「長期打算」「充分利用」是老方針，又是新方針，是中央的一貫思想。又是新的，對這思想更充實更豐富，更明

顯提出HK留E比留M好。HK解放在台後，是更明確。廖公又說重經濟，都提得比以前明確完備系統，也是過程。

下面對此方針的傳達沒有新鮮感。下面對此戰略思想的接受有不正確的思想。沒開動腦筋想想中央為什麼重提？HK問題，台灣問題也罷，就是因加入了MK的因素才麻煩。戰略上紙老虎，戰術還是真老虎。因此我們對一系列的佈置不能不考慮。

我們觀念上不是從困難一面去看，而用不在話下去考慮。關係就重大了。

對中央意見是自以為是，馬馬虎虎，中央同志說話平易，如不虛心體會放過去了。如陳總話吸收經驗教訓有三條。

黃、施：把愛國與反M分開來談，明確。

用革命的手段對付反革命的兩面派——毛

施：形勢問題

1. 對HK地位的認識，53年就寫明是我們的，又是E的。從「三一」後，用事實證明它是E殖民地，我們是「寄人籬下」，這點認識不夠。

2. 對有利形勢估計過高，58年對我們自己的「優勢」、「正統」估計過高，實在軍隊統治在人手，優勢何來？群眾優勢也不完全，如提出一年內把學生運動成我之優勢、主流、正統，這是不可能的，不現實的，結果低估了長期、複雜、尖銳三性質。

3. HK，中央把它當做反M戰略中的一個棋子，理解不深，這就牽涉我們對HK的態度，對E的做法。為了服從大的方面，對本地鬥爭如何控制，常有委屈感，沉不住氣。主要是對中央方針的嚴肅認真對待。

4. 對A與群眾的傾向問題。毛：當群眾起來時容易「左」，不能認為形勢好，群眾要求高而搞起促進等，不對。

**

王：一致同意中央方針。一致同意知道中央方針。貫徹對形勢認識中存在問題，是體會不深，談談中央為什麼提出這方針。這中間究竟貫穿着什麼東西。是退是進。

從影界來看，過去做法，港澳：內部假像群眾進步，壁壘分明孤島，審查制度控制，聲明、簽字給敵提供情報。排片不出。菲、南越不能去。

對HK局勢的看法。1. 與反M結合，2. HK是長期的。陳總再三提不要急。3. 因此對E是「妥協」，不給太舒服又不給過不去。4. 應廣泛、深入的細緻的做愛國統戰工作，以充分利用一切可以利用的力量為我所用。對過去的做法要退熱，要分析要抓分寸——大家

總的穩，精幹，隱蔽些，主席說厲行隱蔽，待機。在HK不是待機，是長期打算。

這兩年HK相當暴露，實際A已半公開。擴大公開活動，是擴大社會的公開的群眾性的活動以隱蔽自己，不是我們所做的(認偏了)親自出馬。如果我們放手給統戰對象出面，這兩年A的先鋒隊代替了群眾的作用，脫離了群眾，太突出了。就必然不能在中間落後群眾中發展，保持聯繫。這是不矛盾的。也是在這個基礎上拉回來，也在群眾中沖淡一下，免得他們對我貌合神離。怕我們給他們麻煩。拉回來，或退一下是必須的(名詞不拘)。HK的潛力很雄厚，很多工作未做。如何多交友，進行調研。像陳總說多看書，多研究，讀讀外文，多思考一些問題。

去年新華社半公開活動，是不對的，E已掛了賬，隨時有材料搞我們。隱蔽的目的主要還是為了中間落後的群眾，群眾是怕我們給他們麻煩的——大家

蕭公談「退卻」

蕭：從搞當地革命——不干涉內政，取消僑A——組織方面。

思想上愛國主義的——搞當地民主革命的活動取消。

說明大踏步後退，明確華僑就是華僑。

這一來解決兩個矛盾。

1. 我與民族主義東南亞各國國家關係問題解決。如和平共處，不搞革命。也打碎M的挑撥機會。

2. 解決華僑資本家與祖國的關係。我們對華僑資本家態度影響當地民族資產階級態度。因此，只搞愛國主義，不搞社會主義，就安定下來(印尼350萬華僑。星馬350萬。泰國350萬到420萬。掌握經濟命脈。)

斯大林格勒、中國革命成功，兩個衛星三個轉折下東壓西的基本情形下，雖鬥爭有反復，也不斷前進。擴大和平區，孤立M，意味民族主義獨立起來，當地共產黨壯大起來，又把1300萬人都團結在我使館下。

消極來説打消蔣第二靠山(M説蔣一台二僑三美援)。

這情況下是退或進呢？是把華僑工作從一個戰場撤上另一戰場，跟着我國家。

長鳳應認識中央是正確的，在糾正錯誤性的盲動中「退」。重新根據中央方針，安排工作 —— 王

叫「撤退」也可以，因我們做過的是脱離中央方針，嚇怕了群眾，孤立了自己，有被人消滅的危險。現在我們為了糾正過去的彎路，過去付出較大的代價，也取得了一些成績。今為了回到群眾中，中央方針中，實際中，舊的、錯的不分裂出去，新的東西放在哪呢？別拘泥名詞。

A內主要是關門主義，這危險指出糾正了才能取得更大的成績。當然做起來不能急，細水長流，一個過程慢慢轉過來 —— 黃、施

王：端正方向，認真貫徹中央方針，且要加強A的領導(撤A員不等於撤領導)，以糾正過去宗派情緒、關門主義，以擴大團結一切可團結的人士。關門説明有可用未用，可團結未團結。説明未充分利用，不合充分利用方針。

幸：總結。對敵、中間落後群眾情況和A外「同志」的情況，

均超過了中央給的方針範圍。中央給的是利用——以打擊M。中央對M也該進則進，該止則止，該針鋒相對才對。對E是半建交。在這意義上説，一味不承認是不對的，它是既成事實。承認對我國際鬥爭有好處，因此對E鬥有打拉，時鬆時緊，對其他HK資產階級分子，也利用矛盾。

我宣傳線的確出了不少錯，有M必反，M沒好東西。很少分析對M的資產階級是否碰到一點就反？在瑣碎問題上搞，使E為難(不符合利用矛盾的策略)。在重大問題上、要害上反得不夠。58年與E緊張顯然不符合黨的外交政策，國家是利用E打M。北京與HK做法也不一樣。HK是人家的，撤到A中央規定的範圍，否則，發展下去，要有嚴重後果。

中央要我從中間落後群眾的水平、覺悟、接受程度出發，不要從主觀出發。中央也説，我們的東西群眾不能接受，還要善於等待。這方面我們走過頭了，這是危險的。對HK群眾也存在問題，未照顧到他們是生活在HK資本主義制度下，自然要有自由主義、個人主義。我們對他們應按無產階級人生觀(基本群眾、發展對象)要求，但也不能操之過急。在A外小資出身的知識分子應容許個人主義，自由主義存在，否則是不科學的。

宣委對A外A內均存在主觀看法及一系列的措施做法，只從良好願望出發，這是危險的，説明必須從脱離中央的方針上回來。

務虛中，報紙與電影看來相反，檢查起來報紙問題多，電影問題少。

報紙：反M

看不起港澳新聞。

電影看來問題少，如小月亮歌詞，眼兒媚俗不黃，藝術水平不高，不算大問題。這是表面。如形式主義看報糟。電影少，實際相反。報紙基本貫徹中央方針，電影在形式上無錯，有客觀原因(檢查、面向外面等)。不能不如此。就工作看，危險重重。不懸崖勒馬生存成問題，出了兩種相反的現象。

這樣用電影與報紙比，宣傳方針中央既定東西，基本得到貫徹。中央要求報紙是健康的、宣傳正確的東西，不能不對讀者負責，但調子要低，但要符合中間落後水平。這基本貫徹(雖《大公》《文匯》出紙就現水平也不能說份少。《新晚》多)實際看來，12月份中央新方針下達後，調子還是一天天降低。對敵鬥爭也的確體現中央打拉方針策略。聯繫群眾工作也有改進。中央說有一定的浪漫、自由主義。成績是基本的。

新聞界基本貫徹了中央方針，反M製造兩中國有功，就是不策略，甚至暴露我底盤，MK、M與落後群眾、M統治階級與M人民搞不清，打擊面廣。

宣傳國內建設，頭腦冷靜不夠，很浮誇。中央不但不要我浮誇，還要十分只說七分。這缺點說明同志們思想認識提高的過程拖長了。

對E問題領會不深，該說好話不敢說，對M也如此。國內報紙不能說，HK可說。陳總早說了，凡該放的，有些扭扭揑揑，不敢放，該收的，不肯收。這原因是對中央方針不認識。

成績雖然肯定，但愛國主義社會主義宣傳，還是春風未度玉門關。

要以A為核心，團結資產階級知識分子從事我們的工作。之所以未帶垮文化隊伍，道理：

1. A的領導正確。A的威信高，國家強大貨真價實。我們領導的小資產階級看到前途，心向祖國。

2. 統工，不僅港澳工委、省委、北京僑委、文化部、陳總多做了許多工作，與頭面人物見面，談話，教育，我們隊伍才未垮。

兩套做法(兩條路線)中央一套，自己一套，滿足於一知半解。中央方針，聽聽是絕不會立刻瞭解的，它有受用不盡的好處。我們同志對待之有自以為是的情緒，妨礙我們自覺地接受中央指示。雖在客觀上與中央抗拒，但不是山頭主義，可應趕快拉回來呀！——幸

6月24日

幸：我們幾個A員做不了那麼多事，要靠人家來做。應該說在HK重要是做組織工作。如何組織靠統工，通過他們的口、手去做。他們是廣大的各階層的知識分子，要相信他們，靈活的領導他們。好好讀毛主席的《若干歷史——》，在A的領導下，A的報紙不用共產主義人生觀、唯物論影響人，不可能。陳總說，革命輸出又不輸出，不負擔輸出的義務，但說明社會主義好，久而久之，集腋成裘，就是輸出。

6月25日

吳：不要引起敵人懷疑，在內部做好一系列準備工作，是否採取個別談話，由公司當局出面說明，有了思想準備，積極地、有步驟地進行。秘密的A員不撤，並加強A的領導，公開的才撤。

市場。今後退下，與邵打成一片，市場或可打開，可適當增產，以增加收入。如打開新市場，國內買，蘇新國家買，增收入後，以解決經濟困難。

與邵氏關係，除我們在當地做外，請僑委在海外協助。過去有做，今後如何更好的密切結合。

補充夕發言。

國內要配合的就要配合。

與本身業務利益有聯繫的配合。

藝術修養，藝術創作的會仍應有意識的佈置，以提高他們。一些好的風氣，仍應適當保留，如社會化、不庸俗化。「堂會」，如粵片明星還有做國際女郎，這種墮落的生活方式仍應要注意。

新聯、綜藝、中聯的薪水調整希望討論。中聯的問題不是調薪，是如何安定這批老演員的生活問題。綜藝現在400元，不夠，如何調整？新聯調整不成問題。

呂建康的使用問題。

夕：這是前進的退卻。加強A的領導是糾錯的關鍵問題，對公司內部的積極分子仍應加強領導，不能潑冷水。

金：長城大破大立，一開始就要通過呂，由呂向公司內部出面。先是談生產，生意，再由呂出面，在公司內沖淡對我們的看法，加強呂對長城的信心。A元撤不撤問題不大，立刻撤出，解鈴還是系鈴人，要個別做很多工作，主要還是工作方法，工作作風。鍾的目前權力要改一些。

幸：長城應有一A核心，靈魂「坐鎮」，問題是方式方法。

黃：加強A的領導，是指A的意圖如何變為群眾意志，撤易進難，一般如作用不大，暴露，無法隱蔽，留下對事業影響，堅決撤出，否則不撤。以後再派的話：1. 需要(工作上確有需要)；2. 對方接受；3. 去了能起作用，作風好的才派。我們是開展工作，主要是培養進步的積極分子，當我們工作的骨幹，再進一步，骨幹可發展成A元。

幸：鍾培養的對象可以轉移給較灰的人去聯繫。

施：鍾退意見較一致。方向認清了，開始會有些困難，應耐心爭取上層出來說話，用說服的辦法，別發號施令。也要注意：1. 正派風氣；2. 還要注意加強A的領導。A的影響是要的，愛國主義教育是要的。這是限度，矯枉必須過正。膽大些，有的我們帶群眾前進，有的與群眾商量，也許他們有好主意，助我貫徹。

黃：自由主義、社會活動不干涉不鼓勵。如果我們的朋友的活動帶了政治性，或身份上吃虧，他們自己看不出，我們看到了，可以用朋友的身份勸告。開始的時候要設法多向他們說明。

**

關於調薪問題。

兩個方案。

重點加(主要明星)

普遍加，這個經費有困難。

稿費也增加。

黃：主要演員、導演、偏加多些，次要少些。行政人員不加，國內付人民幣不必考慮。

幸：排一個表，對比雙方薪額差數及我們擬加多少。不能平均加。

**

HK演員參加世青，向他們説明，國內不公佈，國內資本主義國家記者可能報道，我們無法避免。

**

[廖一原]：粵語界一批老演員生活無把握，年老了，如吳楚帆不能演小生，收入少。他們彷徨，我們同情。

劉方在中聯職外，外兼好多，中聯反無暇顧及，所以提出我們能有一個人去協助管理(不是去控制)同時負責編導演較集中的公司，如有幫助，可多拍些片子，協助解決些內部矛盾(拍16部片)就可解決生活，如能使他們安定下來，在統戰工作上可起很大作用。吳楚帆説，台灣買片以照顧「對方」，我們困難國家不能照顧(雖然也説知道國家困難)。

施：還是鼓勵他們多拍片，中聯是養不起的。我們也無法包，靠社會力量。

廖：在HK，院商成霸。影片並非不賺錢，但在院商幾重剝削下，才叫不賺錢。所以搞電影必須搞戲院，否則我電影生存受威脅。

蕭：找幾個東南亞各地院商，與我HK片公司合作，這個由蕭與使館掛鉤，但必須與資本家説明是做生意，別使他以為我是國家機構，有靠山，結果不給錢(這是蕭公經驗)。如在印尼拍片，由翁福林設法入口，入口後由翁與印尼藝委會合作出面，留居、法律等均由他們承擔。所製片賣給新加坡市場價叻幣五萬元，可轉港。

施：搞戲院(在HK)我原則不投資，推動資本家搞。現有發行線應該鞏固下來，充分利用。

吳：粵片老演員(如吳白等)我們今後只有助其多拍片，經濟上助其周轉。

對粵劇老藝人的老境問題——吳提出，辛認為以後再談。

**

施：放手，堅決，拉回來，應該的，問題不大。鍾退意見較一致，其他站下來好。方向認清了。開始會有些困難，應耐心爭取上層出來說話，用說服的辦法別發號施令。也要注意。

1. 正派風氣。

2. 還要注意加強A的領導，A的影響要的，愛國主義教育要的。這是限度，矯枉必須過正，膽大些，有的我帶群眾前進，有的與群眾商量，也許他們有些好主意，助我貫徹。

進步電影事業，就是要沖淡紅色，為了使我們更便於在HK環境帶領群眾一起前進，呂記一切措施是防止我背這個包袱，廖公很注意，60年後呂脱身，要我們挽回，應明確三權是呂大的，我們拿的逐漸交還給資本家。

鳳解除動不動同人大會的局面，才提出找個資本家做老闆。

認為影支的意圖不明確，找不到資本家又如何？在沒有找到資本家之前又如何？我各公司經營積極性應認真注意，長期虧本不是辦法。

對邵陸所提辦法的精神很好，能做到最好。但90度大轉變也要注意。忽熱忽冷，要有過程。對雙方合拍片子不要急，不要打算搞統工就能使之跟我走。只要打破壁壘就好。要求過高，嚇跑了他反不好。在交換劇本，技術，導演等是好的(逐步的)。

辛：黃的發言好，派人好，不派也行。不能理解為A的領導就是派人去。作風在那種條件下是政治問題，因群眾不能接受這樣的作風。

諸：在未找到老闆前，請朱石麟「獨裁」一下以過渡時期。

辛：要求僑委支持——

描寫華僑生活的電影劇本。

如何在東南亞地區找到線索，打開局面，不只是推出影片問題，還可能發現一些問題。

HK電影統戰工作，HK與僑委之間如何溝通如何配合？如邵陸，僑委做好了，我們(HK)做的不對。對外文委陳X願為後方，支持在HK搞小型展，他有經驗，但要求保證所去物原物退回。

6月26日

吳：根據廖主任意見，辦成雜誌形式的東西。過去版面有時改，現在覺得1.《週末》氣氛不夠，五版新聞。2. 主要發行海外，港聞有兩版。我對E有打有拉，近一期對E是否刺激性強了點？兩版暴露、諷刺。實際上與海外各地情況有共同之處。過去有18000份，現在約6000份。故想聽聽吳老意見。

江老：《週末》對象是華僑。緬甸2000份，印尼最高12000份。

廖要求把《週末》肯定是華僑報，不當HK報辦。個人看法，這是新聞性雜誌，一週一次，說是雜誌也不是，要辦成越雜越好，因是週末性質，從讀者對像是中中、中右，故不要(不允許)搶《大公》《文匯》讀者，如搶到就是失敗了(這是廖公的意思)。到1958年末提再降低的問題(56年提降低調子)。越雜越好，雜到總樣即中中、中落，它又是正面的，就是問題如何適應中中，中落？我個人認為要側重僑鄉。側重重要東西用客觀態度報導，側面報導，兩週一次報導全國性的新聞，僑鄉新聞擴大。

要劃出一定篇幅報導僑居國的風光名勝、華僑福利事業活動。方認為這方面報導不多，風光歷史，報導更少，當地悠久歷史，民族英雄多報導，是教育華僑尊重熱愛當地，不產生大國主義。廖公要：

1. [缺]

2. 愛祖國。

3. 愛當地人民，

當將來雙重國籍條約簽了，我華僑成當地人，我雖宣傳三好，但從底子說是促進華僑做當地人，這方面宣傳不夠。

4. 文章的形式要多種多樣，現在文章又長又大(以前零碎，說明短)，高談闊論也有了。偵探、言情小說等、特寫雜文，對話書信都可以，《週末》人家買了在床頭看，專欄也可保持。

5. 句子短些，大膽創造短句法。

我報受當地政府警告，有不少一部分是因侮辱當地民族。

新聞性的東西是故事性的寫法，讀者易懂好看，現在有點跟《大公》《文匯》走。

台灣歷史文物風光當一省介紹，字面上也不提省，以構成一個中國，老不登，就形成了似乎台灣不是我們的。

文章是從字裏行間、從含義上表達，這更含蓄隱蔽，使讀者為之俘虜。

幸：編輯方針、題材、文風，過去無大錯，問題是提高，長期的精益求精問題。

加強編輯部的力量。

它的任務面向海外，現在海外份數下降，只印尼少問題不大。調子再降低些。

金：現實是發行問題。

發行對象主要應是1. 拉丁美洲、非洲。2. 東南亞未建交國家。不追印尼等建交國。3. 資本主義國家，已建交民族國家(重中小城市山芭)。4. 星馬泰國和菲律賓及其他。發行獨立，不必給新民主。編輯部也獨立起來，不要散了攤子，調子降低，隨《新晚報》。不可追《大公》《文匯》，零碎發行不怕(好)，別怕賠錢。要總結一下發行經驗，給北京一個材料。

文風：短些，多樣性，趣味性，知識性，解答性，服務性。

**

《新晚報》劃線問題。

「劃線」不影響立場，調子、風格還是策略問題。《新晚》用外電，不是為了「公正」，是為了觀眾易於接受，《新晚》的立場是明擺着的愛國報紙。——陳、諸

1. 愛國報紙，有自由主義、風格不影響；2. 在重大問題上，要照國家規定來辦，這是一條界線。——吳

華僑有不少人看祖國是「看廟不看菩薩」，即看國家是否強大，有籠統的愛國主義觀點，對誰來管這個國家不講究，因此在海外只宣傳愛國主義，不強調去宣傳社會主義。《新晚》不好另搞聳動聽聞的新聞，否則又會犯像斯大林的錯誤。但如搞些新聞故事，如替法西斯翻案，像M國搞到希特勒一套照片做文章那樣，這樣的「聳動」是可以的。對民族革命不用支持，用同情態度出現，支持與同情有程度上的不同。——江

黃：1. 小羅把中東報導(錯的)與《新晚》劃線並提錯。

2. 劃線問題，愛國立場一樣，但不是掛在口上，因之，報導是從側面的，但關鍵問題上立場、公開態度不掩蔽，正面報導，問題不大，方式可不同。劃為中左可以，為免向《大公》《文匯》看齊。地方鬥爭可以不配合。

幸：劃線本身並不科學，報紙本身立場不必掩蔽，做法上有分工，劃為二線，意義明確就可。做法上大不同。《文匯》《大公》國際主義立場明顯，支持社會主義祖國，《新晚》也支持，報導就不同了。《大公》《文匯》新聞來源清楚，《新晚》外電。《大公》《文匯》主要不靠吃國際飯，還報導內地建設，《新晚》不同。對國內報導，《大公》《文匯》主要宣傳祖國建設，《新晚》不背此大包袱。HK本地報導，便可不配合，《大公》《文匯》以後適當配合，不刺激敵人，《新晚》可不做。這些不同，過去允

許，今後也允許。《大公》《文匯》調子降，社會主義宣傳還大降，港聞要大大加，對M有策略，慢慢的大降。新聞主要是提高品質，不是政治性。是風格上的，文藝性，趣味性等的提高(有些降)。《新晚》不是提高調子，某些還是降。中東報導，錯了，但以後這類報導，也不是向《大公》《文匯》看齊，要報導從另一個角度報導，客觀點報導，有別於《大公》《文匯》，也支持了「伊拉克」人民歡欣鼓舞。

《新晚》語言內地化，不好，以後要改，多用另一社會的語言，取材於中新社，另寫過(這當然很難)。《商報》，第一版一定要降，因差不多與《大公》一樣了。《晶報》要勸勸他(他的思想怕右)。三報是統戰性質的。A元在館內也不能以A身份發號施令，與館內民主人士也是統戰關係。對學習，社長、總編審號召，行不行，願不願不追，讓他自由主義，業務與執行任務可結合。經理部更鬆些。不搞學習制度。編輯部務虛風氣搞起來。

6月27日

一、僑委對香港電影工作的意見。

HK電影在務虛的基礎上，解決在業務、思想上如何貫徹方針問題。過去僑委在東、泰、印尼的華僑關係已介紹過，故問題在這些關係介紹過沒能貫徹「細水長流」和「面向海外」方針。仍有緊張。矛盾是長期有的。

如HK電影緊張，1. 生產少。2. 一部分機構牌子紅，墨守成規。3. 語言與華僑現實脱節了。4. 與院商脱節。主要市場東南亞。故這次檢察關門、左的作風，思想上已檢查，如不解決不行。HK電影要説HK話，華僑話。

這次檢查有兩種做法，一是正確的粵語，一是國語的，與粵語對立。允許細水長流，允許自由主義，依靠群眾自己解決，擴大與華僑關係。A也總結經驗。故反左。

建議全面轉變如粵語的做法。如芳就靠資本家支持，各地也可去。白亦如此。又如光藝的秦劍，也可生存。A又未放棄領導，因此對陸邵光藝積極爭取利用，各地都可去(邵多黃片——華僑反感)。中、新聯越來越紅，發行地區漸小，但因片子的調子不太高，還可以繼續。

但片少，生活生存有問題。

1. 長鳳發行只有六個地區。2. 長鳳語言的上海化，只能上層化。邵陸如再發展，在星馬進一步排擠，長鳳就會危險。現在因為華僑愛看我片，邵陸與我做統戰。朱石麟對邵做工作——

廖公對星馬東南亞比較樂觀——辛

如何估計東南亞兩面性？

二、為解決上面問題，考慮HK對華僑電影方針問題。

中央「細水」方針和「面外」的方針和「社會化職業化」。HK電影在華僑中天地廣大，但佈置在從困難出發。

1000多萬華僑需要，中國人的群眾基礎廣。

東南亞的資本家電影事業一二十年內才能漸長，現印尼每年約出二三十部片。美片不受歡迎。

MK與我爭奪東南亞，不敢一棍打死HK電影。

廣大東南亞人民支持。

困難：

是資本主義制度下，呂終為資本家。

1. 資本主義經濟危險。

2. 東南亞俠義？對我排擠。如影片翻本地話，他們怕。說明在HK搞社會主義電影不必要也不能，環境不同。

3. 在海外，細水、長期生存，因地制宜，分散進行，能貫徹就天地廣闊。

抓：

1. 面向海外，播種生根。佔市場擴陣地。總之不能就港澳論港澳。現在華僑主要看HK電影。要做到這樣，在HK電影就要放低放寬。

不能拍誹謗祖國、反蘇反共、吹捧K的片子。能如此就行。拍促進華僑友愛團結合作及愛國愛鄉的、自力更生的方針。

1. 解決HK電影從業員的生活。

2. 不包。

3. 發揮群眾自力更生自救。

4. 減少我們本身與他們之間的緊張。可鼓勵他們拍些優秀電影，但應量力而行。但首先有市場，站得住，活得久，這才能長期生存。

什麼叫「面外」

1. 主要先是面向東南亞(1000多萬華僑)。一是建交區，一是未建交區(人更多)，主要未建交區。印度華僑五萬。

2. 什麼樣的華僑？主要是中落的。

3. 兼顧東南亞當地人民，這是客觀情況。

電影如何適應他們的需要？HK製片要向着他們，用他們的語言，不用國內語言，不加光明尾巴。

三、廣泛在華僑中建立社會基礎。如院商，華僑資本家。應群眾化、地方化。長鳳在海外是外來電影。生不了根。故國片根給邵氏挖去不少。光藝不錯，在星馬到處拍片。故我們考慮不買他片，是否另找辦法照顧他。

根據以上提出辦法。

僑委包不了。

1. 與東南亞院商搞好，製片發行別分開，爭取他們支持我。很多院商是華僑。應和他們合作、生根。

2. 鼓勵HK電影去東南亞民族商人合作(邵陸算外國人。柬、泰是本地籍)。今年建議在柬埔寨，印尼試點，建立一種電影機構，將來可到南M。故在HK片作風中提倡導演與泰、越，印尼等培養指導拍片。

去東南亞演戲，穿當地民族服裝。不久僑委有人去柬埔寨。如外辦同意，去後可以摸摸路。向使館請示，長鳳可派人去隨片登台，合作拍片等，如此路廣生存問題可解決。做法兩種。

一是通過使館。

一是自己發展。這是比較好，使館給關係，有人支持就行了，潮州人在泰柬越星馬多，潮語片應注意，否則華裔不會説本地話了。

四、國內支持HK片。

國內蘇聯買片、參觀等。但要兩條腿走路。除一小部分染紅的可做櫥窗作用外，要長期打算，不可染紅，使他們在東南亞長期生存。

五、堅決、大量、長期與邵陸在星馬合作，否則就丟了300多萬華僑，因此，演員是否也要劃線？

一面正面演員，今後一變，觀眾會奇怪，因此，一些渾水，一些是否渾？再如何搞一些片子入南越與菲律賓、美洲澳洲支持粵語片可能大。

六、開闢美洲市場。那裏院商為八大公司所有，是否採貨郎辦法，不用紅色的片子(南方發行)專用HK片。

七、拍華僑家鄉戲曲片、僑鄉風光篇。

a. 這可保持華僑家鄉觀念，保持語言和民族意識。

b. 要求低，華僑有戲看。

c. 量中求質。

八、加強華僑報刊。

九、希望向華僑贈送作為廣告。向歐洲發行要自己設法。送給歐洲我使館一部片，他們輪流招待華僑，可做華僑工作。

對東南亞電影工作，有全局看法有全面看法。看到有利一面也看到不利一面困難一面。華僑思想與HK的文化事業是相依為命。説HK是做華僑工作的橋樑，故不是協作是相依為命問題。這次批評我們主觀主義、宗派情緒，過去未總結群眾創造的經驗，導致未能貫徹中央方針。——蕭

**

吳：認為總的HK電影工作與僑務工作不解決，幾個具體問題解決也無大用。如以誰為主，中落？中左？決定這些，就決定了拍什麼片子，用什麼語言。除華文外，長鳳——

幸：僑委重視，要求與港澳工委配合，充分利用、面外、細流。他們提出許多點子幫我們打開腦子。

1. 方針認識，充分利用、面外、分散、細流。不能說已一致，問題是如何辦，起碼看法上深度不同，不要以為不成問題。

2. 僑委提出許多點子(執行面外的點子)。不是所有都用得上，但如何用，用多少對我們是啟發。虛帶實。

3. 組織措施，扎扎實實地解決問題，舉一反三。

認識是主要的，方向。

經濟觀點，強調香港市場重要。不如光藝靠海外，說明是觀點有問題。只有觀點明確了。

1. 明確方針，統一認識外，海外華僑對發行HK片有抵觸。如翁，他們用發行國產片為愛國表現，為政治資本，故要反復教育華僑片商，樹立明確觀點。東方公司發行觀點也未明確，說明是思想問題。

2. 使領館同志也一樣，從未過問HK電影發行情況。新生對我片宣傳好。一般對邵陸等宣傳不分(印尼不登黃色片宣傳；緬甸報紙登《三姐妹》被打)。(對敵態度明確，我有力。)

一是華僑經港時長鳳多招待聯絡。華僑中現在說華語七八百萬，餘為華裔，他們不會說華語，但對祖國民間史詩般的傳說熟悉、愛看。我們多瞭解他們的喜愛可做電影故事題材——如印尼棉蘭養老院，如拍為紀錄片，印尼政府一定歡迎。

《新生報》(印尼)從54年以來每期有一篇民族英雄的史詩。華僑喜聞樂見的是什麼？在廣州就可以和歸僑座談，瞭解華僑喜愛哪些片子，為什麼？他們愛風趣的，有些教育意義的，印尼家長怕孩子變阿飛。

語言是否為主？

東南亞印度片最行時，又不翻譯，賺錢的，因為他載歌載舞，南洋人喜歡。我們的影片太話劇化，話太多，還有理論。印度片不翻譯也看得懂情節。統工與宣傳工作是相互相乘的。宣傳工作不做統戰工作打不開，宣傳工作做好統戰工作進一步鞏固。

與民族合作拍片是複雜的。

與當地實權人物合作，給他們掛掛名，有利可圖，他們就關心協作了。將來可介紹各地來國內觀光的各報記者經港時與我們見面。——僑委

去東南亞合作拍片子究竟涉及與另一國家的關係。如何做，工委研究後寫一報告，哪些自己做，哪些中央做。今後僑委介紹一些有關華僑見面，僑報多點文章宣傳一下。

6月29日

吳菊生同志：

國慶參加觀禮，由180人減為160人，另鄧文田等8人在外。外3000減1500。100人機動。全國統一請。一切外賓均歸口外辦；1. 右派不請，中右不請，中可不請即不請，只請左派；2. 新聞代表團、宗教代表團一律不請；3. 華僑800人，壓縮為700人。

HK是否請右、中右？再考慮。

政：左翼為佳，便於解釋。不開新觀光路線。

1. 下達，關係

2. 海X，不搞工會，搞館，搞福利，兼一些祖國宣傳，搞一些必要的護僑工作。希望抄一份材料給僑委。

6月29日

張龍主任談國際問題(立場、觀點、方法)

I. D的外交路線、政策：目前目的：爭取和平環境，遠的目的

是全世界的革命。三者是一致的。我們爭取和平建設是爭取條件。如抗戰時為全國準備條件。以便建立強大的堡壘，以便幫人。

目前我們不輸出革命，因為目前民族國家沒有條件。但也不是絕對不輸出，要水到渠成，如蘇聯二次大戰時幫助了東歐國家。

今天我們談和平共處，是和平競賽，準備壓倒的條件，不是消極的。十年二十年我們的生產超英趕美，也就最後要擊敗資本主義了。所以和平共處的目的最後還是把敵人搞掉。這就是左與右的。

D的外交路線，是早已形成了。國內有統一戰線，國際，我們總結了國內的經驗，造了國際統一戰線。我們的外交路線是在客觀規律下決定的，不是主觀主義的。

在二次戰後，世界反動勢力以美國為首。美國取法國而代之，這已是登峰造極了，已經是最後一個反動的盟主了。所以當前國際鬥爭就是孤立美國，搞臭美國，最大限度地孤立美國。主席的戰略思想最主要的一條。

1. 二次大戰後，帝國主義很想消滅我們(指陸定一同志一文)。要囊括中間地帶，以便稱霸全球，反蘇反共只是一個幌子，首先是想奪取中間地帶，這一來帝國主義內部的矛盾就擴大了，印度就怕美國再搞大次。

美國想擴張勢力，準備力量以便消滅我們，可是到處搞基地，怕當地造反而把自己套上了。這是他沒有達到消滅我們，反而自己挖了墳墓。

2. 國際反帝統一戰線已逐步形成了，民族國家做了我們的同盟，一些反戰，怕戰的資本主義國家也站在我們一邊了。我們團結一切力量完成國際反美統一戰線。

概括起來說，我們的外交路線：

a. 鞏固社會主義國家。

b. 支持一切爭取和平的力量。

c. 爭取民族主義國家和和平中立的國家。

d. 分化帝國主義陣容。

這四條線是經過科學的分析和幾十年的經驗，得到證明，這是堅定不移的。

十年來，我們的外交基本上是沿着這樣的路。但是也出了一些偏差：對日貿易問題，外貿問題，但都是主席先發現，因為主席是緊緊抓住這四條線，我們是曲線的，主席的線是直的，一出就知道。

3. 三條線：社會主義國家，民族革命國家，帝國主義國家。這是構成世界的基本。

先談談社會主義國家。

1. 我們是一面倒的：世界上常常有些迷人的現象，如不認清楚就要犯錯誤，如英國也曾對我有過幻想。立場堅定，陣線分明。一點也不動搖。

2. 堅決支持蘇聯為首的政策，這是一貫的態度，我們不能沒有一個首領。班有班長，人有腦殼，主席說。美國怕誰？阿爾巴尼亞？蘇聯嗎？還是蘇聯。

3. 社會主義國家的關係不是舊的關係，而是新的關係，雖然各自為國，但大家有共同的理想目標。但又是相互平等的，這是獨立與聯合、平等和互助、局部和全部的關係。平等互助，還是大幫小的。

4. 反大國主義。這是根本的態度。以大待小，以大待大。這不容易擺好分寸，必須防止大國主義。我們是六億人口，應做出對世界的相應貢獻。同時我們也要防止民族自卑。因為我們……

5. 互相瞭解互相學習，取長補短，我們很容易只看到人家的缺點，只看到自己的長處，因為我國進步快，國家大，所以我們一定要虛心，要勇於貢獻自己。我們只要看世界上的任何一個黨，只要是搞社會主義，搞國際主義。這就是九個指頭和一個指頭的關係。

6. 正確處理社會主義內部矛盾，各國求同存異，不要強人一致。過去有些人驕傲。只要不是根本原則的問題，我們根本可以未必交鋒。

7. 堅持馬列主義原則，反對修正主義。這是國際馬列主義的大是大非問題。不能放鬆。社會主義中有人動搖，中國也就出了右派。主席說，這(反修正主義)是馬列主義最大的思想準備。我們不能離開條件，去年就是過分誇大了主觀能動，翹了尾巴，去年一年的經驗使我們體會很大，還是蘇聯行。

II. 民族國家。不是無產階級領導的。這是中間地帶，是從帝國主義中分裂出來，為社會主義的同盟力量，我們必須爭取的力量。有兩類：

1. 二次大戰後，出現的一大特點，就是民族革命的力量，14億人口。這些地區也是一窮二白的，但力量是不可忽視的。印度就是拿着這點翹尾巴，在西藏問題上。

2. 有些國家還是王國，但決策的也已是民族資本家，如西哈努克。主席說不要從事物形式看。

印尼也是民族資產階級領導的。

在這些國家中(指中間地帶)有些是反動地主、買辦當權，巴基斯坦。有的是民族資本家當權，印尼，印度，有的還在萌芽。但這三類中民族革命，要求民族獨立是主要的(緬甸有一些買辦性民族資產階級)，其中以印度等中立國家最吃香。

這些國家是在兩大陣容之間存在的，如果沒有蘇聯為首的社會主義國家就不能出現這一局面。

3. 其次、也是很重要的，我們要留意這些國家的兩面性。表現在：(1)反帝，但對帝國主義也有妥協(如納賽爾收回運河後妥協)。

(2)反共，反人民，有親共。

(3)害怕社會主義陣營。

目前形勢發展看，大的民族國家如印度有擴張的傾向，小的如尼泊爾絕不會有這樣的兩面性。但無論如何，這些國家的主要矛盾還是反帝。因此我們堅持五項原則，幫助他們。不附加任何條件。有些國家決策者就是出身帝國主義如西哈努克。不管有多少矛盾，在這些錯綜複雜矛盾中，還是反美，這是由於兩大陣營中我們最大，但靠了邊就能生存。這是主要的一面，我們必須看到。

這些國家中的共產黨就不能搞共產主義，而搞民族統戰。在這情況之下，我們的力量繼續東風壓西風。像納賽爾一樣反共反蘇，這仍然是反復中的暫時現狀，這是中間派的特點，如過去我國的一些民族資本家，

1. 我們的又鬥爭又求同的方針，這是不能動搖的，我們是聯合的。聯合(主席說)三條件：

(1)要有充足的力量。

(2)要尊重他們的利益。

(3)對頑固派就要做堅決的鬥爭。

這三條是完全適合爭取中間地帶的政策。主席說(對西哈努克)我們頂住了美國的肚子，你就有文章做。

我們採取了這樣堅決反美的鬥爭，就使中間國家可以兩面逢源，巴基斯坦就在軍事集中發嘮叨。

我們也不能對這些國家不鬥爭，這些資產階級就是怕這點。不怕破就不破，不怕鬼就沒有鬼，如印度干涉西藏，我們就堅決反擊，但仍有理有利有節，所以不能遷就，對納賽爾對伊拉克，我們反對，印度干涉西藏，我們反對，結果他們都回去了，否則遷就主義。

至於他們反帝不堅決等，就不要去反對他，這就是求同存異的五項原則，就是求同存異。我們用此安定他們。如僑黨解散(求同：反帝、和平、友好)，我們不強調異。

尼赫魯，多時來就對我不友好，但我們一直沒有批評，尤金用了很大的勁寫了一篇。

從其階級本質看，最近出了兩股大逆流，納賽爾反蘇，印度插手西藏。這是必然的，但暴露出來教育了阿拉伯人，很好，也教育了這些國家的A，丟掉這個幻想。卡什羅將來也會暴露出他的反動的一面。我們有準備，不怕，好。

2. 從其環境看，這些國家害怕我們強大，有疑慮，這也是必然的。但他們這種搖擺，是不得已的。搖擺有些搖兩步。

擺左是很少的，只有大的右擺，看具體條件，可能分裂出去，但他就完了(指個人)。

一般說，這種情況不是三五年的事。伊共在凱西姆的兩面性前上了當，將吃一些虧。

(1)太暴露了。

(2)對卡估計太高了。

這些國家也不可能轟轟烈烈反帝的。這就是所謂中間。民族革命是不能領導到徹底革命的。這是階級性的局限，只能愛國。又，階級矛盾要發展的，如老撾，最多搞一些改良。階級矛盾大了，他們就會右一些。資產階級會不會分化，始終是左中右，右派一定會分化出去。中間地帶，目前還是中間派佔優勢。蘇加諾是中間偏左點，但也不是絕對不變，即使右，也不會放棄反帝的，到現在為止，還不能超過納賽爾。

也不排除個別國家從中間地帶分裂出去，主席說：即使所有這些國家都反過去，我們也不孤立。通通吳庭艷、李承晚也不過如此，實際上不可能。

目前是兩大陣營，戰略相持的階段，資產階級右擺就必然。這些國家在十年八年中爭取他們中立就是最大勝利。我們的同志有時就是在這搖擺，熱和悲觀。同動搖朋友為友，一定要堅決自己的立場。

3. 對那些軍事(帝國主義國家)，不是統戰問題，是敵我鬥爭問題。

(1)一定要戰略上藐視敵人，戰術上重視敵人。對敵鬥爭。如不在戰略上藐視他，精神上就軟了下來。這是馬克思主義者最根本的戰略思想。《共產黨宣言》時只有幾個馬克思主義者？

(2)要另起爐灶，舊的世界組織都是敵人御用的，我們不在乎。

(3)打掃房子再請客，同帝國主義建交，我們沒有什麼興趣，民主人士覺得美承認我為光榮，我們就不在乎。

(4)敢於搞戰，準備較量。朝鮮戰爭就起了揭穿紙老虎的作用。我黨與美鬥爭算是摸到了M的底。我們在戰略上完全取得主動。

(5)敵人的營壘不是鐵板一塊。我們要步步為營，各個擊破。重點攻，消滅其主力。敵人內部一定有矛盾，這是我們的敵後後備力量。我們不能不(充分估計到，否則我們將犯右傾的錯誤——1966補，是否如此？)

4. 對M針鋒相對，這點與蘇不同，但目的都是孤立M。我們抓住了M幾條辮子：佔我台灣。禁運。中國代表權問題。這些我隨時可利用來打他。

(1)美國實力政策，我大躍進。

(2)美國邊緣政策，我們也來邊緣。只打蔣，對M警告。

(3)M脱身政策，我則採取絞索政策。

對M，我們也還是要有策略，這不是對他有什麼幻想。對M，我們還要留有餘地，如中美會議。這會談又引起ME矛盾，他們猜疑。

5. M國最近政策有無改變？

基本沒有改變，而是迫於形勢，減少國內外壓力。因此窮則變，變又通。這主要是力量對比的結果。初美先有原子彈有導彈，可是後來蘇聯居上了，M也就再也翹不起來了。

現在他沒有辦法了，寄託於社會主義內部變化，所以改為滲透。對民族國家，他高明了一些，利用內部矛盾。

又，M國內，一是止戰派，搞緩衝，鬆動派。一是保持現冷戰與蘇聯抗衡的局勢(共和黨)，這樣(後者)下去，越來越孤立。

英國在二次大戰中是重傷號，戰後受排擠，因此英國也有兩面性。但，它的兩面性是反動的兩面性，所以對他採取有打有拉。這是針對它的兩面性，打他的親美一面，拉他與M矛盾的一面。如自由貿易等。M在遠東搞緊張，英國是害怕的，他怕我們拿香港。英國最近的變化，從麥克美倫訪蘇起，EM矛盾在擴大中。這是由於

M在歐洲擴張力量，威脅了英國的老二地位。

英與西德的爭執也反映ME的矛盾。西德也利用了EM的矛盾來保持平衡地位。E國利用與蘇的關係來壓美，加重自己的砝碼，他想在M蘇之間拉線，來對M，這點我們要重視，加以利用。

從世界範圍看，帝國主義間的矛盾很多，主要的是英美矛盾，英西德矛盾也在擴大中，如E西矛盾擴大，EM的矛盾就可觀了。其是四分五裂的局勢，目前我們對E又打又拉，保持着一個代辦。

打，也是有理有利有節，主要還是利用來排除M。我們手上E的辮子不多了，只有HK是最大的辮子，所以我擺在那裏，套住了E。

對日的鬥爭又是一個局勢。他還在佔領狀態中，又有民族獨立的因素。一面是潛在的帝國主義。他戰後的經濟恢復的比任何國家快。對日本的統治集團採取分化、集中打親M派。社會黨的右派對我有想頭，可以分化。

目前我們採取經濟政治一起談。過去是分開的，就不對了。主席說，政治經濟也不是不能分開，問題是不能欺負我。可以是我們說，他說就不行。

今後半外交，不搞。對日，不丟掉台灣，不在聯合國承認我，否則我們就不幹。貿易可以搞一些。

有些民族國家，叫民族革命，又對M不那麼反，炫耀人民生活好(小康)(這些國家不易革命)，我們還是爭取。如拉丁美洲某些國家。

最後，談談南斯拉夫。這個從社會主義國家游離出去的。目前內部還不是太困難，他的主張在民族國家中有些市場。他同納賽爾勾勾搭搭是可能的，因此對南鬥爭是長期的，因此也要策略一些。

國際形勢是很複雜的。對南的鬥爭，策略調整一點，鬆動一點，在國際會議上，可以考慮讓他參加，有些兄弟國家，這點不堅持，我們不讓點與兄弟國家就搞得太緊張。M也參加。在國際鬥爭中我們要站高點，高屋建瓴，勢如破竹，不要在枝枝節節的問題上拉扯。後發制人，爭取主動。如對印度干涉西藏。這是風格，又是策略。表面不領導，實際領導。有時候索性跑龍套，不多出風頭，實際起點好的作用。與蘇聯一起，幕後多商量，要謙虛謹慎(總理見外賓，總是說我們還是一窮二白，還是落後)。

我們也不卑不亢，不能無原則遷就，我們是國際主義與愛國主義相結合，我們不是民族主義。

正因為我們進步快，我們要謙虛，不要八報十，留幾分好。不至造成自己驕傲，不致引起敵人警惕。我們要對社會主義國家謙虛點，對民族國家耐心點，對帝國主義國家策略點。這一些立場，觀點，方法，是主席戰略思想在外交工作上的運用，我們要不斷學習，這樣才不至於在國際問題上搖擺，少搖擺。不進聯合國，合乎常理是壞事。超出常理，則又是好事。

對帝國主義堅決鬥爭，仍然留有餘地，對尼赫魯也是堅決鬥爭，留有餘地。最大的原則性，最大的靈活性。M這次的經濟危機，確實已經過去了，生產也已經恢復。但、下一個危機，可能很快到來。歐洲的危機現在沒有結論。經濟危機不能搞垮M國，我們不必過分重視。經濟發展不平衡是規律，這倒是帝國主義致命的問題，它是直接引起政治危機。

7月1日　廖：

過去有過一條，不動員HK人士參加國際及國內的正式會議等活動。今後也如此。連廣東的也不安排。

關於務虛的總結。

1. 關於HK形勢。

和平與戰爭，毛主席說：「不能寫保票。」趨勢是大戰基本打不起來，但也不是絕對。帝國主義存在，戰爭就存在，社會主義國家強大、反殖主義發展了，大戰可能就更少。個別中間國家右擺如納賽爾，這不是就壞下去，只要是社會主義強大。我們要不斷揭露帝國主義的陰謀與譴責戰爭狂人。不等於說戰爭的存在。社會主義不斷增加強大之下，利用有利形勢，使帝國主義不敢打。維持和平局勢。(張插話：時局對我有利。)

我們不是不惜犧牲一切祈求和平，我們不怕戰爭，但不搞戰爭。這是HK問題的先決條件，HK解放，無論從任何角度看，不會早於解放台灣。局部戰爭，仍會有，但有沒有擴大的可能性？有，也是在中間地帶。而且擴大的可能性極小，局部就是局部。

HK工作要有一個概念，即HK工作不能視為國內工作的一部分，只能看做國外的工作。因此HK工作不是解放的準備(過去曾經說過，現在絕對不應有了)。其次，HK的基本矛盾是我E矛盾，真正的矛盾主要還是EM矛盾。

張聞天：「為什麼我們對E有打有拉？」

正因為E是帝國主義中比較中間的國家，也就是我們為什麼把HK解放推到台灣解放之後，因此我們把HK放在E國有利。

HK的一切鬥爭都要從這個基礎上來考慮，概念就首先要搞清這個問題，即E是在帝國主義中的中間，可能出現中間局勢。

其三。我們不把香港工作作為對E的，而是作為削弱M的前哨基地，因此，鬥爭矛頭不是對E，就不能設想天天鬥爭，搞同盟罷工。因此香港工作就是愛國主義的。香港工作就是隱蔽、長期埋伏、積蓄力量，是在化整為零的，到處深入的。不搞多掛旗。

另一方面，香港工作的任務，是戰略觀察所。香港工作，就是在理解國際大勢的情況上提供一些資料，更把更多的時間和力量放在觀察站上。

今天香港工作，有些鬥爭，也只是在這樣的要求。所以香港工作的內容就是耳朵、眼睛的，不能當作國內工作一部分。甚至不是廣東工作的一部分。是國外的工作，前哨工作。因此香港只能是愛國主義的內容。所以宣傳社會主義是錯的。我們宣傳祖國的社會主義、蘇聯建設成就，那也只是宣傳和平競賽。不是宣傳社會主義。是和平統一戰線，不是搞社會主義。因此香港的工作，只能是愛國主義的宣傳工作，就是愛國主義。香港居住的同胞，還不能高到社會主義的。

愛國主義是什麼？就是毛主席的三條。這是最廣泛的統一戰線，否則提什麼社會主義教育，這是肯定是錯的。香港的宣傳只是為廣大的中間落後群眾，就是三條。

毛主席：香港的報紙照例要比國內低一格。

因此香港的報紙，

第三個問題，報紙及其他。即使我們的報紙也只能是統一戰線的東西，統一戰線性質的，要用統一戰線的方法去經營。幹部也是要統戰幹部去經營。費、袁、呂，根據統戰的政策去支持。

如果要搞成一個上下都是社會主義的，有害無利。

我們不能設想個個像華潤。既然是統戰，就有左中右。鞏固左，廣泛爭取中，最大限度孤立最右。中右也去打，這太錯了。馬言良就不能打。要重新排隊，只能容許寬，不能比國內緊。一切要統戰的做法。

第五個問題。群眾鬥爭也要服從這個原則：「不可不鬥，不可老鬥。要拉就拉。」

第六個問題。香港工作不是要事事同國內配合。

1. 工作分工怎麼辦？日常領導、具體領導歸廣東，方針政策由外辦香港小組傳達給廣東。

2. 幾個具體問題。香港還是要有一個報紙，比較正面地傳達國家的態度。《文匯報》。

一、但仍然是一個統戰方法來辦的，不能說是黨報。

二、此外，《大公》、《新晚》只是向香港、海外宣傳愛國主義。進行愛國主義教育，是直接面向中間落後。

三、這些報紙主要是揭露M帝。逢M必反是錯的，M的人民我們是不反的，國內也不是如此，帝國主義和人民要區別開來，壟斷和人民區別開來。

四、對E的態度，要服從對E打拉並用、有打有拉的政策，無關大體的事可以報導，只有E反動的、配合M搞兩個中國的才反對。

五、報紙對群眾鬥爭不要配合。

六、要重視社會新聞，不要老搞反阿飛。

七、用外稿問題，只能適當用，但必須對我有利，聳動聽聞的事在我們的報紙絕對要不得，實事求是，慢點沒有害。

八、有關國內的報導。主要是宣傳成績，要綜合，不要抓住一些個別突出的成就大事報導(二聯撤銷發稿，歸中新，中新發稿歸總社)。海外報紙不要搶先(國內報紙有時是為了鼓勁搶先報導)。地方報紙的新聞不能轉載。國內國外都要戒浮誇，報導要留有餘地。

九、報紙副刊要多姿多彩，生動活潑。香港的文藝方針也是愛國主義的，面向中間落後的，愛國主義也是為工農兵，但在海外是以愛國主義的形式出現。

文化統一戰線。

一、要大大擴大文化統戰，要團結一切可用的，要調動一切可調的，要盡可能擴大統戰。對要求進步的不要潑冷水，但不能以他們的要求變為制度。像呂不能拿他的三個權利。

二、明星制度還是要加以肯定，經營管理要社會化。

三、中右和蔣特要區別開來。只有搞兩個中國的、配合M搞反動的。右派不能說是K特(邵氏只能說它是中間偏右。)(白吳已是中左了。過去沒有反過我們，只是不說話，解放後相當程度同情我們)。宗派主義必須挖掉，重新排隊，大大擴大統一戰線，重新團結。袁……

香港人人要靠國內生活，香港靠近我們，要留有後路，因此統一戰線是有條件的，要好好的重新搞。

中國這一年是在大變化的一年。大躍進是巨大的成績。成就是很大的，一年的偉大計劃，不平凡的一年。成績不另說。

為什麼中國能有一大躍進？這要分析這是中國歷史弱，外受壓迫，內封建壓迫，必須加速，我們必須有成就，當然，距離蘇聯的成就還很遠，比資本主義的生產也有一段不近的距離，政治上是近了，經濟上也還有一個距離。

十年來由於得到毛主席領導的成績，生產在蘇聯老大哥的幫助下，總算把工業打下了基礎，但與六億人民的要求比還小得很，如果拿我們成績用六億人除就小得很。就拿1070噸鋼，六億除，每人不到20斤。不說比比利時、連盧森堡也不如。就拿去年一年的糧食產量來說，六億人分不到300斤。因此拿總產值來說還遠離人民的需要。但這個成就是推動力。因此我們用此推動今後，必須加強。如果不脫離落後，就不能夠脫離帝國主義的欺負。以M以台，搞顛覆。如果我們不能加速追趕，就不能成為農工業的先進國家，固然我們有偉大的蘇聯兄弟國家，有反帝的人民，有帝國主義國內和平的人民，這些使得美帝不敢向我們進攻。

由於蘇聯無私幫助，因此打下了成為工業的可能，這是要感謝的。但我們國家大，人口這麼多，不能指望蘇聯代我們做，不能說要人包下來，不能老躺在蘇聯懷裏，故必須自力更生，自己生產出來才是。

但又得回頭看，6億5千萬就不簡單，如豬每人1公斤，65萬噸，誰能一下送來65萬呢？因此說到分配，就要用6. 5來除。因此要加緊生產才能使工農業上去，而且還得搞林、魚、牧。並且我們的農業還要為工業服務，就是有了，也還不能解決。農業還不能每人得300公斤，還包括雜糧，牲口吃的在內。我們還需工業進口，外匯，還要農業的設備。這佔了70%的外匯，沒有這些就不能完成工農業建設，重工業上我們要銅，要有色金屬，有了，才能平衡發展。我們要平衡，就要工業，否則不行。

我們處於和平競賽，我們還要防止帝國主義的進攻，因此還要搞國防，必須抽出來來搞近代工業，為了滿足此，有了去年的大躍進，但，平均不到20斤肉、一噸煤，因此不難瞭解，中國人民要用迫切的辦法加速社會主義建設。否則，不能建設我們自身的工業體系，而擺脫對帝國主義的依附。這不僅是中國人民的需要，也是世界人民的需要，蘇聯專家來一看，瞭解了這些，才能明白我黨在八大上通過總路線的決議，要兩條腿，工農、大中小，洋土並重的方針。這方針不是拍腦袋想的，是客觀的反映。因此鼓舞人民前進。大家看到，一年群眾發揮大力，這原動力就是總路線，有人反對此，這是舊社會的殘餘，一小撮舊知識分子，我們也有個別做的不好，但總的是極大變化，這是值得重視。也指明將來方向，這是很寶貴的。

如果過去民族革命是群眾經驗，今後一切都是如此，這兩年最大成績也是依靠了群眾。這指出了今後的方向，使我能10年20年內建成社會主義。

這是基本，必須充分認識，如認知了這基本的話，就是生產多點少點，只是第二意義的事。如去年生產少了一點，今年又補上，如去年糧少，今年由於災少，後年可補上。因此不在數量，只要是能把人民鼓舞上去，貿易少一點，明年可趕上，就是人民的積極性。

當然在去年的大躍進運動，總不免產生一些缺點和錯誤，因此我們有成績，同時也有一些錯誤。黨就是在改這些錯，就不合乎客觀事。缺點錯誤表示什麼？1.第一，在發展速度；2.平衡；3.質量。

在發展速度上，我們必須擺脫落後，加快速度，不這樣提就錯，但，速度就要合乎需要，可能，速度就提高多少攻下。從農業看，根據我國落後，很冷靜的來看，不能像主觀願望那樣，就不能有客觀限制，農業增產10%，就是躍進。15–20%就是大躍進，特大躍進。可能個別地區增產多，但要普遍翻番是不合乎客觀規律的。

工業，通常，由於社會主義的優越性。10幾%已經是躍進，如不滿足於此，就，但由於落後，能增加20%的話，已經是巨大躍進，25%是大躍進，30%就是特大躍進，因此什麼能翻一番是不可能的，這是一條宣傳經驗。

為什麼去年，中央要求提高很高？基本就是由於我們在……加強快速、缺少經驗。由於缺少經驗，甚至沒有經驗，所以偏高。加以人民的願望過熱，要求偏高，就不出奇了。只要我們發覺到估計過高了，就會實事求是去掉。

這裏要區分幾種情況。

有一些農村是算多了，我們不能在農村正確估計出，因此估計偏高不出奇，同時，食堂建起來。家庭消費轉集體消費。自然多吃，消費多了。又如公社辦工業，煉鋼鐵，因此，可能原料消耗多些，因此去年消耗多了些，今年一度出現緊張，因此不能懷疑農業確實有增產，無疑，確實雙增產。

同時，又由於還未能做農業機械化、電氣化，還是手工生產，因此把農村富餘的勞動調回去，由於回去，就增加了一些消費，故有些地方的食堂一年，春下分糧食緊張，但，不是全國各地都緊張，那些地方會過日子就好一些，如湖南，四川。

某某最近從農村回來，說每天每人至少有半公斤，這證明確實增產了，說明要會過日子，這又是一個例子。蘇聯曾有過。可是去年我們忘了。我們的人民有了，多吃點，六億一來數就大了。我們每年出口萬噸，這是不多的。如果，拿西歐來說。

每人多吃一點肉，2000萬頭豬就完了，因此今年出現肉緊了，今年豬口就緊了。

生產設備也有增加，有些需要增加，有些不需要增加，也就不平衡，只要我們發覺，改正，就好了。

其次是平衡問題，我們搞社會主義建設，必要按比例發展。原則是謹慎。但，在實行中保證它不容易。一個企業間要平衡，工農業間、生產和消費之間，都必須要平衡，剛才說，經濟建設上少經驗。

第一個五年計劃完全按比例，蘇聯給了很大幫助，但，那也有缺點，就是步伐放慢了。因此第二個五年計劃就採取躍進，突破舊的平衡規律。此外必須抓好新的平衡規律。黨的多快好省。四者主要就是平衡，兩條腿也是平衡，但也是有重點，土洋結合，重洋；大中小，重大。重點就是平衡，這是大原則。

因此我們才有了一年的經驗，因此我們也要時間才學得到兩條腿走路。所以我們摸到規律，摸到規律不能老是漲，老漲是不行的。

煤炭、電力、運輸，都要發展。因此不能十二個月一線上升。因此，煤，可能今年達不到3180。過去3120，因此煤也要平衡規律。

要常搞這個平衡規律就要時間，因此，同志們提了意見。謝謝！

旁人好心，謝謝，但，不能保證小孩不跌跤，經驗不是自然得來的。

質量，這是社會根本問題，是大事。去年有一部分產品的確質量差，但對此也要辯證來看。大躍進中出一些差錯不出奇。拿鋼來說，去年好的700萬噸，但由於我們採取兩條腿走路，煉1300萬噸，好的850萬噸，中的110萬噸，是從中出了200萬噸差一些的，只能給地方做些東西。

因此，經驗多中，就會有差些，給今後躍進打下基礎，但我們總結就不能這樣幹，要同時注意到數量和品質，今年保質中取數量。地方的增產中，必須有煤才幹。看來今年不能達成數量，但保證優質鋼，不但交通運輸，也要保證經驗。

因此品質也要辯證的看。大型與小型不能一樣，這就使我們客觀地認識了此，提高了我們，迎接今年的躍進。

因此必須理解，有此錯，但從總的來看，成績還是九一，充其量是八二。只要認識了此，就保證了今後的工作，因此錯誤缺點就壞變好，教育了自己也教育了人民。

其他方面也可能錯，但上生產力就是準備犯錯。蘇聯已經40年經驗，我們學過來，更豐富我們的經驗，來實現我們今後更大的躍進。

總理說這是前進中的缺點，但是也可能五年、十年還會有新的錯，方向基本不錯，一萬年還會有，問題在能總結，取得教訓。

- 今年國慶只適當大慶，可能好，適當大慶。
- 新問題不要搶先。不要抓到一件新事物就來大搞。
- 多改寫，不一定要照登中新社的稿。多把這些當素材。

9月7日

區書記指示，這裏作為個人的發言。

一、對這次會議的估計：

第一次各方面的同志來參加詳細討論研究，認真其事，把過去的缺點做了一次批判，端正了作風。不僅會上討論研究，而且看了很多文件。百忙中我們還得到陶書記的指示。

二、對58年的估計：梁威林已總結，得多失少，我基本同意威林同志的總結。58年對自由工會成員、對廠商也做了一些統戰，對黑社會也開始搞統戰，符合打破界限森嚴的局面。符合長期埋伏、分散積累的方針。雖然在某一具體工作上，有集中、暴露，但這是局部的、暫時的、個別的。群眾的愛國情緒也較以往高漲，當然這不僅是工委下放結果。祖國大躍進，世界形勢有利，是有很大影響。

後來一段廣東緊張，有些影響，但，很快過去。總之在祖國、世界的有利形勢下，即使工作上有很大南轅北轍，也改變不了成績是主要的。況且中央抓得緊，工委又不是一意孤行，就更得不出什麼路線、方向的錯誤。缺點、錯誤也是有的，個別鬥爭中集中力量太多，太暴露，如中華、種植工會以統一方式搞了許多福利工作。中華要不要鬥？要鬥，但，提到要衝破法治，這就過分了。我們那樣鬥是不智，笨的，不策略，有左傾冒險。後來的萬人操，搞什麼紅纓舞，這是小資的左傾幼稚病，小資狂熱，發展下去是危險的。又肅反，內外不分，搬了國內那一套，也是過「左」。這樣嚇退中間落後群眾。總之這是左傾冒險，是錯誤的。不過僅僅是個別的、局部的。其他工作並沒如此，所以不是方向性的。如果全面左傾冒險，成績就不是主要的。

三月會議對我們58年工作有影響，我們思想上也不明確。如提反右傾保守，右的有沒有呢？有，如統戰方面。縮手縮腳，局面打不開。又黨員不多。這點主席及劉少奇同志來時，的確看出了這點。我們也提了要防左，強調不夠。

消極，害怕，這些都是右。但也有左。尤其當時，大家受到國內大躍進影響，已經頭腦發熱，左傾思想是主要的。57年以來，就有苗頭。當時我們沒有抓住幹部思想上這個傾向、情緒，提出注意。雖然說了HK不搞大躍進，但強調了反右，就可能影響到後來的左傾思想發展。

三、HK形勢，EM巨頭會晤後不見發表公報，估計是雙方矛盾擴大，這樣HK是壞下去的，與我們的關係就不敢搞得很壞，只要我們政策正確，不犯錯，這個期間工作環境是可能向好轉多於向壞轉。工委的工作要摸清EM的動向，做黨中央的助手，有系統地研究ME在遠東和在世界的政策，而不是技術的、零碎的材料。工委要安排相當力量，要通過HK上層做好這些工作。摸清M經濟滲入HK，是很重要的。E是又害怕又有幻想，政治上插手，E是較清楚的，經濟插手得揭露。我們對E，既然是被統治，就不會沒有鬥爭，只是要控制，鬥而不僵。中央同志說，不可不鬥，不可老鬥，不可事事鬥。HK還是這樣。正如主席說：「人不犯我，我不犯人，人若犯我，我必反擊。」適可而止，目的是長期生存，分散和積蓄力量。不在政策上出大事，我們可以在HK生存下去。

開展統戰工作，要潛移默化，起愛國主義影響。提高後也不要露面，學校也要這樣，工會也要這樣。至於紅工會、紅校、報紙，要能鞏固下來。新發展的不要搞紅，可以灰色，或中落，保持舊的樣子。分散埋伏，不暴露。群眾多搞福利。對外宣傳，過去調子是高了一些，要適當降低，還是愛國主義的方針。社會主義恐怕還是要宣傳，不宣傳是不行的。主要是宣傳祖國的社會主義建設，人民公社，偉大成就。不是在港宣傳社會主義革命，宣傳的方針是要研究的。《文匯》代表政府，當然要高一些，但還是HK水平。《晶報》近來高了一些，這不好，過去好，還是回到原來的調子好。報紙不要老講成績，港澳不能浮誇。多搞一些實例，一村，一個公社的發展。在整個建設的發展過程中出現的困難和缺點也可以報導，但不能孤立和誇大缺點。

電影，一面要鞏固進步力量，提高他們，發展一些A元，不要外面派進去，還是要作為統戰機構來做，好好教育那些進步群眾，團結落後群眾。打開圈子，對中落公司要爭取團結。甚至對國民黨的機構也要做工作。説樂蒂和蘇誠壽投敵不對；對資產階級生活方式、意識形態就不要去反對。HK不可能沒有這些東西。吳楚帆有缺點，這也是必然的，但，這也不要求太急，慢慢提高他們。

四、在適當時機，適當發展一批A員。但要做好隱蔽，要符合要求，政治一定要弄清楚。

五、組織，公開與秘密要嚴格劃分。排排隊，紅了的擺在一邊，不要再與灰線來往。灰線，絕對保持下去。以後工作也不能配合，半公開的也要秘密來往，不要集中大樓，不要與公開的負責人來往。看文件，要嚴格限制。HK不能有文件，下面不能翻印，要回來看。交通要分開，不要各線糾在一起。警惕性要提高，但也不要感到那麼可怕，否則又要縮手縮腳。思想教育也不能搬國內辦法，政治思想教育要加強。HK工作幹部思想本質是右的，右的可能大，非無產階級的思想常常容易潛進來，引誘多。我們要經常防止資產階級的思想。領導思想要明白這點：思想本質是右的，工作方法常常表現是「左」的。HK可以有一套適合於HK的工作方法，但不能鬧獨立性。

六、HK不能大躍進，但是一樣要有幹勁，要埋頭苦幹。做無名英雄，不要出風頭。今後雖不要求什麼配合，但一定時期，也要做些支持祖國的事。

七、工委可以縮小一點。現在是七個常委，三個五個，再研究。省委領導、書記考慮同意。

9月7–8日　黃施民秘書長：

(一)對58年以來工作的看法：一、成績是九個指頭，缺點是1個指頭。EM關係，對E不能不鬥，不過算葛量洪十年賬，大集中，這是錯的，過了頭，引起他要告我們報紙。缺點：1. 鬥什麼，不明確；2. 鬥M鬥E分不清；3. 形式主義；4. 增加了E我緊張。二、對外工作上的缺點，比如貿易方面佔市場、出版方面、電影發行方面過分冒險出口，總理年底指示後，我們思想上較自覺地利用自由港，和採取維持自由港的措施，E國人也有感覺，這就更使維持自由港的可能性增大了。三、58年提公開活動，在個別工作上有左傾冒險，如書的出口遭到限制和禁止。又如群眾鬥爭過分大、集中，這刺激E，引起他擔心我們把新華社變成第二個政權。四、58年工委下放後，加強了A的領導，取得了成績。下放後搞了各線配合，這是缺點。58年A的領導核心比過去暴露了，這是危險的。

(二)錯誤方面：

廖主任説，從工作客觀效果看，有些鬥爭中確實有左傾冒險主義的，要分析錯誤的思想在以下工作上的表現：

一、在群眾運動上。1. 不區別國內外群眾運動，大搞群眾運動。2. 把進步的群眾運動當做主流，利用這個方式推動一切工作，爭取優勢；3. 把保衛300萬群眾利益作為A在港的工作中心任務。這三樣，今後一定要丟掉。

1. 在HO(港澳)地區，還是要群眾運動的，群眾運動是A取得革命勝利的保證、依靠、基礎。因此，要不要是肯定的。但問題是HK如何使用群眾力量。國內是建設高潮，轟轟烈烈，千萬人動手，熱火朝天。HK是半殖民地，又不是革命時期，如果是，那就要國內那種群眾運動。HK現在只是點點滴滴儲備力量，利用來對外工作時，需要分散，深入，隱蔽的形式。在愛國運動方面，在政治運動方面，就要受到限制，因為還是在敵統區。HK需要的是分散、深入、公開合法、合乎社會利益的群眾運動。58年我們搞了那些集中的、國內外群眾運動不分的做法，這是錯的，不需要的。

2. 第二個要扔掉的觀點，那就是廖主任說的「爭取優勢」，這是完全要不得的，不切實際的。想在HK取得優勢，取得多數，而且要進步的、在五星紅旗下的，這是不可能的。工會搞了十年二十年，才13萬人左右(50萬中間落後)。問題不僅在可能與否，而且沒有必要。這形勢搞不到，就形成紅孤島，學校也如此。

3. 把保衛群眾利益作為中心任務，這錯了。適當保衛是對的，不重視是不對的，但是擺到中心位置就違背了服務對外工作。我們的中心任務是帶HK群眾反M，否則必然結果是：與E緊張，與資產階級緊張。我們的群眾鬥爭一定要服從：(1)反M，(2)有利對外；(3)有利保持長期利用。因此去年把群眾運動擺了錯誤位置，就必然發展成左傾冒險主義。群眾是一發難收的。如果轉過來，(1)不會覺得把群眾運動放低了；(2)不至於天天鬥爭睡不着覺了。經過這次務虛會，我們就放得開了。

二、擴大公開活動，反M右傾。宗派、關門主義，雖然這是歷史的，但，一是強調進步，祖國的進步，搞公開活動；二是強調資本家右的一面，不從政策上去看他。最後，就把他劃為敵人了。看來58年提反右是錯的。57年匈牙利事件幹部的確有右，但後來穩定下來。所以58年又發展了左，而我們沒有看到，相反提出反右傾，一年都在反右，這就難免發展到關門主義、宗派了。而且海外易左，尤其HK，最多不會殺頭。有山有水有勢。這就更應反左了。到了後來，敢於鬥爭，衝破合法，就更發展了。我們用過高的愛國主義去要求他，甚至用共產黨員去要求，沒有根據階級分析，沒有看到資產階級與我矛盾小(不解放HK)，強調了右搖的一面，就劃他為敵了。

三、社會主義、愛國主義的標準，去年這兩者界線是含混的，一個是搞革命，一個是宣傳總路線，社會主義建設，這是核心部分，當然也可以宣傳五千年。

以上就是廖主任在總結指示中指出五八年工作錯誤指出的重要的觀點。

錯誤的根源：一、不嚴肅對待中央指示。1. 57年8月接受反M任務，但對中央指示沒有嚴肅對待；2. 11月提出宣傳社會主義，愛國主義基礎提高一步，到3月會議就更明顯提出了。工委下放後就更發展了。正如公開活動的發展一樣。

二、當時設想雖不想解放HK，但要蠶食HK，造成我們力量龐大，實際控制HK，後來雖中央批評，但未及時澄清，一直貫徹到58年3月。

三、沒有嚴肅對待中央方針政策，紀律性差：沒有與幹部反復研究，沒有交底，大量文件放在檔案裏，自己也沒有反復研究。如現在發的，也沒有在會中着重去討論。比方十二月周總理等的指示，也如此。這是「自以為是」，以為是老經驗了。這與在外幹部的態度是很不同的。紀律性是太差了。請示報告也太差了。比如陳澤華的鬥爭，也未請示中央。又如，外交部來一電話，搞臭E帝，也沒有請示外事小組，就指示下面。8月28日接到，30號才請示中央。

四、此外：陳總說，錯誤的根源：1. 對形勢搖擺；2. 對HK地位環境不認識；3. 作風暴露突出。最後，錯誤的根源還有小資的狂熱病、小資動搖性。彭德懷反中央，說總路線是小資狂熱性。他是反黨，我們是離開中央方針，不是狂熱性是什麼？

對會議的估計：1. 會議收穫很大，對HO工作是歷史性的，管的不是一年。會議反復研究中央方針，掌握了務虛武器，HO幹部提高了，接近了中央思想。會中還根據中央精神，檢查了工作上的錯誤和指導思想。也全面摸到中央領導的方法。2. 會議的方向也是正確的，我們根據中央務虛會議上的領導精神，檢查了工作，分析批了工作缺點，觀點，過左思想，總結了經驗，去年工作大量左。

不管如何，批判去年的過左，是必要的。廖説錯的(社宣、優勢)要丢掉。

還有一條，工委領導思想統一，有了提高。50天來大家在觀點上交叉，優點，缺點攤出來辯論。結果，政治上是一致多了。雖無強烈辯論，在發言中彼此瞭解，提高，彼此提高，團結進了一步。工委核心更堅強，更團結。

港澳組1958年1個半人，只要思想明確，還是可以做的。如陳X華(一事)未報中央，向中央反映少，對港澳工作的缺點抓不緊，未提要求。重大問題，決定在中央，這條認識不夠。所以工委的錯誤，克服得慢。

其次，脱離實際，如邵氏評為敵我性質，沒有從實際出發，未看他的片子，沒有從階級出發，只聽到結論，同意了結論。對工委的做法，感覺到有問題，但不及時，沒有堅決派人查查，如赤化新界。

工委下放以來，成績是大的，中央、省委的方針基本貫徹了的，有魄力。有些觀點和中央有些不符，不一致。但，堅決，有幹勁，要為A做點事業，這種想法，是好的，主觀能動性是發揮了的。缺點就是策略觀點不強，還有就在某些問題發展了一些左傾冒險。工委核心威信還是高的。經這次會，對中央的方針認識更深了。威林同志的威信會更高，政治思想統一起來。

會議開得成功，中央很重視，派了幸同志來參加。

6. 就為什麼會有爭論談談我與《文匯報》

（1988年7月27日於南戴河）

我與《文匯報》聯繫，早在建國初期，公開當社長是1957年，1961年離開。一晃近四十年過去了。約十年時間的事，還能記憶的，也只一些模糊的輪廓。

當時，已物故張鐵生先生還在香港，一天約我和他應約到香島道徐鑄成*先生的住宅，余鴻翔先生已先我們抵達。那次會晤後，鐵生、鑄成二先生相繼回內地，與我保持來往的是余鴻翔先生，交換業務上的意見外，董事會每月還經過我撥一筆外匯給報社。

據記憶，那次徐、余、張、我的約會，主要是研究香港《文匯報》和上海《文匯報》的關係(分家)，因為：1. 所處兩種社會，報導與立論方針不同；2. 兩地幣制不同；3. 人事處理和工資制度不同；4. 版面處理不同。決定香港《文匯報》和上海《文匯報》從過去的總社和分社的關係，改為兩個獨立的實體。但，由於政治環境關係，到1957年才公開，過去六、七年還是暗分明不分，沒有設社長，只有編輯部、經理部，公開後成立董事會領導的獨立建制，向香港政府註冊，董事長梅文鼎，余鴻翔任經理，我擔任社長。

我與梅先生來往不多，而與余鴻翔則從在徐鑄成先生家會晤後，保持經常來往，並由黃作梅、李沖與編輯部聯繫，研究日常報導方針，處理日常編輯上的問題。1960年秋，我調廣東省宣傳部，

---

* 徐鑄成(1907–1991)，不到二十歲就開始做記者，從事新聞工作六十多年，歷任《大公報》、《文匯報》記者、主筆等職位，1947年5月，上海《文匯報》被國民黨當局勒令停刊，遂赴香港創辦香港《文匯報》，任總主筆兼總經理。1949年6月，《文匯報》在上海復刊，徐鑄成任社長兼總編輯。徐鑄成也曾任上海市出版局編審，復旦大學、廈門大學教授，第一、五、六、七屆全國政協委員，全國人大第一次會議代表，民盟中央委員。1957年被錯劃右派沉寂二十餘年。晚年復出，遊歷著述，留下四百多萬字的專著及文集。

孟秋江先生來港，先內部接替我的工作，到1962年初，我調國務院外辦，才公開了他的社長身份。我先後與《文匯》聯繫共達十年。十年中大小事件不知多少，可記憶像一面篩子，早把往事漏走了。這裏談的有過爭論的事，也只是一個模糊的輪廓了。

一、大陸解放之初，認為《文匯報》是第一線報紙，應宣傳社會主義，很快董事會便通知改為宣傳愛國主義，並把解釋權下放給我，我認為香港是資本主義社會，我們是在海外辦一張愛國主義的報紙，應面向世界、面向廣大華僑，除客觀報導祖國社會主義建設的成就與遇到的困難外，應立論廣泛的愛國主義，維護世界和平，主持正義，貶惡揚善。但是董事會把海外辦報視為外事工作，授權不多，對方針解釋權不在辦報同仁，對祖國只能報喜不能報憂，國內文化、新聞意識經常影響香港辦報幹部，因此《文匯報》的報導方位與立論方向曾經長期出現忽左忽右，以左為主的缺點。1957年夏，董事會改組，做了一次總結，指出了問題的關鍵，香港幾家愛國報紙的董事會也不斷召集各版負責幹部面談。各報指導思想曾出現過一定的穩定性。但，各報幹部從舊社會來，繼續生活在舊社會裏，內外有別的新聞觀點，不易建立和鞏固，有時連我自己也發生迷惑。

二、搶新聞。競爭激烈的資本主義報紙，免不了搶新聞。搶新聞我們也不反對，新聞報導落後意味着失去讀者，報份下降，影響收入，帶來社會對報紙的印象。有人說國內的日報是晚報。但是我們還有一條，不能失實，不能捕風捉影，克里空*。所以我們使用通訊稿子時，既要敏感，反應迅速，同時要有銳利、深沉的分析能力。1959(?)年，香港幾張愛國報紙接受宣傳和平解放台灣的任務時，個別幹部未充分掌握這任務的實質只是號召、促進，錯誤地使用了一條外國通訊社巴黎消息，說中國人員與台灣人員已在巴黎談判和平解放的具體條件。

* 「克里空」一詞來自於安陽方言「殼裏空」，把殼扒開，裏面什麼都沒有，意為虛假，耍花招。

三、國內浮誇風的影響。1958年國內搞大躍進，香港幾家愛國報紙，一度感到報導上的困擾。生產上按常理不可能有的速度和產量，由於新華社報導了，香港不能不反映，尤其居第一線的《文匯報》，更不能置之不理。因此，要聞幹部有疑問，問我應如何處理，我說先只做客觀報導，不寫社論。但新華社連續報導後，我也感到困惑。直到我去廣東新會參觀畝產15–20萬斤的白薯地發現做假現象後，才回到實事求是上來，可是克里空的錯已鑄成，報紙形象受損，社會輿論說左派報紙也不能全信。

四、協議分工。解放初，香港只有少數一兩家態度鮮明的愛國報紙，後來陸續在廣泛的愛國主義方針指引下，先後又辦了兩三家，為了分別照顧不同層次，不同方位的讀者，使愛國報紙的宣傳報導的覆蓋面擴大，各報幹部不斷交換意見，主動協議分工，決定各自向不同方位發展，不同層次展開爭取讀者。因此，新聞選擇上，立論角度上，副刊結構、約稿等都有了標準，各自的版面豐富多彩，各遵其道。這樣做，各報報份不但不下降，都穩定上升，不斷總結自己的做法，不斷接近自己的努力方向，接近自己的讀者，報紙樹立了個性、特點。到我離開香港前，有的已經接近10萬份。以第一線的《文匯報》來說，也從七、八千份上升到近兩萬份。這是報社同人努力的結果。

五、如何對待刊登廣告。幹部、尤其經理部幹部，與董事會的分歧很突出。報社為了減低赤字，減少董事會的外匯補貼，幹部們主張任何版面，只要不違法、不危害社會，任何廣告都可以登。但《文匯報》的董事強調，第一線的《文匯報》，絕不開放第一版登廣告，而且要聞版也要少登廣告。

余鴻翔先生作為經理部門的，曾一再提出這個問題，我也表示贊成，他認為，董事會的意見值得商榷。廣告多了會佔用版面，可以加紙解決，奈何董事會不同意。其實，廣告多，正說明報紙銷路好，絕不會降低報格。只有報份少的報紙，才沒有人來刊登廣告，資本主義的報紙，全靠廣告多，才能賣大包。

三中全會以後，糾正了左的思想，自然會影響香港幹部，而香港的新聞幹部經過長期的實踐，也確立了從香港社會出發辦報的思想，這些爭議也就自然消除了。不僅廣告多，版面活潑，言論上也顯示一定的獨立性，這是值得高興的，也是我應引以反思的。

7. 東深供水工程紀事歌

1963年香港、九龍大旱，供水維艱*。適值周總理視察南方各省，聽了廣東省省長陳郁同志的匯報，即決策引調東江水濟港，數萬民工，日夜奮戰，感人事跡甚多，施工期間，曾遭九次颱風襲擊。當時我在國務院外辦工作，被指定負責聯繫調運各種物資，時值三年困難後，僅開過一次提供設備的有關部門會議，但均能按時保質保量供應。工程原定期一年，提前兩月竣工，徹底解決了香港用水嚴重不足情況。香港之日趨繁榮，實有賴於此。為紀念此一重大工程，曾建「勞樂亭」於深圳水庫公園，由董必武親錫嘉名，並拍攝巨型紀錄片《東江之水越山來》以誌其盛。今香港歸還有日，緬懷周總理決策之功德及勞動人民之壯舉，作俚歌一闋，用記其事，並懷念周總理。

鴉片戰爭割香港，百載匆匆成既往。
於今華夏慶中興，簽約歸還喜在望。
老來靜坐憶從前，時在一九六三年，
香港九龍遭大旱，水庫溝渠絕水源。
茶樓浴室皆歇業，工廠停產不冒煙。
建醮誦經有何用，依然赤日燒藍天。
巨輪運水珠江口，水程何長水何少，
四天放水四小時，紛紛棄家離港走。
港粵相連唇齒依，祖國豈能坐相視。

* 吳荻舟的一篇散稿中有這樣一句：「沒有水就沒有香港的繁榮。雖然香港在水的包圍中，但，沒有水。這不是虛擬的故事，而是千真萬確的事實。不信，你就看看那些因沒有水而發生的爭吵，打架，甚至死人。為了水矛盾重重。」

大哉仁智周總理，決策引調東江水。
低水高流任務艱，渠長八十三公里。
提水工程分八級，水位提高五十米。
數萬民工齊奮戰，酷暑嚴寒都不憚。
風餐露宿頂狂飈，吃盡辛勞無埋怨。
風狂雨驟惡浪呼，堤壩危急在須臾。
幹群爬行上險口，人墻屹立大災除。
「百日壩」成清庫底，巨榕調堡殊難移。
司機冒雨運炸藥，韶關千里一宵回。
感人事跡不勝辭，「飛車姑娘」最出奇，
獨架板車運泥土，下坡疾駛迅如飛。
當時我正預其事，調撥物資任聯繫，
有關單位同協力，總共只開一次會。
各負其責不推諉，物資供應源源繼。
工程原定整一年，提前兩月即供水。
《東江之水越山來》，港民相慶笑顏開。
一年辛苦萬年福，香港繁榮實賴哉！

吁嗟兮！總理逝世十餘載，豐功偉績春長在。
但願今後任何施工都如此，庶幾胡子工程從此止。
勞樂亭前發浩歌，佇看港澳回歸一統好山河。

8. 陳毅、廖承志等領導談話記錄(香港部分)

編者説明

本篇來自吳荻舟兩個筆記本，其中有1962年5月21日至6月9日三週、6月11日至6月30日三周以及7月1日至7月14日兩周的學習情況；有毛澤東、劉少奇、鄧小平、周恩來在1962年9月24日在懷仁堂召開的中共八屆十中全會上講話的要點；11月13、14、21日陳毅就國內外形勢的三次講話；11月23日廖承志對港澳工作的指示；12月30日廖承志對銀行幹部的講話；1963年1月10日劉寧一講話；1963年1月13日外交部副部長羅貴波在調查組會議上的總結發言提及了「在香港澳門的工作政策——長期的白螞蟻政策」；3月15日周恩來講話；1963年3月27日至4月13日的辦公會議記錄；4月24日廖承志的五反動員；6月3日陳昌明談三線出版和中旅；廖承志傳達楊尚昆關於五反的講話；6月15日陳毅談五反以及農村工作若干問題；6月15日廖承志傳達中央關於「五反」的指示；6月17日廖承志傳達中央機關副部長以上會上總結講話；6月26日盧緒章出訪匯報；8月21日廖承志對梁等人的談話；8月22日張彥給梁威林等講目前形勢；9月2日梁匯報廖主任指示；9月7日勇龍植對新華社談話；11月初廖承志談反修宣傳、關於社會主義建設和對外經濟關係；11月4日對祁峰、辛、孔筱、朱曼平、吳、諸、陳等人談反修和對英關係；11月13日廖承志對香港新聞各報總編談話；11月14日和19日李一岷談國際形勢；11月15日陳毅對港澳各報總編輯談話；11月19日梅新對老總們講話；1964年3月25日廖承志傳達周恩來對中法建交後總形勢的看法等等。編者只選取整理了直接與香港有關的幾個講話，也選取了其中一篇註明是「體會」的記錄，這篇記錄似乎是以邊宣讀文件邊談的形式進行，間或有「第7頁7行」、「16頁倒3行」或者「語錄」等提示。吳荻舟沒有記下這是誰的體會，編者估計是他的上級、做報告者的體會，比如外辦副主任廖承志或外交部副部長羅貴波等，通過這篇體會，可在了解當時中央政策方針的同時了解當時負有相當領導責任的幹部們對三面紅旗、民主集中制、反對分散主義等是如何認識的。

1962年5月21日體會

1. 關於民主集中制

沒有民主就沒有集中，不可能集中。我的體會是集中是要紀律的，即，要每一個人聽從決議，力行決議，把執行決議視為一種紀律。那麼，如果一個決議，只是像過去的封建君主的聖旨一樣，由一個人定，命令由一個人下，誰會把執行這種聖旨、命令視為必行的紀律，心甘情願地去貫徹呢？只有經過充分的民主討論，發言，通過廣泛概括群眾的意見後做出的，大家一致同意的，或統一了認識的決議，才有這樣的效力，才能被遵守，也才能實現集中。才能有統一的行動。即要集中必須是「從群眾中來到群眾中去」。

無產階級能實行集中制，是由於大家向着一個目標，沒有個人野心，沒有私有的根本利益上的分歧。

2. 關於三面紅旗

我認為總路線、大躍進、人民公社三面紅旗都是正確的。我們既要建設社會主義，也要快點好點建設社會主義，這不僅是全國人民的要求，也是全人類的要求。不僅符合全國人民的利益，也符合世界人民的利益。所以要鼓勵多快好省地建設社會主義，有什麼不正確的呢？問題在於鼓勵多快是否符合客觀事物的發展規律，是否根據中國經濟發展的具體條件，工農各業的發展是否按比例發展。過去出現的缺點和錯誤，就是主觀主義多了些，對客觀規律沒有認識，離開了馬列主義的、唯物的科學的原則，有點蠻幹的結果。

大躍進，只要摸清了客觀規律，掌握了事物發展的自然法則，發揮主觀能動性，即鼓足幹勁力爭上游，自然可以比自流、聽天由命和緩步、方步前進要快，這是需要和可能——主觀願望和主客條件相結合的、革命的浪漫主義與現實主義結合的問題。

當然，大躍進，本身也有客觀規律，它只是客觀事物發展的概括，它不能離開事物發展的客觀規律獨立存在，因此，它的過程，一樣是馬鞍型，不能把整個過程割裂開來看，整個社會主義過程，將是不斷出現馬鞍型的一個總和。大躍進也就有起有落，在躍進的平均時速上有快有慢。

不過，在1958–61間，我們犯了主觀主義的錯誤(對客觀事物——社會主義物質的精神的建設而言)，所以說有一個時期是大躍進，也有一個時期是退了。但，這不是「大躍進」本身有什麼錯不錯的問題。大躍進只是一種速度，結合到我們的社會主義建設，就是一種願望和可能的說明和進程的面貌而已。本身不包括什麼矛盾。

至於人民公社，我的認識，它既是高級合作社的基礎上發展出來的、社會主義發展(建設)過程的一個階段的社會生產關係，生產組織，是社會主義建設的不斷革命，革命階段論的一個階段，歷程，所有制(從個體–集體–全民)的量變，質變的過程的一個階段，哪有什麼錯呢？在中國採取了這個形式，是由於我國是農業大國又窮又白，經過了初級社、高級社的發展過程，是群眾中來，再到群眾中去的一個生產組織，生產關係，是中國農村經初(級)高(級)發展後的生產力發展需要的生產關係，而且是對社會主義最後實行全民所有制的一個階段而言的。

3. 為什麼第二個五年計劃犯大錯誤？

我體會：一面經驗不夠，一面驕傲，不謹慎，脫離群眾以至不同程度上削弱了黨內生活、國家生活和群眾組織生活中的民主集中制原則。

因此(我補充體會說明)助長了主觀主義，離開了事物發展的客觀規律，離開了事物發展的自然法則，社會發展的固有法則，社會發展各部分內的內在聯繫，才會犯這樣的錯誤。因此落實到我們必須學習馬列主義，毛澤東思想，斯大林的蘇聯社會主義經濟問題。

我認為走群眾路線，民主集中，調查研究蹲點體會……等都是摸客觀規律的具體措施、做法、方法。

毛主席摸到事物的發展情況、法則、規律，他就能指出我們錯在哪裏，而在這幾年來，不斷提出指示，提醒，中央不是早就有許多針對那些「大辦」，過急，過早的做法提出(的)指示嗎？

比如根據土地和植物(稻子)生產的自然條件，有什麼辦法可以畝產六萬斤、十三萬斤呢？根據我國的鐵礦分佈，和煤礦分佈，及人力，有什麼條件全國範圍內搞六千萬人的煉鋼呢？根據自然界的生長法則，有什麼條件說「人有多大膽，地有多大產」呢？根據中國的農業生產條件(沒有積累，沒有餘糧)，現產現吃還不夠，勞動力不夠耕種，有什麼條件大量抽調人力到都市來搞過多的工業呢？工業在現有的基礎，有什麼辦法一下擴展幾千萬人的生產呢？農業怎樣負擔得起那樣主觀主義發展工業的重負呢？

這些盲幹，都是脫離馬列主義、毛澤東一再指出的客觀實際、客觀基礎的。

第一個五年計劃沒有這樣嚴重的缺點錯誤是由於：

1. 當時(我們重點在恢復)保持着恢復時期的經濟秩序進行農業、手工業、資本主義工商業的改造，雖然在社會主義建設也做了不少工作。

2. 一來我們沒有這方面的經驗，只好在蘇聯專家的幫助下照着做，二來我們的幹部一般地還保持着實事求是和謙虛謹慎的作風。

第(二)個五年，重點已轉到「社建」，摸了六七年也有了一些經驗，學會自己走路，應該根據中國的特點，採取適合中國情況的方法來進行建設，確定了總路線和一套兩條腿走路的方針。但，一方面，我們的經驗還是很不夠，另一方面，我們不少領導同志不夠謙虛謹慎，有了驕傲自滿情緒，違反了實事求是和群眾路線的傳統作風，在不同程度上削弱了黨內生活、國家生活和群眾組織生活中的民主集中制原則，這就翻了跟斗了。

(違反民主集中制是根本原因，因為如果我們保持這種黨的優良傳統，凡事都與群眾商量，聽取群眾的意見，那些「大辦」、「共風」就不會出現了，有經驗的群眾，對這些是會不同意的，比如『一平二調』，如果我們民主作風好，調查研究的作風保持，只要讓群眾談談他們的意見，瞭解一下群眾的思想情況，那麼就會不搞了，又如食堂、托兒所也是一樣，群眾並不主張，至少辦到中途的時候，群眾已有許多反對的意見，可是我們的幹部堅持要辦，不顧群眾的反對，最後是錯了。這些決定就脱離了實際，脱離了群眾——主要是農民——的思想覺悟，違背了毛主席的指示，「從實際出發」。又如高產問題，群眾是不相信有可能的，實際上當幹部虛報高產時，他們不但不信，而且反對，因為這樣虛報的結果，上調多了，他們的口糧就少了，但幹部們一意那樣幹，最後引起了一系列的錯誤，工業辦多了，吃多了……就成了一下扭不回來的、目前嚴重困難的局勢——體會)

3. 加上黨內不純，地富反壞分子、蜕化變質分子利用我們的錯誤，添油加醋，興風作浪，又進一步加重了錯誤的惡果(破壞了黨群關係)，這就是全部原因。

4. 關於黨內生活

五好：(1)有好的領導思想；(2)有好的黨中央；(3)有大批好的骨幹；(4)有好的傳統，好的作風(作風是：理論與實踐聯繫的作風，聯繫群眾的作風，自我批評的作風；傳統是：有理想，有志氣，不怕「鬼」。)(5)有好的人民，人民對我們黨有最大的依賴。只要跟人民講清道理，人民就跟着黨，跟着毛主席走。這幾年有影響，主要是不少同志對毛澤東思想學習不夠，體會不深。(就拿

A來說，有相當削弱)(但我認為只要一方面向人民說清楚，自我批評，人民是看到的，即使是許多人做錯了事，但，我們沒有為自己打算的，絕大多數錯誤也是出於想搞好些，搞快些，或搞緊些的動機出發的。因此，人民最後還是會諒解的。加以一方面，馬上改過來，走上正確的路，人民就必然繼續跟我們走了，即使這幾年有不跟我們走的情況，也正是不跟錯誤走，正是看到我們走錯了道兒，才不跟的。這樣的人民有什麼不好呢？)

5. 關於劉少奇所說「無產階級的民主集中制，是最廣泛的民主制，它是包括全部人口中90%以上的人民的民主，它是高度民主基礎上的高度集中，又是高度集中指導下的高度民主。」

體會：經過了高度的民主，即一個政黨，一個計劃，通過了廣大的人民群眾或黨員研究討論，最後做了一致同意了的決定，那就再不能更改了，就授權給領導高度集中地推行、貫徹了。高度的集中下的高度民主，就是比如要社會主義建設，這是絕對不能改變的，是全民的意志的集中。可是在具體的工作中，可以討論，可以民主發表意見，但，一切意見的落腳點，就不能離開社會主義建設，不能離開走社會主義的路。由此這個高度民主和高度集中是不矛盾的，相反，沒有高度的民主就不能有高度的集中，沒有高度集中指導，就不可能高度民主，就要變成修正主義的所謂「民主化」了。

廖承志：1962年11月23日對港澳工作的指示

目前形勢下，港澳工作如何做？

明年的工作框框如何定？

我們可以爭取亞非國家首腦會晤。第二次亞非會議可能開，香港報紙可以從推進、促進的角度做工作。港澳報紙(一)口氣要轉。(二)要堅持亞洲大家庭，羅素的話等要大用。(三)調子要心平氣和。(四)不要回答一些狹隘的民族主義者的不滿。(五)不與反動報紙在這些問題上糾纏。

港澳反修任務要通過口頭(個別交談)在港澳同胞中搞臭他，也就是擴張這次的戰果。

羅部長：1963年1月13日調查組會議總結發言節選

國內外好的形勢，很快就反映到港澳，即，港澳的政治形勢不是孤立的。

1. 國內的建設也在大力發展，大慶的拿下來，和取得了一套經驗，這說明三面紅旗的正確性。

2. 港澳的形勢，由於國內外形勢、尤其是祖國的生產建設形勢大好，右派在分化動搖，這是有利於工作的大好條件。但，我們也不能不警惕英、葡的對我迫害。我們不能為他們表面對我緩和，失去警惕。過去抗日，敵人是一面和我談判，一面在打我們。

3. 港澳(尤其前者)目前只承認我半官方的身份，對他有利。

總理指示：我們在香港澳門的工作政策——長期的白螞蟻政策，長期吃空它。英葡摸到了我們的底，就撤兵，現港澳英葡兵就很少，加強以警察代之。我們也要掌握這種特點進行工作。

4. 主觀力量還是很不夠的，跟不上需要的。總之，港英、尤其澳葡，它本身的好壞，基本上不影響我們的工作。

5. 主要矛盾是沒有好的關係。造成這樣的原因有思想上的，對「立足香港澳門看世界」(廖)的體會不夠，因此立足而不紮根，這是由於社會化不夠，不是生活在群眾之中，而還是生活在群眾之上，就沒有辦法生根，也就沒有辦法串聯。這裏包括作風和方法的問題。

要紮根，社會化，首先是「求同」，政治——生活——喜愛，在海外可以搞五同，只要不同流合污。

現在認識的人不少，但，都是反復來往了的熟人，為了新的形勢的要求，我們要大量開展新的關係。「我們都是念過孔子、三民主義的，要革命還是革命了。」(周)我們要善於利用橋樑(上層統戰人士)。

6. 我們必須要以階級分析的方法去研究。

7. 為了掩護，要兼職，但也不宜兼多，還要有一定的專責人員。

8. 必須吸取大慶經驗，首先發揮革命精神。要紮根，結果必須要有革命幹勁，確實細緻的科學作風，要搞政治學習，主要是自學。

9. 對外要平易近人，平等待人，與人的關係只能處好，不能處壞。(主席：第一書記工作好不好，主要看他是否照顧大局)

廖承志： 1963年3月27日—4月10日辦公會議

3月27日

對香港報紙的看法，都應視為同人報，因此(1)不應抓得過緊，可以寬一些。(2)不應承擔國內的限制。(3)以愛國主義的、正義的立場觀點出發，支持民族獨立運動的。(4)廣告，可以登反修的。

4月9日

唱片存貨十萬多，原因：1. 未瞭解情況，多進了北方劇。2. 品質差，62年處理了一萬七千多。3. 都是粗紋，客戶不願意代理，易破。

問題：一、儀器現在用的還是百代公司用的，三十多年前的。二、原料缺乏，目前訂貨要三個月交貨。三、我們的唱片2/3售海外，1/3本港銷。《劉三姐》、《楊門女將》等。為了版權是要阻止別人翻版，為了宣傳又可以讓人家翻。關鍵是自己搞好發行，保證自己的質量。國貨公司都不賣，減銷10萬元。

海外新馬入口，也能利用一些辦法，依靠一些熱心朋友。有時因為調子高，在外被扣禁。現有30多張被扣進星馬，如《黃河大合唱》、《騎着馬兒過草原》等。與其他文化產品相比，唱片比較便宜，政治色彩淡，大眾能接受，文盲也能接受、欣賞。

注意政治調子界限問題，最近也有右的情況，如潮州八景中最後一景「逃亡到何方」(幸福畫報)。

4月10日

文摘

督印人及版面處理。

發行班子。

印刷機及印刷班子。

預算。

一、5.1。二、反修。展示自由取閱的小冊子，口頭上放手談，以小冊子為基礎，準備出些毛病。多開放參觀地區，讓外賓多看多講。

廖承志：1963年6月傳達楊尚昆關於五反的談話

1. 中央一級要梳辮子。
2. 省市如何規劃的問題待中央批准。毛主席說，坦白，不近肥。
3. 過不了關的還得幫一下。
4. 打擊萬不能寬。也不要把一切問題都想在這次運動中解決。
5. 檢查得不好的，只好掛起來。

陳：五反應是有方針、有步驟、有方法的、不亂的教育運動。必須保證民主氣氛，保持熱氣。要有一定界線。

組織

蛻化變質。

不夠條件。

鬧不團結。思想不健康的10%。

主要的危險：(1)變質。(2)暴露。

作風上嚴重

1. 資產階級生活方式，衣食住行高標準。(1)對資產階級影響失去警惕。(2)對社會化的誤解。(3)工資也高了一些。

2. 集體領導問題。(1)日常都是書記與有關常委聯繫解決。(2)發出以工委名義的文件也是如此。(3)事務主義的：1. 環境有關。2. 思想認識問題。3. 各行各業的分頭佈置，沒有全面全局的佈置。4. 沒有總形勢，全面的，各行業的。5. 總結經驗差。6. 檢查工作。

應集體領導和分工負責相結合，不是獨立負責統一領導相結合。

團結問題

1. 孟祁之間。

2. 孟潘之間。

3. 常委與楊松

4. 孟、金、廖之間。

金對孟不尊重，有攻擊。

組織生活

1. 基層小組一般是開會的，注意隱蔽的。

2. 對A元的思想不摸底。

3. 有學習佈置，沒有領導，沒有檢查。

4. 組織生活組織不嚴密，自批互批不開展，和風細雨，無風無雨。

5. 組織不嚴。

6. 長期不過組織生活。

7. 公開機密不分清。

8. A元思想上的問題不及時解決，無事無非。

9. 紀律鬆懈，該處理的未處理。

支部在群眾的活動

政治上教育群眾不夠。

支部不團結，集體差(澳門分工工委委員也不清楚)。

未總結一套適合的工作方法。

發展不明確。

情況：

敵人的進攻，六二年有十多起。

如何與非黨幹部合作共事？

缺乏章法。

問題：

幹部配備不夠，如何加強？(澳委沒有二把手，僑線弱，電影線少、弱)

幹部的考察瞭解比較差(工委思想是右的)。

在外工作時間過長，要否輪換？長了不是辦法，但工作上(關係，方法，經驗，語言)

對幹部的培養教育不夠。

工資偏高，情況複雜。

幹部管理不健全。

幹部工作部門力量不強。

幾點意見

加強。配一副書記。

建立起一些辦事機構。

工委常委把主要力量放在抓集體，全面，全局和思想形勢。即組織領導、政治領導。

加強政治思想工作。

(1)外事管理條例可用。把幹部輪訓搞起來，堅持下去。幹部的政治學習，定出長期規劃，把幹部精力吸收到學習上。

(2)加強形勢、階級教育，可編小組的編，少搞單線聯繫。嚴格組織生活，並強調自互批，抓思想。

(3)加強聯繫群眾。

(4)嚴肅黨紀。1. 考慮：輕處分的，可在當地宣佈，重處分的，調回來。2. 加強幹部管理體制(按駐外使館辦)。(一秘以上中央管，其餘由直屬部門管，和工委共管，但重點公調外由工委管)。3. 兩年時間來系統審查。4. 堅持輪換(調出的回爐換相結合，對當地幹部)。5. 幹部工資調整一下，先解決一些不合理的。6. 加強各單位的人事部門。

廖：1963年8月21日對梁等談

在目前的國內外形勢下，港澳工作方針是否有變？

報紙的宣傳方針，過去提不反華反共，但未提對黃的問題。社會化問題該怎樣體會？

工委的組織機構和幹部補充。

不搞五反，是否可以在委組以上進行教育？

成立企業管理機構問題？

今後的工作中心：

(1)對外中心搞反修。(原是反帝，未反修)

(2)對內以反修為綱進行階級教育。

目前的形勢下，工作有什麼變化？

中蘇實際已分裂，只差公佈斷交而已。(1)債明年基本還清了。(2)對我不但封鎖尖端，一般的工業設備也不給了。

英美日對我的態度。

美雖說我是最危險的敵人，但又想和我貿易。

日也急於和我貿易。

英不少報替我辯護，認為我們不是好戰，如加壓，反逼出亂子來，背景也是要同我大做貿易。

由一、二就形成一個極其複雜的局面。不似民主人士說：「我們孤立了」，相反，我堅持反修，因此香港工作的重要性更突出了。

做壞打算，多搞幾個口：A巴基斯坦，B緬甸，C香港。保持這條通道。

一、英國雖然要和我做生意，但是帝國主義，一定會

(1)加強控制我們，

(2)利用修來頂我們。

二、我們在香港的任務。(基本任務不變，必須加強1、2)

(1)確保這條通道。

(2)保持外匯的收入，並創造新的收入。(1963年包括僑匯5億美元)

(3)其他照常。

為社會主義建設，為世界革命基金，是香港的主要的任務，如此：

加強國際統戰。

中國同胞的統戰。

國內外的階級鬥爭對港澳有否影響？可說有影響，也沒影響。

加強階級教育，提高全黨階級覺悟。立污泥而不染，保持艱苦樸素。

三、階級教育怎樣搞法？

不管怎樣搞，不能搞運動，只能搞學習，但也不要搞得很寬。

先只限在工委一級，並且一線線地搞，還只能「和風細雨」，談不通的就掛起來。

四、工委機構問題？

過去未考慮成熟，今後考慮成立幾個部：

1. 組織。2. 統戰。3. 文化。

另外兩個委員會。1. 金、2. 貿

另外一個辦工廠，兩個組，僑、企

加強組織工作，但，組織部本身也不能太大。

五、社會化？

1. 香港的工作只是一個統戰工作，為了完成這個工作，首先是要能立污泥不染。各線都要打開，而且鑽進去。

2. 社會化就是群眾化，還要能提高他們。

3. 使用什麼「色」問題。色只是手段，不適用(在報紙)就撤回來。

4. 香港報紙不能只要求他重複我們的話，還要有他們自己的話，因此除《文匯》要控制嚴些外，其他各報可鬆的。

5. 電影，採目前的情況，很好。長城鳳凰的影片應保持較嚴肅點，不要激情肉欲，緊張謀殺的。藝術水平要提高。

梁：9月2日匯報廖主任指示

國慶宣傳以祖國建設為主。

改革A內XX不合理問題。暫不全面搞，先收一定的房租。

3000萬必須由工委負責。

工委要繼續研究一下，連華潤的利潤和開支也管起來。

英國外交和日本外相說香港最多25年。我看工委也要長遠着眼，有可能打出去的就要打出去，香港要充分搞好僑匯，把僑匯的路疏通，爭取遊資。

工委要全面管起國家在外的機構(包括銀行、貿易)，而且熟悉各機構，對各機構的工作能提出意見，並對這些機構的業務要能摸到情況和動向。

工委的工作着眼還是要摸到世界的動向，今後對資接觸一定多，他們正千方百計向我試探。(美國來搭，正面不與周旋，但側面的線還是可以有。工委要有紅臉白臉)。主動安排點點與美來往，若即若離的來往，方法要更主動一些，靈活一些。(美國領事館不要來往。)

香港可不再搞旅館了。

廖承志：1963年11月13日對香港新聞各報總編談話

甲、反美統戰

一、反修及國內報導都取得了成績，成績是顯著的。但由於遠離中央，自然也不免有些毛病。這次反修的宣傳，出的毛病還是少的。(修迫古(1)60畝地還給地主，(2)解散民兵，(3)要放棄毛澤東思想，(4)與美和平共處。因此古不滿，進一步反修了。)

二、形勢發展得很快，東南亞隨時可能發生一次大規模的群眾運動。變得很快，亞非拉美都在很快的發展，大家必須好好掌握世界發展的動向。

三、幾個問題與當前局勢

(1)反美統一戰線必須加強和擴大。凡是反美的都要團結它，凡是提倡親美、為美塗脂抹粉的都要揭發，都要反對，這是一個標準。也需重新根據這個標準，把敵我友再來一個組合。對日做貿易也含有反美，同時也解決一些先進的生產技術，這點我們不會有失的。為了打擊美，和資本主義世界西德、法、意、日、英擴大貿易是可能的，必要的。哪怕是在一個問題上有矛盾，暫時有矛盾，都要利用，都要團結。即使是王公貴族，有點滴與美有矛盾的，都可以納入。

四、那麼修正主義還有統一戰線可談呢？

他還有一些反美的，他有廣大的人民，有未暴露的一面，所以暫時還得算在統一戰線裏面利用。這不是說赫魯曉夫還可回頭，問題在世界還有些人未對他的真面目認清楚。又與蔣公不同。等於抗日時，蔣不破壞民族抗日戰線，我們就不為天下先。

目前赫魯曉夫怕破，因為：

(1)國內嚴重困難。(2)東歐國家與赫有矛盾(如經濟互助，羅就反對)。(3)最大是我國國民經濟全面好轉。(4)修正主義內部有矛盾(如意反對十月革命節召開會議)。

因此，我們也不破，還是暫時把赫修放在反美統戰裏。

乙、加強香港新聞界的統一戰線。利用個別事件(如美殺吳庭艷)把左中右的結合起來。

丙、要國內做些什麼，請同志們多提。

總之，這次來，多組織一些報告會，多聽聽。國內對外政策摸到一些底。但不能重複中央的話，必須根據地方的具體情況加工，包括敵人的、中間落後的思想方法、習慣(看問題的)，和他們的思想水平。

陳總：1963年11月15日對港澳各報總編輯的談話

總的方針，仍然是反帝為主。通過反帝來反修，反帝就是反修。過去一個階段，港澳各報主要是《大公》《文匯》反修壓倒了反帝，這不好。國內也有這個問題，這樣容易引起誤會，反修不反帝，甚至親美。

一個共產黨要能吃苦，深入群眾，才能取得勝利。不能深入群眾參加實際鬥爭，那就要完蛋。一些兄弟黨發表反帝、修、反，還要看他們是否能穿草鞋上山，還要看他們能不能自力更生。民族解放的一切人力物力，不能靠外援。巴西黨就是靠外援搞合法鬥爭，就完了。卡斯特羅相反，就勝利了。

和平共處只是一種衝突的表現形式，鬥爭方式的。

我們要抓反帝的旗幟。修正主義只是帝國主義的馬前卒、別動隊、資產階級的代言人，沒有什麼獨立性。所以不能抓反修的旗子。反掉了帝國主義，修也就不存在了。反殖民主義的解放鬥爭，就是反帝，所以我們要支持。修把反帝的旗子丢掉，我們就把它抓起來。否則我們沒有抓好反帝為主的旗子，就是違反了馬列主義。

不是有馬列主義才有世界革命(世界革命是世界經濟生產的客觀發展必然的趨向)。馬列主義只是因勢利導。

主觀能起一些作用，但不能強調它的作用。世界革命中，中國能起一些作用，但決定世界前進的，是各國人民自己和客觀發展的必然基礎。主觀是不能改變客觀發展規律的。

赫魯曉夫向美什麼都說了，要美國不要逼他，和他妥協，但，美國不理會，他就是不放棄對古巴的侵略，不放棄柏林的佔領。蔣介石和日本也是說過，我可以和你合作，讓你經濟上……但日本還是1. 28、9. 18、7. 7地一再進攻中國。赫幻想美蘇聯合起來包辦世界問題，搞修正主義的一套，但，一切並不能如願。

任何時候都以反帝為主。

我們必須分清反修正主義，但，對蘇聯人還是要團結友好。熱情對待蘇聯人民，不要不好意思，還是要融洽如常。

三分天下，不是永遠鼎足天下，只是暫時的一種局勢。而且修沒有多少獨立的，我們不要安排它一個獨立的鼎足的位子。看起來在帝我之間有一個中間狀態的修正主義，這是不科學的，不是馬列主義的說法。

也不能就加上一個民族主義運動的力，成為四個力量並立。民族主義運動的力量，也是暫時的(屬於革命的一個階段——吳)

赫魯曉夫等不能把蘇聯恢復資本主義的，也不能把東歐國家完全恢復資本主義道路去的。不必擔心，人民不會允許的。赫和東歐國家一定搞不好的。

中蘇關係，已不能再壞了，中蘇同盟已不能說有效，也不能說有效，說有吧有，說沒有吧沒有，斷了也沒有。

世界問題正走上總解決的日程，是非總解決的日程。

美蘇是聯不成的(這是一個馬列主義的根本問題。如能合，那就是說資本主義間的矛盾可以統一，共產主義和資本主義能統一了)。壟斷主義就是要佔領全世界。

我們不能和美國來往，這是關係到亞非拉美以及全世界的革命情緒的問題。我們高舉反美，要在各方面表現出來，否則引起混亂和動搖。肯尼迪可能把中國關係改善的政策來競選，我們不能增加肯尼迪的籌碼，所以中美貿易等一概不能談。

阿爾及利亞不可能採取納賽爾的政策。世界是要革命下去的。

關於中日關係的宣傳，還是要宣傳日本進步的力量，中日貿易可以報導，但，也要反對日本壟斷資本。

工業還是真正解決問題的部門，農業為基礎。沒有工業的發展是不行的，江西横山之周圍都點上了電燈，農村1月才花5角錢，這是比點油便宜多少倍的問題，破天荒的問題，這幾年來，工業發展真的是輝耀的。

中印邊界問題，已經是不成什麼問題了，美蘇都絕不會替印度打仗的，尼赫魯也不是打仗的才，實際上是和緩了。去年的打了一戰就解決了，今後小事可能有，冷戰。

老撾可能再打(越南則只待解放了)。但美國人也不會為此打一場大戰。

今天既不可能有世界大戰，但，也不能有真正的和平，今天是世界革命的過程(陣痛過程。到處說不定爆發一個革命，至於民族解放戰爭是天天有的了——吳)。

看來世界局勢很緊張，實際上帝國主義是無能為力(強弩之末了——吳)。

今天的世界已經是幾大力量(進步力量壓倒)互相克制的時代，帝國主義不可能自由了。

如果我們和美國來往，就失去整個世界的革命，使世界人民失望。

「反修反過頭，反而對修有利。」

9. 五反後的自我檢查

五反時，檢查出來的一些缺點和錯誤，在同志們的幫助下，一年來克服的情況：1. 政策水平提高了一些，辦案子多半能結合當前形勢和政策去考慮，成品率較高，反工較少，更能體現領導意圖了；2. 學習大慶精神後，積壓案子較少，催辦、檢查的習慣在逐步養成了；3. 單幹作風、事務主義有所克服，大案子一般能做到和同志或有關單位商量，集中意見後再辦，普通案子，一般能提出要點、看法、或方向後，交同志去辦，不再眉毛鬍子一把抓，給零估、門市拖着跑；4. 具體工作上的領導作風有改進，注意抓方針和品質，注意發揮具體工作同志的獨立思考(如接待工作)；5. 清高、自負和英雄主義有所克服，對過去的成績和錯誤，不再多提，也不再多解釋；6. 仔肩軟有改進；7. 對組內同志的生活、工作和思想問題，較前能主動關心，對社會群眾(人民)來信，做到了思想上重視，主動負責去辦。

有些新的和舊的缺點和錯誤，尚待進一步加以克服：1. 辦案子還不夠認真負責，有的僅做到「擬予同意」，比如外文書店向美國書商進口書問題，未把情況弄清楚，就簽了一個「擬予同意」，領導同志問起情況來，答不上；2. 對問題不夠反復考慮，提不出意見，或提出意見，不能堅持；3. 機械理解海外方針，當國內大搞現實題材時，對派出與國內社會主義建設形勢十分不調和的節目到香港，提不出意見；4. 對馬列主義經典著作學習計劃，沒有堅持，這一年來，經典著作讀得很少；5. 組內的基本建設，還是沒有把整改提出的方案落實。

吳荻舟

1964. 6. 29

陳真並各同志：這裏我初步檢查了一年多來克服缺點、錯誤的情況，作為小組給我做鑒定的材料，請批評補充。為了及時把組織鑒定送出，不必把鑒定送給我看了，只要事後告訴我，以便我改進就得了。

吳荻舟

即日

附：黨小組對吳荻舟同志鑒定的意見

一、基本同意吳荻舟同志的自我鑒定；

二、工作積極、熱情、肯幹；

三、長期在港澳工作，有較多的實際工作經驗，但總結提高不夠；

四、對同志關心，平等相待；

五、肯學習，但學習效果不夠好；

六、看問題觀點不夠明確，原則性和鬥爭性不夠強；

請組內傳閱修改。(已傳閱過)

10. 港澳工人五一觀光團談話記錄

5月4日晚上，外辦港澳組召集港澳工人觀光團開座談會，搜集意見。觀光團反映：香港群眾迫切要求解放，觀光團成員也有這種感情；對中美戰爭，港澳有相當一部分人希望不打好，或者認為一打起來港澳就解放了；港澳工會工作主要困難是工人受資產階級思想腐蝕較深，覺悟低等等。爾後，外辦港澳組吳荻舟同志對觀光團作了以下談話：

剛才，你們談了很多，綜合起來是三個問題：(1)香港的地位問題。(2)中美戰爭問題。(3)工作方法問題。我簡單談一談。

(一)香港地位問題

現在我們不解放香港就是因為有美國問題。對美矛盾不解決，香港的問題就不能解決。

現在美帝國主義包圍我們，北方蘇修對我們關門，在這種形勢下，如果我們拿回香港，等於得一個黃埔或青島，意義不大。希望大家身在香港，放眼世界。從香港得外匯不是我們最高目的。最高目的是面向世界。香港是個放射性的地方，是我們跳出去的橋頭堡，如果收回來，便關了門，沒用。我們從香港可以掌握到帝國主義的弱點，可以利用。長期堅持，對我們有利。這樣子比收回來好。

香港工友們看到生活苦，迫切要求解放，沒有看到世界利益。我們從無產階級最高利益出發，從世界革命出發，越遲解放越好。甚至香港要比台灣解放得晚，甚至要等整個東南亞一起解放。

如果我們在香港的人一批批全被送回來，香港沒有我們的人，失去地位、作用，又是一回事。我們要保持這個點，首先要保持我們的人，長期堅持，長期打算，長期着想。各位生活上苦，工作有困難，但要想到世界上還有三分之二未解放的人民的痛苦。香港工作是世界工作的一部分，要通過香港跳出去。我們大批的東西、書報，毛主席的著作，從香港大批運出去，影響極大。非洲朋友打游擊，東西丢光了，唯獨主席游擊戰的書沒有丢。我們的東西，到香港便能出去(到蘇聯不成，飛機空着也不給我們運)，外國朋友可以通過香港進來。

你們的工作做得越好、越深，你們就越能生存，不被撵出來。即使美帝打上去，你們身上也沒共產黨、進步分子的字樣，工作做得好，可以隱蔽。少數人被撵出來，大多數還可以堅持。因此，香港地位問題與我們的工作有很大關係。我們政府暫時不解放它，甚至長期不解放它，長期堅持。

(二)中美戰爭問題

帝國主義本性決定，我們必須長期備戰。帝國主義存在，世界上就有戰爭。既然如此，就要備戰。備戰不等於我們主動去打，打不打，什麼時候打，決定於美帝。美帝能否打得起來，又決定於他的條件。只是我們準備得好，不怕他什麼時候來。

美帝現在騎虎難下，主觀上無法指揮戰爭。我們必須準備他發狂，打進來。備戰有兩個意義：一是做長期準備，對付美帝；一是準備他突然發動戰爭。中美戰爭打不打，有兩個可能性：一是打；一是晚打，甚至不打。戰爭的發展，很難説。總之要準備好。

如果要打起來，是否解放港澳？要看我們國家的情況。估計不會用港澳地方作戰，那地方小，英雄無用武之地。如果打起來，你們也不會離開香港，可以在香港堅持下來，就是最大勝利。中央同志説，如果你們腦子裏有期待港澳早日解放的思想，對工作就有害。對世界革命就不利。中美打不打，打起來香港解放不解放，你們不能想得太多，想多了，不安心，對工作不利。

香港作用很大，我們還不想收回來。因為作用大，你們的任務很光榮。

(三)英國的態度

英國人想長期在香港，但又怕不能長期。他們在香港有油水，我們在香港也有利益，所以在維持現狀這點上是有一致的語言的。他現在也不想搞翻我們。他的目的，是要從香港多拿幾個錢，一年拿幾十萬。我們呢，要拿整個世界。他不知我們的底，怕我們不給他長期。現在多少摸到了我們一些底。

最近，香港正式公佈加了價。港英搞鬼，弄假。他一方面裝民主，説向倫敦反映群眾反對加價；一方面照樣加了價。這是玩騙術。他裝假面子，沒想到卻假出了亂子。「華革會」貝納祺和葉錫恩為了搞假民主，爭取群眾，收買了幾十個人，表面上出來反對加價，誰知後面跟上了14K，黑社會勢力，乘機搗亂，發生了九龍騷亂事件。英國人看到事態再發展下去不成，怕被台灣利用，趕忙採取措施，連機場、電話都關閉了，和台灣斷絕聯繫，甚至還抓了一批可疑的人。中央同志説，香港政府對於台灣的搗亂心裏不怎麼喜歡。因為過去英國容許美蔣分子在香港搗亂，我們警告過英國政府，記了他一筆賬。加上一騷亂起來，要打爛港英好多東西，又在政治上給他塗污點，影響他的威信。有此，我們在香港工作的可能性很大，必須長期打算，充分利用。當然，英國是想搞我們，但又怕我們。

(四)工作方式方法問題

要像白蟻一樣做工作，一聲不響，把整個屋子咬爛。要學習白蟻的精神。做到了這樣，便是功夫下到了底。要如此，就要活學活用毛主席的思想。

要學白蟻的話不是我説的，是中央同志説的。

你們這次回來，學了不少東西，有用，但也不能照搬。否則你們在香港站不住。你們不要以為反正身邊有幾十萬工友，隨便鬥他一場不要緊。

你們的生活不要特殊，一定要聯繫群眾，生活上樸素。生活困難一些，為了世界革命，準備挨他十年二十年，甚至一輩子。

個人意見，僅供參考。

11. 澳門反迫害鬥爭

這次鬥爭從1966年冬到1967年春。就整個過程來說，從後方到鬥爭前沿，都未受到「左」的或右的干擾。毛主席的革命路線、黨中央對港澳工作的方針、政策*，以及領導同志有關這次鬥爭的具體指示，都順利地得到貫徹和落實。所以取得很大的勝利，最後迫使澳葡書面認錯，答應了群眾提出的全部條件，包括封閉蔣幫駐澳門的所謂外交代表機關，禁止蔣幫在澳搞的雙十國慶和利用澳門破壞祖國等。

這次鬥爭中，我在貫徹執行毛主席對外鬥爭路線和上級批准的方案、指示時，注意澳葡每次暴露出來的弱點，同時，也注意澳門群眾平時鬥爭少，經驗不多，起來得慢。因此，既要堅信勝利，又要不急不躁，逐步深入，穩步前進；抓住一切機會發動群眾；進行「逐浪高」的鬥爭，把結束鬥爭的條件逐步提高上去，由各線分別提出，最後歸總(一次發覺高低兩套條件同時出來，馬上建議糾正)，在有理有利有節的方針下，達到敢於鬥爭、敢於勝利的最高目的。

比如：我們籍組織烈士出殯來調動群眾，擴大鬥爭規模時，看到澳葡不但不敢阻撓，相反非常怕刺激群眾，下令凡出殯行列所過街道上的澳葡機關一律下半旗，群眾愛國鬥爭情緒頓時高漲起來，便把上述的最後最高的條件提出，取得了勝利。

這次鬥爭是由蔣幫搗亂、澳葡縱容引起，所以鬥爭是壓澳葡取締蔣幫，達到目的，就把鬥爭結束了。

---

* 中共對香港的方針「長期打算，充分利用」也適用於澳門。

12. 六七筆記

編者說明

吳荻舟留下大約十萬字有關香港1967年的記錄，包括《六七筆記》*、談話記錄、交代材料、證明材料、書信以及大量日記。近年集多方之力，對這些原始資料逐步深入研究，余汝信的著作《香港，1967》(香港天地圖書有限公司，2012)引用了當時香港和內地各種觀點的報紙報導、內地已公開的資料如《周恩來年譜》、珍貴的廣東省軍管會文件和吳荻舟有關證明材料；紀錄片《消失的檔案》(2017)導演羅恩惠得知有這本《六七筆記》時，該片已接近完成，但她核對筆記真實性後重頭來過，將《六七筆記》穿插在紀錄片中；程翔著《香港六七暴動始末 解讀吳荻舟》(牛津大學出版社，2018)逐日註釋吳荻舟《六七筆記》並引用和選輯吳荻舟其他有關的孤本，參考了英、美檔案，歸納了前人著作中的重要資訊。此外還有史實記錄《蘆蕩小舟》https://1967.hk. com/(連載中)、光波24電子平台的《向左向右》(2013–2016)以及其他難以統計的網絡文章。其中《六七筆記》反響最大。余汝信告訴編者，他一直查不到聯辦成立的準確日期，這本筆記填補了歷史空白：「聯辦：港澳辦公室今天成立」(《六七筆記》1967年5月26日)。關於中央文革有沒有插手「反迫害鬥爭」，一直眾說紛紜，找不到佐證，但是在6月12日《六七筆記》清楚記錄了「中央文革派人來辦公室」。《六七筆記》的重要性不僅於此，它是當時的原始記錄，有「港澳聯合辦公室」的工作情況，辦公會，香港來人匯報，周恩來各個時期的指示，「敵我友」各

* 吳荻舟只是留下工作記錄，編者題其名為《六七筆記》。編者也為其他一些文獻題名，以方便敘述。

方反應，形勢估計，各界可動員力量，鬥爭策略，內部爭論和總結等等。不經事後整理加工，沒有遮羞掩飾，五十年過去，其內容仍令香港市民震驚，給有意研究者提供了彌足珍貴的第一手材料。

在《六七筆記》中，吳荻舟使用過不同顏色的鋼筆、鉛筆或原子筆，如今再看，既體會到他的匆忙，也有意外的效果，比如筆記中記錄了香港來人在北京開會時提出要700打甘蔗刀，幾乎在同一時間，吳荻舟收到外貿部門通報，説甘蔗刀已經付運，吳荻舟立即通知把甘蔗刀截停，待確認已截停後他留下不同顏色的一筆：「我暫止於深圳」[*]。筆記本各篇記錄可查日期從1967年4月20日至8月8日[†]，有時候同一日有兩篇甚至三、四篇，估計是放在身邊，隨時記錄。有時候吳荻舟是隨手記在空白處，所以日期有跳躍，亦有補記。為方便閱讀，整理時已調整日期次序。另外因為筆記有很多不完整的句子、縮寫略寫，編者加了一些註釋，主要是文字上的，還有一些是和吳荻舟其他文獻相關的提示[‡]。

20/4《人民日報》關於批判「修養」十點提綱[§]

1. 批判脱離階級鬥爭，亡黨亡國的修養論
2. 批判資本主義復辟的宣言書
3. 批判唯心主義的修養論
4. 修養是個人野心家的寫照
5. 批判公私融合論

---

* 許禮平看到後撰文指：「吳荻舟是香港的守護神、潤物無聲的高人」；紀錄片《消失的檔案》導演羅恩惠也因此説吳荻舟是「香港的恩人」。在此編者感謝大家的理解。

† 吳荻舟8月5日被撤職接受審查，而早於7月26日已經開始要他交代問題，所以7月26日到8月8日之間以及之後發生的很多事，他已無能為力，也沒有記錄。

‡ 很多時候，吳荻舟的文獻與文獻之間互相佐證，互為解釋。

§ 此處「修養」指時任國家主席的劉少奇於1939年7月在延安所做的演講《論共產黨員的修養》。

6. 徹底粉碎奴隸主義

7. 在階鬥路線中糾正錯誤思想

8. 修養為叛徒創造理論根據

9. 反對「左」傾教條主義的目的何在！

10. 人的階級性是棵大毒草

24/4

謝*：關於陳總†，在外頭說「都是實事求是」，陳總，在一月廿四日以後，還是說了許多錯誤，就目前的情況看，至少是看支流多，起來揭，就是起猛擊一掌。

六次談話，都是起了潑冷水作用。這點陳總本人也承認。

至目前為止，外辦同志還是實事求是。

在外辦的領導同志，還是看風扯帆，像氣象台。

高：黑手也伸到外事口，雖然總的方針政策，是主席制定，但也受到干擾。這只有靠外辦同志來揭發。這是亮相的實際表現，不是為亮，而是站在哪個司令部的問題。

陳在文革中，的確是犯了不少錯誤。

戰鬥隊同志，也要兩革。

王甲之：竟有人歪曲情況去總理處反映，將來如總理作出不符事實的結論，是要追。

李：我們有一[定]的困難，對情況又不清楚，說多了是投機，說少了是保守。總理那裏的會又沒有開完。「還是資產階級的人事學的做法，不相信群眾路線的革命路線的做法，即資產階級反動路線的做法，不是毛澤東思想的，無產階級反動路線的解決矛盾的做法。」

「背後究竟是什麼值得研究。」

---

* 筆記這一篇以及其他各篇提及的很多人名，編者暫時無從考證。

† 陳總即陳毅。

「還是怕字當頭的，怕革命，怕丟烏紗帽。」

「毛主席說在這次運動中，自己教育自己，你批判陳總的錯誤，也是自己亮觀點的，自己檢查自己的做法。」

「首先(要進一步開展外辦)要批判李一氓*這種思想。這是對黨、對毛主席親自發動的無產階級文化大革命不負責的，對運動的壓制思想。」

「即使有種活思想，也不應要總理來改變革命總部的計劃，可以直接向革命組織談。」

主動站出來，支持群眾的革命的運動，帶頭革命。

陳總：1. 對赫禿† 下台，和新修‡ 的估計樂觀，說赫下是搞不下去了，新修不能不好些。

2. 批評我們在港澳宣傳社會主義，學毛著，認為是愚蠢，左得可愛，左得可恨§，要我少搞鬥爭，少搞政治學生[習]，思想改[造]，要利[用]海外條件，學一門外語，紅專。

3. 90%組織起來，也不解放，但，並不是不要學習和改造。

4. 你們要慎重，XX還可能復職的。

5. 一次小會上點馬進的名，說他過去既不向我匯報，張于寫章漢夫大字報，是催命–政治部這裏

6. 那次小會上要大家多找他。

26/5. 聯辦：港澳辦公室今天成立。負[責]群眾鬥爭組。

1. 必須突出政治，突出毛澤東思想，吃透政策方針和下面的情況，只要是吃透群眾的鬥爭情緒，和摸透主客觀的力量，中間情況。

---

* 李一氓是當時國務院外事辦公室6名副主任之一，其餘5名是廖承志、劉寧一、孔原、方毅、張彥。另有秘書長丁雪松、副秘書長馬列。

† 赫禿，指赫魯曉夫。

‡ 新修：指赫魯曉夫下台後新上台的修正主義分子。

§ 這段話在前出陳毅在1959年批評港澳工委過「左」做法時出現過。估計這6點都是揭發陳毅說過什麼「錯話」，加以批判。

2. 每天必須瞭解鬥爭情況。

謝壽天[*]：我行24–25被提1190萬元。

存4月底13億：美

僑

1. 22/5國K[†]二、三千混進隊伍，照相，對群眾威脅很大。

銀行也有動搖的，三、四十個。

2. 敵人的論點：

①7億外貿外匯一年。

②要用HK搞國際革命。

③有一百萬解放時逃出來的，是右，是統治者的社會基礎。

④先鋒隊是有，後備隊未組成。

⑤文化大革命，不能兼顧。

結論搞大也如此，小也如此，搞大以後好，小搞以後不好辦。所以

3. 問題

①有動搖的。

②罷工工資少了，如何？

③電車停工一小時，用了三天。傳達慢如何辦？

④繼續上升如何？升到什麼情[程]度？

⑤勝利的把握不大，還未考慮到如何辦？

4. HK下步如何做？[‡]

①繼續高壓？

②造製輿論？

③組織阿飛隊。

---

* 謝壽天時任中國銀行副總經理。

† 如同1959年整風記錄，《六七筆記》也用了吳荻舟自創的速記符號，如K指國民黨，E指英國，M指美國等。

‡ 是指港英政府方面會怎麼做。

④放出(動用)K。

5. 目前我的做法

①必須打勝，群眾鬥志很高，發展很快。

②有十萬工人(有組織的)，可動員5萬，共15萬。

③有廣大的反英群眾，小販。

④全60萬中輕重工人43萬，店員十多萬。

63個工會，會員十萬，加外

海員	4.5萬，工會會員2.3萬
政軍醫	4千人(共1萬)
九龍巴士	5千，(共9千)
香港巴士	1千多，
小汽車，大貨	6千人(1萬)
電車	1千7百
中華、香港	3千
電話	1千，(5千)
基本群眾：漁民	8萬
煤氣	
基本群眾：徙置區	70萬
基本群眾：木屋區	40萬
大澳	
大埔	
長洲	
中小學生	5萬

——

K號稱70個工會工人3萬

HK人口分佈：香150萬，九150，新界60，其他約10–15萬(漁民，海上人)合370–80萬。

27/5[*]總理聽匯報。

以下是工、城兩委匯報後指示：

1.「大屠殺」26/5還出現，是不合符毛澤東思想的。

2. 既不和英打一仗，又不準備收回香港，那末，強調過頭。

3. 重新批評「來人未見」，「不會匯報」便走，「報紙報導過火」，「大屠殺」。[†]

4. 問如不接受，你們如何辦？

5.「問題我們的底都亮給他，他的底我們摸不着。」

6. 朱談到敵人的看法，和估我不解放，要搞世界革命時，總理「那也不一定，中央下決心的問題。」

7.《文匯》《大公》和國內差不多了。內外有別，在HK還是要的。(對報紙目前的做法)

8.「把HK搞成紅彤彤的」的形勢，你們考慮嗎？一切照國內做行嗎？

9.「喇叭停了」既然還是要聽他的命令那就不如不做在前面。

10. 馬士榮：「要堅持」，總：「你考慮到他會封銀行？你這話衝口而出。」「錯了就要改。」

11.「如果HK的命令還要聽的話，我們就要考慮做不做。」「佈置工作，就先得考慮後果。」

12. 朱：「喇叭並未撤」，如果再有(22)的類似集會，還可能播。

13.「這是策略性做法」

14.「你們怕右」「現在喇叭三天不響不更右，型左實右」「我們還是不打無[準]備的仗」

---

* 原文是5月24日，程翔《香港六七暴動始末》指出：「這個日期可能是筆誤。」據他考證應該是5月27日。

† 吳荻舟記錄了周恩來聽匯報後作指示的內容。其中「來人未見」、「不會匯報」估計是指來開會但是不見人影，不參加匯報。「報紙報導過火」、「大屠殺」是指「五二二花園道事件」中並沒有死人，新華社卻連日報導為「大屠殺」，屬失實和誤導。

14.「談到警告性罷工，總理説，這好。這是合乎毛主席的思想的，這是出其不意的(語錄88頁)打仗。」

15.「在人的統治下，總是『有利有理，有節』，即使要收回，也要選定時機。」「要出其不意的一擊(舉了反擊印度)」「流動的喇叭」還可以。

16. 如何能實現四條？

朱，宣傳。「重要，既要注意人民的要求，照顧HK宣傳政策與國內不同，國內是上下夾擊，只要打得准，那一定勝。HK是不是一小撮，而是本就是資本主義道路，所以宣傳攻勢要不同，不要脱離群眾。既要照顧群眾，又要不使群眾厭倦。」

17. 司徒説到「要多採運動戰」，總理認為對，(舉群眾的「麻雀戰」)可以持久，可以

18. 打擊的威信。

19. 目前不能(楊匯報工委的計劃)低下來，不能示弱，避免群眾情緒下降。22/5上午鬥爭後，機關單位，被捕143，下午為了不示弱又搞了他一陣，就轉到不定時的罷工、怠工。幾天來，形勢起了一定的威脅。但總結了一下，覺得①還不足以壓倒22/5，②打不痛。

後來 ①交通 ②海員。

20. 問了全面的力量。

21. 批評了廣州大會二處開。

22. 工會的保衛戰問題，文鬥與武鬥之間的區分。①蔣幫②線防暴隊③實彈上來，如何？(人民戰爭(借用))

23. 總理問了反迫委員會的幾個正副主任後，説「全面捅出來了」，準備大搞，未先料前途，如何？應計算幾種可能。你們都只想到一個前途。

24. 現在迫着中央上馬的太多。

25. 事先不多設想。……話又説「天不會塌下來」

24. 情況還要進一步研究，「路邊藏槍」不可能這樣。

25. 總不能失敗。

廣州開了一個分裂會，最卜路*。

英籍	31000多人
美籍	4500多人
軍卡克1旅，英籍1旅	7千多
警察	「1.2萬」
後備	「2千」
特種防卜	「6百」

補充(二次飛)600，海軍11隻，共1100人

總理對方案的補充意見

1. 鬥爭為了長期工作創造更好的條件。

2. 在鬥爭中加強政策教育，毛澤東思想的學習，活學活用毛澤東思想。(十個同志起得有了)†

3. 士氣可鼓不可泄，要因勢利導。

敵我友力量的變化

敵人的社會基礎

他們有些社會基礎，如逃出去的地富反壞、高級知識分子，和解放初期逃港的蔣幫的軍、警、憲、和文職人員、黑社會。但十多年已有重大變化。

①吊頸嶺的一萬多人，已有很多轉化為工人，思想起變化，有些已接近我們，不是全部是他們控制得了的。

②經過1956年的九暴事件黑社會已為港英控制，和碰了壁，已有很大的減縮。

---

* 卜路即暴露，第21條批評廣州開了一個分裂會，指的是兩派紅衛兵在支持香港左派鬥爭上也聯合不起來，暴露了我方的弱點；「卜」即「暴」。

† 原文如此。

③K的工會，一人數少，二、內部矛盾大，洪海潮和何康的矛盾在這次事件中表面很突出，洪主抓搞我們，何不滿。

④E警內也有矛盾，主壓和反主壓的分歧。(很主要)

⑤HKE的學校學生，他們是上層子弟多，雖有，不能控制，而且變化，也很大。

(澳門的勝利是我們的壓力下，內部軍方和警方的關係，起了矛盾即，警壓軍接受投降。)

⑥防暴隊總數600，分五個隊。

6/6(52號簡報)

一、據安子介(紗業鉅賈)：香港資本大量外流，銀行存款鋭降，多數變為黃金、美鈔，套往外國，市面銀根緊縮，一般對放賬都抱戒心：

日商(近來)對制衣廠供應原料，幾乎全部停止放賬。

二、滙豐主任級的人員透露，22/5以後，滙豐被(未？)提現金達六億多元。目前該行總存款已減少了十億多元。客戶提款最多的一天共達1. 8億元，英國人對此甚為驚惶失措，總行目前現鈔只存一億多元。

為了應付局勢進一步惡化，倫敦於月前運來一些尚未發行的新鈔，存庫數字不詳。輔政司限制，此庫新鈔每日不能發出超過800萬元。

三、滙豐把原定燒毀的爛鈔，又發出來使用，過去發給恒生銀行，供擠兑用的一千萬元爛鈔，也收回來用。

四、恒生經理利國偉(利銘澤的侄子)説：目前不少銀行對新賬戶不放款，老賬戶照舊，恒生基本不放賬了。滙豐暫照舊。

又説，我銀行過去每日購1000萬英鎊*，現已停止購買。他估計有幾個原因：一、我銀行儲備減少，二、我儲備到一定時候，一

* 原文如此。

起購進，使滙豐措手不及，三、我資金用在鬥爭上，無法再購英鎊，四、從其他地方購買，但此種可能性不大。

日本人對事件前途的看法中，有一點可以參考：

英可能採外交途徑，讓步可能是把交回HK的期限提早。這次英聯邦事務部首席次官來港，是搜集HK的情況和資料，以提供倫敦作中英談判之用。

日本人說，「HK的老樣，不會也不能保持得很長了。」

又說，英獲確息，我不會收回HK，所以敢演習，(這點可以考慮我暫不抗議，但，出其不意，當其演習越入我界，以突襲俘之。)

我北京對英代辦的示威，和英代辦處的中國工人復工，說明我不再採取再進一步的行動了，HKE升級。我們也不會升級了。

罷市商人思[想]三種①誠心誠意，②半心半意，③三心二意

6/6 X國領事反映

戴：①估不到香港問題立刻引起北京這樣重視，一向HK問題附屬於廣東，澳門事件的解決是由廣東解決的*，現在北京這樣重視，事情就很難辦了。②北京毛林佔優，周是能左右政局的，現在摸不到周的態度，③社論是不是周的意見，無從知道，為此非常苦惱。④左派人士要發展毛澤東思想，究竟發展到什麼程度，也無從而知，這點更是頭痛的事。(據說戴這幾天非常苦悶。)

XX國領事：如發展毛思，還是可以的，工商業仍可照常，要戴禁止美蔣活動，不接受美蔣一切要求，都是可以做得到的。戴最怕低頭之後，一切工商業都不准經營，等於中國大陸一樣，那又何必低頭，只有最後一戰，即是沒有辦法的。

---

* 戴，指當時的港督戴麟趾。吳荻舟參與了處理澳門事件，詳見《澳門反迫害鬥爭》。

7/6

總理的指示(對方案)

1. 兩不改為「不主動……」「不馬上提出……」

2. 考慮今年內，搞幾[個]高潮，有起有落，有主有從，有高有低，波浪前進，迫使他低頭。

12/6

1. 解放部長一級做決定的問題。

2. 決定對遞解出境的方針。

3. 解決加速反映情況問題。

4. 解決加強宣傳問題。

5. 解決國內群眾鬥爭配合問題。

6. 情況全面向上反映(列印)。

7. 省港大罷工「42周[年]」紀念問題。

9. 澳門搞電台問題。

10. 派人下去*。

11. 中央文革派人來辦公室。

12. 一千萬問題†。

13. 送殯問題。

14. 發言人問題。

14/6

關於12/6遞出境27人的看法：

1. 對我表態。「蔣幫企圖搞是非，對我不好(所謂的心理作戰一火花電台)」，本來早破案，選到今天執行，故疑。

---

* 6月14日記錄指：「派兩人下去。(歐陽，鄭)」——歐陽和鄭(估計是鄭偉榮)兩人都是由外辦派去聯辦的。《有關聯辦的證明材料》裏提到派鄭偉榮去廣州。

† 關於這一千萬，吳荻舟在1968年3月18日所寫有關聯辦的交代材料(編者命名為《三一八交代》)裏有提及。

2. 準備也遞解我人員，以此來搞平衡。

3. 以遞K分子來恫嚇我們的群眾。

4. K分子在此時要搞事，以此壓K。

總之，看來還是「怕」我。敵人的話要聽，但要會聽。敵人做的事要看，但要會看。否則，會受到干擾。

14/6

1. 由工委抓。

2. 下去瞭解情況，如要找下線，羅桂波*參加。

3. 總指揮部中以工委代表掛帥。(鍾提)

4. 派兩人下去。(歐陽，鄭)

5. 我問如發生指揮與工委意見不同時，工委是否定指揮部的意見呢，還是同時報上來由總理決定？鍾説，「工委不能要兩個意見上報，不應在指揮部上又加一層領導」，並以雙手比加一層。意思就是指揮部上就是北京。

6. 我匯報總理指示關於XX的業務領導，成立三人小組，但，錢未弄清是否包括平時業[務]，如包括，與原擬的三條有不符。鍾意，「還是要廖負責，廖未撤，未罷，當然是廖。只有鬥爭的業務，都向羅匯報，平時業務，向廖請示。」†

我説三思□□，後來向錢再報，同意。

16/6

HK對六三社論的反映：

我不會全心支持，可能拖幾個月，不放香港，5. 22後我改變戰術，採象徵性罷工，小而令人頭痛。

---

* 羅桂波應為羅貴波，《六七筆記》時有錯別字、漏字或號碼混亂，應該都是匆忙記錄所致。

† 廖承志當時是在中南海受隔離保護，吳荻舟告訴廖承志，周恩來同意「平時業務向廖請示」的時候，廖頗懷疑，説他已靠邊了(詳見《三一八交代》)。

又，警方新措施，個別遇襲可開槍，集體不實彈，好推到個人行動，以便推卸責任。在放人中放了K特與黑社會有關係的人，企圖以K控制黑社會分子。

四、就業工人(1966.5估計)

全港就業工人			1532,100人
中	製造業		339,400人
	商業員工		167,400人
	建築		127,900人
	農漁		112,600人
	交通		111,100人
	公共服務性		24,400人
	礦工		20,700人
	其它		21,300人
	工會	我	63個
			10人
		蔣	60個
			3萬人
	中間工會		50個
	其他		60個

英國在港利益

資產：

工業1億(全HK總16.5億)	
航業公司12家	1.6億
	(全HK4億港元)
鐵路累積資金	5,090萬元
航空公司	12家
倉庫	4家

公用事業		8家
銀行		3家
英每年純利		7.13億美元(1964)
其內 財政收益		3.16億美元
英商利潤		2.63億美元
英本土資本家貿易、保險利潤		1.34億
此外美元外匯		1.1億
美在HK投資		6.5億(1964)
中　工業		0.85億
商		3.45億
公用事業		2.20億
對外貿易		
	入港	出港
中國	222,300千萬*	5,879千萬
台	14,321千萬	7,546千萬
美	89,602千萬	175,325千萬
英	83,140千萬	84,772
日	151,300千萬	34,854
澳	17,714千萬	13,445
印尼	11,265千萬	25,500
菲	1,898千	5,916
泰	24,351	10,900
西德[缺]		

* 在《六七筆記》原件上，「,」用鉛筆改成「。」那麼「222,300」是不是「222300」或是「222·300」？紐約佩斯大學李榭熙教授看了《六七筆記》指出：「吳荻舟記錄了1967年香港左派提供的可動員人數等資料，我懷疑他和他的線人可能高估左派能夠動員打擊港英當局的人數。他們只要求數量有限的武器裝備，如何裝備成千上萬他們聲稱能控制的支持者？香港左派的期望和動員能力之間是脱節的。」據程翔考證香港政府的統計數字，也認為這組數字有誤。

16/6

英1200人，尼泊爾兵1700人，士氣低落，他們月薪2–300元，工作繁重，備受英籍軍官和士兵的侮辱。他們對我國的強大和我國給予尼泊爾無私的援助有所認識。有些尼泊爾兵：「中國好，毛主席幫助尼泊爾建設！」有許多人，期滿，不續，望早回。

16/6

HK□□□教會領導人作最壞準備，要應對長期戒嚴□□□□□□□[*]

19/6

如何對HK關廠全體解僱，先開除頭頭，和積子[†]，其他同意接受登記。

估計：

1. 應説是勝利的。

①已多年未行動過，十七年都是克制，被動一改，而能如此，是經得起考驗。

②已給敵人很大的打擊，敵人的高壓下，堅持繼續打擊。

③敵人許多措施，法令之一再頒發，實施有限，怕為主，至今除煤氣外，其他不敢鎮壓，而煤氣不但未壓下，反而堅持，它的「滅點打面」是失敗了。

2. 為什麼出殯不能在這個基礎上搞一次嚴重的政治較量？ 我看有兩點：①對這次行動的意義和目的性還不理解，②對群眾的信心不足，因此，派小組下去。

搞幾個問題明天發下去。

---

* 《六七筆記》原件上這行字是鉛筆寫的，已經模糊難辨。符號表示無法分辨的字。開頭三個字似乎是「示意各」(《三一八交代》中也提及「示意各教會」)，但是不敢肯定，所以仍用符號表示。

† 積極分子的縮寫。

推遲出殯。

強調這次的意義。

只有針鋒對等才不敢壓。

放手發動群眾，不應把勝利條件放在軍事行動上。

長期和速戰的結合。

21/6

張X告了一仗：關於指揮部。

22/6討論

港督通過利XX私下詢問費、王、高，是否願受政治庇護，還是願被驅逐出境。

提出指揮部的問題。

23/6被打的工人諸永山30歲左右

美利用香港(1966)軍用

1. 美艦390艘次。

2. 美海軍上岸25萬人。

3. 侵越美軍輪流到HK，休假者5萬餘人。

4. 搜購大量侵越軍火、武器經HK轉運。美在HK特設「南越軍需部」，在HK進行搜購，軍用物資。

5. 美在HK設廠生產武器部件和軍用燃料。

6. 美在HK共有廠商700餘家，投資已達一億餘美元。

7. HK對美出口(不包括轉口)十六億餘港元，佔總出口的35%，居首位，美對HK轉出九億港元，順差七億餘港元。

農村較有基礎的有：

1. 大埔區80個村，5萬人。已有鬥委會。

2. 元朗橫台山，3000人。(有)

3. 沙頭角7,800人。(有)

4. 西貢區3萬。(有)

5. 荃灣23萬人，工人4萬，已成工人鬥委會。

6. 長洲，下層漁民差點，主要負責人「怕」。

7. 上水，成立了，粉嶺，20多個村已發動了5個。

落後：教會、官立學校

1. 羅富國、英皇、侵信會書院、聖加羅中學、金文泰中學、庇理羅士女校、香港工專和香港大學。

以上都成立。

26/6

1. 期租一律不去HK。

2. 什麼貨去，什麼貨不去，要下面提出意見。(希望劃個杠杠)

3. 轉口貨不去了。

4. 希望有一個統一指揮。

5. 瓜果船也不去，要工委和中南局。

6. 計劃、方針要抄發外貿交通及地方(廣東、廣西、福建、交通部、海運局)

26/6

1. 皇仁、真光，不要孤立行動，要隨大流，只要不單獨搞一套，就不會暴露。請速通知下去，如皇仁、真光這樣做，反突出和暴露了自己，如果是我們佈置的話，要馬上糾正。

2. 強調統一領導，同意指揮部關於塑膠工會的鬥爭小結提出的意見。

綜合18號簡報

27/6 提出討論的問[題]

1. 送大米問題，結論請3萬噸，分批以各省市人民送，第一批以廣東省4千萬人民名義送。估計港英要阻攔，一定有鬥爭，可能讓步接受，可能一定不讓送，政治上港英總是被動。還討論到這不致是經濟主義問題。

2. 對英機越境問題，建議還是提抗議。

3. 關於港井突擊檢查崔、王問題，決提照會，連其他搜捕事一起掃。

4. 提出700打蔗刀問題，我認為這不應搞，還是要搞文鬥，但，先摸清情況。

5. 廣州革命群眾告軍管會事，我同意老郭意見，由革命派按大聯合的精神，講點大道理。

資料：1966年英資貨運：

1966年到港6775隻次，9,231,537重[萬?]噸，中英資輪佔1703隻次

運港6791隻次，貨2950760重[萬 ?]噸，中英資船1702隻次，即英資佔進出口貨運1/4。(怡和，太古，鐵行，邊行，太平洋行和天祥洋行)

27/6外貿匯報

1. 24日起已亂，29起水陸停4天，3/7起再發貨。

每月出口鮮活貨1千萬美元。每日170多卡。27/6止，豬已在深圳停17000隻，超飽和。

2. 利用HK轉口1億5. 6千萬美元。部分可以改國內，或到別埠轉，只有對泰、菲、馬等一定要由HK轉。

3. 日常必需品，一般下降50%。

以上三項主要是①項的困難大，如能起卸，可能還擴佔一些外國貨市場。所以有幾個問題：

1. 要明確方針，有利於鬥爭，(華潤來電提出「糧油食品必

要時可以作為經濟制裁HK」。)就要保持原有供應。李先念同意「保證供應」。

2. 經濟服從政治，如果就是要作為一個壓力，就是要抵制，那外貿方面沒有意見，外貿方面另作佈置。

如是如此，就要通知各口岸停運，或就地處理了。

羅：1. 政策是應保證供應的，這點意見是一致的，決不會以此來抵制。

2. 目前的問題，我看是：

①購買力下降，市場

2轉運和疏散問題。

3敵人的反措施如火車頭不過來。

3. 造成這個現象的：

①未想到會出現—

②罷工發動的太匆忙。

4. 群眾思想和政策。

我：由鬥委會組織運輸隊，鬆上鬥委會運輸車，或輪批。

5. 「為了積極支持我們的抗暴鬥爭，請速供應700打甘蔗刀。」我暫止於深圳。

28/6姜海匯報

1. 自十三日起開槍多，人多處開，人少處開，而且都是我們抗議、聲明、號外時就開，看來敵人是瘋狂的。

2. 總理的話調子低，26/6的照會又回到五條上去？

3. 油麻地小輪在罷工中最差，廿四罷工，很多單位23/6就罷，有準備，所以比較好，油麻①沒有找工會的人，②沒有準備好，所以差，未離船就被便衣控制。

4. 目前的問題是要把罷工堅持下去，海運是關鍵。⑴1*. 現在要着重抓思想工作，統一由指揮部抓，我們(指張等)認為這是很好的。⑵2. 組織形式要改變。⑶學生也下去，⑷機關抽出3分之一下去，⑸市郊，⑹3. 開展各區的(徙置區)，搞抗議遊行，培僑已在校道上搞了。⑺4. 宣傳上要攻勢，政策界限。⑻5. 罷工受到破壞就要有行動，必要時採取強制手段，搞破壞如截斷電車天線。⑼6. 國貨公司優待罷工工人，⑽7. 罷市，本來要放後，考慮到有的罷有的不罷有平衡，罷後，再由鬥委會聲明， 8. 出殯。 三個具體問題：一、檢查，二、武鬥(來信)，三、 9. 強領導(小組談)。 10. 沙頭角有200人到了我方，現未回去，如何辦？

總結：①如何堅持下去，現在敵人加強鎮壓，對中落工人威脅很大，要考慮武鬥。②敵人抓主要的，次要的活動，它不大管。

28/6 總理指示

1. 掛像章，不要具形式，易蔔[暴]露，在反動統治下，蔔[暴]露了力量，HK不同，是自己的領土，隨時可以收回，緬甸就不同，要有人敢站出來説話，是多聽廣播學主席思想，不更好嗎？

緬甸人民要就應加以保護，不應送了，(這次送一次就三萬)連這點都不加以區別，就不是毛澤東思想了。

28/6

長期鬥爭，政治鬥爭，當地鬥爭的方針不變。

為了堅持罷工，①加強政治思想工作，②放手發動群眾，③物資支持，④武裝自己，⑤邊境邊界，⑥破壞敵方工業設備。

為此，我認為：我們辦公室，必須建立：①長期思想，②要沉得住氣，③要敢於作戰和善於作戰，④敢抓政策方針。

---

* 這段有兩組數目字比如「(1)1. 」，「(6)3. 」，編者估計是吳荻舟會後把14點匯總為10點以便向周恩來報告。

28/6，5.6以來HK經濟

1. 銀行存戶提取15億元以上佔總存四分之一。其中滙豐被提取約近10億元。

30/6，辦公會

1. 核心未建立起來，細談深研不夠，問題研究未透就做決定。

2. 有熱頭腦。

(1)輕率從事

1. 5.22行動，無事先通知。

2. 7/6政府部門罷工，6/6才通知。

(2)不夠游擊。

(3)肯定的說，出殯不在五日舉行。

7/7情況

1. 目前加入港警的人更少，退出多，如最近有批新入的華籍警衛退職。

2. 最近從英僱了五名警察，手續已辦好，但現在宣佈不幹，一名英籍水警司畢架，五日突然退回月薪四千多元回去英國。

3. 港九邊境各區華籍警察現已全部調離，改由英警幫辦接替。

建議：(1)加強對華警的工作，加強政策宣傳，對華警宣傳。

(2)加強民族思想的宣傳。

(3)重點抓海運系統，長期下去。

(4)對吊景嶺如何做工作。

8/7新界群眾工作情況

1. 大埔區共80個村，連市區共5萬人。該區已成立「鬥委會」約3千人已組織起來；青年參加學習毛著的有2–300人。

2. 元朗橫台村，老游擊區，村民3千人。我們在這裏有一定的群眾基礎。

元朗區已成立各界鬥委會。

3. 沙頭角，村民7–800人，已成立「鬥委會」群眾發動較好。

4. 西貢區3萬人，已有「鬥委會」，領導權在李秉禮手中，未有中、下層農、漁民參加。該區屬下十餘村，目前只個別村有些工作，已組織3百餘名中、小學生。

5. 荃灣區23萬人，其中工人4萬人，主要是紗廠。原蔣幫勢力較大，近年來已有較大的變化。我影響的工人已有一萬二千餘人，其中積子10%已成了各業鬥委會。

6. 長洲，是新界成立鬥委會最早的，下農、漁、青年鬥爭情緒較高。但領導有怕字當頭。

7. 上水：60多名公共汽車工人和印刷廠工人成立了鬥委會。

我建議：漁民要起來，此起彼落，E力不足，不能應付，疲之，並減市區壓力。

8. 粉嶺附近20多個村已有5個村發動了，

總之，HKE在新界只能控重點市鎮，對農村則不很嚴密，有充分發動群眾的便利。

2/7止，罷工情況

一、海運

1. 九龍倉　80%

2. 理貨　90%=80%

3. 起落貨　75%＜80%

4. 拖輪和兩區碼頭變化。

二、交通

①九巴　90%

②九的　50%

③九貨　　20%

④港巴 罷工人不變，但，開車多了。

⑤港的，下降到40%。

⑥港貨，80%。

⑦電車 下降50%(人數)出車上升70%。

三、海塢

①九塢　　80% 1800人

②太塢　　罷降1200→1000

電力①無變化，但電力供40萬度降日30萬度(中華)。

②港燈(總755人，罷240人，佔32%)

英在港收益

一、港英財政	4.23億
中期：財政盈餘	0.12億港元
負擔英在港軍費	0.68億
海塢地皮收入	0.18億
公職人員工資	0.93億
償付建機場	0.03億
發展貸款收入	0.35億
彩票	0.03億
在海外存款息	(27.28億)
利	1.91億
二、金融	2.86億

其中：貨幣發行總(18.52億)利1.30億，英商銀行存放收益1.06億，英商銀行經營英鎊收益0.05億元。

三、貿易

英貨輸港收益2.47億，對英出口貿易收益1.33億，其他線貿易收益3.13億。

四、公用事業0. 55億；五、航運0. 38億；六、航空0. 57億；七、工業0. 10億；八、保險0. 07億；九、房地0. 13億；十、石油0. 21億；十一、電影0. 10億；十二、其他企業0. 19億。

1966年英在港經濟收益總計16. 23億港元。

請下面辦

1.《經濟導報》，1023起多5份。

2.《大公》、《文匯》、《新晚》、《週末》多寄3份。

3. 反迫害語錄100條，書簽。

4. 每天情況提高，不要重複，只要罷工的情況，英美的態度，要兩份《南華早報》、《虎報》、《星報》、政府憲報。

5. 綜合簡報6期關於新界專題性的報導好，以後多。

6. 語錄多要一些。

7. 一定要抓好交通。

8. 高夢槐(海運局副局長)

10/7要四處：

1. 注意徙置區群眾的活動。

2. 各界動起來已開始，但也僅在開始。

3. 開展反關、反打的鬥爭(監內外)

4. 加強沙頭角鬥爭的政治影響。

5. 不在邊界開闢一戰場。

10/7辦公會

1. 未到談判的時機*：主談派雖已屈服了，低氣焰了，但，還要把親美派的氣焰還未打下去，未到而且，我們這次鬥爭的目標：

* 當年曾負責傳遞消息的新華社秘書告訴編者：「利銘澤找到新華社，説港英(戴麟趾)想和中央談談。本來這是一個可以解決危機的機會，但是北京傳回來的是『不談』，沒幾天港英政府就大逮捕了。」

充分發動群眾，壯大進步力量，保障中國人民活學活用毛著，宣傳毛澤東思想的權利，形成浩浩蕩蕩的革命隊伍，改變五月以前的形勢的條件和可能性，即要通過長期鬥爭教育群眾。還未做夠。

2. 邊界活動目的是支援主戰場，推動主戰場，不能把主裏搞喧賓奪主。

形勢分析

一、敵人對我的底，3/6、10/6社論後起了變化：

①對不解放的看法，有動搖。

②已經感到現在北京在抓了，楊二次來京，一次回去幾被拒，公開發電話……。而且形勢在發展。

③看來要擴大了。

二、HK的做法：

①基本上還是維持原有的「堅定而克制」的：大字報未進一步搞，未

②重點打擊，10/6以前，滅點重視，10/6以後沒有，現在也如此。

③打擊我機構力量的顧慮有發展，還是不想把問題升到北京，這一段暴露了許多矛盾。

取締大字報本來是針對我機構，遞解出境也只放空氣，封報館也未實行，還是不敢擴大的。

三、幾個階段的鬥爭：

1. 大字報的鬥爭，初對我機構，後改對天星等官方機構，對煽動有解釋。

2. 打、抓、搶、封。現在看來，還是怕擴大，未達控制，雖滅點的點上升級，搞銀者，效果也好，內部有意見，不敢擴大。

大罷工後，未敢輕舉妄動。

3. 關廠開除，也未進一步擴大。

總之：「大字報壓不下，罷工壓不下，封不敢擴大，遞出未做，還是被動應付，公開暴路了分歧。」

「遠東評論」的社論看出來HK內部有分歧。

赫內斯為代表的要硬，但，這社論，不敢擴大。

吳：我同意陳的分析：現在止次官定的調子「堅定克制」，未變，摸到了一些，但，新的決策未定，戴回去與此有關。

葉：一、從經濟上看，政治上看，這段鬥爭是勝利的。

二、從罷工發展不平衡，是由於思想工作未做好，這是主要矛盾：牛奶全體，堅持，海事處80%，工務也有60%，煤氣80%，天星80%，這些都是好的，郵電，衛生，水務較差。

三、HK的政策，看來還未改變堅定克制，但，也增加了一些內容：「作為地方事件」。

馬丁——經濟評論派　　渣打——渣打

四、在HK看來有效的做法

①抓人，骨幹、負責人，通輯。

②關廠除人。

③滅點打點。

五、存在的問題

①思想未一致。

②組織還有缺點。

③對敵人、對自己的力量未掌握，港督

六、如何貫徹針鋒相對：

①要多設想一些鬥爭方法。

②鬥爭的堅苦性要看到。

③要做到到處衝擊它。

④要充分發動群眾，做思想工作(不要依賴祖國)。

⑤單打一的鬥爭是疲憊不了敵人。

羅：一、解決幾個思想問題

1. 長期鬥爭思想：準備長期鬥爭，爭取早點解決，半年，或三幾個月。

2. 政治鬥爭，當地群眾鬥爭，配合強有力的外交和宣傳鬥爭的方針，不是依賴解放軍。

3. 相信群眾，發動群眾，依靠群眾，能自解自[自己解放自己]。

4. 針鋒相對的鬥爭思想。

5. 不打無準備的仗，不打無把握的仗，打則必勝。

二、關於鬥爭的問題

1. 不能單打一，除罷工之外，還要配合各種各樣的鬥爭。

因此發揮群眾的創造性，要做到，就要善於領導。

三、正確認識當前的大好形勢

1. 一個多月的鬥爭取得了不少勝利，卜露敵人許多弱點。

2. 另一方面要看到HK群眾受到文化大革命的影響還是易於發動的，愛國思想很濃的。鬥爭是英勇的。

3、對祖國強大的支援，要看到大好形勢。

四、組織領導

統一思想，統一領導，一致領導。

五、對敵人的一些具體政策：

1. 蔣幫會不會出來？

2. 敢於出動軍隊大屠殺？

3. 滅點打面如何對付？

4. 關廠、除人，登記如何對？

5. 出境、抓人如何辦？

六、統一領導與掛帥問題

第二次高潮

20個工會4000人：

摩總	3000	蔞	800
港巴	1700	均益	400
九巴	7000		
電車	1700	貨倉搬運	200
油麻地	1800	港燈	3000
九龍倉	1500	中華電力	4000
海陸理貨	1000	港電話	5000
輪船起卸貨	1600	太古塢	3000
港九小輪	800	九龍塢	3000
貨輪	500	紡織染	5000
九龍摩托	1000		

共：46000

打50%：23000

24/7　與林通了一次電話，提了幾個問題。

①瞭解海員罷工的情況，對海運的影響多大？

②為了打擊美侵越的軍運，問在港越的船，能控制多少？

③海員罷工堅持下去，有無困難？

大搜捕，有多大損失(當時傳說戴帶了500名單，內部又說積子名單集中在工會)

林提告訴鄭，我說好。

貿易上配合

1. 把機器進口(1億中主要是有色金屬)

27/7　美在港經濟收益總計7. 02億港元，計：

一、貿易4. 10億：美貨輸港2. 32億，港貨輸美收益1. 61億，轉口貨輸美收益0. 17億，二、工業1. 46億，三、銀行0. 13億，四、石油0. 63億，五、航運0. 31億，六、電影0. 18億、七、旅遊0. 14億，八、保險0. 05億，九、股票0. 02億。

以上材料，説明美在港經濟收益比軍事作用明□

HK面積人口

1. 總面積1031. 1平方公里(398. 25平方英里)，1856年鴉片戰爭北京1898年又其中香港75. 1平方公里(29平英)

九龍	9. 7平方公里(3. 75平英)
新界	946. 3平方公里(365. 5平英)

2. 總人口3,800,000人(1966估計)

中國人	99%以上
英籍	31000人
美籍	4500人
其他	6000人

3. 階層分析

無產階級	85萬人(包家屬135萬)
中現代工業	59萬人
其他城市無產者	22萬
農村、水上雇工	4萬人
農民	27–30萬人
漁民	8. 4萬人
4. 城市小資	40萬人
文員	15萬人
店員	10萬人
小商販	10萬人
中小教師	4萬人
中下層自由職業者	1萬人
5. 資產階級	10萬人

高知　4千人

買辦　1千人

封建地主　1萬人

6. 遊民　6萬人(其中黑社會3萬人)

7. 其他　15萬人

對過去鬥爭的看法

1. 過去對英鬥爭是右的，鬥爭也是不狠，小勝便滿足了。

2. 過去對大資產階級也是右的。

3. 對基本群眾不做工作，過去只做那些上層統戰工作。

這次鬥爭出現的好事

1. 有一隊好像是學生的群眾，約一萬人，自動組織一個宣傳隊，由中國銀行到灣仔《時報》，《工商》做了一個飛行集會。專搞《時報》、《工商》、警署……

2. 《大公》、《文匯》增6萬，《新晚》15萬，商報20萬。

3. 培僑200多，新華社十多，貿易100多，進入鑼灣警署，大寫標語

領導及其他問題

1. 決定和傳達問題，決定和貫徹問題。現在要二天，甚至下面不行。

2. 英文報問題。

3. 對22/5鬥爭的看法。

4. 運動中要講政策，敢於戰，還要善於戰。

5. 此起彼伏的組織動員工作不能太短，但，要保熱，有意識走向高潮。

領導組織(司令部)如何適應鬥爭要求？

6. 團結對敵

7. 最終目的是經過鬥爭達到更有利於長期充分利用HK。

8. 領導主次的問題。

9. 長期、較長期罷工鬥爭的物質條件。

10. 自衛反擊。

11. 究竟通過這個鬥爭要達到什麼(比如外交代表)，最高什麼？最低什麼？搞臭英，更好利用。

12. 我們已密切注意□像章、「語錄」、頭髮、壞加非*。

13. 利用「文摘」搞鬥爭的英文宣傳。

14. 捕810/815人：判470人，無罪放33人，保16人，尚有285/290人未定(待訊)。

情報

1. 蔣中將

2. 美領館難民移民官艾倫。

3. 英政治部的官員，中共控制HK，不會收回香港，英國也有如此要求。

4. 軍事演

1. 九龍倉45萬長噸、太古4. 6萬，罷工二周，光倉租損失2千萬至3千萬。

2. 據《工商》日報報導，11/5–22/5旅遊業損失1. 6億元。

3. 第一個高潮要補助5千人，要100萬元。

第二個高潮		25萬人，500萬元。	
第二個高潮	工人	40	
	農	10	
	漁	5	100萬
	學	25	
	小販	20	

* 傳聞港英當局曾迫害被捕人士，其中一項就是「吞毛主席像章」，《三一八交代材料》有提及。其他幾項如「語錄」、「頭髮」、「壞加非」也是指迫害手段吧。

28/7

美對HK出口9億餘港元(66)港對美16億餘港元，比差7億，所以港英對美依賴大。

説明美對HK有發言權，港E要聽它的。對我反美鬥爭，英採什麼態度，可見。

8/8批判李一氓大會

1. 他的檢查並未觸及靈魂，思想上就是不願改造自己，事實都不敢承認。

2. 他是老右傾機會主義分子(總理：「一到緊急關頭，就政治動搖」。)

原因是從來就沒有改造自己，不是中途變質。新四軍時就臨陣脱逃過，緬甸時贊成奈溫的「社會主義」，文革時怕得要死。

55. 5323*

辦公廠值班

編者説明

已有很多人研究《六七筆記》，這裏只説幾點膚淺認識：

1.「反迫害鬥爭」的組織系統和吳荻舟的作用：

從《六七筆記》看到，這次「反迫害鬥爭」的組織系統至少由七個方面構成：(1)半公開的港澳工委；(2)秘密線的城工委；(3)港澳工委、城工委聯合組織的「指揮部」；(4)各界群眾的「鬥委會」；(5)廣東省委的「四處」；(6)根據周恩來指示成立的「港澳聯合辦公室」——背後是組成這個辦公室的外交部、國務院外辦、中調部；(7)周恩來/中央文革。在這個系統中，吳荻舟由國務院外事辦公室派到「聯合辦公室」擔任群眾鬥爭組組長，除了

* 此號碼應是值班電話號碼。

群眾鬥爭組，現在所知還有秘書組和監督組。吳的職責是通過周恩來的外事秘書錢家棟[又作錢嘉東]向周恩來報告事態發展，再把周恩來和「聯辦」的指示傳給香港前線。「上傳下達」，並在職責範圍提意見。周在不和香港來人開會的時候就通過錢家棟收集情況和下達指示，周的指示由錢轉達給吳，吳轉達給羅，而不是周直接指示羅，也不是錢直接轉達給羅，即使說，周的設想是信息必須經過吳荻舟。這樣的系統設計可以說是架床疊屋，但是也難以想像取消這一層，由香港方面直接與周恩來或者錢家棟聯絡。一位當年負責在香港和深圳兩邊跑的新華社秘書告訴編者，當時香港方面要請示或者匯報什麼，就由他負責背熟有關內容後從香港過關到深圳打電話給聯合辦公室負責接電話的鄧強、鄭偉榮，然後再背熟北京方面的指示*，回到香港新華社複述。他特別指出，這條線只是新華社的，其他還有什麼線他就不清楚了。編者進一步問：「當時周恩來和鬥委會開會，頭頭腦腦都在場呀？」他說，「周恩來是有和鬥委會開會，但是執行的不是周，別人也可以開會佈置，具體執行，甚至鬥委會都沒用，有些人只是掛個名，明知被利用。」這裏他指出了要害問題，還記得周恩來在5月27日開會時批評「來人未見」，「不會匯報」便走吧？一向以來，香港「地下黨」有多條線，各條線之間互相保密，是源於「地下黨」的性質和歷史沿襲，更何況除了前面列舉的表面上七大方面外，還有看不見摸不着的派系、路線、有造反奪權拉山頭等個人行為。吳荻舟阻止了幾次極左行動，不單難以影響大勢所趨，也為自己種下禍根(詳見《幹校日記》以及給廖承志的信和申訴材料)。

---

* 2012年編者曾向當年鬥委會領導人之一、已故原《新晚報》總編輯羅孚查證會不會是中央指示傳達不到香港造成失控？他毫不猶豫、斬釘截鐵回答：「沒可能傳達不到。」「當年因為擔心港英當局竊聽電話，北京都是往深圳打電話，我們每天派人上深圳接受指示。」他並承認「真假菠蘿」是他們的「創舉」，他說：「當時頭腦很熱，覺得澳門能成功，香港也能。自己是很積極去做的。」「現在看當然是錯的。」

2.「反迫害鬥爭」的目的和吳荻舟對此的理解

目前編者看到提及「方案」的文獻內容計有：

5月初由吳荻舟送廖承志的方案(吳荻舟《三一八交代材料》)：「5月初接到港澳工委和廣東省主管四處關於新蒲崗膠花廠的鬥爭計劃，我提了一個意見送廖承志批，大意：通過鬥爭擴大我們在該廠的進步力量，擬同意城工委的計劃，並由城工委抓總，港澳工委配合。當時認為，這次鬥爭目的是通過鬥爭，動員群眾、教育群眾、壯大隊伍粉碎敵人的迫害，以利長期充分利用香港，擴大我無產階級文化大革命的影響。」

5月24日(吳荻舟《六七筆記》)：周恩來聽取港澳工委和城工委匯報後提出25條意見，之後又補充：「總理對方案的補充意見：1. 鬥爭為了長期工作創造更好的條件。2. 在鬥爭中加強政策教育，毛澤東思想的學習，活學活用毛澤東思想。3. 士氣可鼓不可泄，要因勢利導。」

5月30日(余長庚*《周恩來遙控反英抗暴內幕》)：周恩來在中南海西花廳他的會議室召開會議，討論外交部和港澳工委的方案，批評港澳工委提議「襲擊警察」、「殺幾個警察」、「殺一儆百」是「荒唐」。方案提出要通過三個回合的罷工，打垮港英，迫使英方接受中方的要求。周恩來質疑罷工計劃的可行性，擔心「搞不好，要搞出一個提前收回香港。」†

6月30日(余長庚、吳荻舟分別回憶)：周恩來召見港辦，提出原方案不切實際，要另擬新方案。外辦副主任之一、中華全國總工會主席劉寧一主持討論新方案，會後他歸納新方案為十六個字：香港癱瘓、九龍大亂、陳兵邊境、打破邊界。吳荻舟認為這個不是決定，不能傳達下去。

---

* 余長庚：冉隆勃的筆名，冉原任職外交部西歐司，文革期間被批鬥，後出任中國社會科學院西歐研究所研究員，1996年5月以余長庚為筆名在香港雜誌《九十年代》發表《周恩來遙控反英抗暴內幕》回憶文章。

† 即是中央並沒有收回香港的目的。

7月10日辦公室(吳荻舟《六七筆記》)：「這次鬥爭的目標，充分發動群眾，壯大進步力量，保障中國人民活學活用毛著，宣傳毛澤東思想的權利。」

除了吳荻舟交給廖承志、廖承志交給周恩來的《關於香港愛國同胞反迫害鬥爭的初步意見》之外，目前無從知道其他幾個「方案」的確切內容，周恩來幾次表示很不滿意的第二、第三方案，都沒有看到方案本身。唯一可以判斷的是：此方案非彼方案，而且一個更比一個激烈。所以，所謂「反迫害鬥爭的目的」，其實經歷了三個階段：

第一階段，勞資糾紛初起，考慮的是支持一個廠的工人抗爭；第二階段，之後的一兩個月裏，包括中央文革在內各種勢力或插手或影響，各種審時度勢；第三階段，中央恢復和鞏固「長期堅持、充分利用」的香港方針，毛澤東發令「香港還是那樣」。這樣的「三部曲」表明，「反迫害鬥爭」的極左做法被中央和現實否定掉，香港工作還是要回到原點：「長期堅持，充分利用」。那些由香港左派機構提供的數據，包括香港工商各界群眾可動員人數，軍隊、警察人數等事後被證明有「水分」，對中央決策造成誤導，也反證了這是一場倉促展開、邊做邊想、漸次升級的行動。吳荻舟後來一再檢討：「我聽信XX委的匯報，肯定得太多了，影響了總理下決心」，是「犯罪」(1970年9月10日《幹校日記》)。

3. 其他各種角色

除了(1)提到吳荻舟的角色，其他各種角色、包括中共中央(具體來説是周恩來)、外交部、國務院外事辦公室、聯辦、港澳工委、城工委、基層群眾以及港英當局、香港商界的角色，都可以從《六七筆記》裏找到端倪。

周恩來作為一國總理，這樣一場「反迫害鬥爭」，他必然要擔當領導，所以我們看到「24/5總理聽匯報」；「7/6總理的指示(對方案)」；「28/6總理指示」等等。但是《六七筆記》裏有很多細節，透露出周恩來很不滿意某些做法，認為是魯莽輕率、狂熱盲動、考慮不周。那些原汁原味的記錄，對瞭解和考證當年的情形、分辨周恩來的角色十分有益。在文革特定環境下，香港「長期堅持、充分利用」的方針受到嚴重干擾。組織上，原有的機制被打破，本應最懂外交紀律的外事幹部頭腦發熱，「中央文革派人來」，中央的外交大權旁落那幾天，還出了一個「臨時外交部長」姚登山*。

在《六七筆記》裏，除了如前所述可以看到香港左派的盲動之外，還記錄了港英政府的態度、外國領事、工商界、警察和尼泊爾兵等政商各界對「反英抗暴」的反應，並可以看到商人、學生、一般市民的態度，顯示中央希望對各方面情況全盤掌握、全盤考慮。「反迫害鬥爭」也有相當數量的群眾參與，絕大多數香港左派幹部群眾參與「反迫害鬥爭」，都是出於對殖民統治的義憤和跟從左派機構的指示，期間卻被極左思潮影響做出極端的行動。非常遺憾的是，周恩來1967年底至1968年初在港澳工委內部宣佈結束「反迫害鬥爭」、以及文革結束後中央會議定性「反迫害鬥爭」極左性質，這兩次都以「保護群眾積極性」為由，沒有在香港左派群眾中肅清「左」的影響，左派群眾被「自生自滅」。

4.「反迫害鬥爭」的思想根源和吳荻舟的反省

《六七筆記》提供的大量信息證明：雖然經過1959年50天整風，中央三令五申，對港政策和內地不能一樣，批評港澳工委的做法是在「對敵、對中間落後群眾和對黨外三方面均超過了中央給的方針範圍」，是「設想雖不想解放香港，但要蠶食香港，造成我

* 姚登山捲入打倒外交部長陳毅的鬥爭。他的「巔峰」應是1967年8月。在中央文革小組插手以及關峰、戚本禹、王力鼓動下，外交部革命造反聯絡站核心組接管了外交部，決定姚登山等人組成臨時業務領導小組，取代中共外交部黨委。8月19日至22日，聯絡站控制的外交部業務監督小組全權負責外交部業務，中央失去對外交部業務的控制權，8月22日就發生了火燒駐京英國代辦處的外交事件。詳見拙作《以史為鑒　理解現實》或蘆蕩小舟網站。

們力量龐大，實際控制香港」(詳情請參考《50天整風記錄》)，但是香港左派隨時準備「解放香港」的情緒只是暫時隱忍，「文革」風一吹，極左思潮就再次爆發出來。根據吳荻舟的回憶：「聯合辦公室有一股急躁情緒，領導怕右不敢抓，阻礙了貫徹總理關於『鬥爭是長期的、波浪式前進的』的指示。記得有一天爭論很激烈，幾乎吵起來。」(《三一八交代材料》)吳荻舟在交代材料和《幹校日記》等中也多有反省，十分痛心。詳情參見有關文獻。

「反迫害鬥爭」造成的損失既有經濟上的、更有政治上的，既有一時的，也有長遠的。在李後送給張佩華的《百年屈辱史的終結》一書中，他指出：「據統計，在這次事件中共有五十一人死亡，八百多人受傷，五千多人被捕。香港的工人和各界愛國群眾雖然在港英軍警面前表現得很英勇，但作為指導這次鬥爭的思想和路線卻是錯誤的，造成的損失也是嚴重的。經過這次事件，愛國力量受到很大的削弱。港九工會聯合會的會員人數從事件前的二十八萬，減少到十八萬多人。《大公報》、《文匯報》、《新晚報》、《商報》、《晶報》五家愛國報紙的發行量由原來佔全港中文報紙發行量的1/3下降到1/10。原來在香港和東南亞享有盛譽的香港長城、鳳凰、新聯三家愛國電影公司，也失去市場，從此一蹶不振。」

13. 六月七日晚和朱曼平、楊松、馬士榮、呂樹林、劉汝民等同志談話的內容

原來的計劃是總理指示後再務一天虛，統一認識後大家再回去，可是當我知道大家飛機票都買了，也就只好臨走前談談。我趕寫了一個報告，送到錢家棟同志處，趕到民族飯店，已是十一點多鐘，找齊了人，談了約莫四十多分鐘，所談的內容，簡單歸納起來是：

一、傳達總理三點補充指示

大會結束後，我和四處的同志根據總理關於四處工作的指示另外擬了一個報告送給總理後，總理又單獨和四處的同志談了約半小時，除原則批准了四處那個報告外，還對「鬥爭」做了三點補充指示。

1. 這次鬥爭還要注意長期工作，不要把所有的力量都暴露出來，都使用上去，三線的力量不要暴露出來，不要使用。

2. 已經打進港英要害部門的力量，不要動，比如飛機場已安上的點子，或在港督身邊的點子，不要動(當時是四處同志提出來請示後，總理說)。

3. 安在美國機構和船上的點子不要動(向總理報告美國現在在香港有二百多艘小船和二十多家經營這些船的公司，他們是來往香港和西貢*之間，過去有些船員拒絕去，都離船，失去了這些陣地。改僱了不屬我工會的船員。請示總理，如果現在還有這樣的情況，是不是也不要動，總理同意)，能去西貢的，還要隱蔽下去。

---

* 西貢：這裏指南越的西貢。當時是越戰期間，美軍會在香港補給。

二、關於指揮部的問題

關於這個問題商談的時間比較長，約莫四十分鐘，綜合起來有以下幾個主要問題：

1. 指揮部的性質問題

2. 指揮部與城工委、港澳工委的領導關係問題

3. 指揮部的領導問題

4. 上下線通氣問題

其中有不同意見的是第二個問題，有的說指揮部的決定，應由工委或城工委討論批准再上報請示，有的認為這樣行動就慢了。

我根據「關於香港鬥爭的方針和部署」所提關於港澳工委和城工委協商組織指揮部的精神，提出了以下意見：

1. 指揮部應該是一個權力機構，相當於臨時黨組。北京現在根據總理的指示建立的「港澳辦公室」只是一個辦事機構，參謀機構。這次香港的反迫害鬥爭，總理親自抓。這樣，我的體會，指揮部就是直接向總理負責，是工委和城工委在協商的原則下，各派幹部(當然是主要幹部)參加這個組織，統一領導這次反迫害鬥爭。重大的決定，經過民主集中制，作出決定後，直接報中央(經港澳辦公室)請示。我認為，這樣的戰鬥體制，是最便捷的，緊急的問題，總理還同意連報告也可以不寫，只要電話請示。

2. 既然指揮部作出的鬥爭計劃，重大鬥爭措施……直接報中央請示，那麼，工委和城工委就不是指揮部的上級領導，他的決定就不要經過四處或工委核轉上級領導，否則，周轉就慢了。(朱說過去是這樣做)

(談到這裏，楊松同志問)那麼，工委和指揮部的關係怎樣呢？過去是每個問題都由工委常委討論決定的。

(馬士榮同志說)今後就不要送四處批准上報，我們堅決貫徹和執行指揮部的決定(當然經中央批准)。

(我說)當然工委、城工委還是應該關心，提意見，保證鬥爭勝

利的實現，組織保證，保證中央關於鬥爭的方針、政策……的貫徹……取得鬥爭勝利。

(楊松同志說)如果這樣，指揮部那裏有一個辦事的班子呢？不過這個可以利用工委的。

(朱曼平同志說)過去許多決定，還要得到廣州(四處)同意才貫徹下去。時間很慢。

(馬士榮同志說)今後我們不要他們報了，指揮部做了決定，就直接報中央批准，批准後，就直接向下貫徹執行。

(朱曼平同志說)過去上下線通氣很慢，往往要兩三天，才通得下去。

(馬士榮同志說)我們決定派能夠通下線的幹部參加指揮部，這樣就可以解決，這樣就方便了。前一段的確有這樣的缺點，有些決定敵人知道還比下線知道早，行動就很匆忙。這次我們除工會，教育已派了人參加之外，還決定派海員方面的幹部去參加，有些不便直通的我們回去研究辦法解決。

(我說)這樣能解決問題嗎？

(朱曼平同志說)這樣解決問題了。

(談到加強指揮部時，我提意見)過去提五人小組，是不是工委方面請老梁也參加呢？

(這次會上沒有人提到誰為主的問題)

(談到這裏，給「算賬、結賬」打斷了)

……

(朱走了)

(楊松同志有單獨對我說)這樣(指指揮部)做，我懷疑鬥爭領導的力量是弱了。

(我說)那麼，是不是再提出來談談呢？

(楊說)不要了，這是我個人的意見，只要工委加強掌握，就行了。

(我說)那麼，你回去和老梁老祁研究一下提一個意見報上來。(四處的同志已不在場)

(談話過程中還提到一些下線的反映，和根據上次的指示成立的「指揮部」，工委派祁參加，只是臨時的權宜做法)

吳荻舟67. 6. 24

14. 三一八交代(在港澳辦公室的工作情況)

編者說明

吳荻舟在隔離審查期間寫了逾百份交代材料和證明材料。關於交代材料和證明材料的區別，「交代材料」主要是寫自己，吳荻舟寫的「交代材料」包括原生家庭情況、被捕坐牢的經過，抗日戰爭期間工作內容、在香港十四年和在國務院外事辦公室五年的工作情況、家庭經濟情況等等*。「證明材料」則是為某人、某群體、某機構、某個時期、某個事件牽涉的人物等等所做證明。

本篇是一篇交代材料，寫於1968年3月18日，萬餘字，內容是1967年聯辦工作情況。寫這份交代材料的時候，他對半年前發生的事仍然記憶猶新，也已經是第N次被要求「交代」和「檢討」了。在交代材料中他回顧了5月26日港辦成立直至8月5日他離開，兩個多月內各種場合他提了什麼意見，出了什麼主意，打過什麼電話，是一份全面而且參考價值很高的資料。

港澳辦公室，5月26日成立，我8月5日離開，在那裏工作了兩個多月。我沒有把工作做好，還犯了不少錯誤。現在我把在工作期間，在各種場合提了些什麼意見，出了些什麼主意，分做幾個方面交代如下，請同志們批判、幫助。

這裏一定有遺漏，有記不確切的地方，我當繼續回憶、補充。

一、我在各種場合提了些什麼意見？

1. 在廖承志召開的幾次會(及羅、廖召開的會)上我提過：

(1)現在工會提了四個條件，視鬥爭發展，可以考慮提，一定

* 本書選取與香港有關的部分。

要提(一)不准蔣幫利用香港對我搞破壞。(二)不准英帝利用蔣幫、縱容蔣幫在香港搞兩個中國。

(2)對22/5鬥爭，我說過先鋒隊伍(我機構的幹部)太突出、暴露，沒有群眾掩護，受了損失(後來在港澳辦公室與楊、朱等的座談會上，我又說了一次，22/5鬥爭是必要的，地點選擇有缺點，那裏不是鬧市，沒有群眾掩護，損失大了些)。

(3)這次鬥爭目的是通過鬥爭，動員群眾、教育群眾、壯大隊伍粉碎敵人的迫害，以利長期充分利用香港，擴大我無產階級文化大革命的影響。(五月初，我對敵人的瘋狂進攻、企圖限制我港澳同胞學習毛澤東思想、擴大無產階級文化大革命對海外影響的陰謀認識不足，所以接到X委、四處關於膠花廠的鬥爭計劃時，還只是看作一個廠的鬥爭，提了一個意見，送給廖承志批，大意：通過鬥爭擴大我在該廠的進步力量，擬同意XX委的計劃，並由XX委抓總，X委配合。聽了朱、楊等的匯報，才認識到上述敵人的陰謀。)

(4)聽了關於11/5(8/5?)膠花廠被捕群眾的堅決鬥爭，和湧現大批積極分子後，我才認識到無產階級文化大革命、毛澤東思想教育了港澳同胞，港澳同胞階級覺悟的新形勢(擬辦上述鬥爭方案時，看到該廠積極分子那樣少，工會成員那樣少，對鬥爭勝利信心很不足)，因此在會上我說：鬥爭(反迫害鬥爭)只要長期鬥下去，一定會勝利，我同意X委提出來的鬥爭方案，和對鬥爭的看法。

2. 14/6辦公室會上匯報港英遞解27名蔣幫分子出境時，我說過：港英早就破獲了「火花電台」的案子，為什麼選今天(12/6)來遞解這批蔣幫出境，我看有三個可能，(一)怕蔣幫乘我們反迫害鬥爭時搞事，壓一壓，(二)準備遞解我們的人員出境，想以此搞「平衡」，這是港英的一貫手法，(三)以遞解蔣幫分子出境來恫嚇我們的群眾，我們不要被它嚇倒。總之港英這樣做，說明它是怕。

3. 沙頭角事件後，有情況反映，港英調到沙頭角代替警察的尼泊爾兵中，有些說「中國好，毛主席幫助尼泊爾建設。」有些說

「(僱傭)期滿了，不續，望早日回國」，士氣很低落。當時聽了，我說港英把尼泊爾兵調到前面來，是一陰謀，如果我們和尼泊爾兵打起來，致他們有死傷，就會影響我尼關係。我們要做尼泊爾兵的工作，要他們不要為英帝賣力。

4. 16/6會上反映港英示意各教會負責人，要做最壞準備，應付長期戒嚴。我聽了，說，敵人是怕我長期鬥爭的。

5. 26/6的辦公會上我聽了有些灰色單位突出來，做法不對頭時，我說不要單獨行動，要隨大流，能做到這樣，才不會暴露。

6. 28/6的辦公室會上，我提辦公室要統一思想，(一)要建立長期鬥爭思想，(二)要沉得住氣，(三)要敢於戰鬥，還要善於戰鬥，(四)要敢於抓政策、方針。(當時我感到辦公室有一股急躁情緒，領導怕右不敢抓，阻礙了貫徹總理關於「鬥爭是長期的、波浪式前進的」的指示。記得有一天爭論的很激烈，幾乎吵起來。)

7. 30/6辦公室會上我提：(一)辦公室會要改進，天天開大會，沒有必要，也無法深入研究問題。要建立核心小會，就重大鬥爭問題做深入討論和檢查鬥爭政策，有了初步意見後，再開大會。(二)大會的時間要短，匯報急而重大情況，通過方案等，(三)加強各組的會，務虛，討論本組業務等。

在這次會上我還提醒說，我們要保持清醒的頭腦，對前方才有幫助。

8. 1/7辦公室會上我聽了陳XX及葉XX的匯報及情況分析(1. 英警退出多，加入少，2. 港英對華籍警察不信任，3. 五個英國警官受聘後，不來等)後，我建議加強對華籍警察的工作，加強對華籍警察的民族思想宣傳、政策宣傳。(記得有一次提到澳門同胞中有許多是香港警察的親友，而且澳門的同志已決定通過他們做香港警察的工作，我表示很贊成這個決定。)

同天會上，我還提出：1. 為了長期打擊英財團，為了擴大打擊效果(擴大財團內部矛盾)要打痛它，要重點抓海運系統群眾(工人)

的政治思想工作，利用罷工時間，集中到工會學習毛著，使罷工長期堅持下去(指已罷工的九龍倉等機構)。2. 研究一下，如何做吊頸嶺(調景嶺)蔣幫分子的分化瓦解工作(當時傳説港英要放他們出來破壞鬥爭，但，他們內部有矛盾。)

9. 8/7辦公室會上我建議新界漁、農民要動，此起彼伏，達到牽制敵人把力量(警察、軍隊)集中到市區去，使市區壓力減弱。敵人兵力不多，有許多控制薄弱的地方，可以展開活動，這樣才能使敵人疲於奔命。

10. 在一次辦公室會上，聽到敵人抓主要的，次要的不大管，我説，這正暴露了敵人虛弱，必須打破他們的陰謀，我們一面要加強主要方面(指罷工系統)的政治思想工作，加強活動，堅持鬥爭，一面也要加強次要方面(郊區、離島、及學生、群眾)活動，使敵人難於應付，擴大我們政治鬥爭的範圍，這樣對主要方面堅持鬥爭也有幫助。

11. 在一次會上，聽到一隊學生，自發搞了一次從中環到灣仔的飛行活動(在《時報》和《工商日報》門前集會示威)，我説，這很好，是新的苗頭，要多鼓勵，是群眾發動深入的標誌(結果)。

12. 對下面這些具體問題，我提了一些意見和建議：

(1)對港英強迫獄中同胞吞食像章、語錄等野蠻行為(其他什麼罪行也可以)，我説可以通過公開打電話(用新華總社名義)要新華社搜集有關材料、寫報導的辦法，加以警告。(羅同意，做了。)

(2)羅和我談到注意做好經濟開支的賬目，防止敵人在這方面做文章。我説是不是請指揮部考慮成立一個專門班子管好賬目。

(3)銀都被封時，傳説敵人對內部情況很清楚，我提要注意有沒有內奸。指揮部利用被封的銀都搞反迫害展覽，我説這好，你打你的，我打我的。

(4)一次談到將來加提「外交代表」時，我説敵人最怕這一條，有這一條就夠了。

13. 10/7辦公室會上談到談判時機是否已到時，(當時有些傳說)我說，我看主和派氣焰是低了，主戰派的氣焰還未打下去，還未到。還要放手發動群眾，堅持鬥爭。

這次會上陳XX分析了鬥爭形勢，認為敵人基本上還是維持原有「堅定而克制」的政策。我表示同意。認為「次官」來港，摸了一下，但，新的政策還沒有，戴麟趾回去與此有關。

14. 我和四處的同志研究群眾線鬥爭計劃時，(六月初)我提過以下意見，X線鬥爭要不暴露X線另有一套，另有一個指揮部，只能在鬥委會的規劃下進行，內部通過鬥委會發出號召，在這號召下起來鬥爭，才能掩護X線組織(計劃十萬人，分一千個組同時出動在各徙置區，大埔荃灣等地張貼標語等)。十萬人一起出動(同一個晚上)很容易使敵人發覺是有組織、有領導、有佈置的行動，萬一有人被跟蹤、被捕，追出組織來就不利了，是否分散，不要一齊行動。後來討論結果，綜合大家的意見寫成書面請示。

15. 四處同志反映一個情況，說有些統戰對象(中小廠家，據說平時和我們的關係比較好)向我們試探，罷不罷他們的工。我說，這次反迫害鬥爭是港九同胞一致對外的反英鬥爭，打擊的對象是港英和英資企業。但，這些中小廠的工人，也要反英，也要行動。要加強對小廠主們的工作，做好他們的思想教育，幫助他們認識一起反英。為了壯大反英的政治聲勢，小廠搞些配合性的短期罷工，一兩天，三四天，不搞長期罷工，並先使他有思想準備，搞配合罷工時先告訴他們一聲。*

16. 九龍倉等海運系統罷工時，考慮到九龍倉存米不出倉會影響廣大同胞的生活，我提過鬥委會是否可以作出決定，為了照顧群眾生活，定期讓大米出倉。†

---

* 吳荻舟紅筆旁註：14、15——這兩條都寫報告請示總理，總理口頭(當面)答覆四處的同志，同意。

† 紅筆旁註：(建議指揮部寫進罷工計劃內)

17. 海員罷工時香港曾提到採用包其收入的方式組織散家駁艇參加海員罷工行列。因為考慮到他們不罷工，無法全部控制外輪的裝卸(我們能控制的船隻，只佔外輪的百分之二十幾)，罷工聲勢和影響海運不大。對此，我有矛盾，不搞，這些散家駁艇繼續起卸貨物影響罷工，搞，有點「收買」的味道，不但開支太大(3、4百隻，當時估計每月每隻要3、4百元)而且政治影響不好。我傾向不搞，但，沒有在大會上說，記得只在群眾鬥爭組談過，好像和羅也談過。

18. 有一段時間，國內群眾配合鬥爭(支持)少了些，監督組同志提到這問題，我表示同意，說計劃中各大城市要舉行的群眾大會，是否安排一下。又一次，我說，計劃一下，從澳門到寶安沿邊界線的各市鎮，不斷搞一些支持香港鬥爭的群眾大會。*

19. 對澳門的個別做法，我提過不同意的意見(如訂購500支鳥槍)。其次，我認為當前澳門的鬥爭，該集中力量督促澳葡執行取締蔣幫，落實清除蔣幫的條件。我很贊成當時群眾線清除蔣幫在教育界的力量和流毒。†

20. 當港英阻止我副食品從文錦渡入口，或傳說香港機車不過來拖貨卡過境時，我提過發動群眾抗議，並歡迎我方的機車送過去。因為副食品被阻影響400萬同胞生活，這樣做，可以調動廣泛的反英情緒。

港英向我提出要求額外供水時，我提過、並擬議過，是否由鬥委會作為照顧400萬同胞用水(當時水荒壓力很大)，要求我照顧；我發表談話，接受鬥委會的要求，為了港九同胞用水，同意額外供水，但，不收水費，要群眾起來鬥爭，壓英一降低水費(現在的水費很高，群眾意見很大)，二不准供美艦用水。因為，我當時覺得港英向我提出額外供水，是企圖把矛頭引向我們，不供，反動報紙

---

* 紅筆旁註：後來未成事實。

† 紅筆旁註：落實。

會藉此對我造謠污蔑，如果無條件供，又益了港英。這樣做還可以捎帶打美。

21. 四處送到「漁民罷賣漁獲物給魚市場的計劃」時，我看了計劃中有「漁獲物由國內收購」，曾向有關部門瞭解，這樣做有困難，報告羅。羅看了計劃，告訴我這條不行，計劃轉給指揮部考慮，但告訴他們「漁獲物不能內銷」。

22. 在一次會上，我提對前一段鬥爭的看法。認為鬥爭是勝利的，十多年沒有搞過這樣大的政治鬥爭，一下能發動起來，已給敵人很大的打擊，在放人的高壓下，堅持下來，敵人許多措施都失敗了，「滅點打面」也失敗了。至今除煤氣外，其他不敢鎮壓，而煤氣不但沒有被壓下去，反而堅持鬥爭。為什麼不能在這個基礎上，搞出殞鬥爭，進行政治上的較量呢？

23. 27/6辦公室會上，談到700打甘蔗刀時，我說還是要搞文鬥，同意羅的意見可以搞點破壞生產設備，達到強制罷工，如截斷電源使機器故障等。談到廣州革命群眾提軍管會的意見時，我同意郭XX的意見。外交部的同志下去，按大聯合的精神，多談些大道理。*

25†. 羅等從廣州回來後，和廖、羅一起聽了鄭匯報X線情況，(包括對指揮部有許多意見)，我提過，指揮部決定鬥爭計劃時，要多注意X線群眾的思想情況，和意見。

26. 看到報紙公佈四個「鋤奸」對象的罪行和照片，我說這樣便除不了了。

二、我給錢XX‡ 打過些什麼電話？

12/6決定加速反映情況後，幾乎每天我都和錢XX通電話，但，只是反映鬥爭情況。七月上旬(或中旬，羅去廣州前不久)辦公

---

* 紅筆旁註：(促成大聯合)

† 原文沒有24。

‡ 錢XX：周恩來秘書錢家棟。

會議上才決定由我負責全面向錢XX同志聯繫，包括每天的鬥爭情況，電話請示等。過去後一部分是羅自己打的。除每日鬥爭的一般情況，天天反映，有時，一天三兩次反映外，記得打過以下這些比較重要的電話：

1. 電話請示及錢傳達批示等。

(1)罷市。外貿部先接到「停供四天」，告訴了我，晚上我們辦公室也接到了，我馬上向錢反映，也向羅反映。

(2)出殯改期。此案作為重大鬥爭部署，報告總理批准。後接指揮部決定延期並改變做法。我報告羅，羅要我馬上報告總理。(這事辦公室起草計劃時，未徵求指揮部意見，有缺點。其過程是這樣：當我看到港英對死難烈士的屍體要採取措施時，我想到澳門鬥爭時，死難者出殯，激發群眾鬥爭情緒，造成對澳葡很大的壓力。所以在組裏提出談了一下，請示羅，羅同意作為一個重點鬥爭(認為是一個政治較量)，提出一個計劃，報告批准後發給指揮部的。這缺點，我應負主要責任。)

(3)海員罷工。指揮部具體計劃報來時，我考慮到我(們)能控制的(有把握罷工的)進出口外輪只佔百分之二十幾，怕罷下去聲勢不大，或有困難，向羅提議是否先罷兩個月，看形勢發展再延續，比較主動。羅同意，並將意見請錢XX同志報告總理。原案總理已批准。

(4)關於廣州兩派革命群眾同時開支持大會(有一次其中一個大會宣佈支持鬥爭委員會成立)發新聞稿的請示。兩次稿送到宦*X處，宦不能定。記得有一次宦和我商量，提兩個大會新聞都不發，報總理批准同意。一次總理批「既舉行了，不報導，會暴露我們的矛盾，還是照發。」(記得只把支委會成立改掉。)

(5)轉報廣州四處軍管會聯絡員(李XX)向總理報告按7/6四處業務管理方案選派的軍代表人選已定。

---

* 宦：宦鄉，時任外交部西歐非洲司司長。

(6)根據7/6方案，港澳組討論了組內分工，我向錢報了分工的決定後，請示上面誰負責。後錢覆，總理指示成立三人小組管。我知道弄錯了，帶回組裏研究後，我又向錢通電話，將組裏的意見「鬥爭向羅匯報，平時業務向廖請示」告訴錢，請他再請示總理。記得我向錢說完意見時，錢說三思而行，好。後來錢覆，就這樣分。

過了兩三天，我把總理的指示告訴廖承志，廖頗懷疑，說他已靠邊了*，問總理什麼時候說的，我說前兩三天。他沒有再說什麼了。

(7)錢來電話要我告訴羅：總理關於軍事方面的指示，我照轉了。

(8)23/7，轉報廣州來電話：「羅、梁關於指揮部請示六個重點機構遇到搜查時，應如何的決定」。

(9)書面請示送出前，凡是急案子，都預先向錢打電話，使他心中有數，抓時間送總理批。這樣的電話有幾次。有時加點說明，如請示第二次撥款時，說明了一些情況(見後)。

2. 重要情況反映

為了讓錢XX同志及時掌握到重要的鬥爭情況，以便總理問起，好報告，這類電話比較多，記起來的有：

(1)每次鬥爭被捕、死、傷人數及累計數。

(2)每次審判、判刑情況。

(3)關於敵人要封閉我重點單位的情報。

(4)薛平被捕、審訊、判刑(包括梁XX為此抗議、外交部支持梁的抗議聲明、新華社總社發表聲明及13/7北京新聞界到英代辦處抗議等。)

(5)槍支、手榴彈上岸情況。此事最早是交通部接到電報，告訴我後，我報告羅，羅要我馬上報告總理，怕出事(當時正傳說敵人要搜查我重點機構，記得反動報還造謠說港英追查一個大木箱的下落，影射我有武器運進香港)。隔不久，指揮部也報了，槍支數比交通部報告的多，並具體說新華社、招商局等各有多少，還有一

* 廖靠邊了：指當時廖承志被造反派困在中南海內。

挺機關槍，我又向錢報了一次。羅決定通知前方，要馬上撤出來。我接到已撤出來時(27/7)我又報了一次。

(關於槍支(船上護航武裝)上岸事，交通部反映最早，而且很重視，繼指揮部報告之後，廣州航運部門軍管代表和該部門保衛科科長(由交通部一女同志陪同來辦公室)又反映一次——這次我沒有向錢反映，下同。)

(關於既拿上岸的槍收不收的問題，據交通部同志反映部裏討論過，並正式通知我，考慮到來回搬怕出事，決定不收回了。當時辦公室已通知撤出來，我怕引起混亂，沒有把交通部的意見通知下去。撤出後，我告訴了交通部。)

(6)我銀行營業情況。(不只一次)

(7)我對港貿易，及保證供應鬥委會組織專門車隊等。

(8)敵人對我主要幹部(王、崔)突擊檢查，及楊、朱等自京回港遭港英留難情況。

(9)沙頭角鬥爭，敵我死傷人數，鬥爭情況及一百多人避入寶安的情況。

(10)有關部門反映我和平書店經理攜帶一份名單被竊情況。因怕引起連鎖反應，向錢、向羅反映外，還由辦公室請指揮部查告原委。

(11)罷工、罷市(規模、情緒、敵人對此的重大措施等)情況。

(12)紅校(培僑、香島等)師生被捕情況。

(13)上層統戰人士動態，港英對他們威脅等情況。

3. 與錢通話，有沒有提過個人意見？

(1)記得撤回「限時放人」的報告時，我說完羅(剛從廣州回來)要重新考慮的意見後，錢和我談起現在有無條件時，我說沒有，錢說是呀，達不到，提出去不好。(辦這案子時，我也贊成，不過當時大家也只是考慮到採取強硬的態度壓一壓它，沒有估計到條件的問題。所以羅一回來，我建議撤回。羅同意並在會上說已撤回，大家也沒有意見。)

(2)六月初，總理7/6召開會之前，有一次錢要我到他那裏，談起鬥爭的看法時，我說要長期鬥，長期鬥才能拖垮他，我們要邊打邊發動群眾，也要長鬥。

(3)第二次請示1000萬，書面送出前，我告訴錢時(27/7)，我解釋了一下，說罷工工人不好去出糧(領工資)，怕吊銷工作證(等於開除)所以估計每月要一千萬。

此外，記不起還提過什麼個人意見，有時閒談幾句是有的。

辦公室會上或羅決定的一些具體問題，有時，我覺得比較重要，告訴錢，有時疏忽，也有未告錢的。如羅同意幫助下面解決一些配置爆炸物的技術問題。

三、參加外單位來開的哪些會，提過什麼意見？

1. 交通部、外貿部、海員工會開了一次國內港口支持香港海員罷工的會，我、薛、董參加。我中途有事離開。會上我同意外輪如破壞罷工後來到我港口，「拒載不拒卸」，因為我覺得來的物資是我們建設上需要的，但不給貨(出口物資)載，是船主損失，「期租船(我們租來的外輪)一律不去港」。(當時談到有些船用油(原料)國內有困難，討論後也解決了。)「船的維修也不去港」等。

2. 交通部遠洋局、外貿部運輸局為了解決如我遠洋輪到英國港口遭到報復如何辦，開了一次會。我參加。我同意，發生這樣的事，堅決鬥，不行便把貨卸到其他國家的港口。記得我加了一句，一切損失由英國政府向貨主負責。(當時我想，貨是我賣給英國商人的，英國港口拒卸，把貨卸到其他港口，損失由英商向英國政府要，可以引起他們內部矛盾，有利香港鬥爭。)

3. 廣州來電話問去港船隻張貼支持鬥爭標語問題。我提了意見，報告羅同意，船上可以張貼，但，不要上碼頭、街上去貼。

4. 銀行來匯報過三次業務，一次在港澳組，一次在外交部(15號)，還有一次在港澳辦公室。還打過一二次電話，問情況。

5. 廣東海運部門軍代表和保衛科長，由交通部一位女同志陪來，談了以下幾件事：

(1)某烈士屍體處理問題，我把指揮部和羅的意見轉告他們，並請他們火化後保存好。代表說，不必馬上火化，可以繼續浸在XX醫學院解剖室藥水池裏。

(2)有些船沒有護航武裝問題。我向他們瞭解，知道護航武裝一向由交通部向有關領導部門請示決定後，我說，還是按過去辦。如交通部報告上去後，有關部門問到港澳辦公室，辦公室可以提供一些要加強護航的情況。

(3)關於槍的問題。他們談了香港同志要槍的情況，我插了些話。說到中央有指示，他們一定照辦，這次香港同志要槍，船上抽了X支槍，X枚手榴彈給香港同志時，我說，槍是香港同志為了自衛，決定要的。中央沒有指示，有，一定經過這裏轉，這裏沒有轉過這樣的指示。他們提到船上同志抽調一部分護航武器給香港同志，他們事先不知道時，我說，大概是船上的同志們聽到、看到港英殺害同胞很氣憤，岸上的同志為了自衛，要得又很急，出於同仇敵愾，未及請示就給了。

談到今後，我想到羅對「給武器問題」十分慎重，一直下不了決心，已拿上岸的還要撤下來。我說，護航武器是船上的自衛力量，船上同志支持香港同胞反迫害鬥爭，這很好，但，今後如果岸上再要，還是請先告訴我們，讓我們請示後再給。記得我這裏還插了一段說明武器要好好管理的話。

他們還說到梁社長(應該是說梁副社長*)參加三省(閩粵桂)航運會議時，決定經常要在深圳碰頭，還說他們天天有船來往港穗，

---

* 梁副社長：指梁上苑，根據他自己在《中共在香港》一書中所說，他是中國外交部派駐香港的第一個高級官員，任港澳工委常委，新華社香港分社副社長。1968年被誣為台灣特務，在北京秦城監獄關了四年，1973年獲釋。後任外交部西歐司副司長。他在《中共在香港》中有一章專門講「反英抗暴是怎麼一回事」，他說：「把這次事件稱為『香港式文化大革命』是非常恰當的。」

聯繫很方便，鬥爭情況很清楚。還說還有許多具體問題要談，我因為不瞭解，怕弄錯，要他們回廣州找梁社長等直接談，告訴過軍代表，他們在廣州。

他們還談到，這次抽了一部分武器給香港同胞後，有些船的護航力量薄弱了，這次想解決補充的問題。這問題，我沒有提什麼意見。

最後他們問我，如果有事，可否打長途電話？我說，如果事情很急，來不及通過交通部轉，可以打長途電話，否則，還是請交通部轉告我們。

這次談話，交通部同來的女同志可能有記錄。她的姓名都忘了，問問該部水上運輸局(?)幹線組苗同志，他是管港澳運轉的(該部電話分機064)。

6. 招商局李副總經理來談過一次情況，也是由交通部的同志陪來。說了一些香港群眾鬥爭的情況，群眾的鬥爭情緒外，他具體地談了兩個很生動的例子。(1)該局一位職員反映，該職員有一位親戚自動組織了一隊人，參加遊行，被懷疑。(2)該局一位職員反映，他的鄰居是一個後備警察。告訴該職員，有一次他參加鎮壓，站隊時，警官徵求會照相的，他不願打中國同胞，馬上舉手答應「會」，就避免去鎮壓同胞了。他還說，把我的號碼記住，如果你們看到我鎮壓，你們就打我一拳，我就躺下，裝負傷，我不願打同胞。

我聽完覺得這些事例很值得注意，要李XX回去向領導反映。我還說，要注意、警惕，但要觀察，不要把自發參加反迫害鬥爭的群眾和敵人佈置進來搗亂、破壞的特務混起來(當時也有這樣的反映)，還說，可見警察工作要做。

7. 朱XX告訴我，指揮部考慮過，當一切聯繫都被截斷時，使用船上的電台。我向羅研究，我說船到港內，電台是封起來的，招商局的船上電台，一向是沒有封的，只是在港內不使用。但，我想緊急時，可以考慮使用一下。羅興趣不大。我正擬向交通部瞭解時，原來他們已經接到報告，並已研究過正要來找我，我請他們來

(電話裏沒有談，是說有事來談談，來了才知道是為此事)。

他們(來兩人)說梁XX(副社長)到廣州參加正在廣州開的三省(閩粵桂)航運會。提出三項要求，(1)每天要保留兩隻船(大的內河、或沿海走的輪船)在港應急，(2)必要時使用船上電台，(3)三省船舶建立統一組織，由指揮部指揮(這條記不確切了)。還說，研究過，正寫報[告]請示。

我對1、3沒有提什麼意見，只問每天安排兩隻船在港，有困難嗎？他們說可以安排。對2我提了一些技術問題，比如為了避免麻煩是否可以把大船停在港外，派交通船聯絡，或接到緊急情況時，馬上起錨把船開到水線(海上邊界)外發報，以及密碼要保證安全等。

記得，他們還反映說要在深圳–香港間建立通話站(我不大懂，大概是短距離無線電電話之類)。

8. 與外貿部劉今生通過多次電話，多數是他打來，主要是反映外貿情況，有時我也把鬥爭情況(有關係到外貿的為主)告訴他。其中來過三次徵求意見的：(1)業務部門反映，港英放寬大米進口額(包括泰、緬、我等)問是否接受(即增加輸港大米額度)，我說，這是敵人因受市民購存(當時市民普遍存糧，引起米市緊張)，感到壓力很大。這與鬥爭雖有關係，但，又是出口業務，牽涉到今後我大米輸港配額。我請示羅，羅同意由外貿部請示。(2)華潤建議撤銷趙韋修和XXX(名忘，二人都是簽字登報支持港英鎮壓的新界士紳)作為我大米進口的代理商資格(即對他們停供大米)。問我意見，我說，這對鬥爭是支持，警告那些洋奴，我認為華潤的建議可以考慮。我把這意見請示羅，羅同意，還是請外貿部請示決定。(3)有關出口公司接到香港急電，要求即付700打甘蔗刀，問是否發貨。我說，未知何用，我未接到報告，請先弄清楚，是鬥爭用，還是出口貿易，但，先可押一押。回答是鬥爭用，刀已在途中。我報告羅，是否截留在深圳？羅同意，我告訴劉，截留在深圳。

9. 關於罷市問題，外貿部要求開一個緊急會研究一下。由於罷市報告來得遲，業務部門感到措手不及，頗有為難，辦公室也是罷市前一天晚上接到，只用電話報告總理。

會上外貿部匯報了情況，說事前沒有佈置，各地輸出物資還是源源到達，深圳活豬已積壓一萬七千多頭，豬圈飼料都發生困難等等。問「保證供應」政策是否已改。羅加以解釋，說明未改，還說辦公室知道也很遲等，加以解釋。

我在會上提，是否馬上通知各地，輸出物資，到達各站，就地停下，繼續向口上來，壓力太大，引起很大損失不好。

10. 7/6晚和朱、楊、馬、劉、呂(軍管代表)談指揮部組織問題。談前我傳達了總理關於鬥爭中要注意長期工作的指示(是下午大會結束後，和四處的同志一起聽的)：(1)這次鬥爭要注意長期工作，不要把所有的力量都暴露出來，都使上去。(2)在港英要害部門的力量(四處同志提到機場、在港督身邊的點子)不要動。(3)(我想到1965年祁X、李國霖、張振南在北京談過因為我工會海員不願去西貢等地，放棄了許多陣地，並作出決定我海員不要放棄走西貢、台灣等線的船。我將此向總理報告並提出請示這次鬥爭是否也不要動？)在美國機構、船上的力量，不要動。

我傳達後，還問四處同志有什麼補充。

談指揮部問題，我是根據「關於香港鬥爭的方針和部署」中所提「兩委協商組織指揮部」的精神找他們談的(本應找羅等一起談，但，太晚，明晨他們又走了，所以我找他們兩方一起協商)。他們協商的過程中，我插了幾句：(1)談到指揮部的性質，權力等時，我說，指揮部應該是一個權力機關，相當於臨時黨組，這次鬥爭總理親自抓，這樣，我體會，指揮部就是直接向總理負責，統一領導這次鬥爭。重大問題經過民主集中，做出決定後，直接報中央(經過港澳辦公室)請示。我認為這樣的戰鬥體制是最簡捷的，緊急的問題，總理還同意用電話請示。(2)既然這樣，X委和四處就不是指揮部的上級領導，指揮部的決定就不要經過X委和四處核轉了，否則，周轉就慢了。(3)當然X委和四處還是要關心，提意見，保證鬥爭規劃的實現，組織保證，保證中央關於這次鬥爭的方針、政策……的貫徹，取得鬥爭的勝利。

談到過去一段鬥爭，四處上下通氣很慢，四處同志說明關鍵在哪裏，並提出改進措施後，我問，這樣能解決問題了嗎？

朱說能。(有人等他，說完就走了)

最後，朱、馬、劉、呂都走了。(這時楊也回到自己的房間，只我和他一起)楊說，這樣做，我懷疑鬥爭的領導力量是弱了。

我說，那麼，是不是再找他們來談談呢？

楊說，不必了，這是我個人的意見，只要X委加強掌握就行了。(實在也太夜了，已快一點，明天又要上飛機)

我說，那麼，請你回去告訴XXX和XX同志，請他們研究一下，提一個意見報上來。

11. 在五月中，林、胡來匯報情況(廖召開會議那次)時，他們反映了一些情報(在港澳組)，我提，今後也送一份給我們(外辦)。

四、和指揮部、四處打過電話、提過什麼意見？

1. 我和指揮部沒有直接打過電話，提的意見都是辦公室會議上通過，或請示過羅後，作為辦公室的意見發。

2. 和四處通過幾次電話：

(1)與軍管會聯絡員李XX通過兩次電話，兩次都是他打來。一次他告訴我廣東支委會組織計劃，報告送批後，發生了兩派革命群眾對此有不同意見，作罷。另外一次是為了報告派到四處(按7/6方案)的軍代表名單。

(2)24/7和林X通過一次電話：(一)瞭解海員罷工情況，(二)走越南的外輪能罷工的有多少(考慮如多，準備請示也罷它幾條，打擊美帝對越南侵略的軍運)。(三)大搜捕我有無損失(當時積極分子名單集中在工會，雖曾通知馬上處理，但，傳說戴麟趾回倫敦帶了五百個名單，擔心上述名單已落入敵人手中，大搜捕中受到損失)。

林說他明天就回穗，情況告訴鄭，我說好。

此外，就是在港澳辦公室成立前，五月初，批覆膠花廠鬥爭方案時，打過電話，把廖的批示告訴他們。

記得其他就沒有了。

五、和劉寧一的秘書打過兩次電話

這兩次電話，都是為了撥款支援鬥爭，要用全總的名義。第一次羅說，提方案時，未徵求過全總的意見，方案批准了，趕快打個電話告訴劉寧一一聲，並問問如何送支持電稿給他看。

第二次也是一樣的情況，撥款報告批下來，要發表了，才給他的秘書打電話。

兩次電話內容都差不多：我先告訴他為了支援鬥爭，已批准撥款一千萬(兩次兩千萬)，要用全總的名義。我們擬了一個支援電稿，想送給劉XX看，如何送？

兩次接話都是一位姓段的秘書。他回答都說報告劉(有一次說劉在醫院)。約隔一會，回話，說，劉同意，支持電他不看了。

第二次回話時(記得是沙頭角事件後，劉參加在老外辦開會討論進一步鬥爭方案之後)段說，劉要他轉達，他對過去鬥爭情況不瞭解，要一份各階段提出的口號，請兩三天送給他。

我接完電話後，便告訴秘書組，記得我還說索性弄一份比較完整的，我們看了也忘了，搞一份資料，送給總理、陳總等領導同志，我們自己也留一份備查。

整理的過程，有一晚上，我問了一下，整理得怎麼樣了。記得段沒有來催過，是我想到就這樣問了一聲。

以上交代，請同志們審查。

吳荻舟1968. 3. 18

15. 在香港十四年的工作

編者説明

《在香港十四年的工作》有(一)至(五)，寫於隔離審查最初的8月29日、9月1、7、10日和9月20日，內容涵蓋吳荻舟1948–1961年在香港期間的工作。(一)和(二)是《華商報》時期；(三)和(四)是招商局時期；(五)是《文匯報》時期，但其實是有重疊的。為免累贅，本文從(一)至(四)整理節選了27條，並引用(五)的全文。(五)的份量很重，篇幅最長、敘述詳細、用詞也最嚴厲，是他不斷被逼上綱上線的最好佐證。多年後張佩華圈出(五)的最後一段話：「……是決心為黨的光榮事業，為人民的事業，好好工作的。在新加坡，在香港，黨交給我的工作，我都積極熱情地去做，黨的、人民的利益，我都想盡辦法地去維護。我堅決跟着黨、跟着偉大的毛主席走社會主義道路。」張並旁註：「這才是真實的。」

另每份交代材料結尾都會有「以上交代，請同志們審查」字樣，並有一連串當時流行的口號：

打倒劉、鄧、陶！
無產階級文化大革命勝利萬歲！
革命的大聯合萬歲！
戰無不勝的毛澤東思想萬歲！
偉大的、光榮的、正確的中國共產黨萬歲！
我們心中最紅最紅的紅太陽毛主席萬歲！萬歲！萬萬歲！

(一)至(四)摘要

1. [世界和平運動]交給我時，我沒有問個為什麼，也沒去研究黨當時的對外政策，便埋頭去幹。現在檢查起來，這是一件重大事件，不管這工作當時該不該做，必須吃透黨的對外政策再去做。

2. [《華商報》讀書會]這個工作是否做得對？就當時情況說是對的，是適合當時的政治環境的。就廣泛的、大力的宣傳學習毛澤東思想，那就更是對的。我今天檢查，主要是後來我整理了一篇關於學習《新民主主義論》的「學習心得」的文章，發表在報紙上。現在手頭沒有，具體有些什麼錯誤記不起來，無法檢查。但，隨便發表有關毛主席著作的學習文章，是錯誤的。

3. 我在《華商報》搞熱風副刊時，和一些作家有來往。當時多數是投稿者，他們的作品內容記不起了。如果有錯誤，而且又是刊登在熱風，或讀者版的，我也有責任。雖然當時沒有嚴格的審稿制度，也沒有專門班子，但稿發不發，是有權的。主要因為當時自己政治水平低，看不出問題。

4. [關於招商局起義]這個工作上我有缺點，即對陳天駿的政治工作做得不夠。他居功，對我們最後對他的安排有不滿。原來招商局有三個副經理：湯傳篪、陳天駿、周魯伯。起義後安排三人的崗位時，我和華東的同志考慮到湯的政治關係和工作經驗比較好，陳過去當過國民黨領使，不是專業人員。在整個起義工作中湯的作用最大，所以決定湯當經理。陳周仍然是副經理，所以陳不滿，後來交通部調他回部工作，對工作安排也一直不滿。

5. 1948到1952這段工作上的指導思想是準備五年解放香港的思想。一切群眾組織、群眾教育工作部署都按這個要求辦理。當時我雖是一般幹部，多做事務性工作，但情緒上也是急躁的，盼望早解放的，沒有長期思想，所以工作不細緻不深入，對英鬥爭是不講策略的。比如招商局的13艘輪船回國時，港英企圖籍蔣幫特務阻撓，出面干預，曾考慮組織力量打警察，後來還是據理力爭，港英理虧，13艘船全開回廣州了。

6. 民生公司的起義和護產不是我做的，起義後國內派羅民秋同志下去掌握護產情況，他和我一個小組，有聯繫，討論過關於該公司的船回國等情況。7艘(還是5艘記不清了)船是經過與港英鬥爭後開回廣州了。但，有一批物資(詳細內容不清楚)裝上船要運往上海，在港內被蔣幫劫持跑掉了。當時該公司的經理是盧作孚，經手這事。出事後盧回國，在反右時自殺死了。是否與物資被劫持有關，不清楚。從思想檢查，當時有麻痹。

7. 這期間有艘掛外國旗的、七、八千噸的輪船到香港大修。私股企圖霸佔人民財產，將它扣留在香港不開回來，國內要我協助設法弄回來(也派了人到香港同我聯繫)，我找海員工會的負責同志(黨員)研究後，組織了一部分海員，利用第二次試車(試機器)的機會，當船被港英允許繞香港島一周試車時，突然在船上宣佈開往廣州。船長是外國人，年老，企圖反抗，為船員控制起來，結果是嚇死了。這個工作雖然是協助派來的同志做，但沒有把詳細計劃報告領導，工作組裏也沒有談，就這樣做了，事，雖然是成功了，人民的財產是保住了，但，從組織紀律檢查，這是錯誤的。萬一行動失敗了，就會造成很大的被動。

8. 新聞統戰工作上的錯誤。對新聞界(主要是我們的各報)的上層團結多，思想教育少，見面只談業務，少談思想，不突出政治，有事有傳達都在會上談，很少個別深談黨的方針政策。對幹部也是如此，整天事務忙忙碌碌。

9. 和謠問題。1956年間，提出「和平解放台灣」問題，展開宣傳後，謠言很多。一些中間落後的報紙，繪聲繪影，說我們已經在香港談判，或在XX地談判什麼條件等等。當時麥君素(王匡)直接找新聞幹部佈置了有關這一宣傳工作。回來後，有的報紙宣傳上出現偏差，如強調當時和平解放的可能性，有的就進一步談論到如何談判問題。有一天《新晚報》突然把外國通訊社一條巴黎(?)的消息登了出來，説我們在那裏談判，提出了幾條具體條件等等。當即出了毛病，我受到批評，思想不通，有委屈情緒，覺得這工作是王匡麥君素親自抓，既把幹部找上去談，又時常有小條子下來指示，怎麼是我的錯呢？後來也一直沒有再檢查自己的錯誤。其實我當時不通，有情緒是錯誤的。幹部的作風我更熟悉，我有責任事先就這一宣傳工作在幹部思想上，在自己的思想上吃透中央的政策，把「和平解放台灣」的宣傳和「具體談判」的報導區別開來。宣傳，上級已佈置，可以做，但，「談判」的報導沒指示，就不應報導，而且根據外國(資本主義國家)的通訊社報導，是十分危險的。平時《新晚報》的領導幹部的新聞觀點就有缺點，不只一次出事，我應事先交代清楚，我沒有做到，出了事，是該檢討的！不通，有情緒是錯誤的。

10. 處理長城公司導演蘇誠壽回國有錯誤。當時(1957)蘇受敵人誘騙參加了偽國慶(雙十節)，過後反悔，向當時該公司的另一位導演(群眾)交代，並要求馬上回國內，他怕蔣特害他。我提出同意，請示了XX同志，也同意了，就馬上佈置他經澳門回去了。後來敵人造謠説我們把他綁架回去。現在檢查起來，這個做法是錯誤的，應該加強對蘇的政治工作，穩定他，適當安排對他的安全措施，留下在香港和敵人鬥，揭穿敵人的誘騙，就更主動。

11. (新聞方面)三一事件前，港澳同胞不僅成立很多學習會，學習毛主席的著作，馬列主義的理論，而且報紙上也宣傳。三一事件後，提出「愛國主義宣傳方針」後，通知所有單位(包括新聞、出版、電影)的群眾學習馬列主義、毛澤東思想的讀書會一律要停掉，報紙上也只搞愛國主義宣傳，結果造成正面報紙的副刊調子和新聞版大量報導和宣傳祖國的社會主義建設的輝煌成就的調子，很不調和。

當時，我也並不覺得那樣做，有什麼不對。雖然我也曾想過，理論上的宣傳和介紹，不等於馬上搞解放香港、澳門；也曾想過，香港是我們對世界、對亞、非、拉美擴散和傳播反帝、反殖民主義思想的橋頭堡、轉播站，那末我們的報紙為什麼不能大力宣傳馬列主義、毛澤東思想呢？但，我沒有向上級反映這個意見。這顯然是右傾，是錯了。

12. 對帝、修、反(包括托匪)言論，一概不理，我也覺得是右傾。解放前的上海還有各種論爭，為什麼香港不能做？香港帝、修、反的言論機關很多，天天有大量報紙瘋狂地對我社會主義建設進行惡毒的攻擊、誣陷，可是我們沒有理它。當然，我們強調正面宣傳，是最有力的對它的反擊，這是不錯的，完全對的，但，我們沒有在讀者中揭發他們、打擊他們。尤其像托匪以左的面目出現，搞「紅旗政策」，很容易在讀者中引起錯覺和思想混亂。所以還是應該採取必要的抨擊他們的言論，揭發他們的陰謀。說「理他們會抬高他們」，這是右傾。當然，我們也不是大小問題都搞，鼻子被牽着走(當然不好)。我們必須抓住主要的、給予打擊，而且一定打得垮。

13. 九暴(1956)的宣傳，對蔣狠打，對英指責其「坐山觀虎鬥」這些都是當時廣州的指示，我們都做了，這是對的。但，有一點，我們的報紙，當時一面由於交通(宵禁或暴亂中心被隔絕，我們的記者不能進去)斷了，一面由於群眾用電話報情況，無法核對，因此有時新聞報導上不是那麼確實、甚至失實，當時，我也沒有很好抓這個問題，這是一個缺點。從思想上檢查，不是極端負責的態度，是一個錯誤。當時，各線(主要和工會線)根據工委指示，成立一個臨時聯席會議，由我負責召集，只顧忙着抓各線的自衛的具體鬥爭，安全措施等，忽略了抓新聞的報導，當然是不對的，造成我們的報紙新聞報導失實的政治損失的責任，我應該負。

14. 反葛量洪的鬥爭。通過統戰人士口頭揭發、抨擊，是否有錯誤，現在無法交代，當然，有些資料是根據我們的報紙來的，報紙有錯誤，有缺點，也就可能造成口頭揭發、抨擊的錯誤和缺點。

現在只交代新聞上的。這次鬥爭政治影響是肯定的，過去香港誰也不敢對統治者指着鼻子抨擊，而且數了他十年經濟上、政治上迫害港九同胞的罪行，社會震動很大。但，具體做法上(主要是報紙)，我沒有抓好。有些文章擺事實講道理的質量不那麼高，有些文章人身攻擊過多了一些。記得有一篇文章因此未登完便停了，時間也拖得長了一些。

15. 和平解放台灣的宣傳，因為要摸到蔣幫對我這一政策的反應，我沒有掌握好中央的精神。有一次我同意記者採訪並發表XXX(名字記不起來了，伍憲子？)的意見(間接採訪)，結果XXX跳出來在報紙上否認，造成我們很被動。

16. (電影方面)電影線為了加強集體領導，1957年成立電影中心小組，仍由羅XX負責。電影工作中，最大的錯誤是「三一事件」後，製片方針(主要國語片)雖然後退了一大步，但，我長期以來，沒有改變國語電影界中歷史上存在下來的左、「右」堡壘分明的局勢，致使國語電影界的統戰工作長期打不開。

17. 1956–57年間，我向一位具體領導我的廣東省委宣傳部X處XXX提出，「白開水」製作方針調子太低，他說可以加點「漂白粉」(使它有點味道的意思)。我又對另一位領導XXX提出東南亞的政治環境，各國不同，也不是鐵板一塊，應充分利用，製作點調子較高的影片，後來受到批評，說我太「左」了，我思想不通。

現在想來，我當時的提法有片面性，環境可能變得更壞，光提調子低或者高，不能解決問題，不易掌握。應提，不論什麼題材，哪怕只是社會上發生的一件極普通的、但、它只要是大多數群眾所關心的問題，用毛澤東思想的、無產階級的立場、觀點去(藝術)處理，突出問題(突出矛盾)，分析問題(矛盾)，解決問題(矛盾)，而且是為廣大的人民大眾去拍這部影片，那麼，這部影片就是一部好影片。我們就是要多生產這樣的影片。過去我們就是以小資產階級的藝術思想去寫劇本，拍電影。所以拍了一些光明尾巴的所謂左的影片，後來又根據「白開水」和小資產階級的善惡標準，拍了一些勸人向上向善的、白開水的影片，都是錯的，都是起不到教育群眾用毛澤東思想、無產階級立場觀點去認識問題的作用的。

18. 各公司經濟困難時，有些人動搖要離開。有一次我和鳳凰、長城的一部分成員聊天，提到香港電影工作，是革命工作，幹革命工作再困難也要堅持，不得已時，大家房子租不起了，就搬到清水灣製片廠(這是我們投資的廠)的攝影棚去住，大家吃大鍋飯也要堅持下去。後來(1959)這句話受到批評，說我過左，寧可左到公司關門，搬回國內，這是誤會。我當時只強調我們香港電影工作的意義，艱苦也要堅持。但，現在，尤其讀了偉大的領袖毛主席在抗日戰爭中針對着由於國民黨反動派、日本帝國主義封鎖我們根據地、敵後游擊區、解放區的困難發表的一系列輝煌著作後，我覺得光強調這一方面是有片面性的，更主要的是應該強調如何抓好製片，提高收入，保證同人的生活才對。

19. 1957年春節間，幾個公司成員分批座談時，提到沒有題材可寫，生產困難。各公司出品內容千篇一律，觀眾倒胃，收入下降等情況時，我提到要學學《商報》。《商報》是我們的報紙中銷路最廣、銷數最多、能自供自給的報紙，它的主要長處是港聞版和副刊能抓住各種各樣的讀者，因為港聞廣泛地反映了社會存在的、發生的問題，副刊有各種各樣的文章、小說……各個階層的讀者都能在它那裏找到自己愛看的東西。所以我提到電影也要廣泛地反映社會上存在的問題，現在感到沒有東西可寫，如果大家像《商報》的記者一樣都到社會中去，到群眾中去，廣泛地接觸社會，就會有很多題材，就會取之不盡了。現在我們的影片就是反映社會面太狹，寫來寫去就是身邊的那一些事。這樣不但會覺得題材枯竭，而且拍出來也沒有人要看。

雖然，這是企圖解決題材的廣泛性問題，但，光這樣提，而不同時提我們的電影該為誰製片，為什麼製片，也和「白開水」的提法一樣，不是全面的，非毛澤東思想的提法。

20. 戲院投資，1955–57年都提過，但，沒有抓緊，提上去了批不准，也就擱下了，結果是各公司的影片沒有自己的放映陣地，受戲院商的控制、剝削，各公司經濟一直困難。當時外匯緊也是原因，抓不緊也是原因，所以遲了兩三年才克服了各公司的放映陣地，克服了經濟困難(這時我已回來了)。

21. (統戰工作)和平解放台灣的宣傳期間，除新聞工作上出了一些偏差和錯誤外，統戰工作上，為了瞭解蔣幫對我政策的反應，我未掌握好中央的指示精神，讓記者和社會幹部出去活動，把接觸面鋪寬了，後來中央糾正了，指示非蔣幫嫡系，不去理他。

22. (其他)招商局的工作。我在招商局工作了七年多，對於招商局的業務，我是主張大力開展的，擴建辦公樓(部分租出去)、擴建倉庫、擴建碼頭、建造躉船、拖駁等。但，由於我不是正面負責，結果沒有及時大力推動，遲抓了兩年。而且建造躉船，在我離開時(1957年7月)尚未搞。其他雖然都搞了(倉庫、碼頭在我離開時已落成，投進生產，公司大廈則到我回國內工作以後才搞)，也遲了兩年。否則可以為人民多收許多外匯。最高指示，「抓而不緊等於不抓。」

23. 杜埃，據説現在也已被揪出來是黑幫分子。他在香港時是黨的刊物《群眾》的督印人。杜回國後，我出面搞過一二期，後來就決定停刊了。杜回國後在廣東省委宣傳部工作，記得曾抓過香港電影劇本的審稿工作，我在香港分工搞電影時曾送過劇本給他審閱。後來他當宣傳部副部長，也抓過一段香港工作，所以來往較多，我到廣州經常去找他，在他家吃過飯。我回來後，他來北京也到過我家。他還送過他的作品給我，我的《文藝史話》也送過給他，請他提意見。

1965年(還是66記不清了)他帶了一批中南區的青年文藝工作者到北京來開會時，還拿了一本農村青年作者的作品《綠竹村風雲》

到我家送給我。他說討論中有人說，過去對作家的領導態度，又有意見，他說領導工作真不好做，老要犯錯誤。這裏我插了一句：「是呀，沒吃透中央精神，就是會出岔子。」

檢查起來，我當時說這句話時，想到的是剛剛看過不久的、中國赫魯曉夫盜用中央名義放行的《二月提綱》中的所謂「中央精神」。我當時還不知道那是一個假的中央文件，也沒有看出它的反動本質，所以那樣想着，那樣說了。現在檢查起來，是犯了嚴重的錯誤。

24. 我自新加坡回來後，曾寫過一兩篇雜文登在《野草》雜誌上。一篇是《象》，一篇是《榴槤》，這些都是華僑社會中的傳說，用雜文的形式寫，諷刺剝削者窮兇極惡的行為。《野草》當時是秦似、孟超他們辦的，秦似過去不大認識，到香港才認識，孟超在桂林就認識了。我在桂林養病(1943. 3)整理《文藝史話》還到過他家借過參考書，秦的情況現在不清楚，孟已經是被揪出來的黑幫分子，他是在《戲劇月刊》(還是《劇本》？不太清楚，我回來後，只在首都劇場看戲時，見過一次。雖然彼此留了電話，但始終沒有來往過)工作的。

25. 三一事件以後，香港宣傳線的工作，是黃作梅領導。當時，中央提出了「長期」方針，扭轉了「五年解放」香港的思想。後來，港澳工委(那時在廣州，由省委各部指定專人組成，香港分線直接向各部負責這方面的領導同志負責，宣傳線就由宣傳部的王匡抓)，中僑委廖承志等又提出了一些宣傳上的具體方針和政策。

宣傳的總方針是「愛國主義宣傳」，落實到電影又提出「勸人向上向善」，「白開水也好」等，出版方面中僑委還提出「能保證華僑有中國字(漢字)讀就是好的」(大意)等具體要求和政策。我那時候除了原有工作外，分工負責電影、出版和管宣傳線的大帳。現在交代如下：

(1)出版方面。根據「長期打算，充分利用」的總方針和「愛國主義」宣傳方針安排香港的出版和發行工作，及機構的配備。我主要是負責當地的出版，實際工作就是看稿子，每年約150萬到200萬字。發行方面，由具體單位直接向國內出版部門掛鉤。看稿除了我以外，還有具體單位的負責同志。一直做到1957年唐澤霖同志來，我才沒有負責看稿。每年的組織稿子都由書店事先向作家約，或臨時約。一面是為了愛國主義宣傳，一面是為了開展作家統戰工作。內容多數是科學技術，常識應用書，其次是文學藝術的書(主要是小說)，理論的稿子很少，因為很難找到人寫。到1957年出了一些，其中主要是出版了一種《學習文選》，把國內報紙上的重要文章，社論等集中起來一期期出下去。但，其中也出了一些毒草，如黨內一小撮最大走資本主義道路的當權派陶鑄的文章也出過。其他當地組稿的，調子、品質都低。發行方面，每年出口約一二百萬冊。這些書到港後，雖然大力在港澳和海外發行，但，由於當時我沒有樹立起大力和千方百計發行馬列主義、毛澤東思想的思想，沒有主動向國內配訂大量馬列主義、毛澤東思想的書，所以每年的發行計劃的制訂就沒有抓，都由各單位，向國內提出要求，訂購。只滿足每年一二百萬冊的數字，政治質量方面就根本放鬆了。現在回過頭去看，比起最近兩年來，大量發行了偉大的領袖毛主席的著作，錯誤是很嚴重的。

(2)電影方面。也是由「左」偏到右方面去了。三一事以後，電影製作方向提出了「勸人向上向善」，和「白開水」的製作方針，把原有的調子拉低了，引起思想上很混亂，加之司馬文森等一批主要骨幹力量編、導、演被迫害離開香港，差不多電影線整個癱瘓下來，一直到1954年左右，過了一年多才把陣地恢復起來，臨時從《文匯報》抽調了一位幹部把這個工作抓起來，粵語片我們除支持了「中聯」，又自己搞了一個「新聯」。國語片長城鳳凰就沒有新的力量派進去。開始一陣由洪猷負責，後來洪猷也回國了，至此，整個電影線開始只有兩個幹部。陣地穩住後，開始按愛國主義的方針製作了一些比較好的影片，如粵語片的《敗家子》、《家家戶戶》。國語片如《垃圾千金》、《新客》等，但，也只是小資產階級的進步思想。原因是，我對「向上向善」這些提法缺乏階級觀點去認識，批判，看不出這些提法的錯誤，而且只是奴隸主義地去執行貫徹，同時，本身的善惡標準，只是小資產階級進步思想的要求，不是無產階級的標準。像《敗家子》這個作品，當時我修改劇本時曾考慮到必須強調華僑的勞動人民的品質，所以攝製起來，主題就比較健康，在僑鄉放映普遍的印象都比較好。而且這部影片沒有遭到海外發行的困難。去年10月，經過無產階級文化大革命的學習後，大字報上除了揭發批判了「古今中外上下五千年」這些錯誤的、沒有無產階級立場的提法外，認為香港的電影藝術，完全可以按照毛主席的文藝思想和創作方法去做，可以用鮮明的無產階級的立場去製作。

這期間電影工作上對劇本的審查抓得太緊，幾乎每個劇本都要看過，有的還要送回廣州去定，對生產數量有影響；其次，群眾的讀書會解散了，沒有用新的形式去代替它，對要求進步的群眾，不能滿足。

1955年4月黃作梅犧牲後，我，羅明林，譚幹三個人成立了一個工委派出的工作組，電影工作交羅明林負責，我改為新聞，錯誤情況下一段再檢查。這裏把這一段的出版工作電影工作總結一下。這時期的電影工作，出版工作，影片調子低，有些影片還粗糙，所以各公司的經濟普遍有困難；書店出版的書，調子也低，政治理論的幾乎沒有，淨出一些科技的、應用的、和文藝的書。(發行是另一回事，這裏只提當地出版)原因是對中央「長期打算，充分利用」的總方針體會不全面，對充分利用這個基地一面強調不夠。對「愛國主義宣傳」、「勸人向上向善」等也沒有用階級立場去體會，愛什麼「國」，向什麼「善」，在具體工作上，影片上，書的內容上，無產階級的立場觀點不鮮明。加上鬥爭極少，所以這三年多港澳顯得特別平靜。其實後來(1956以後)的發展説明，敵人在準備對我進攻。

(3)關於管賬。三一事件前後，就由我管大賬(具體開支我不管)了。由於是地下環境，各單位的賬戶都是代號，數字也是縮寫等暗記的辦法。1961年回來時，工委負責同志要我把十多年的帳搞一個總帳。當時，我已回到廣州，請鄧蔭田同志回來幫我搞，做完，報工委批准了。在未批准前，我想到一旦有問題，好查對，就留下那本「代號」「縮寫」記帳的本子，和一個副本及一些作廢了的臨時單據，未敢燒毀。報銷批准了，我也沒有及時把它銷毀，擱在家裏。這次外單位的同志到我家，我搬進來住了，想起萬一失散了不好，要我愛人代保管一下。此事她已向謝炳元[之?]同志交代了。

從思想檢查，這是對人民的事業不負責任，保密觀念不強，萬一失散了，將造成重大洩密。我在這裏交代，並承認錯誤。

26. 新聞工作。1955年4月以後，我分管新聞工作。直到我回來(1961)，領導工作上也是「左」右搖擺。

(1)現代修正主義、赫魯曉夫攻擊斯大林時，XXX搞了一篇「夕夕談」大數斯大林的錯誤。我看到了當時就提意見，説這樣做不對。但當時沒有嚴格批評，是錯的。主要原因，是當時對赫修認識不足，對他的攻擊偉大的馬列主義者斯大林的陰謀沒有足夠的認識，和沒有重視。這不僅是政治敏感度不夠，而且是對斯大林的偉大認識不足。

(2)新聞統戰工作上的錯誤，我對《大公報》的上層、尤其是對費XX，不敢使用，聽了總理的話以後，才改變態度。這是偏聽偏信，對問題不加分析的錯誤。其次，對新聞界(主要是我們的各報)的上層，團結多，思想教育少，見面只談業務，少談思想，不突出政治，有事、有傳達都在會上談，很少個別深談黨的方針政策。對幹部也是如此，整天事事務務忙忙碌碌。

27. 1957把一部舊稿(《文藝史話》)賣給集文出版。內容另寫檢查，先在這裏交代出版經過和當時出版這書的思想情況及錯誤。稿子是1943年寫的，肯定有錯，但，為什麼要在那個時候出版。記得我是1956年和金XX同志談的，那時還是低工資的時候，生活上有些困難，想賣點稿費。記得還自嘲地對金XX說，錯了，讓社會批評也好，百家爭鳴。並自以為能發行到海外，有點作用。所以就在「前言」上寫了「未定稿」三個字，並且不用吳荻舟，也不用秋楓，改用個田青的筆名發表了，發表後除送回來幾部外，在香港很久沒有告訴人是我寫的東西。

從思想檢查，這還是一個「私」字作怪，為了解決個人生活上的困難，把不成熟的東西拿出去，這是對讀者、對人民不負責的態度，不是毫不利己專門利人的，對工作極端負責任的態度。

(五)

我是1957年7月離開招商局到《文匯報》工作的。名義是社長。直到1961年8月，我被調回到廣州工委後方辦事處，都沒有離開這個崗位。共做了四年。

從1957年7月起，我的頭腦就開始熱了，加之，工委推進香港之前，在廣州開了一個制定方針、計劃的會，提出的一些新的做法，得到以修正主義者陶鑄為首的廣東省委支持、批准後，我的頭腦就更熱了，所以1958–1959這兩年，我犯的錯誤，主要是左的，或者形左實右的，1959年受到領導同志批評，這是小資產階級的狂熱，我完全接受。但，1959年受到批評後，包袱很重，有點縮手縮腳，又犯了一些右的錯誤。這種左右搖擺的錯誤，歸根結底，還是由於小資產階級的主觀片面，自以為是，沒有認真把中央的「長期打算，充分利用」的方針吃透，沒有把香港的政治情況，群眾的思想情況(實際)吃透的結果。

港澳工委是1958年夏初推進到香港的。我參加工委委員，分工還是管宣傳工作。成立宣傳組，還是由我、羅、唐三人組成，由工委常委兼秘書長XX同志抓這一線的工作。組裏分工，我管新聞，羅管電影，唐管出版，並由我負責組的全面工作。宣傳組的工作範圍包括一、二、三線的新聞、出版、電影、印刷廠、書店等約三十個單位。

二、三線工作，除二、三線報紙保不住，被1958年那股熱浪衝垮外，到我交出工作止，基本上還保持灰色，如三線的彩印廠、電影雜誌、中小學教科書、電影發行等機構。這裏不詳交代了。

現在將這一時期(1958–1961)的主要錯誤交代如下：

一、新聞方面

(1)奴隸主義地執行了三反分子* 廖承志關於反日宣傳的錯誤指示。在這次錯誤的工作中，廣州方面XX(朱光)還公開對香港的工商界宣佈，和日本來往就是「新漢奸」，引起香港工商界對我們很有意見，有些過去和我們關係比較好的，如長城公司投資人XXX(呂建康)，就很緊張，要我們澄清，說，他的船走日本是國內交任務的，千萬別扣我「新漢奸」的帽子。給黨的工作帶來很大的損失†。

(2)反美鬥爭的庸俗化。1958年底，工委鑒於一年對英鬥爭二十多次(連反美三十次)，反美為主突不出來，要新聞線搞三天反美。我當時也認為對，但，沒有什麼可抓的大題目，只好炒冷飯，把過去登過的、反過的集中起來再登一次，甚至於美兵酗酒當街小便也反。這是把中央反美為主的戰略方針庸俗化了。中央反美為主，是反美帝的對外擴張政策，新殖民主義，戰爭政策，反華政策和它的全球戰略部署等。我那樣佈置是完全錯誤的。

(3)「社會主義宣傳」，我是完全贊成的，1959年我和工委都

---

* 當時指反對中國共產黨、反對社會主義和反對毛澤東思想的人。

† 在別的回憶材料裏出現過「船走台灣」。

受到批評後，又恢復了「愛國主義宣傳」的方針，而且決定報紙還要大大後退一步，廖承志提出要社會化，要直接面對中間落後(指正面報紙在內)，於是正面的報紙《文匯》、《大公》的副刊也出現了馬經，為了銷數還採取了一些庸俗的做法，如博彩之類。我也照做了。這顯然是右了。

(4)1958年全年對英二三十次的鬥爭，我是完全同意的。報紙報導對敵鬥爭，指揮鬥爭，搞得很緊張，各報大批人員到鬥爭現場，我和工委的負責同志，也到中華中學的鬥爭現場，十分暴露力量，這些都是違反中央的長期方針的。

(5)派幹部到《大公報》三進三出，左右搖擺，給群眾印象很不好，使黨的威信受到影響。1958年前我們為了摸清楚《大公報》的收支情況(當時一再要壓低預算，三年做到自給)，我們派了一個幹部進去，後來廖承志說只管宣傳方針，不要管它的經濟，第一次撤出，後來又說派人去管人事，廖承志又說，這些都是統戰機構，不要去管他的人事，第二次撤出，後來又說派人管宣傳方針，後來又說，只要把方針政策交到底，他們自己會掌握，第三次又撤出來。

(6)新聞統戰上(不僅新聞統戰上，其他也一樣)，我有急功近利的錯誤，有些中間落後的統戰人士，初次見面，就請他們到國內看看祖國的社會主義建設。有時使人為難。

(7)三年困難時，王匡指示新聞幹部要報導成就也要報導缺點，我沒頂住，我只指出要使人覺得只是前進中的缺點，不要光報導缺點。應該理直氣壯地只報喜不報憂。

(8)1959年務虛會議決定可以報導港英的改良主義的一些政治經濟措施時，我思想不通，認為這是給統治者塗脂抹粉。在會議過程中剛剛港英大事宣傳公務員全面加工資，我們的報紙用全版版面給它登出來。我現在還認為不妥。

二、電影方面

(1)沒有完成打破「紅白界線」的任務。香港電影從業員，有國語、粵語電影界之分。而國語電影界又有「紅白界線」分明的兩個壁壘。1955年廖承志提出要搞渾水，打破「紅白界線」。但，直到1959年沒有完成這一任務。我受到批評，不通。

造成國語電影界「紅白界線」(左右)分明：有歷史原因，有政治原因，有經濟原因。歷史原因是政治上左右兩派在解放前的上海已存在，解放前夕，他們來到香港，自然也存在着敵我兩個陣營。政治原因是港英反華政策的結果。我解放大軍渡江時，香港進步力量飛躍發展，港英怕得要死，1949年非法封閉了三十九個進步的群眾團體，造成非常緊張的局勢，嚇退了一部分中間落後的人，加上我們那時有五年解放(解放初期)香港的急躁情緒，把群眾工作搞左了，到1952年的「三一事件」時把我們的電影骨幹逮捕出境，因此在這時期(1949–1952)起了一個比較大的分化，進步的編、導、演員從右邊靠過來，中間落後的從我們這邊撤離開去，右轉了。經濟原因是國語片有部分市場在台灣，及與蔣幫「建交」的國家(泰、菲)，受到蔣幫的鉗制，有些製片商看上這點利益就要表示得「親蔣」了。這樣，就形成了「紅白界線」分明的左右兩個壁壘。而左則以我們領導的鳳凰、長城為中心，右則以少數蔣美分子打進去控制了的陸氏、邵氏兩家公司為活動的基地。這四家公司都擁有自己的編、導、演員。

粵語電影界就沒有這種現象，歷史上沒有形成兩派(曾於1954年左右發生過一次伶(唱廣東戲的藝人)星(電影演員)分家的問題，那只是電影品種(伶拍歌唱片，星拍對話片)從業員之分，不是政治上紅白兩線之分(後來我們做了工作，沒有分成)。政治上國、粵語電影界都是處在反華的港英統治的環境裏，但，1949–1952年間我們大搞群眾運動，大搞群眾學習毛著時，粵語電影界除個別人外，都沒有參加，當時，我們沒有黨員幹部在粵語電影界，工作做得很少，所以1949，及「三一事件」，港英兩次迫害進步力量時，粵語電影界未受到影響，沒有出現政治上分化情況，而且粵語電影界，沒有固定的公司，都是各人自由接受製片家的拍片合同，所以不同政治態度的演員，同在一部影片裏出現的事，常見。經濟上，粵語片百分之七十的市場在香港澳門，百分之二三十在新加坡、馬來亞，蔣幫對他們鉗制不了。這種左右不分，和平共處的情況，1952年以後我們加強了粵語電影界的工作後，也有意識地加以維持。他們自己也沒有尖鋭的政治矛盾，都是埋頭拍片。不像國語電影界，有蔣美分子經常搞風搞雨。所以粵語電影界始終沒有「紅白界線」。

1959年批判了國語電影界這種「紅白界線」長時期打不破後，提出一定要打破，當時還決定了一些具體措施，如放夏夢等主要演員給邵氏公司拍片，歡迎邵氏借用我們的攝影廠，還以張瑛(中聯公司演員)為例，肯定可以「來去自由」。張瑛1955年參加反動的亞洲公司(美蔣分子搞的)拍《半下流社會》的演員，並發表文章罵中聯公司，後來還讓他回公司。

1959年決定那樣做後，我們也通過我們的發行公司，加強對陸氏、邵氏兩家公司的工作(主要是邵氏公司)，邵氏公司一度想用我們的製片廠，馬上遭到美蔣分子攻擊，又縮回去。辛冠潔1962年去港時，曾親自找邵氏公司的導演李翰祥做工作(此人1957年拉走長城公司演員樂蒂，誘騙長城導演蘇誠壽參加偽國慶，現在台灣)，降格以求，答應他的妹妹(或是他的母親)出去香港(已去)，但，工作結果，效果甚微，迄今無法打破。

我認為這是敵我矛盾，不同於伶、星分家，是不能調和的，且與美英在香港搞兩個中國的政治陰謀分不開，在港英目前這種政治態度(反華)下，邵氏現有的思想基礎(中間偏右)是不敢和我們多來往，也一時擺脱不了美蔣的控制的，我們的鳳凰、長城也無法退到那樣的程度，使邵氏敢於無所顧慮地來往，至於對陸氏(本人已因飛機失事死於台灣)、邵氏兩公司投資人(華僑)多做工作，加強他們對祖國的認識，加強他們愛國思想，爭取他們在互利的基礎上更積極地在星、馬發行我們的影片(國內出的，和香港製的)是可以的，而且一直是這樣做的，他們(主要是邵氏)一直也發行我們的影片。

當時(1959年以前)，我們過於強調進步公司的利益(邵氏一度壓價買鳳凰、長城的影片)和未把美蔣控制他們的公司的活動，和他們本身的政治態度(中間偏右)分開，有時在業務上對兩家公司鬥爭多了一些，這是一種偏差，應該批評，這是對的。但，這種某些具體業務上多一些讓步，和打破「紅白界線」是根本兩回事，而且陸氏、邵氏的資產階級的兩面性，我們也不能忽視。所以1959年那種想法，是右傾的，不現實的。

至於張瑛那種「來去自由」，是否可以為訓，作為方針定下來，也還值得研究，當然，我也不同意王匡1957年就樂蒂離開長城去邵氏問題提出「去者不留，來者考慮」，把門關死的所謂「方針」。*

(2)影評工作上的右傾：報紙副刊上的影評，有一個時期多從電影技術着眼，少從主題思想着眼(這是完全違反毛澤東思想的)，因此發生了以下右傾的錯誤：(1)對進步公司的影片肯定不夠，宣傳不夠，因為進步公司在這方面的條件較差(比邵氏差些)。所以反而對陸氏、尤其是對邵氏的影片肯定的多、宣傳的多，引起了電影幹部和新聞幹部之間的內部矛盾，(2)對美國電影也肯定的多，許多美國影片都在電影技術上被肯定為「可以一看」，造成了違反「反美為主」的戰略方針、宣傳方針。後來經過找電影幹部和新聞幹部幾次座談，明確了影評的政治任務，強調影評要從主題思想着眼，對觀眾才有幫助，這樣才慢慢把影評上的右傾克服(據當時情況，影評都是來稿多，和記者們匆匆忙忙寫的，並不是有專門的寫影評的人)。平時我也提過意見，未抓緊。

* 原註：邵氏兄弟公司，是走江湖的出身，太平洋戰爭時走私起家，財產大部分在星馬，陸氏繼承父親遺產，留學英國星、馬最大資本家之一。邵、陸兩公司在香港、台灣都有投資，香港比在台灣投資當然大得多。

另外，由於我自己的是非標準還不是無產階級的，所以對《林家鋪子》這樣的毒草，也分辨不出，看了那些影片，也認為是好電影，所以看到影評上吹捧這些毒草，也未發覺是錯誤。

(3)1958–1961，國內影片出口少，有些出口的影片，港英電審又通不過，所以發行公司(南方)組織過兩次優秀電影展覽(放映周)，包括：一次是反映蘇聯衛國戰爭題材的蘇聯片(都是斯大林時代的)，一次是反應我國抗日戰爭題材的影片。其中一定有毒草。當時，這些工作安排，我都是同意的。錯誤應由我負責。

(4)對港英電影審查鬥爭。「三一事件」以後，到1958年都沒有就這個問題和港英鬥爭過，1958年我們組織過一次鬥爭，取得了一定的勝利，如解放軍的鏡頭，打倒國民黨的對話，新舊社會對比度的鏡頭，都能通過了。可是1959年批評「左」以後，廖承志把出口影片最後一關下放到工委，並「指示」不合乎「愛國主義宣傳」方針的，可以主動不放，不送審，為了爭取多放，也可以主動剪掉一些鏡頭。這個決定是右的。1965年又組織了一次反港英電審的鬥爭，取得了更大的勝利，像《革命讚歌》(《東方紅》未通過)，《光輝的節日》之類的影片，基本上不剪鏡頭(好像記得《光》片剪了「打倒美帝國主義」的對話)可以上映了。從這兩次鬥爭的結果看，1959年那種主動不送，或剪鏡頭的決定是錯誤，對英必須有鬥爭。但，當時，我也奴隸主義地執行了。

(5)撤退電影公司的黨員幹部。1959年務虛會上決定撤退鳳凰、長城公司的黨員幹部，也是錯誤的，右傾的，當時，我是照辦了。後來是恢復派幹部進去了。

(6)對電影支部的工作，關心不夠(1957年以前只有電影小組，1957年以後成立電影中心組，1958年成立支部，建立支委)。我幾乎沒有參加電影支委會的會議(支部大會是根本不開的)，平時支書匯報，或個別同志談他自己的工作，所以長期沒有發現他們之間有什麼大的意見分歧，或爭論。我1959年受到批評，同志們說我，

「事事親自動手，事事向上請示，忙忙碌碌，辛辛苦苦做了工作，但，長期發現不到問題(當時指的就是國、粵語有兩套做法，結果是粵語線沒有搞成「紅白界線」分明的壁壘，而國語線搞成了「紅白界線」分明的壁壘。)」這批評我是完全同意的，我是事務主義很嚴重。這不僅是工作作風的問題，也是對人民事業不是極端負責的問題。應該批評。

(7)1961年8月回到廣州不久，為了協助香港電影公司解決劇本荒的問題(在香港，工委抓過幾次沒有效果，劇本荒很嚴重，壓力很大)，曾奴隸主義地執行了王匡提出的計劃，在廣州成立了一個劇本創作組。成立了以後才知道這是一批(5、6人)剛剛摘帽的、或王匡保護過關的右派「作家」，結果，劇本荒沒有解決，反使工委背了包袱。

(8)香港電影在國內發行，我也是贊成的，當時，我只想到這是對香港電影工作的支持，當時，也聽説國內有兩種意見，但，我總以為國內觀眾有階級覺悟，會分析，會把香港電影作為反面教材看。也曾想到如國內的報紙能有幫助觀眾認識香港社會的影評配合放映就更好。就是沒有足夠估計到這樣做，客觀上是做了中國赫魯曉夫在中國搞資本主義復辟的幫兇。這是完全違反偉大的領袖毛主席的指示的。最高指示説「在我國，資產階級和小資產階級的思想、反馬克思主義的思想，還會長期存在。」香港電影可以肯定地説，完全是資產階級和小資產階級的思想的東西，在國內來放映，只有加深反動的資產階級的、小資產階級的思想影響，只有對中國赫魯曉夫在中國搞資本主義復辟有利，對人民是完全無利的。

(9)1958年籌建工人大會堂時，提出各界要參加義務勞動，鳳凰公司有人提出要拍一部大型紀錄片，宣傳香港搞義務勞動。我是不同意的。後來，連籌建工人大會堂的計劃也打消了，改為工人俱樂部。

(10)鳳凰、長城的經營管理，有一套非資本主義經營管理的框框條條，長期沒有改掉，1959年務虛會上提出要打掉，要完全按資本主義經營管理的方法做。我們回去後，解僱(轉業)了三個演員，鬧得滿城風雨，我受到批評，最後賠禮道歉收回成命，弄得很狼狽。1965年又提出來，現在不知怎樣了。這些都是1949–1952之間過左的思想的後遺症，我一直沒有找到適當的辦法加以克服。這固然是我的錯誤，但，廖承志對這些問題的指導思想有左右搖擺，也不無原因，像這三個演員的處理問題，引起他最後下死命令，説今後電影公司的演員進公司可以由下面決定，出公司一定要他批准。這又哪裏是資本主義的經營管理呢？我倒同意，愛國電影公司，不能完全像陸氏、邵氏那樣資本主義的經營管理，他們可以隨便把一個演員像擠盡了剩餘價值的工人一樣踢出去，我們對任何勞動人民也不能這樣做。所以當時考慮到幫她們轉業。

(11)1960年三反分子廖承志很嚴重地批評香港電影藝術質量太低，要工委的負責同志XXX回去為提高電影藝術質量大喝一聲。當時聽到XXX同志的傳達，我完全同意，於是召集各公司的編、導、演及其他人員，由XXX同志做了一個「為提高電影藝術質量」大喝一聲的報告，並由電影支部佈置各公司結合檢查過去的製作，學習偉大的領袖毛主席的光輝著作《在延安文藝座談會上的講話》。

現在檢查起來，當時光提「提高藝術質量」不同時提「提高政治質量」，是有片面性的，香港電影藝術質量固然低，政治質量也很低。當時我也只注意到要提高藝術質量問題，説明我不突出政治。當時佈置學習偉大的光輝著作是非常必要的。

(12)過去廖承志對《商報》的副刊和電影製作一再「指示」「不怕黃」，「黃比反革命進步(好?)」。有一次鳳凰公司的導演朱石麟對我談起這個問題，我説，光講不怕黃，在電影上宣傳黃是不行的，至少應通過暴露黃的醜態，引起觀眾對黃反感，所以提了「以黃反黃」這個意見。現在看來，也還是「以五十步笑百步」的提法，是錯誤的。

三、出版方面

出版工作由唐XX[澤霖]直接向常委XX同志匯報請示多，這裏交代我的錯誤。

(1)經濟觀點嚴重。中華、商務兩個廠的香港分廠，規模也很大，各有工人和其他行政管理人員二、三百人。自解放以來，幾乎年年虧損。1954年我同該兩廠的總負責人參加國慶觀禮，有機會參加過他們在北京總管理機構召開的一個會議。會上提到必須打開業務，扭轉虧損。那時，該兩廠還沒有下放，1960(7?)才正式下放給工委。忘記哪一年(1960年以前)商務的負責人和我談起業務，為了扭轉虧損幾年來承印大量的《聖經》(該廠廠長(?)是傳教師)，我沒有反對。集古齋(舊書店)大量輸出佛經、鄭孝胥等漢奸的字畫，我也沒有反對。

(2)1958年出版方面大量編印《學習文選》，各種介紹學習馬列主義、毛澤東思想的經驗的小冊子、宣傳社會主義理論的書……但，1959年反左務虛會上，只准保存《學習文選》一種。我沒有意見，這是右了。

(3)1959年反左務虛，僑務方面再一次強調提出，「只要維持住華文教育，維持住華文，就可以文化交流。」又說，「我們出版、發行《三國志》、《征東》、《征西》……就可以保持住華文、華語了。」因此1959年以後，組織了大量的舊書紙型出口，讓私商翻印發行，這些紙型出口，我一概沒有過問，一定有很多毒草，我有責任。

四、其他

(1)1958年新聞報道大躍進時，新聞幹部對一些大躍進的數字不敢登，提出來問我，我說「對大躍進的報道，要放手，我們的速度觀念落後了，跟不上大躍進，許多數字不能拿常規去理解，是祖國社會主義革命在農業合作化、工商業社會主義改造等上取得勝利後，生產力大解放的結果，要大膽報道。」因此，個別浮誇的數字是登出去了。1959年反左務虛會上我受到批評，說我宣傳國內建設，頭腦冷靜不夠，很浮誇。我當時的頭腦是熱了一些，有個別不確實的數字，是因為我那樣說過後，登出來的，但，我認為我的話不是浮誇，只是對大躍進的肯定和說明必須大力報道，大力宣傳。當然，頭腦發熱是不好的。

我回憶了海外十六年的工作，檢查了工作中所犯的錯誤，給黨的事業帶來很大的損失，這都是對黨的事業犯罪。我想到犯錯誤的原因，主要是：我的資產階級的反動的世界觀沒有改造好，我的立足點沒有移過來；我沒有樹立起謙虛、謹慎、戒驕、戒躁，全心全意為人民服務的思想；我沒有貫徹好黨的群眾路線，集體領導，和民主集中制；沒有認真吃透兩頭；沒有隨時用中央關於海外、港澳工作的方針、政策檢查工作，總結工作；總之，我沒有認真讀好毛主席的書，沒有活學活用毛主席的著作來改造自己和進行工作。

我交代了十六年(包括新加坡一年半)的錯誤，想到我1946年採取對黨犯罪的、不老實的手段混進黨來*，是決心為黨的光榮事業，為人民的事業，好好工作的。在新加坡，在香港，黨交給我的工作，我都積極熱情地去做，黨的、人民的利益，我都想盡辦法地去維護。我堅決跟着黨、跟着偉大的毛主席走社會主義道路。可是，十六年來，我不但沒有把工作做好，還犯了許多錯誤，給黨帶來很大的損失。我認罪，再一次懇請黨和人民處分。

* 混入黨內：吳荻舟在很長時間(1931–1946)處於沒有組織關係的狀態，1946年在新加坡由饒彰風把他重新編入黨小組活動。當時饒彰風受南方局交代任務，以公開身份出現，國統區和海外失去聯繫的、斷了關係的黨員凡找到他，經他談話，聽取本人交代，他認為沒有問題的，都由他給恢復關係。但是當時吳荻舟並不知情，在交代過程中備受質疑，被指「編造情節，混入黨內」。

16. 在外辦五年多的工作

(一)

我在外辦工作五年多，犯了不少錯誤。現交代如下：

為了解決華文公司和長城、鳳凰之間在製片上的矛盾，廖承志曾(1965)「指示」華文和長城、鳳凰要分工。華文只拍風光紀錄片，不要拍舞台紀錄片。舞台紀錄片、故事片由長城、鳳凰等公司拍，這樣就沒有矛盾了，要我把這意見帶去參加黑幫頭子夏衍召開的一個有關會議。我參加了，而且提出了以上意見，在會上做了決定，使華文因拍製風光紀錄片洩露國防秘密合法化了。我應有責任。

為了所謂的使《良友》畫報打進台灣起作用，要派伍聯德的兒子夫婦出去接辦這個畫報，廖承志除親自面授「方針」，把調子降低到連蔣賊的鏡頭和美國黃色生活照片也可登外，還要我找伍的兒子夫婦談一次。我除了再一次傳達廖承志的指示外，還強調，「你們大膽去辦，有了廖主任的指示，不怕犯點錯誤。」雖然也指出，「為了隱蔽，你們要社會化，但，要學習，要出泥不污。」但對每年花那麼多外匯辦這份畫報，調子這樣低，即使能發行到台灣去，又能起到什麼作用，況且它還要在港澳海外起壞作用。這點我完全沒有去考慮，照傳了。偉大的領袖毛主席說，共產黨員對任何事情都要問一個為什麼，我沒有照這教導去做。後來這兩人雖然沒有去成，但，我是犯了一次奴隸主義的錯誤。(有詳細記錄在中僑委)

當組裏看到外交部根據九九最高指示制定的、發給駐外機構的一個工資制度(第二次)拿去請示廖承志，要發給港澳工委，廖承志不同意，我在旁幫腔了一句，「是，這個也不太適合。」這是對最高指示不是雷厲風行，聞風而動。這個工資制度即使不完全適合港澳環境，也可以先發給工委研究一下。後來雖然從港澳實際出發，制定了一個新的工資制度，但，思想檢查，我那樣幫腔是嚴重錯誤的。

幾乎做了僑委黨內走資本主義道路當權派方方阻撓廣東省反香港風的革命行動的幫兇。當去年無產階級文化大革命開始之前，廣東省農村開展「反香港風」的運動。方方一再反應，廣東省對外流人員的做法不對頭，要外辦提意見。有一次還寫了一封信給我轉廖承志，因為我不太瞭解情況，去找方方瞭解，方方說，他已在廣州問趙紫陽提了意見，沒有用。意思就是要外辦(廖)開口。我也覺得對外流人員的處理，有些地方(做法)還值得研究，但認為香港風對農村是有不好的影響的。我把我的意見，連封信送給廖承志看，廖說「只好同意廣東省的做法了。」意思就是不要理方方那封了。才沒繼續辦那個案了。

1963年趙渢領隊去港澳演奏的青年音樂團，帶去的「蝴蝶夫人」，是一棵大毒草。我當時辦這個案子(去港計劃)，沒有看出這個錯誤。結果報廖承志批准，出去了，造成很不好的政治後果。這是嚴重的不突出政治的錯誤。現在看來，那個團根本不應該那樣出去。

「林風眠的畫展」去港，雖然計劃是批准了的，但，預展時我看了，提了意見，認為調子太灰暗，不能反映今天的新中國的欣欣向榮的氣氛，許多畫要換。但，後來沒有再問原辦單位「對外文委」是否改了沒有。畫是在港展出了，不管改沒有改，我這樣是嚴重的官僚主義，不是極端對人民利益負責任的態度。

以上交代(未完待續)請同志們審查。

吳荻舟1967. 9. 9

（二，續完）

一、1962年，三反分子廖承志在廣州，對所謂的「劇本創作組」談到香港電影題材問題的「指示」時，說「古今中外上下五千年」的東西，都可以用。當時，我也在場，聽了覺得這個「指示」很解決問題。後來，香港電影支部XXX同志來京匯報工作時(1965)，廖又就此「指示」發揮了一番，並要XXX同志留在北京找一批「故事」，帶回去做「標兵」，這樣下面的同志就敢使用「五千年」的題材了。我也很支持。這說明，我對這種不加階級分析，無邊無際的「古今中外上下五千年」的東西都可用的錯誤提法，思想上也是很不明確的，很錯誤的。

二、國內和香港合拍電影的案子，不是我辦。後來我看了那個案子，也沒有發覺問題。從思想檢查這是很危險的，值得我猛省的。現在看來很清楚，當時，黑幫祖師爺、中國赫魯曉夫安在文化部門的幹將夏衍、陳荒煤之流，對此(合作拍片)那樣起勁，就是藉口支持香港電影工作，繼續搞他們的「帝王將相，才子佳人」，為資本主義復辟做輿論準備。

三、對三反分子廖承志的錯誤，有時採取自由主義。比如廖承志請客多，而且規格經常超制度。平時雖有意見，但，沒有向他提，每次請完客，單據送來，我總是照簽報銷。

四、1965(4?)有一次，廖承志臨時要孔筱交任務，要我安排黑幫祖師爺夏衍出面請香港中華總商會會長高卓雄的老婆和香港《大公報》社長費彝民的老婆吃飯，以便調虎離山好讓廖和所謂的香港親英華人、立法局議員利銘澤的老婆談話，我當時考慮到高的老婆和費的老婆是專門陪利的老婆回來參觀的，一路吃、住、玩都在一起，又都是廖的熟人，忽然廖請利的老婆吃飯，沒有她們的份，會有意見，也怕她們說「夏請客，可以改天」，就很被動，便出了一個主意，說一批到香港演出過的音樂團團員，和京劇團團員要見見她們，謝謝她們對他們的協助，並由夏請客，她們沒有推了。但，因人多，多安排了一桌。這不僅是浪費，也是資產階級的酬酢作風。這是錯誤的。

五、港澳組的日常工作，我是從不拈輕怕重、積極去幹的。但，我有一個錯誤的思想包袱，就是覺得自己樣樣不行，經常犯錯誤，受批評，因此背上了嚴重的自卑包袱。

1965年搞機關革命化時，我也曾提出如何提高組的工作質量的問題，搞點組的基本建設的問題。但，僅僅議了一下，又拖下去了。回頭看看，四、五年就這樣事事務務、忙忙碌碌，應付門市把時間打發走了。

1966年，接連兩次和XX爭論後，我就更不想說話了。

這就是小資產階級的個人主義，老惦記着同志們的批評，背上了自卑的包袱。如果不是由小資產階級的錯誤的個人得失思想、而是由一切為人民的利益的思想出發，每一次受到批評，應該感到高興，因為這是同志們幫助自己改造，那些錯誤的東西，是政治灰塵，是政治微生物，是阻礙我全心全意為人民服務的。多一次批評，就多掃除了一些障礙物，就能更徹底地為人民服務。所以惦記着同志們的批評是錯誤的，必須批判掉我的小資產階級的個人主義的錯誤思想。

六、該堅持的，堅持不夠。今年五月中，佈置香港同胞反迫害鬥爭時，我提醒過三反分子廖承志要向總理匯報，廖沒有去。在五月下旬總理批評的前兩三天晚上，我還在會上提出，要廖馬上去，或者廖、羅(羅貴波同志)一起去。但，散會時，他(他們)沒有表示馬上去，我也沒有再提。結果還是沒有向總理匯報。三四天後，總理就批評了。這樣的事，廖不止犯過多少次，如沈建民事件我是親耳聽見總理批評廖的。這次沒有向總理匯報，廖固然有錯誤，但，我應堅持而堅持不夠，也有責任。

七、六月上旬，港澳工委、城X委的同志聽了總理關於港澳同胞反迫害鬥爭的指示後，臨離開北京的那天晚上(6月7日)，我找他們雙方(工委和城X委)就建立指揮部的問題協商一下。後來，我向港澳組的監督小組匯報時，未重視工委的楊X同志最後單獨和我談的幾句。當時楊說，「這樣做，我懷疑鬥爭的領導力量是弱了。」我問，「那麼是不是再提出來談談？」他說，「不必了，這是我個人意見，只要工委加強掌握就行了。」最後，我說，「那麼，請你回去和梁、祁研究一下，報個意見來。」(原話記不清了，我寫的「紀要」已送鍾XX同志處)。我以為事情就完了，工委後來也一直沒有報什麼意見來，可是矛盾倒越來越多了。可見我的政治敏感太差，對待問題又太粗枝大葉。當時沒有看出矛盾來，但同志們卻看到了，所以組裏的同志批評我是對的，我完全接受。

八、我沒有做好這次對港英的鬥爭的工作。這次對港英的反迫害鬥爭，我是完全擁護總理的指示，「鬥爭是長期的，波浪式前進的，準備鬥到年底，或明年初取得勝利。」而且我曾這樣體會並做過以下的鬥爭設想：(一)為了取得鬥爭的主動權，決定罷工的單位，不要貿貿然一開始就宣佈長期罷工，只宣佈定期罷工，慢慢在鬥爭的過程中創造堅持長期罷工的條件。否則，有些戰鬥單位堅持不下去，就會被動(已經出現過中途停止罷工，或堅持不到預定計劃的情況)，而且宣佈長期罷工，就不能退下來，只好一批批加上去，這樣便無法主動做到有起有落，波浪式前進了。(二)更主要的，我考慮到十多年來，香港的工人運動(包括群眾運動)，毛主席的無產階級革命路線，受到中國赫魯曉夫的資產階級反革命路線的干擾(劉的福利主義，我在大字報上已揭發)，長期以來，連經濟鬥爭也少，這樣大規模的政治鬥爭就根本未搞過，因此要打好這一仗，要有一個較長的宣傳群眾、動員群眾、組織群眾的過程，但，敵人已開始對我們進攻了，我們只好邊鬥爭、邊動員、邊組織，經過長期的鬥爭逐步形成浩浩蕩蕩的革命大軍(工人和群眾——學生、青年、小商販……結合的鬥爭隊伍)。為此，我也認為開始採取定期罷工的做法(條件差的短點，條件好的長點)比較好。經過這樣的此伏彼起的反復鬥爭(包括此伏彼起的罷工、罷課、罷市和大字報、報紙不斷揭發港英一百多年迫害中國人民的罪行，而且鬥爭的面擴大到離島、新界的農民、漁民，使其武裝軍警疲於奔命)後，港英在政治上被搞臭了，經濟上受重傷了，他們的內部矛盾被擴大了(財團中原有主和和主戰兩派，經濟上受重傷後，兩派矛盾必然會擴大、尖鋭化，最後主和派是要壓倒主戰派的)，那時，我們的力量增長了，敵人疲憊了，我們來一個總同盟罷工性質的行動(鬥爭高潮)，是一定可以取得最後勝利的。

但，由於總理指示後，城X委、工委的同志匆匆忙忙要走，和我們(港澳組和港澳辦公室的同志)之間沒有務一兩天虛(原來設想是如此的)統一一下對總理的指示的認識，加之，城X委管的工作，我剛剛接手，主客觀力量和情況都非常不瞭解，所以鬥爭展開後，有些戰鬥部署即使我有些不同的看法提出來討論，(有的部署，我們看到下面已經動了)我也不敢堅持自己的意見(因為我想香港的同志對情況比我熟悉，我的上述設想，還有很大的主觀成分)。到我離開港澳辦公室時，我的思想就只有一條了：即形勢已如此，無法再回到波浪式前進的方針上去了，只有千方百計把罷工堅持下去，因此，思想上出現了長期與冒進的矛盾，「左」右搖擺的矛盾。

所以我這次沒有做好黨交給我的工作。

此外，在這次工作中，我還犯了自以為是，抓小不抓大以及尊重同志意見不夠(如鍾XX同志提到來人不熟悉情況問題，我沒有及時彌補、糾正這個缺點)的錯誤，這裏一併檢查。

九、機關無產階級文化大革命中，我對揭發本單位的當權派(領導)言行時，開始有顧慮，主要是對他們的錯誤言行一時認識不清楚，怕弄錯。直到1966年10月中旬，才貼了三反分子廖承志第一張大字報，揭發他十多年來領導港澳工作上的右傾機會主義為主的一些主要問題。接着進一步揭發他在港澳工作上搞獨立王國，該請示報告的，不請示報告。後來還貼了一些，但都未提到三反上來。說明我的政治水平低，發現不到問題，上不了綱。

十、港澳組的工作上。突出政治很不夠，尤其每年十一、五一這些重大節日，組織觀禮接待工作上，這缺點表現得最突出。

十一、保密紀律差，我剛來外辦的時候，失掉一個文件，後來找回來，寫了檢討。最近我又把一份有關三反分子廖承志的大字報材料，帶到港澳辦公室去等等。這些都是對人民的利益不是極端負責的態度。

十二、我在港澳組工作，活學活用毛主席著作很不夠，這是組的工作質量提不高、自己的工作質量提不高的、對領導起不到參謀作用、起不到助手作用的最最根本的原因。今後必須加強讀毛主席的著作，活學活用毛主席的著作。

在外辦工作了五年多，錯誤絕不止這點，這裏只是記得起來的，在辦案時提錯了意見，出錯了主意的，現在手頭沒有檔案，只好將來再檢查交代。

至此，我二十一年來工作上的錯誤的交代，暫告一個段落，請同志們審查。

最後，我向同志們匯報在同志們的教育和幫助下回憶和交代了工作上的錯誤後的一點最深刻的體會。

我採取了不老實的、資產階級的醜惡手法，欺騙同志混進黨來後，在黨的教育和領導下工作、學習、生活了二十一年。這二十一年的工作、學習、生活是幸福的，光榮的。由於我的資產階級的世界觀沒有改造好，小資產階級進步分子立足點沒有移到無產階級這邊來，儘管我的動機好，決心為人民服務，決心為黨的事業努力工作，但，二十一年的工作中，還是犯了許多錯誤，給黨、給人民帶來了很大的損失。

這次全面的回憶和檢查了二十一年的工作，工作上的錯誤，我找到了犯錯誤的最主要的、最根本的根源，就是資產階級的、一切為個人出發的「私」字。我決心在同志們的幫助和教育下徹底挖掉這個萬惡的「私」字，把小資產階級的立足點移過來，洗心革面，重新做人，堅決地緊跟着黨，緊跟着毛主席走社會主義的道路。

最近人民日報一篇社論「緊跟毛主席的偉大戰略部署」，給我的教育很大。其中一段在改造而未改造好的我來說，尤其有現實的教育意義：「對毛主席指示要句句照辦，字字照辦，老老實實、不折不扣地照辦。理解的要執行，暫時不理解的也要執行。合乎自己想法的要執行，不合自己想法的也要執行。符合局部利益的要執行，不符合局部利益的也要執行。」社論還說：「要想盡一切辦法，克服一切困難，排除一切干擾，保證毛主席指示百分之百地實現。」

今後我一定這樣做。我認為這一做法才是在工作中真正體現毛澤東思想的絕對權威，這一做法才是改造自己的過程中，要做好工作、不犯重大錯誤的最基……[未完，以下缺頁]

17. 交代材料(家庭經濟情況)

一、過去的家庭收支情況(解放前後，回國以前)

我自1930年起，除1938年結婚及1953年弟弟給我400元(人民幣，詳見後)外，都是靠我夫婦的工資(有一點稿費)生活。1938–1946年，抗日期間，二人收入負擔四大二小(岳父岳母、我夫婦及兩個孩子)生活困難，無存積。1947–1949，二人在新加坡教書，負擔二大三小(1947年初， 增一孩子)，雖然當地的生活簡單，但，三年中將近兩年只一個人收入(1947年上半年我愛人沒有工作，1948年下半年至1949年冬末，我在《華商報》只拿2、30元的生活費，只夠我一人生活)，所以1948年秋以後，我愛人留在新加坡，不得不兼教夜校來維持一大三小及回來的旅費，無存積。1950–1962間的十二年，我夫婦都在香港工作。這期間，香港幹部工資制度，各線不同，標準不一。最初實行供給制，後來實行低工資制，最後(1958年後)才實行社會化工資。(我愛人1950–1957年間，由灰線轉紅線前，都是供給制，負擔一大、一至二小)，我1950–1957是低工資，以招商局工資為基礎，組織另補助一部分，所以起初有點困難，但，這期間我有兩筆額外收入，(1)1953(4)年雲夢的店結束，我弟弟給了我400元(人民幣)，我報告給黃作梅，黃同意給我用，我放在國內，給國內讀書的孩子用(1950–1955間送兩個孩子回國內，當時已有六個孩子)。(2)1956–57年，我賣稿子收稿費一千幾百元，買了一架舊鋼琴給孩子學琴外，其餘作家用，加上我的工資由四百多轉為六百元，我愛人由供給制轉到紅線，進南方影業公司，拿了三百多元工資(1959年前後調整為四百多元)，所以1956年以後，有時有盈餘。1959年秋，我到《文匯報》工作(兼招商局工作)，在《文匯》支工資1000元，在招商局支600元，我愛人在南方支400多元，合共約有收入2100元。

當時為了打開上層統戰，決定搬出招商局宿舍，另租較大的房子。按制度，兼職不兼薪，招商局的600元上繳，房租報銷(或自己付少數房租)。但，為了簡化手續，組織決定我家包乾。後來我家租了每月房租750元的房子. 便於管理，我把居住費用和生活費用分開管理。我管居住費用，我愛人管生活費用，現將包乾後我的家庭開支情況交代如下：

一、居住費用。從2100左右元中抽出850元(即應上繳的招商局的600元，加上二人工資中抽出250元)，除每月付房租750元外，100元作為添置和小修等用。至1962年我們全家回來時，尚用存約七、八百元，上繳了(結在工委的總收支賬內)。購置了沙發、書櫃、桌椅、藤椅子藤桌子等。

二、生活費用。每月工資2100多元，除居住用費850元外，尚有1250多元。每月估計除生活開支外，可存100元左右。加上1958年以前的一些盈餘，歷年陸續購置傢俱、收音機等，回來時添置服裝、棉被、日用品、常備藥等外，匯回來800元(合341. 6元人民幣)，另身邊帶三幾十元。還有幾百元人民幣的公債。

生活費用大致情況如下：1. 保姆工資160到200元(保姆二人，工資逐年增長，離開時已增至百元以上)；2. 伙食400至450元(1959年以前四大四小，1959年又一孩子回國內讀書，四大三小，每個人以50到60計)；3. 國內學雜費150到180元(三個孩子，自中學到大學，包括伙食、學雜、寒暑假旅費等，每人每月人民幣20至25元計)；4. 香港學雜費140到150元(學費每人30元，校車15元，校服，書雜，三個孩子約計數)；5. 衣着50至60元(全家八人，每年以600至700元計，平均每月約數)；6. 水電20至30元(夏天風扇，冬天取暖，熨斗、燈光等用電，及水費等約數)；7. 負擔20元(岳父，基本每月寄，有時寄30元，此外給侄子們寄點藥品等)；8. 工作80至90

元(我夫婦二人在外伙食，小應酬、交通等，我每月固定支50元)；9. 書籍20元(包括孩子們的課外讀物，我買參考書等約數)；10. 醫藥10元(約數)；此外還有家雜(包括郵政工人、看更工人、清潔工人的年節費用，肥皂、牙膏、洗衣粉、去污粉、手紙、地蠟等等)無法估算。

生活盈餘，我們購置了：1. 一套傢俱(包括大床、大衣櫃、五屜櫃、餐桌、12張椅子、書桌等帶回來外，還上繳了幾件)；2. 收音機(包括電唱機、唱片櫃)；3. 手錶；4. 照相機(包括遠距鏡頭，都是舊的)；5. 半導體收音機；6. 雙層鐵床(三個)；7. 樟木箱、陽江皮箱等；8. 電燙斗；9. 買了幾百元公債(人民幣)；10. 鋼琴(原來是買的舊外國琴，回來時換了星海牌)；11. 厚呢大衣；12. 回來時全家添置國內用的衣服、棉被、家用藥品、日用品等。

三、其他收支：每年招商局和南方公司(《文匯報》沒有)發年終雙薪，包乾以前都作為生活費用開支，包括給保姆雙薪。包乾以後，規定給保姆、司機的雙薪、請春酒等用，不敷時由居住費出，有餘併入居住費用，基本量入為出。

此外，我臨回來時，把一些香港和國內買的字畫(包括複製品)交給唐XX處理，後由集古齋作價400多元收購，存在集古齋。我托唐代配了眼鏡，給孩子買了西樂譜等。至1965年用剩百元左右，我告訴唐代我處理掉，我不要了。*

總之，我回來時共帶回來存款是港幣800元(匯成人民幣341. 6元，另身邊帶了幾十元在入境處換的人民幣，數字記不起了)和幾百元的人民幣公債。

* 原註：我實際上1961年8月就國內工作了，工資處理是：工資國內發，批准匯出去一部分(記得是60元人民幣)的港幣家用，另招商局的600元作家用，房租報銷。留下的人民幣，除我的開支外，由我寄給國內的孩子。

二、回國後的收支情況

每月我夫婦工資是260多元(我12級，我愛人17級)。開支情況是：(1)保姆工資30元。(2)大學費用75元(兩個孩子在外地讀書，一個中專的在本市住讀，每月每人25元左右，有時多點，有時少點)。(3)中小學學雜費3元(三個孩子走讀，約數)。(4)伙食120元(3大3小，包括煤、水、主副食、年節加菜每人每月約20元)。(5)房租、電費等16元(包括取暖費每月平均2元多點)。(6)負擔10元(我愛人的父親每月10元，其他如偶爾寄點給侄兒們不計在內)。(7)醫藥3元(過去三個孩子集體醫療，後退了現以全家醫藥費計)。(8)交通9元(除我夫婦月票兩張7元外，保姆、孩子用)。(9)書報5元(《人民》、《文匯》、《紅旗》及其他小冊子等)，此外家雜(包括牙膏，肥皂，手紙，清潔用具等)，衣着(鞋襪、添補衣服等)，旅費(在外地讀書的孩子寒暑假旅費等)無法計算。過去是不夠，把帶回來的錢用了。1964年夏大女畢業了，1965年夏三女畢業了，可以少支付25–50元。所以從65年以後有餘。我這幾年還買了一些參考書等，現在我家(去年五六月時)有存款：銀行200多元，家裏有一部分備用，還有300元左右公債。

今後的開支，從上述開支中除去保姆工資30元(已不請)，三個大學費用(大兒子應該是今年分配工作)75元(三個小的現在兩個中學，一個小學暫時可以不改變)，另衣着中可以減去三個大孩子的一部分，其餘差不多。這樣就比1965年以後更可有餘了。這幾個月的存款數字不清楚。

給愛國電影公司寫了幾個劇本故事。@500，約1500元。

附：張佩華交代家庭經濟情況

從香港回國前，有現款約4000餘元，公債約400元。因回北京，做衣、被、零用約用去一千餘元，買自行車、鋼琴用去一千餘元。帶回來一千餘元(合人民幣400多元)。

回國後最初幾年，還負擔六個孩子，和老父親(每月十元)。每月除吳和我的收入(我剛回86元，後增為98元)外仍需貼補幾十元。特別暑假、寒假時孩子們來回旅費，開學，要多花一倍左右。截至目前，我的全部經濟情況如下：

帶回的人民幣(港幣一千餘元)400餘元，尚有300元(去冬今春買大衣又花了的緣故。)

公債券100餘元。

自去年10月起，我們已將吳荻舟工資存入銀行，到三月止，現共存入800元。

大女兒畢業工作後，稍有結餘，不用吳的錢後，又經常要貼補一點，現尚餘90元左右。

大女兒私人存款300元，存摺在我處。

二女兒也有一點存款，她自己保管。

我有兩個金戒指。一個是我母親去世時，弟弟們從她手上抹下給我紀念的。另一個是吳的弟弟的愛人，在1956年(18年後重見時)送給我的紀念。

我們回京時有四張畫(小幅)吳說不好(花俏)，唐澤霖同志說價百多元，交給他了。以後吳和我用這個錢各配了一副眼鏡，買了一瓶藥，大概還有幾十元。聽吳荻舟(大概是1966年)說，告訴唐不要了。具體情況大概就是這樣。

存摺號碼我現在記不得，明天叫孩子送給你們。

張佩華1968. 3. 23

註：上述是荻舟機關來調查的。

18. 幹校日記(與香港工作有關部分)

編者說明

1969年11月，吳荻舟以「敵我矛盾」的戴罪之身被下放到寧夏平羅國務院直屬口西大灘五七學校[*]，他的妻子張佩華也在1970年5月被下放到湖北咸寧文化部幹校，兩人相距1600公里。一家八口，分散在八個省市。

吳荻舟的幹校日記有1430頁，約50萬字，硬皮封面夾着活頁紙，長寬高是163×114×80厘米，從1969年11月11日到達幹校，到1972年3月3日回京治病，在兩年零四個月裏，差不多每一天，詳細記下從早到晚發生的大小事情，他說這是為了改造思想，隨時糾正自己錯誤的想法和做法。他常常在日記裏罵自己「歷史上犯罪」，「連累了家人」，以致二十年後張佩華不忍卒讀，大量劃掉(據編者觀察，她劃掉的包括：1. 吳荻舟大段抄錄馬恩列斯毛語錄；2. 說自己認罪服罪；3. 大事小事痛批自己的「私字一閃念」[†])。從幹校日記可以看到，吳荻舟在那兩年不單從事插秧、割稻、收麥、打場、餵豬、孵小雞、管菜窖、積肥等農業勞動，還承攬班務：到水井挑水，燒水，拉煤，修路，擦窗，整理雜物等。不過他說不怕勞動，戴罪餘年也要工作。同時，他還要接受審查，寫

---

* 1966年毛澤東給林彪寫了一封後來被稱為《五七指示》的信，要求全國各行各業都要向解放軍那樣辦成大學校，在這個大學校「學政治、學軍事、學文化，又能從事農副業生產，又能辦一些中小工廠，生產自己需要的若干產品和國家等價交換的產品」，「又能從事群眾工作，參加工廠、農村的社會主義教育運動……又要隨時參加批判資產階級的文化革命鬥爭。」幹部學校之名就此誕生，簡稱幹校。全國各地建了逾1600所五七幹校，僅中央國家機關就有106座幹校分佈在各省。吳荻舟1969年11月11日到達西大灘國務院五七學校，分班排連營師軍隊化管理，有軍代表作為最高領導，班排連長等都是機關幹部。

† 「私字一閃念」：文革期間十分盛行的說法，指瞬間為個人着想的事。又有「狠鬥私字一閃念」的做法，即是批評和自我批評。

檢討，挨批判，隨時應要求寫證明材料，蒙受的屈辱和對身心的摧殘不言而喻。他的健康狀況迅速惡化，先後患上心臟病、胃痙攣、膽結石、高血壓等，有時甚至頭暈跌傷。

幹校日記也透露出，隔離審查期間，那些所謂的「造反派」「群眾」曾怎樣威逼利誘他認「罪」。他也在日記裏回顧過往的工作，從而為後人一窺歷史留下一扇窗。本篇主要引用幹校日記中與香港工作有關的部分，略有延伸，以助讀者了解吳荻舟當時的處境。

1970年3月6日

今晚學習馬文波同志的報告，想到過去(1967年7、8月)我在港澳辦公室時，外交部一股極左思潮衝擊了該室，突出地影響了當時的香港反迫害鬥爭。雖然我感到這與毛主席黨中央關於港澳長期方針不符，可是我的兩條路線鬥爭覺悟不高，實際上是「長期方針」思想未完全解決，聞不出是五一六分子* 操縱和利用了外交部一部分群眾的極左思想，要破壞香港的鬥爭，干擾毛主席的對外路線，想把港澳工作搞亂。

3月17日

這兩天繼續討論極左思潮對外辦運動的影響，有些事同志們談起來，對我是補了一課，由於我自1967年8月5日隔離反省以來，極左思想氾濫時我什麼也不瞭解了。記得當時我看到火燒英代辦處的次日(我當時也不知道火燒的事)，看到限英帝24小時(或48小時，記不清了)釋放所有被迫害的新聞時，我覺得不對頭，這事從來未這樣做過，在歷來外交照會上都不這樣做的，為什麼忽然這樣提

* 五一六分子：1967年北京一度存在一個名為首都五一六紅衛兵團的組織，曾散發反對周恩來的傳單。後中央成立清查小組，全國開展清查運動——這又是一次「擴大化」的運動，但是從幹校日記中披露的事實可以看出，當時有一些「造反派」「群眾」是很有野心、很活躍的，外交部和外辦的正常工作被打亂，對香港1967年的「反迫害鬥爭」造成重大影響，值得研究者注意。

呢？而且記得前二十多天同類性質的一個報告，我還打電話給錢某某同志撤回來，認為那樣做會陷自己於被動。現在，事隔不到一個月就改變了政策？現在才得到解答，原來是外交部一些極左思潮及王八七講話的影響，是極左思想和五一六分子搞的。

我當時儘管不同意外交部那些同志的做法，可是我不敢提意見，怕右，這說明毛澤東思想沒有在頭腦裏生根，對毛主席的外交路線，對港澳工作長期方針沒有掌握牢。

3月26日

晚上搞運動，我發言。批極左是非常必要的，沒有把極左思潮這小資產階級的反動思潮批深批透，就分不清哪是革命的哪是反動的，尤其五一六分子是利用極左思潮作掩護的，不批極左思潮，就不可能暴露五一六分子(我上次發言說過，運動中左的錯誤，左的錯誤的行動，不外是由於個人的世界觀還是資產階級的、小資產階級的，這屬於自發的根源，其次是受到當時社會上極左思潮的影響，如怕做保守派，這實際上也是思想問題，世界觀的問題。再之，有個別壞人在利用革命組織)。

我還談到港澳辦公室的工作(主要是對港5月開始的反迫害鬥爭)是受到極左思潮干擾的，而且已造成很不好的後果，使反迫害的鬥爭後來很被動。雖然我8月5日已離開辦公室，後來總理找香港的同志開會，如何評價那一段的鬥爭我不清楚，但我認為那段鬥爭是受到極左思想干擾。毛主席的對外路線，港澳工作方針受到干擾。具體的事另外談。(胡插問，你什麼時候離開那裏的？我告。8月5日火燒英代辦處是何時？是8月24日。7月10日左右已有同類性質的報告給總理。至此，鍾某某插問什麼同類性質的報告？我答，限港英24(48)小時釋放被捕人員……未詳細說。)

會後，歐陽與胡要我想想，寫一個材料。胡在會上肯定今天大家談得好。

我想到自己的問題還沒有結論，思想上對運動曾有過鬥爭，曾想，反正我沒有參加外辦的運動，不說話算了，別又出差錯。

4月10日

今天上午運動，我聽了同志們關於批極左的發言。覺得要真正掌握毛澤東思想，真正掌握好毛主席的革命路線，掌握好每一個運動的方針政策，很不容易。有些按理論上認識了，可是在每個具體情況前，往往就搞錯了。比如當時革命群眾決定在中南海北門紮營揪廖，說是為了避免外單位的革命群眾來外辦衝，調虎離山。明知廖在裏面，外辦的革命同志已進去鬥了一二十次，何必再這樣做呢？本來這是「明知不必要這樣做的事」，可是記得當時張和平來組裏借塑膠雨衣做棚蓋，談起此事時，我也覺得有道理，支持他。現在看來很清楚，當時正是那些極左的受五一六、「小爬蟲」煽動的群眾紛紛從那撤拆揪劉賊等的營寨時，這就完全是對總理施加壓力，是反毛主席的路線之逆而行，是受極左思潮影響下的錯誤行動了。

當時我已從港澳辦公室回來，開始被隔離反省了。也就在一周之前，外交部一部分革命派(派在辦公室的業務監督小組和工作人員)一股極左思潮衝擊辦公室最高潮時，宦鄉忽然提出(可能是別人要他提出的)打報告給總理，要港英48小時內放人，否則後果由他負。記得討論時，我明知這個做法和中央過去的一貫精神不對頭，從來外交上我們不這樣提，這樣提很被動。可是我當時怕右，對此也表示可以試試(記得報告送去時，我對錢某某說過可能性很小)。隔了三四天總理未批，羅XX回來時，我向他匯報，並提出我的看法，後來決定撤銷了。這些例子都說明，只要沒有真正掌握好毛澤東思想，就會犯錯誤。

現在提高認識後看第一個例子，那只是為了避免衝外辦，採取了資產階級投機取巧的做法。動機顯然是錯誤的，結果就錯了，它只是從一時的、局部的利益出發。危害了全局利益。而對五一六反動集團有利，因為這樣幹干擾了毛主席的戰略部署，錯誤是嚴重的。第二，同樣，如果這樣做，港英不答應怎麼辦呢？出兵香港？軋爛英代辦處？所以那樣的報告，實際上也就是迫中央出兵或同意打爛英代辦處之類，錯誤也是嚴重的。我懷疑當時宦某提出是受了極左思潮的影響，或根本就是五一六分子出的主意。或利用極左分子授意提出來的，當時，有一股頭腦發熱的情緒衝擊着辦公室，干擾着港澳的方針，曾一度激烈地在鬥爭策略上爭論過了。後來外辦監督組成員也跟着走了，還暗示我少爭論。就是極左思潮氾濫，曾一時左右了辦公室嗎？我由於世界觀沒有改造好，立場沒有完全移過來，也沒看出問題，或者只是知道港澳鬥爭方針的當然，並未真正掌握好，所以雖然看到不對頭，但不敢肯定那是錯的。因此說可以試試，實際也就是同意那樣做了。

6月7日

在極左思潮氾濫時期，我在港澳辦公室的工作上有怕右思想，對一些問題不敢頂。比如48小時限令港英放人的報告，我也同意寫，送給總理。總理壓了三天，羅某某回來，我反映後撤回來。雖然如此，但說明我當時也受到了干擾毛主席對港澳對外政策的極左思潮的影響。我也憎恨五一六分子，但由於是因為根源是世界觀未改造，對主席的方針政策體會不深，未生根，未能運用，遇到關鍵就看不清，不敢堅持，當時，極左分子劉佐業說，你這個當權派，倒敢說話，發表不同意見。我認為這是警告我，我就怕了。這是私字當頭，所以我憎恨敵人，也恨自己的世界觀。除準備在班上做一次批評外，加強在同志們的幫助下，改造自己的世界觀，更好地在今後為黨為人民事業努力。

今晚10點–明晨6點是我值夜班。孵化室的同志曾問我是否熬得了夜，我說行。晚上葛問我過去在哪裏工作(到外辦前)？我猶豫了一下。記得四清時，由於我按實際回答了貧下中農「坐過飛機」，受到批評，說我吹自己。我說不說實話呢？考慮了一下，還是說了，我認為，不應說假話了，過去歷史上(入黨問題)說了假，犯了罪，教訓很深刻，我馬上回答在報館，所以熬過夜。我補這句，目的是讓他們放心，我能熬夜。可這話一出，老葛竟打破砂鍋問到底，使我被動了，如果我實告，他會不會問我在報館的職務呢？如再實告，又怕將來被批吹自己，記得四清時，因為知青問我看見過毛主席沒有，我說看見過，在國慶觀禮時(其實我1954年陪港澳同胞到同仁堂參加國慶(前夕)的慶祝會，還幸福地和毛主席握過手，我為了不「吹」，未實說)和很多人一起見過。張彥這壞蛋就拿這個例，批了我一大輪，說我好吹噓自己，表現自己「官大」，我如對葛說實話，不又將惹麻煩嗎？但又覺得，不應對同志說假話，不回又不行，葛是同志，會怪我不相信他。矛盾。最後我還是決定說實話，告訴他在《文匯》，同時我把話岔開去，問他在北京那麼久，請他談談解放時的情況，以及談談解放前後市面、街道等等的變化。我想，我確實對此無知，想知道。

我這樣多心，有必要嗎？本來不必要，這都是資產階級的東西。

9月9日

下午運動，批極左。歐陽檢查了在港澳辦公室受極左思潮影響的情況，其中有些事，我連聽也沒聽過，雖然我當時是辦公室的一個小組長，也是領導成員之一。

這說明那時，一些所謂的造反派(現在看得很清楚，其中有的已給王八七牽着走了。比如歐陽說沙頭角事件時，他到深圳，要駐軍收回沙頭角，軍隊不同意，歐陽還批評解放軍，說他們軍事不服從政治。又如，他在小鄭的指使下去參加人民日報社的什麼人召開的會，要港澳辦公室的人檢查宣傳報導上右的情況。還有更使我吃驚的是，鍾瑞鳴說，有人偷偷地，在送港澳的某負責同志出去時，把劉寧一在一次會上說「要搞得新界稀爛，打得香港混亂」之類的話，告訴工委。而且，即使沒有這問題，當時劉只是個人的意見，未經總理批准，也不能作為指示傳下去。

鍾還說，總理要第一手材料，我沒照總理的意思辦(指的是在1967年6月初總理通知要找X委和XX委的同志上來匯報，我通知了，兩方面都派了二至三四位負責人上來，當時鍾提出XX委的張、劉不瞭解情況，要找第一線的人回來。)我當時並不瞭解張、劉是否掌握到確實的各線力量，總以為這些都是XX委的負責人，他們應該是瞭解情況的，加之，不知總理哪天接見，到第一線找人回來不易，也未必瞭解全面情況。所以沒有要他們叫下面的人上來。她這樣簡單一句話，不知底細的同志聽來，我不執行總理的指示，罪名何其重。其實，當時只是她提出，我未照她的意思改，這點，我事後知道張、劉的確不是全面瞭解情況，也只是「線頭」，或掌握大致的情況後，我已做了檢討。她還說，「總理點了你兩次，你還不認識錯誤！」我的確不知道總理點過我兩次。

我覺得，情況必須擺明，說話也不應這樣簡單，我是不相信黨會片面地對人的錯誤隨便做出結論的，但鍾同志這樣不加分析地扣人一頂帽子，還是不好的，經過文化大革命，她還是這樣，只以為自己正確，不全面看問題，不深入瞭解一下情況，就這樣亂下罪名，我覺得她是一點改變也沒有，這是不好的。過去，她就只以為自己什麼都對，偏激，輕易扣人帽子。

我決定提出先找少數同志，我做一次檢查，如他們認為我那樣談不會洩密，我就再在班上做檢查，我是要爭取這機會檢查一次，好讓同志幫我進步。

歐陽的檢查，沒有通過，還要來第二次。

9月10日

下午運動，我提出了先在小範圍檢查，「批極左」。高同意這樣做，我說，我也爭取這個機會，請同志們幫助。後來高、歐陽又找我談，鍾也在，最後決定我先寫出來，讓少數人先看看，哪些可在班會上說，哪些不能說。寫時可以把方針和具體做法寫出來，談時不要談，檢查思想時，也只說「這點，或那點和中央的或總理的指示不符，或違背」。寫時，1. 是自己的思想檢查，2. 是揭發。談時，鍾提到總理點了兩次，我還不認識自己的錯，我說，我沒有聽到。後來弄清楚，原來所指的點名，只是在第一次總理聽匯報時，問到XX委匯報數字時，總理問，XX委同志匯報的力量(數字)確實嗎？能組織起三個高潮、能堅持嗎？如果港英從台灣、從新加坡找工人怎麼辦，你們考慮到嗎？並不是另外有什麼地方點名批評。當時我相信XX委幾位同志的匯報，認為港英不可能從星、台找這麼多人來，肯定可以組織起三個高潮來。後來，逐步發覺XX委的同志匯報的力量不可靠，罷工堅持很吃力，有的未能完成罷工的計劃，比如有一個工廠計劃罷三天，結果兩天就復工了。所以我一開始雖然相信他們所報的數字，但，我還是主張只宣佈定期罷工，(1)可以起可以落，符合此伏彼起的方針，(2)萬一罷不下去，復工也比較主動。這點，和X委的思想不一致，也和外交部的劉、姜等不一致。我聽信XX委的匯報，肯定得太多了，影響了總理下決心，使後來鬥爭陷於被動，是對黨對人民，對總理不負責任，我完全同意鍾瑞鳴同志說的，這是犯罪。不但因此招致經濟上的損失，更主要的，更嚴重的，是招致了政治上的損失，在港英面前暴露了我們的力量上的弱點，他就更敢於迫害我們了。

我決定星期天前寫出來，希望在莫瑞瓊回來後請她也參加聽我的檢查，好讓她也來幫助我認識在這段工作上的錯誤，我是要堅決繼續革命的。

9月12日

晴，氣溫上升中，午已感到熱。無風，但賀蘭山已蒙上一層沙「霧」，可能轉颷風。

上午摘韭菜，中午我放棄休息，寫材料。關於在報上、群眾中揭發(清算)港英百年來侵華罪惡，增加對港澳同胞反英情緒(思想)是不是「極左」呢？這點思想上還不很通，1957年反葛量洪時也揭發過，雖然後來也認為那次反葛鬥爭左了，但，在這點上只批評在揭發時材料有些不真實和人身攻擊多了，未說不該揭。

六三社論的確「左」了(我還同意要香港方面組織學習)，對後來鬥爭上發生「左」的錯誤，是起了點火作用的。當時我只覺得該社論調子高，在宣傳上起鼓舞、打氣的作用，是對鬥爭的聲援，未認識到它的錯誤，更不知道是反革命兩面派王力之流的陰謀。説明我的路線鬥爭的覺悟太低。

下午運動，沒有佈置，我繼續寫檢查。有個思想矛盾，在港澳辦公室工作時，對那次反迫害鬥爭中出現的一些左的、違反長期方針和總理關於這次鬥爭的指示的事時，我還是站在長期方針和總理的指示提出不同意的意見，有些我是設法加以阻止了，或背後和羅一起研究，取得同意後加以阻止了。比如把地下線力量集中使用的問題，訂購700打蔗刀問題，未經請示使用武器問題，及限期英帝放人的請示問題等等。寫不寫，説不説呢？記得昨天(或前天)當我提到撤回限港英48(24)小時釋放被捕人員向總理的報告時，歐陽馬上批評我，你別老誇這個功勞了，鍾就更片面性地批評我「你在這次鬥爭中，從極右走到極左，還不認識，知不知道點了你兩次！」(後來才知她所説的總理點我兩次，一次是當四處的同志向總理匯報主觀力量時，總理聽了提問「你們把現在的情況(主觀力量)和省港罷工時的比較過未，你們考慮過如港英從台灣、新加坡找工人來代替我們的工人該如何對付了嗎？」及一次指沙頭角鬥爭某方面有右傾的情況。)我覺得如果寫了，不又是擺功嗎？可是，談到極左思潮影響那次鬥爭的危害性時，不談這些如何説明它的危害性，提高我們對它的憎恨，和提高我們對路線鬥爭的覺悟呢？最後，學了最高指示認識到要「實事求是」，要「如實地反映情況」，還是決定簡單地提一下。我既沒有擺功的思想，就不怕，要相信群眾相信黨。

9月23日

上午天天讀，陳同志自我批極左。聽了最近幾位同志的自我檢查受極左思潮的影響犯了錯誤的發言，一方面覺得兩個階級、兩條路線鬥爭非常複雜，尤其階級敵人像王關戚、楊余傅、蕭華之流，兩面派，陰謀家，以左的面貌出現，抓住「紅旗」反紅旗，的確在我這樣階級覺悟不高的人，很難看清楚。記得外辦的革命群眾很重視王關戚講話，向我們這些中層領導幹部傳達時(當時我已隔離反省，住進外辦有五六天了)，我聽了覺得這只能是對青年同志的鼓勵，起進一步發動群眾的需要，不是能拿來落實的，外辦的權是不能奪的，這總理早就說過，而且很強調，這是黨中央的權。可是一點看不出這是一篇黑話是一個陰謀，要打亂毛主席的戰略部署，證明自己路線覺悟低。一面進一步體會到偉大領袖毛主席的英明，記得在1967年的9、10月間，在財辦的院子裏的大字報上看到毛主席視察華北、中南和華東時的指示說，現在是你們年輕人犯錯誤的時候了，及文化大革命是群眾自己解放自己教育自己的革命。過去我對這話不很瞭解，聽了革命同志(主要是青年同志和一般幹部)批極左的自我檢查，有了進一步的認識。一月奪權後，尤其1967年3、4月以後，極左思潮氾濫以後，派性鬧得很嚴重，寧左勿右，左點比右點好等等錯誤的思想干擾着毛主席的戰略部署，比如無產階級司令部、毛主席一再教導要大聯合，要結合，可是就不聽。現在看得很清楚，階級敵人(五一六反革命陰謀集團等)就是利用了這些極左思潮作掩護，去干擾毛主席的革命路線。毛主席那句話，是有着很大的針對性，預見性。現在大家都因為犯了極左的錯誤，在檢查犯錯誤的思想根源，世界觀，總結經驗，吸取教訓，反復自我批判和互相批判，這不是自己解放自己、自己教育自己嗎？

9月26日

近兩周聽了幾個青年同志的自我檢查受極左思潮的影響犯錯誤，給我的教育很大。階級鬥爭非常複雜，正如偉大領袖毛主席的教導：「切不可書生氣十足，把複雜的階級鬥爭看得太簡單了。」過去我就是看得太簡單，在港澳辦公室工作期間，像劉佐業、姜海等搞極左，甚至直接受王關戚之流的操縱，妄圖通過破壞香港的反迫害鬥爭來反總理，可是我只把他們的做法看做是對長期方針不瞭解，因為他們不是一向搞港澳工作，雖然姜海是在香港工作過的，但，他是一般幹部，我也認為他是不瞭解長期方針。以為只是一個掌握政策不穩的問題，儘管會裏會外爭爭吵吵，也看到他們一些「左」的做法，卻總沒有提高到階級鬥爭、路線鬥爭上來看。現在回過頭去看，比如劉到廣州，竟沒有得到同意就把總理提到沙頭角某些做法(指撤槍)右了，去告訴駐穗部隊，引起對方很緊張，可能就是挑撥、離間中央和地方的關係。

9月27日

今天天天讀後，8–11:30繼續開謝的交代和批判大會。同志們揭發的一些事，聽了真使人吃驚。比如章XX在總部會上說某事是「對總理要策略」，對領導同志，無產階級司令部的參謀長，能用這樣的手段嗎？又如，搭棚揪廖，謝打電話給錢XX，錢說你們那裏清閒，我們這裏就麻煩了，聯想到總理在一次會上很感慨和非常耐心地說，已幾次要他們不要在中南海外面用擴音器晝夜叫喊，就是不聽，令到領導同志和我睡覺和辦公都不能安靜了(大意)，心裏很難受。錢對謝那樣說，不很清楚，如果對總理，對領袖有無產階級感情，能在揪劉的棚拆後，又來搭棚揪廖嗎？至少今天回過去看，是嚴重的錯誤，何況當時總部召開研究這個問題有同志已提出那樣做是對總理施加壓力，為什麼不加考慮呢？還有為了批陳給總理寫報告要到檔案局查檔案，總理沒有批，竟以為了辦案去看檔案的名義騙取檔案局的同志同意進去看、抄檔案，這是很嚴重的錯誤，加之抄出來東西，現在不知去向，這就更加嚴重了。等等等等。

10月3日

在1967年的香港反迫害鬥爭中，在掌握鬥爭的政策方針上，首先一個問題，就是我們的鬥爭和長期利用的矛盾。鬥爭必須服從長期利用，這是基本的、不能動搖的出發點。其次在這樣的原則上，我們開展這一鬥爭，並要取得勝利。當時我思想上是明確的，只能是政治鬥爭，只能是當地群眾的鬥爭。不管是罷工、集會、遊行示威、罷市……都是政治鬥爭的一種表現形式。

同時，思想上也很明確，不馬上解放香港。但是，當時受到極左思潮的干擾，和因為澳門反迫害鬥爭的勝利的影響。結果我在鬥爭目的上，同意了X委提出來的意見。而在決定鬥爭策略上，因對港英和澳葡這兩敵人的具體情況和主觀力量情況未加以分析，所以當極左分子干擾時，X委提出一些過左的做法時，自己心裏也無數，不敢堅決地反對，有的他們未請示做了，也不敢指出並向領導反映，提出及時的批評。尤其我對王力之流，利用了極左思潮的掩護，陰謀反總理，妄圖通過破壞這次鬥爭，而倒總理的嚴重的階級鬥爭，由於自己路線鬥爭覺悟不高，看不出來，結果，當劉、姜違反總理的指示時，我雖然也感到不對頭，提了意見，但，一面又覺得他們不會在原則上反對鬥爭的長期性和波浪式前進這一基本方向的，而只是個別具體問題上和自己的意見不一致而已。由此，我除了一些嚴重違反長期方針、搞到被迫被動上馬的做法，加以阻止外，對那些具體鬥爭方式只要是「總部署」上有的，即使感到有問題，就不加反對，或認為不要「干涉過多」使他們束手束腳，就不在領導提出阻止，或，只提一下就算了。比如海員罷工，原批計劃是「定期的」，而當X委報回來已宣佈「長期的」時，我向羅XX反映了，羅未說什麼，我也就算了。

現在回過去看，實際上，我只是看到一些具體鬥爭不對，卻看不到他們在另搞一套，即看不出鬥爭中的路線鬥爭這一主要矛盾。

關於這一鬥爭，我要好好總結一下。

11月11日

最近我總結檢查1967年5月參加港澳辦公室工作期間，由於沒有帶着兩條路線鬥爭觀念去貫徹執行黨的關於港澳工作的方針和周總理關於那項鬥爭的指示，結果對當時氾濫一時的極左思潮干擾那次鬥爭以及五一六反革命陰謀集團在極左思潮掩護下，利用了一些人進行破壞那次鬥爭，藉以反總理，我一直看不出來，甚至還在個別問題上同意一些人提出的意見。這點來學校前不認識，經過一年的活學活用毛主席的著作，尤其最近學習主席的哲學著作後，才逐步認識到。

今晚歡送張瑞川調去外交部工作，昨天就向他約，給我一點時間談談。最近我覺得思想(1)小建* 來信，解放軍已報了他的名字調去工廠，可是送到大隊，便不明不白的把他的名字去掉，還說他有海外關係。不是說我的問題不影響他嗎？(2)自從班長在幾個月前批評我誇誇其談，意思是我「不本份」，「不老實」，愛在會上講話，提意見。是，我一直認為對黨，對人民的事業負責，有什麼意見，該說的就應該說，否則讓錯誤、讓不利於人民事業、人民的東西滋長就是不負責，但為什麼又不讓我在會上發表意見呢？(3)我的問題既已報上去了，為什麼拖到現在(八、九月間報上去的)呢？(4)談談自己近來的學習、勞動、生活，聽聽他對我提提意見。結果兩天來他都很忙，沒有找我，中午看看他家門口自行車沒有回來，知道他去西大灘了，就沒去找他，晚飯後他來找我了，到他家談了十幾分鐘，黃澄樞，小劉又來了，沒有機會多談。關於第一問題，他說沒有影響，他說，即使是很大的歷史問題，對自己的孩子

* 吳荻舟次子，當時在農村插隊。

也沒有影響。「你的吳輝不是去軍墾了嗎？軍墾是比較條件高的，他們來瞭解過，我們告訴他們了，不是順利地去了嗎(意思就是我的事不會影響她)？」他說，審查我的問題，是根據中央的批示，說凡是坐過牢的幹部都要審查，審查清楚了，不就定了。「最近你不是聽了一篇廣播嗎？歷史上的罪行是可以由自己把它消滅的，只要認識了，改了，不就沒事了。我和你同時在外專局執行資反路線，他說到此，我說，是，當時我們還以為是捍衛黨的事業，日以繼夜地工作呀。是(他又說)，就是路線覺悟不高，犯了錯誤還不自覺，你後來是不錯的，來校後學習，天天看你寫筆記。(我插：我天天以老三篇檢查自己的思想勞動，還是有不對頭的東西苗頭，就對照就檢查。)很好，你的勞動也很好，這大年紀了，不分份內份外，我就不如你，我天天看見你、老魏、歐陽打掃小便處。這些是份外勞動，我也想過去掃掃，可是就沒有做，就不如你。最近我在總結過去的工作的一些錯誤，過去不認識的，通過這一年的活學活用，通過一年的勞動，感情變了，立場變了，世界觀改了，就認識了。現在感到學習毛主席的著作非常重要，已有一定的自覺力學習了。「是要認真的學，刻苦地學。」

你的問題，不會影響子女。我說，小孩來信要求寫證明。我說，中央未批，我不好提，提也沒有用。提也沒有用，他說，通過組織來要求，可以，你的吳輝去軍墾，就來瞭解過。

他又回到關於學習方面去，我來此一年覺得太短，至少得三、四年。這次調回去，我一點思想準備也沒有。我說，這是好事，說明我們的國際統一戰線大大開展了，毛主席抓住了幾個主要矛盾。如柬埔寨的問題，國際反美鬥爭問題(五二〇支持世界人民反美鬥爭聲明)，一下就掀起了一個又一個反美鬥爭高潮，大大開展了國際鬥爭，需要幹部，所以你調回去，說明了文化大革命勝利後，毛主席的路線勝利後，一切都在躍進。國內外形勢大好。當然，作為個人來說，你走我是有惜別的感情的。希望你給我提提意見，我最近有些思想，比如看到一些事不對頭，想說，可是又想到自己的問題沒有結論，就不便說了。

不，該說的，還是應該說，不要背包袱，不要有低人三分的想法，歷史的問題，搞清楚了就了了，你的孩子，可能不瞭解，沒有全面看問題，以為爸爸受審查，就以為一定會有問題，就會影響他，要教育他全面看問題，審查只是中央批示，凡坐過牢的幹部都要經過審查嗎？你是工作多年的幹部。總有很多經驗，看到問題總想說說。可以說，只考慮方式方法，比如會上不說。是(我插：比如昨天下午四點班上歡送你，我本想也表示一下感情，可是想到歡送和黨員合在一起，我就不方便表示了，我是要表示惜別的，你是最瞭解我了，我要表示感謝組織，感謝同志，感謝你。幫助我揭發我的歷史問題，不管組織怎樣結論，我都非常感謝。)你有話可以個別找老高說，會上也可以說，會外也可以說，不要老背包袱，不要有低人三分之感，你的問題已報中央了。中央批示前，這裏，你的探親假也安排了。你的生活有困難，你要錢用，就提出來，不要多顧慮。(到此，小劉來，話就打斷了。再坐了一下，老馬也來了，談話也就結束了。)

11月16日

晴，氣溫9度左右，天天讀。我聯繫港澳鬥爭中對兩地的特殊點，深讀矛盾的特殊性。今天我利用補假寫了一天總結檢查香港反迫害鬥爭，這兩天，我一直在想：「香港1967年反迫害鬥爭總部署」是否合乎客觀規律，我們既是主要矛盾方面，鬥爭如何才能保持始終主動，我初步看法，「總部署」是有問題的，是和黨的總方針有矛盾的，主要是如果按總部署鬥爭下去，可能搞亂我們長期充分利用，因為它的鬥爭目的是要港英完全低頭，接受我們的全部條件，自己把自己的手捆起來，它是不可能接受的，所以如果我們堅持按方案(總部署)鬥下去，即使主觀條件(罷工工人和群眾的組織、動員、鬥志等等，包括生活)能堅持下去，目前我們既不解放香港，港英的力量又比我們強，(毛主席教導我們，「有時候有些失敗，並不是因為思想不正確，而是因為在鬥爭力量的對比上，先進勢力一方暫時還不如反動勢力那一方，所以暫時失敗了，但是以後總有一天會要成功的。」這只是指將來解放香港時，如果我們當時是決定解放香港，就可以這樣堅持下去，在鬥爭中宣傳群眾、組織和動員群眾，改變雙方力量對比，去取得勝利，否則，就要有理有利有節)堅持下去，就會出現不利我們利用的、長期的僵持局面。

何況，按「總部署」加上受極左思潮的干擾，鬥爭不可能實現總理指示的鬥爭方針：「長期的、波浪式前進的、也就是此起彼伏的、有理有利有節的」鬥爭，而是一股勁加碼(實際很難繼續加上去)，那就必然陷我於被動，違反黨中央長期充分利用的總方針。

那麼，怎樣做我們才能始終處於主動地位，實現總理關於鬥爭的指示呢？我這幾天，一直在想這個問題。也就是怎樣的鬥爭計劃、辦法才對呢？初步有這樣的設想，即，還是以膠花廠一個的鬥爭為好。但，全面此起彼伏地以定期的、視各線、各單位的主觀力量起來鬥爭，表示同情，聲援它，而長期鬥下去。鬥爭目的是一樣，擊退港英對我進步群眾學習毛主席的著作、阻止和削弱我文化大革命對港九同胞的影響。港英為此採打擊迫害一個廠來達到它的陰謀，我們以全力支持取得一個廠的反迫害勝利(這是可能的，膠花廠不是港英官方的廠，是私人資本的廠，它在相衡之下，可能犧牲一個廠的利益，也就是說，我們可能取得勝利。)

我決定在總結檢查上，把這作為經驗教訓寫進去。

1971年2月1日

天天讀「關於路線鬥爭」。上午在家完成了解剖港辦路線鬥爭一段。下午繼續翻倒胡蘿蔔，我讓李華多休息。晚上自學讀了「論路線鬥爭」關於1933–1935反左右傾機會主義部分。

毛主席指出，左傾機會主義的錯誤是「由於不認識中國革命是半殖民地的資產階級民主革命和革命的長期性這兩個基本特點而產生的」這點，我聯想到在香港工作上也出現過這樣的錯誤，雖然還沒有發展到在較長的時間內一貫如此的成為路線的嚴重錯誤。比如1958年的「左」錯誤。盲目地在一年內搞了幾十次大小鬥爭。而且主要的鬥爭都是反港英的。這與中央「以反美為主」方針政策(實際是毛主席的策略方針)是不符的，違背的，嚴格說來就是路線上的錯誤。1957年中提出要在香港澳門搞社會主義教育(中央是提愛國主義教育)，但根本性的根源是沒有區別香港澳門與國內(指教育方針)，區別香港澳門與英葡統治下的殖民地(指對英鬥爭)。

4月20日

我看完一篇連載了三天、六個版的長文章「哲學的解放」，給大妹寫了信，她說她們在學習路線鬥爭，要我談談這方面的經歷、經驗、教訓。我只有教訓，因為我的路線鬥爭覺悟很低，過去在工作上遇到左的右的干擾，總是作為同志們貫徹執行黨的政策、落實工作方針的問題看待，作為同志們對毛主席黨中央的政策方針的認識，理解的問題，就沒有提到路線問題上來看，這與自己路線覺悟低，與犯奴隸主義——當時不准懷疑中央有分歧，不敢設想有兩個司令部。

我談了文化大革命中執行過資反路線的教訓，和港辦中遇到極左思想的干擾，雖頂住了一些重大問題，但看不見「五一六」反革命陰謀集團操縱了一些極左分子在干擾的反動路線。而且由於我的工作是個保密性很強的工作，所以也不敢詳談。

8月2日

上午運動開大會。三個總部成員(高、王甲芝、章永相)和兩個非成員(張冀、蔣榮昌)，但，在外辦總部重回批陳聯絡站的錯誤和罪行上是起了策劃作用的。

「批陳」矛頭是指向總理。*

從五個人的交代中，暴露出來的問題是嚴重的：

1. 5. 29後總部在外辦革命群眾的反對下退出批陳聯絡站。可是，到7月底8月初(8. 4會上決定)，總部違背群眾，秘密決定重返「聯絡站」。

2. 「重返」之前，張、蔣、王三人背後策劃。其中提到當時在文革工作的李後要他們(外辦總部及群眾)別站錯隊。當時是在7. 20(王力在武漢表演)事件之後，王力紅得發紫，猖狂的時期。

3. 當時，對外聯委(批陳聯絡站的反對派)已揭發了聯絡站反總理的大量材料和陰謀，為什麼還考慮「重返」？

這些問題，我過去是完全不知道，當時一頭埋在港澳鬥爭裏。現在看來，當時五一六也把手伸進港澳辦公室，干擾總理對那次鬥爭的指示，也就是干擾毛主席對外鬥爭的總路線。當時小鄭(在7月中下旬)顯然也跟着劉佐業之流走了，我阻止「700打鐮刀」、「港英48小時放人」的照會、主張撤退「武器上岸」和把「500個名單」投進公開鬥爭等還看不出路線鬥爭，只是作為他們不理解中央對港澳工作的方針，現在看來是路線鬥爭覺悟低，不能自覺地捍衛毛主席革命路線的表現。

8月8日

今天聽了歐陽(副班長)的交代和同志們揭發出來的他背後和高國亮、王甲芝的串聯，妄圖抵制交代自己在外辦總部(1967. 4–8、9月一屆)執行了王關戚等的反革命路線，干擾和破壞毛主席革命路線的罪行、錯誤，使人氣憤。

他幾次在我面前也說，當時他搞業務，很忙，總部的會都沒有參加，不瞭解……談到港澳辦公室的問題時，他一再說，當時他是被排擠的，他雖是外辦派到那裏的業務監督，但，他是受外交部派

* 以下內容中「總部」、「批陳聯絡站」等都是指「群眾組織」，反映當時外交部、外辦的派性鬥爭。

在那裏的監督人員排擠的……等等，現在看來也是在製造輿論。

我當時(他對我說這樣的話時)一點也沒有提到這樣上來認識，我相信他。但，我說，當時我看到一些不符合港澳方針、不符合總的指示的做法，看不出是路線鬥爭，只以為是同志們(指外交部的同志)不理解港澳的長期方針，對總理的指示體會不深的問題，根本看不出，他們是執行了王力他們的反革命路線。

這兩次會使我想到自己還是階級鬥爭觀念不強。以為歐陽、陳秋泉、高等都是總部的成員，都是群眾中選出來的革命積極分子，所以對他們一點懷疑都沒有。

偉大領袖毛主席說過：「現在是小將們犯錯誤的時候了」，的確是這樣，在文化大革命中期，革命小將掌權，由於馬列主義，毛澤東思想水平不高，革命的熱情是高的，幹勁是大的，對偉大領袖毛主席的階級感情是深的，沒有什麼包袱，這些都是他們的優點，但政治理論、政策和經驗，科學的冷靜和分析能力可能是差一些，而且，許多也是非無產階級出身的知識分子，因此，也容易犯「左」的錯誤，加之，五一六反革命集團打着紅旗反紅旗，就容易上當了。

8月31日

聯想到港澳辦公室5–8月的對港英的反迫害鬥爭中，雖然，還能堅持毛主席關於港澳工作的長期方針和總理關於那次鬥爭的具體指示，阻止一些重大違反長期方針和違反總理指示的計劃(如要把三線骨幹力量大批投到公開鬥爭中去，訂購700打鐮刀武裝遊行等)，沒有造成重大的流血陷中央於被動，使中央被迫上馬，但，我當時只把[*]劉佐業、姜海等的一些過左的意見，和梁、祁等的這些過左的行動計劃，看作是路線錯誤，更看不出王力之流在插手，妄圖籍破壞那次鬥爭來反總理，而只是把這些違反長期方針的情況，看做是他們(劉姜等)對方針和指示掌握不好。

* 按照前後文，「只把」應該是「沒把」。

更使我吃驚的是：總理並沒有批准「反迫害鬥爭總部署」，可是姜海之流竟利用我當總理叫我和四處的同志去起草另一個問題的方案(關於四處業務領導的問題)而未聽到總理最後關於「總部署」的意見，於次晨寫了一個條子說「總部署已批准，馬上行動起來」(只記得大意)，要我批發(我當時想到朱楊是參加會的，總理「批准」的情況他們知道，而且他們帶了一份總部署下去，無需通知下去，更主要的港澳辦公室是羅貴波負責，我無權批那樣的條子，所以把這一部內容改了，只事務性地通知下面來接車部分，條子就是電話稿)。現在看來，這是一個陰謀，是他們想利用我沒有聽到總理的最後意見(我中途退席)讓我批這樣的電話稿，以便他們幹一些反總理的陰謀。可怕!!

9月8日

下雨搞運動。上午楊爾泉、歐陽、高國亮在大會上交代檢查。我聽來，楊的交代是比較好的，觸到了靈魂。歐陽的檢查我覺得有些虛假。在港澳鬥爭那一段，開始他還是穩的，只是後來才跟着姜海、劉佐業等走。他說一開始就跟着走，這是不夠實事求是的，是為了過關的。但是，同時，他又把應該作為錯誤和罪行的不說，比如，7月中旬(?他過去提到一下，現在又縮回去了)參加當時在王力控制下的人民日報的某些人召集的一次關於反迫害鬥爭新聞檢查的會，現在回過去看，這是一個黑會，是想在新聞報導上(一)找總理的「錯」，因為有部分反迫害的報導是經過總理同意的；(二)準備在新聞報導上進一步向「極左」方面扭。據歐陽一次提到那次會是檢查當時報導上的「右傾」，這不就很明顯了嗎？他們(王力之流)想通過往後的反迫害鬥爭新聞上搞得更左些來影響香港鬥爭行動，達到他們破壞那次鬥爭來反總理。過去他只說，小鄭拉他去參加，他沒有在會上發言，但，也記不起其他人的發言了。這是不老實的。

至於高的交代，那是非常糟的，還在那裏往自己臉上貼金，一點誠意也沒有，大家指他在大放其錯誤人人有份，好像是代表總部在檢討，而自己溜走。的確是如此。許多他自己的罪行，都帶上一句：「我還有其他總部成員都同意」，或「都贊成」……避重就輕。尤其令人氣憤的是，他把當面頂撞總理的罪行放到其次還有一些錯誤的小標題下，其實這是要害所在，他一說，大家都起來哄他，幾乎不讓他講下去。

10月24日

今天上午我問班長什麼勞動，他告訴我由於昨天星期天參加脫粒勞動的，今天補休息半天。

我用絕大部分時間給外交部提出的有關港辦的幾個問題的證明材料做準備回憶和起草。

1. 是誰在總理面前(1967. 6. 28)說廣州軍區在第一次沙頭角事件時把機槍後撤？

2. 我是否在6. 8批過一個便條(電話稿)說朱楊當天回去，要派人接車，又說，總部署中央已經批准，馬上行動起來，我改了哪些字？提綱還說「方案已經中央批准，請立即行動」是誰提的，總理對方案未批，當時是怎麼說的？還說通知方案已批准的意見是誰提出的？這便條是誰寫的？

3. 6. 20覆工委關於工委建議26日搞大罷工，除海港、公共汽車之外，還加上貨車、船塢等部門的覆信，內容大意是什麼？何人起草的？內容意見是誰提出來的？經過會議討論過沒有？會議有什麼人參加？

4. 7月薛平被捕後，港辦曾開會討論過對英提出照會限24(或48小時，記不清)的意見，會議有宦鄉及部監督小組王和奧等二人參加。這次會是吳接總理辦公室的電話後才召開的。當時總理辦公室指示是怎麼說的？有沒有提過什麼具體意見？會上提出限期照會的經過是怎麼樣的？

5. 關於香港大罷工的問題，據說6月23日廣州四處林某等人曾用四處名義向港辦發了一個電話，認為香港鬥爭有兩條路線鬥爭，主張改組香港方面的領導，有無此事？當時港辦如何考慮的？討論過沒有？港辦對於工會同志認為罷工準備不足的意見考慮過沒有？

這些問題，記得已寫過一次，現在說是要一個一個分開寫，我想了幾天，有些具體事還是想不起來，有些，可能當事人或者別的證明材料有混淆。比如說總理辦公室有電話指示後才召開討論會的問題，可能就是第一次總理自己打電話問對薛被捕採取過什麼措施沒有，如果是那次，那倒有。羅說過外交部辦公廳一早接到總理的親自打電話問到此事，但，當時已經採取了措施，港辦並未為此單獨開過會。7月下旬的那次會是羅去廣州開會，辦公會交由宦鄉主持，照會問題是宦鄉提出來的，我事先並沒有接到總理辦公室的什麼電話指示。這顯然是把兩次事混起來了。也許有人的材料亂寫引起。

想搞清楚一個問題，可真不容易，這才不過三五年的事，像我的問題，幾十年了，不就更難嗎？如果弄清了，我真要感謝黨。據揭發有些所謂的革命者、黨員，為了滿足個人的「私心」，在審幹中，在內查外調時抱着一種令人痛恨的思想：「先塗他(指被審查的幹部)一身屎再說」，這是多可怕呀，拿別人的政治生命開玩笑！

1972年1月1日

當時怎麼也沒有想到，人民日報的社論原是一篇反動的東西。是干擾毛主席對港澳的工作路線的五一六分子王力之流妄圖破壞那次香港同胞反迫害鬥爭的東西。毛主席教導，階級鬥爭是客觀存在，一萬年也還會有蔣家王朝的人在活動，千萬不要忘記階級鬥爭，這又是一個證明。今後做事，真要按照毛主席的教導，什麼事都要問個為什麼。也就是我的體會，一切要以馬列主義，毛澤東思想去量一量，再做呀。

3月31日

港澳組的工作，下面的工作人員，只是打電話，一切都是有領導的。有我，我上還有廖，如果我廖不負起責任來，下面就苦了。什麼時候才能沒有一個私字呢？

19. 給張佩華的兩封信

編者說明

本篇整理了吳荻舟寫給妻子張佩華的兩封信，一封是1970年4月19日寫的，信中應張的要求談了「極左思潮67年在北京氾濫時有些什麼樣的具體表現」。當時吳荻舟在國務院直屬口(寧夏)平羅五七學校勞動改造，管理全營的菜窖，天天倒騰白菜蘿蔔大葱。在寫信這天的日記裏，他說：「13–18日病了，渾身疼痛，鼻子又長了癤子，走路都震得很痛。」同一時間，張佩華在湖北咸寧文化部的五七幹校勞動改造，在她寫給吳荻舟的信裏說：「站在齊腰深的湖水中圍湖造田，幾個月了，可是那裏是洩洪區，汛期來到，長江水要向湖裏放，以保衛武漢。有人問，淹了多可惜，我們拼命幹，不是白幹了？領導說，東西淹了，思想鍛煉了不是收穫嗎？」此是題外話。

在信裏吳荻舟回顧了1967年中國的種種極左現象，雖然只是部分內容涉及香港1967歷史，但是對瞭解1967的背景十分有幫助。另一封因為缺頁，只能根據信中一些家事內容推斷寫信時間是在1973年2–3月間，其中提及「反迫害鬥爭」以及他當時的處境，故一並放在這裏。在這封信的副本上，有張佩華1998年2月寫下的批語：「現在讀，很傷心。根本問題是偉大領袖自己『方寸』已變，你再聰明，讀好馬列也提高不了什麼認識，活下來就是運氣了，哀哉！」

給張佩華的信(一)

[1967年北京極左思潮]最高潮是5–8月，這期間，我的注意，主要集中在港澳反迫害鬥爭上，幾乎脱離運動，後來又住進外辦去了，那就根本與運動隔絕了，所以這次參加單位批極左抓「五一六」運動*，許多事情，聽來，就像聽新聞一樣。

1967年春秋之間，在無產階級文化大革命中，一些革命群眾組織(指沒有壞人插手、而自發出現的)，由小資產階級知識分子掌握(領導)，便出現了一股「左」的、派性的、無政府主義的行動，所謂的革命行動，其實指導思想就是小資的「左」傾思想。當時，我們也覺得許多過火行動都被自封為革命行動，想怎麼樣就怎麼樣幹，一個團體的領導人説了就算。其實許多提法都離開了毛主席的無產階級革命路線，違反了毛主席的戰略部署，離開了黨的、無產階級的政策。他們經常愛唱這樣的一句話：「造反就有理」。好像只要造反就有理，這是錯的。這句話實際是反馬克思主義，反毛澤東思想的。馬克思説的「造反有理」，是對資產階級、對反動統治造反有理。在今天的社會主義祖國，就不能籠統這樣説了，必須説「對反動派造反有理。」

由於當時有些群眾、群眾組織在小資產階級的這種極「左」的思想指導下鬧派性，強調自己是革命的，強調自己的這一「派」是革命的，不管黨的政策，不用毛澤東思想去分析自己的行動，固執地説自己的任何行動都是「好得很」，「革命得很」，所謂「唯我獨革」，把別人都看做「老保」。對自己的行動不加分析，對別人的行動也不加分析，總是把自己説成革命的，把別人的都説成是不革命的，保皇的。

---

* 吳荻舟在當時不知道，在全國開展的長達數年的清查「五一六」運動，有數以百萬計的人遭到迫害，直到1974年開始批林批孔，才換了個名堂繼續搞運動。但是他小心翼翼把「別有用心的人」和「犯了錯誤的好人」分開；有做自我批評；還説「在今天不能籠統提「造反有理」。

本來，一個好人犯了這種認識上的錯誤，經過支左人員、軍工宣隊一幫忙，兩方坐下來一學習，開個學習班，提高了路線鬥爭覺悟，按照毛主席的指示，多檢查自己，別人的缺點錯誤讓別人自己講，在毛澤東思想基礎上統一起來，兩個革命組織就聯合起來了。可是派性作怪，硬不肯聯合，有些小資產階級的領導人，一時面子問題，覺得自己一貫革命，忽然要自己檢查某些行動是錯的，或反動的，他就不幹，就堅持，就硬不與別人坐下來談，硬要別人向他靠攏，這種人當時愛唱「以我為主」的聯合，否則不幹。或則，談條件，聯合就要一邊一個，爭論不休，結果也是聯合不起來。

這些是指那些未受五一六分子所掌握把持或被五一六利用的，只是小資思想作為指導思想的革命組織而言。當時我記得中央強調雙方都是革命組織，一碗水端平，就是指這樣的革命組織(如果有五一六把持的又當別論了)。

當時，社會上曾出現過以下這些具體表現，極左思潮的具體表現(行動上表現出來的)：強調「群眾有自己的領導」，「不要黨的領導也可以革命」，「把所有的領導幹部都靠邊站，由群眾安排」，「砸爛一切機關」，「亂揪一陣」，「一切群眾說怎樣就怎樣」，「寧左勿右」，「燒英代辦處」(這行動可能有五一六分子在插手)，「衝檔案找黑材料(不是五一六反動分子指揮下搶國家機密，如果是為搶國家機密，那就是五一六反動分子之所為了)」，不願意聯合，搞武鬥，抄幹部的家，鬧派性，搞打砸搶等等。

這些小資產階級思想指導下，社會上出現一股極左的風氣，到處出現上述的行動，這就是極左思想氾濫的潮流，就叫做「極左思潮」。

這股思潮影響極廣，不僅許多領導人階級鬥爭、路線鬥爭覺悟不高、毛澤東思想不起統帥作用(口頭上也說毛澤東思想掛帥)的革命團體受到影響，怕做老保，怕右傾，跟着起哄，一些個人也受到影響，怕做老保，怕戴右傾帽子，於是也跟着走，認為左比右好，於是看問題，定調子寧可定高點，寧左勿右，左比右好的思想狀態也出現了。於是明明看不順眼的、覺得不符合毛澤東思想的事，也不敢提意見了。自己也跟着走，這是受了社會上那股極左思潮影響。

以上是指單純的、根源由於小資產階級世界觀未改造而產生的「左」的思想，互相影響形成一股風氣(潮流、極「左」思潮)而言。這些思潮影響下的上述行動，當然是干擾了毛主席的戰略部署，當然是錯誤的。

一些革命群眾組織的這種極左思想，被五一六反動集團抓住作為掩護，有的安排了它的人，推波助瀾，有的，它就通過接近它的某些個人，壞人作為它在該革命組織中的代理人，利用群眾在那裏搞風搞雨。這就複雜化了，這個革命組織的行動，就不是單純的由於小資產階級「左」的思想指導幹出來的了，而是夾雜着五一六反動分子別有用心搞出來的因素了，它的目的是破壞文化大革命，破壞文化大革命的成就以達到它復辟資本主義[的目的]。

當時由於王關戚、楊余傅、蕭華等五一六反動集團分子未被揭發，許多革命群眾組織、革命群眾都被利用了。

犯極「左」思潮(錯誤)的人，和五一六反革命分子是不同的。因此這次運動的口號叫做「批極左，抓五一六」。「極左」思潮屬於批的範疇，五一六分子就要抓了。批就要查根子，一查根子就把五一六分子暴露出來了，就抓住了。問題就清楚了，比如火燒英代辦處，我們當時就不以為然，這是違反了毛主席的對外政策的，聽說已查出，當時就有五一六分子在場指揮，而絕大多數群眾是受了「極左思潮」影響和對英帝迫害港澳同胞的憤怒情緒下去參加的。

記得當時到處衝解放軍我們是不同意的，曾寫信給小牛*，要他千萬不要跟着人去衝。當時我們是不瞭解這是反革命五一六集團妄圖破壞「長城」† 的陰謀。在5–7月，我在工作上，也感覺到有

---

* 「小牛」是吳荻舟長子。

† 「長城」指解放軍。

股「左」的情緒在干擾，受到衝擊，個別問題上我根據過去中央定的方針加以阻止了，但，有的也怕右不敢阻止。這也是受極「左」思潮的影響。

給張佩華的信(二)

……孔[*]還對我說，外交部(他們上次)的批示已不作數了。這就說明，不能不重新考慮了。我也不怕有什麼別的更壞的結論了。只要重新考慮，就只有一個前途，恢復我的組織生活，但，可能來一個下台的處分。等着吧，一分為二，如果，只是下台，那也就算了，否則，我上告到中央去，我1948年恢復組織關係，工作積極有成績，這是肯定的，而且沒有什麼錯誤，連批評也沒有挨過，相反，一些人對黨犯不少錯呢。比如港澳辦公室的那些人，燒英代辦處，羅貴波是親手炮製之一，七月的一次同類性質的東西，我都提出相反的意見把它從總理的秘書那裏撤回來，他們的陰謀未得逞，這點總理不能不知道，我已揭發了。寫了材料。所以支部才說「吳在港辦是沒錯的」，那我還怕什麼「不好的重新考慮」可以來臨呢？所以我等着重新考慮，現定星期五談[†]。

---

* 孔：指孔筱，曾任國務院外事辦公室港澳組副組長，後任職國家旅遊局副局長。

† 當時吳荻舟因為患膽囊炎等疾病，從幹校回京住院治療。外辦已經撤銷，所有人員待分配，部分已獲分配的人從幹校回到北京，但是有些人嫌不如意，發生爭吵，還有些已分配又被退回，孔筱於是成為在北京待分配人員的支部書記。她說吳荻舟可以留在北京寫材料，還說負責審批吳荻舟組織關係的外交部核心組答應和吳荻舟談話，但是未幾又說取消談話，所以吳荻舟有這封憤憤不平的信。他的政審情況詳見1973年給廖承志的信。

20. 有關聯辦的證明材料(1971)

編者説明

吳荻舟1967年7月26日被通知要交代問題，1967年8月5日被停職、隔離審查，1969年初夏解除隔離審查，11月下放到寧夏幹校。在幹校期間，除了從事繁重的體力勞動、要挨批鬥、寫檢討之外，還要寫「證明材料」，一一交代過往做過的事、認識的人。通常如果外單位來調查的人員要他寫證明材料，會給他提供一個「調查提綱」，列明要他證明什麼。比如認識某人嗎？這人的背景，和這人認識的經過，共事多久？其人表現如何？等等。又或者問什麼時候做過什麼事？當時的細節？他則圍繞這個提綱去回憶，寫出書面材料。在1971年10月24日的幹校日記中，他記錄了外交部給他的一個提綱，提綱要求他回顧1967年香港「反英抗暴」期間的詳情，編者又找到他就這篇日記所述外交部提綱寫的證明材料底稿，一併整理在此。唯因為年代久遠，他當時又是用複寫紙謄寫副本，正本交上去了，留下的副本字跡已經褪色，有些字句模糊不清，這裏用[……]表示。回應外交部查詢的證明材料分別寫於1971年10月27日和29日，編者按照日記中外交部5點問題順序排列。

1971年10月24日(日記)

今天上午我問班長什麼勞動，他告訴我昨天星期天參加脱粒勞動的，今天補休息半天。

我用絕大部分時間給外交部提出的有關港辦的幾個問題的證明材料做準備回憶和起草。

1. 是誰在總理面前(1967. 6. 28)説廣州軍區在第一次沙頭角事件時把機槍後撤？

2. 我是否在6. 8批過一個便條(電話稿)說朱楊當天回去，要派人接車，又說，總部署中央已經批准，馬上行動起來，我改了哪些字？提綱還說「方案已經中央批准，請立即行動」是誰提的，總理對方案未批，當時是怎麼說的？還說通知方案已批准的意見是誰提出的？這便條是誰寫的？

3. 6. 20覆工委關於工委建議26日搞大罷工，除海港、公共汽車之外，還加上貨車、船塢等部門的覆信，內容大意是什麼？何人起草的？內容意見是誰提出來的？經過會議討論過沒有？會議有什麼人參加？

4. 7月薛平被捕後，港辦曾開會討論過對英提出照會限24(或48小時，記不清)的意見，會議有宦鄉及部監督小組王和奧等二人參加。這次會是吳接總理辦公室的電話後才召開的。當時總理辦公室的指示是怎麼說的？有沒有提過什麼具體意見？會上提出限期照會的經過是怎麼樣的？

5. 關於香港大罷工的問題，據說6月23日廣州的四處林某等人曾用四處名義向港辦發了一個電話，認為香港鬥爭有兩條路線鬥爭，主張改組香港方面的領導，有無此事？當時港辦如何考慮的？討論過沒有？港辦對於工會同志認為罷工準備不足的意見考慮過沒有？

這些問題，記得已經寫過一次，現在說是要一個一個分開寫，我想了幾天，有些具體事還是想不起來，有些，可能當事人或者別的證明材料有混淆。比如說總理辦公室有電話指示後才召開討論會的問題，可能就是第一次總理自己打電話問對薛被捕採取過什麼措施沒有，如果是那次，那倒有。羅說過外交部辦公廳一早接到總理親自打電話問到此事，但，當時已經採取了措施，港辦並未為此單獨開過會。7月下旬的那次會是羅去廣州開會，辦公會交由宦鄉主持，照會問題是宦鄉提出來的，我事先並沒有接到總理辦公室的什麼電話指示。這顯然是把兩次事混起來了。也許有人的材料亂寫引起。

想搞清楚一個問題，可真不容易，這才不過三五年的事，像我的問題，幾十年了，不就更難嗎？如果弄清了，我真要感謝黨。據揭發有些所謂的革命者、黨員，為了滿足個人的「私心」，在審幹中，在內查外調時抱着一種令人痛恨的思想：「先塗他(指被審查的幹部)一身屎再說」，這是多可怕呀，拿別人的政治生命開玩笑！

證明材料(1)：

1967年6月28日總理接見時，是姜海在總理面前說沙頭角第一次鬥爭時駐軍把機槍清場。

後來劉佐業、姚登山等因別的事去廣州，竟批評廣州駐軍的負責人(或廣州駐軍的其他人，記不清楚)，引起廣州駐軍為此打電報給總理。

港辦知道這件事後，在一次辦公會上提出批評此事。

吳荻舟 1971. 10. 29

證明材料(2)

1967年6月7日總理對香港反迫害鬥爭總部署作指示的第二天，即6月8日我的確批發過一個準備用電話打到深圳的便條。原寫的內容大意是這樣：朱XX、楊X二人即日返港，請派人去接，方案已經中央批准，請立即行動等。我看了那便條，說方案已經中央批准，覺得中央還未有批示回來，我不能也無權批發這樣的便條，因此，我改了幾個字，但具體怎樣改，想不起來。

上述便條是誰寫的，我不知道。只記得是姜海拿來要我批發的(這點記不大清楚)。便條是寫好的，其中中央批准的意見由誰提的，我也不知道。

總理對方案未批，當時總理怎麼說，我當時不在場，後來也沒有人對我說過，所以我不清楚。我一直以為方案(總部署)是批准了，因為總理對總部署作指示的中途，總理要我和四處的部分同志(記得有劉XX，還有一位駐四處的軍代表)到另外一房間研究和起草另外一個問題的方案*，等我和四處的部分同志起草好出來等總理批示時，會已散了，西華廳上沒有別的人，就是我們幾個人坐在那裏等，後來總理出來作了口頭指示，等我(記得我還辦了其他案子後)回到朱XX、楊X、馬XX，林X等住的民族飯店，才知道他們已買好了次晨的飛機票(時間已快晚上十二點)，回香港和廣州去，當時也沒有人告訴我總理對總部署未批，也沒有人告訴我最後總理是怎樣說的。†

吳荻舟1971. 10. 27.

證明材料(3)

我記不起1967年6月20日港辦答覆工委建議26日搞大罷工(海員、公共汽車等處，還有貨車、船塢等)的覆信內容了。是誰起草，會上討論誰提什麼意見我也記不得了。

只記得關於罷工問題(具體如海員罷工)，我考慮過由於香港工人多年未搞過這樣大規模的政治鬥爭，怕思想上的準備不足，同時，還考慮到為了貫徹總理關於鬥爭是長期的、波浪式前進的指示，使鬥爭高潮能起[……]，曾與羅貴波研究過以宣佈定期罷工為宜，必要和可能時即使宣佈了定期罷工，還可以一期期地延續，這樣更為主動，後來把這意見請示了總理，總理同意了這意見，通知了香港鬥爭指揮部。

吳荻舟 1971. 10. 27

---

* 吳荻舟在文稿《我執行的是毛主席的革命路線不是左傾路線》提及此事：總理在「討論《反迫害鬥爭總部署》(鬥爭方案)會議的中途，指定我和群眾線的兩位幹部離席，就群眾線的工作單獨起草一個方案。」

† 第一段「中央還沒有批示回來」，應該是指討論方案(總部署)第二天，姜海要吳荻舟批條子的時候中央還沒有批示回來，於是吳只事務性地通知下面接車(1971年8月31日幹校日記)。第二段「我一直以為方案(總部署)是批准了」，應該是指後來，因為期間周恩來雖然不滿意方案，但又說「先按照方案所說的辦」(余長庚回憶)。可是在幹校期間，有人交代問題時指方案未批，故吳荻舟有此反應。目前所知有三個方案，但是無法證明各人所指的是哪個方案。

證明材料(4)

1967年7月下旬，羅貴波去廣州開會未回，港辦辦公會由宦鄉主持(這是羅臨去廣州時指定的)。在宦鄉主持的一次辦公會上，討論過限期照會、限港英於24小時(或48小時)內釋放被捕的人員，否則一切後果由英方負責。

會前我並沒有接到總理辦公室有關這問題的電話，總理辦公室並沒有有關這事的具體指示，辦公會(包括討論限期照會的那次辦公會)是基本天天開的，那次會並不是我接了總理辦公室的電話後才召開的。

限期照會案，是宦鄉提出要討論的。會上他也未說總理辦公室有什麼關於這方面的指示。

會上討論時，記得還提到給總理的請示報告中要寫上，如港英不作出相應的反應，我即採取行動，行動方案另報。談到釋放被捕人員可能性時，大家認為可能性不大，但說給港英施加點壓力也好，於是大家便通過了。

關於限期照會問題請示報告送出後，我才按照羅過去的交代(凡報告送出後，要我給錢家棟打電話招呼一聲)給錢家棟同志打電話，錢問我釋放人的可能性時，我說不大，大家只是說對港英施加點壓力也好。錢和總理辦公室此處沒有說過別的話。

過了兩三天，總理還未批，我覺得這樣的照會內容很容易被動，如港英不依期作出相應反應，便陷我於被動，中央就要被迫上馬，這和總理關於反迫害鬥爭方針的指示不符，因此，羅[……]，回頭(記得送出該報告信的第三天)我便向羅匯報，提出我的意見，羅要我打電話給錢家棟同志，說羅要重新考慮，另把關於限期照會問題請示總理的報告撤回來作罷了。

吳荻舟 1971. 10. 27

證明材料(5)

關於香港搞大罷工問題，我未聽說廣州四處的林X等人曾用四處的名義向港辦發過這樣的電話：認為香港鬥爭中有兩條路線鬥爭，主張改組香港方面的領導，但記得鄭偉榮反映過四處的同志(是林X還是其他人，已記不起來)對鬥爭指揮部很有意見，提到有路線鬥爭的高度，當時港澳辦公室尚未提出要討論四處意見[……]領導問題，港辦未作出這類的決定和考慮。

記得為了進一步瞭解工會方面和香港反迫害鬥爭指揮部方面之間的意見，問題，曾派鄭偉榮去廣州請各方面的同志瞭解過，記得我(聽鄭瞭解了情況後的匯報時)提出要指揮部尊重和多聽工會方面的意見。

我沒有聽到工會方面的同志認為罷工準備不足的意見反映，港辦辦公會上也未討論過這樣的問題，港辦未對此作過什麼決定和考慮，但對具體案件(如海員罷工)提出擬辦意見時，考慮過[未完，以下缺頁]

21. 寫給廖承志的信（1973年6月4日）

編者說明

從1967年到1979年，吳荻舟都在接受政治審查，外辦成立專案組，派人到全國各地調查與吳荻舟有過各種關係的人，比如舊日上司、同事、家人、戰友甚或有過一面之交的人。調查內容包括吳荻舟各個時期的政治表現、各階段職業、家庭成員情況、社會關係等，重點當然是坐牢和黨籍問題。專案組「以階級鬥爭為綱」，帶着「假黨員」等預設的結論去調查，影響了調查結論。1972年* 10月16日，原外辦支部傳達了外交部核心組對吳荻舟的歷史審查結論：「停止組織生活」。不但不承認他1930年入黨的資歷，甚至不承認他是共產黨員。

吳荻舟認為對他的審查結論是錯誤的，不符合歷史事實，他要求複查。他是在1972年11月提出申訴的，但是到1973年6月給廖承志寫這封信的時候仍然沒有絲毫進展。在給廖承志的信裏，吳荻舟詳細講述了自己被審查的過程和歷史事實。

給廖承志的信發出去又過了六年，直至1979年3月31日，中共外交部政治部給吳荻舟做了復查結論：「吳荻舟被捕問題已經查清，出獄後參加了抗日救亡活動，後來在黨的領導下從事文化工作，直到全國解放，表現一直是進步的，他的歷史已審查清楚，無政治問題」。

至於黨齡問題，由於找不到入黨證明人，還是沒有解決。直到在很偶然的情況下，找到一位了解他入黨事實的人為他做證，

* 考證吳荻舟受審查的經過是一個挑戰，首先幾乎全過程家人都是處於分離狀態，其次他受審查經歷了不止一次反復，編者只能從遺留的書信文稿中尋找線索，捋出時間線。1972年的通信中出現較多關於第一次「鬥私批修」的內容。

1988年12月13日，中共中央直屬機關工作委員會終於發出《同意恢復吳荻舟同志黨齡》的通知：

> 中國文聯機關黨委：「關於恢復吳荻舟同志黨齡問題的報告」收悉。經研究，同意恢復吳荻舟同志1930年1月至1948年2月的黨齡，黨齡從1930年1月算起。
>
> 中共中央直屬機關工作委員會
>
> 1988年12月13日

張佩華在吳荻舟的資料清單上寫道：「這袋資料，讀着揪心，是和着血淚寫的。67年以後(他是)包攬，都是自己犯『罪』，不涉及左饒*，以後已開始反駁，拒不簽字。最後清白。留給孩子們看，吸取正反面教訓」。

承志同志：

你很忙我還來煩擾你很不安，但想到將近20年在你領導下工作，得到你的信任，而文化大革命中經過五年多審查，卻得到一個不能理解的結論，自問我對黨沒有不忠，沒有辜負黨和領導對我的教育和信任，心情很不平靜，所以還是把審查情況和結論裏提到的幾點歷史事實向你做個匯報。

一、審查經過和結論

1967年8月初，外辦群眾開始審查我的歷史，是革命需要，是革命運動。有些做法雖不適當，但是可以理解，可以接受。

* 左洪濤和饒彰風，兩位都曾領導吳荻舟，文革中亦都受到衝擊，特別是饒彰風，被關押、毒打，在頭頂釘入鐵釘至死。外辦專案組三次去找他，要他提供對吳荻舟不利的證明，都沒有得到。這裏指吳荻舟頂着逼供信的壓力把責任攬上身。

1970年7月[*]，支部通知我準備鬥私批修[†]，恢復組織生活。8月10日通過我的鬥私批修，支部還告訴我上級批准我的黨齡從1945年算起，並解釋說，我1930年入黨後不久便被捕了，在黨內的時間太短，那一段時間就不算了。9月中旬支部又對我說，現在黨的政策對司局長級幹部要求高，領導要找我談談。過了幾天又說領導忙不談了，還暗示結論改變很大。我一再要求看結論，未答覆，要求領導和我談談，到10月16日剛答覆我可以找外交部幹部6組，當天上午支部大會上便宣佈外交部核心小組的批示：停止我的組織生活。

我當即表示思想不通，不同意。11月24日寫報告要求重新考慮，並附了五份材料。12月1日支部大會作出我的黨籍的處理決議。大意是：吳荻舟又名蔡四，福建龍岩人。1930年入黨，同年被捕，1937年刑滿出獄。歷史審查結果，吳被捕後沒有暴露黨員身份，沒有自首變節和叛變，刑滿出獄時沒辦手續，沒有登報發表反共宣言。但寫報告要求查明無罪釋放，報告說被捕時莠民舉事，良莠麇集；在敵人指使下畫鼓動別人悔改的「放下屠刀立地成佛」，「苦海無邊回頭是岸」；帶隊集體參加國民黨，擔任區分部書記(宣讀時「擔任」前面有「掛名」二字，個別同志說「掛名擔任」即是「擔任」，便把「掛名」二字刪掉)；帶隊搞「獻機祝壽」，寫「獻詞」；十八年不找黨(我提出事實後，支部又說不是不找，而是不積極地找，但決議未改)，對黨的事業動搖；1948年隱瞞歷史，編造情節，混進黨內(9月下旬支部和我談時未用混進黨內而用被吸收進來)，不夠先鋒隊條件，決定停止吳的黨籍。

---

* 70年應是筆誤，因為吳荻舟和張佩華1972年書信中才出現較多關於第一次「鬥私批修」的內容，而且在這封信開始的段落他寫的是「經過五年多審查」。而除年份外，月日以及內容都和遺留文稿所示相符。

† 鬥私批修原意是指批評和自我批評，隨時要做。在這裏是指審查結束前的一個步驟，專案組通知受審查的人準備鬥私批修，即是他們審查有結論了，但是受審查的人要先做一次自我批判，在基層支部獲得通過後再報上級批准。基層不通過或者上級不批准，問題還是不能解決。

12月4日支部要我在「決議」上簽字，我認為「決議」不符合我的歷史事實，我不簽，提出申訴要求複查。

二、歷史事實

我1930年3月(在上海)由曹正平介紹入黨，由曹正平單線聯繫，同年4月組織(曹)通知我到仁濟堂參加五一節籌備會，為英界巡捕包圍，我和與會者一起在仁濟堂內被捕。後為國民黨引渡，被判刑9年11個月在南京偽中央軍人監獄坐牢。西安事變後減刑三分之一，1937年春刑滿出獄。出獄後我一面找黨，一面參加抗日工作。1948年解決組織關係。

「決議」中提到的幾點歷史事實如下：

1. 入獄後不久，我寫報告給偽監獄長(偽軍處處長兼)，說我過馬路時遇莠民舉事，良莠麇集，我迴避不及，遭警誤捕，要求查明無罪釋放。我既未暴露黨員身份也未涉及五一節籌備會和與會同志。

2. 獄中偽看守知道我會畫畫，要我畫了一些山水人物。偽教務所長沈炳權拿了裁好尺寸的紙，要我給他畫「立地成佛」「苦海無邊」，說是他自己的房子裏掛的，我給他畫了(此人當時私下給我和難友拿過不少馬列著作進去，解放初脫離國民黨從香港回來，後病死在湖南)。

3. 1939年冬國民黨開始搞集體「入黨」，軍委會政治部三廳(廳長郭沫若)屬下的「抗宣一隊」(我任隊長)也接到政治部桂林辦事處通知，要集體加入國民黨(當時劉季平、張志讓在辦事處)。我和副隊長和骨幹分子商量，決定先拖，不得已時可以集體加入(解放後知道副隊長和骨幹分子多數是地下黨員，1940年撤退了)。拖到1941年春(皖南事變後)，國民黨進一步反動，把「抗宣一隊」改為「劇宣七隊」，把「辦事處」撤銷，把隊交給七戰區政治部管。隊剛到曲江，戰區政治部召集訓話，要「七隊」集體加入國民黨，不久就要我們填表。我了解到在四戰區的「五隊」已被迫加入後，召集隊部會(有地下黨員參加)討論，決定為了繼續工作集體參加，但採取措施表示「參加」不是出於自願：國民黨證，由隊集體保管，個人不保管；編外人員不參加等。政治部要我擔任偽區分部書記時，我向副隊長表明只是對「上」掛名，有事二人分頭應付。我不在隊內宣佈擔任此職，也不在隊內搞區分部組織。自「集體加入」到隊復員(1946)，我沒有用過國民黨名義，在隊內隊外搞過任何活動(包括所謂黨員會等)。國民黨證，於隊復員到香港後，集體銷毀了。

4. 1943年冬(開羅會議期間)，偽七戰區發起「獻機祝壽」。當時「七隊」正為參加「西南劇展」(1944年春)自籌經費演出《家》。為了縮小「祝壽」的政治影響，我於隊籌經費結束的晚上臨時決定用原節目為「獻機祝壽」演一場，不印海報，不搞報紙宣傳，派隊員推消戲券。寫「獻詞」時，我根據「擁護蔣委員長」一定要帶上「抗戰到底」的原則(進步朋友溫濤告訴我的)，把「獻機祝壽」同開羅會議順利召開、德軍從蘇聯敗退、盟軍打敗意軍、盟軍在太平洋的勝利等國際反法西斯勝利結合起來，宣傳我們要加強抗日(開幕時我還強調「獻機」是為了抗日)，爭取早日反攻，早日行憲，實現民主政治(當時民主力量遭迫害，我已與溫濤約好，由我寫一個木偶劇本——《詩人與國王》，由他製作木偶，在西南劇展中演出)。「獻詞」只登在隊的油印刊物上。

5. 我對黨的事業從不消極、動搖。我被捕後堅持黨的原則，沒有暴露自己的黨員身份，沒有自首叛變，沒有登報反共；難友們發動的鬥爭，能參加的我都參加(包括惲代英同志遭叛徒出賣被國民黨殺害時楊鐸等組織的悼念活動，控訴叛徒、國民黨的罪行)；利用時間學習外文、閱讀馬列著作；針對牧師到獄中傳道，我利用機會對二三百難友(多數是軍事「犯」)講述人類進化故事(從單細胞講到階級社會出現)；出獄後我既一再找黨和積極參加黨在當時的戰鬥任務——抗日，也未忘記黨的最終奮鬥目標——實現共產主義。我在1941–1943年，報告(在隊裏)和整理了約三十萬字的《世界文藝思潮史話》(已出上中二冊，下冊存有底稿)，通過評述各時代兩種文藝思潮的鬥爭，論證了階級鬥爭是歷史的動力，資本主義一定滅亡，社會主義一定勝利。

抗日時期，我雖未能恢復組織關係，失去黨的直接領導，但我從毛主席著作(在國統區能讀到的不多)學習黨的抗日政策，倚靠進步朋友開展抗日宣傳工作。我接近的朋友，解放後知道(下同)多數是地下黨員，如柳乃夫、左洪濤、劉季平(介紹我參加生活教育社)、溫濤、饒彰風、張泉林(佈置我在中大做報告)、魯朗等等。淞滬撤退前我發表過小冊子和電影劇本，宣傳黨的抗日政策、抨擊當時叫囂要退到新疆(所謂「退到勘察加去」)、繼續先安內後攘外的賣國、投降、反共的謬論；寫文章(在《救亡日報》上)、做報告(在中山大學等)介紹文藝當前要為抗戰服務、大眾化、民族形式等有關毛主席的文藝思想；建議充分利用民間藝術形式，搞好抗日宣傳；編寫話劇、活報[劇]反映游擊區人民在封鎖線上搶運支前物資、大後方人民要求抗戰、堅持抗日等；堅持「七隊」演出延安創作(《軍民進行曲》、《農村曲》、《黃河大合唱》、《生產大合唱》等)宣傳根據地人民英勇抗日的事跡；加入生活教育社後，進一步把隊作為流動學校，培養抗宣力量；支持和掩護隊員去新四軍、游擊區；編寫木偶劇影射蔣賊搞獨裁統治等。這些工作都得到進步朋友支持。

6. 我1930年入黨時是個學生，入黨後由介紹人單線聯繫，除曹正平一人，不知其他黨員。坐了七八年牢，經過七八年白色統治，人事變化很大，出獄後不知如何找黨，也不敢大膽找黨，只想能找到曹正平，去上海找他，沒有找到。不久抗日戰爭爆發，我響應黨的號召，參加了抗日宣傳，在國統區流動了八年。在皖西、武漢、桂柳遇到自己認為可靠的難友，都提出找黨的問題。國民黨反共高潮期間，我在柳州遇到左洪濤(獄中認識，當時是張發奎的秘書)，不敢詢問。

經過交往，觀察到他很關心劇宣隊(去年冬才知道當時長江局委託左聯繫西南各隊的地下黨組織)，1942–43年間，他到桂林來我家看我，我有意識地向他打聽彼此認識的難友的下落，他也主動告訴我一些難友出獄後的情況。我感到他可能有組織關係，便和他談起找黨的問題，他問我找到了沒有，我説還沒有。他很嚴肅地告訴我，南方的黨組織遭國民黨破壞，停止發展了。示意我別再找了。不久日寇進攻湘桂，粵桂交通斷了，我帶隊到閩粵贛邊流動，沒有再遇到1930年前後的熟人，就這樣把找黨的事暫時擱下了(當時我確實不懂八路軍辦事處可以解決組織關係問題。

1946年夏，五、七兩隊復原鬥爭勝利後，我和丁波帶了大部分隊員到香港，在夏衍、饒彰風領導下組織和主持「中藝」時，我又向夏、饒談到解決組織關係問題，因找不到我1930年的證明人，夏説我可以重新入黨。這時饒要我去新加坡，利用同鄉關係，把陳嘉庚要辦的一間中學接過來，並要求陳擔保一批教師過去開展工作。我又來不及解決組織關係問題，便匆匆忙忙離開香港去新加坡了。

1948年初，饒彰風到新加坡，我又向饒提出解決組織關係問題的要求，並把夏衍的話(我可以重新入黨)告訴饒(1967年9月，夏衍不承認説過這話，外辦專案組同志因此説我編造情節欺騙饒彰風，1972年8、9月，外辦專案組同志説夏衍承認可能説過，但時間太久，記不起來了)，饒要我介紹自己的歷史。過了幾天，饒把我介紹給劉談風(當時新加坡僑黨負責人)，説我是同志，並要我和劉談談。我又向劉介紹了自己的歷史。

又過了半個月，劉談風便召集趙渢、林彥群和我，在我家成立黨小組。趙渢是小組長，劉談風是聯繫人。當年新、馬頒佈緊急法令，組織要我撤退，饒同志又親自把我的組織關係帶到香港《華商報》支部(饒和我同一天回香港，他坐飛機先到幾天)，並把我安排在他直接領導下負責輸送幹部去解放區和策劃國民黨航運機構起義的工作。我在《華商報》支部期間，先後擔任過交通、小組長、支部委員(麥慕平是支書)。1949年冬饒回廣州，留我在香港，把我的關係轉到張鐵生處，和張一起過組織生活。

我1941年冬開始和饒彰風來往(七隊隊員胡振表地下黨員介紹)，和饒關係密切的張泉林、魯朗也和我經常來往。我的工作得到他們支持，饒是了解我的工作的。

1948年我在向饒彰風介紹歷史時，在枝節問題上雖然說得不完全，但我沒有編造情節欺騙他。我1930年和黨失去聯繫，是因工作被捕，不是動搖，怕死，主動脱黨。被捕後我沒有自首叛變，沒有登報反共。出獄後我一再找黨和積極參加黨在當時的戰鬥任務——抗日，也沒有忘記黨員終身奮鬥的目標——實現共產主義(通過寫《世界文藝思潮史話》等宣傳共產主義是歷史發展的必然前途，宣傳了馬列主義的世界觀，文藝觀)。雖然我入黨後不久被捕，在黨內的時間很短，但仍然是中國共產黨黨員。

饒彰風同志聽了我的歷史，相信我(審查證明饒沒有錯信我)，解決了我的組織關係問題，交給劉談風編入黨小組過組織生活，是行使黨給他的職權(去年冬我才知道饒去新加坡是南方局派的，他負責發展組織，有權解決組織關係問題)。饒彰風同志解決我的組織關係問題時，沒有告訴我，是批准我重新入黨，還是恢復我的組織關係。我也沒有提出來問，引起混亂，這是我的錯誤，要批判，但不能說我是混進黨內來的。

我對毛主席黨中央是忠誠的，對黨的事業是熱愛的，對黨的方針政策是堅決執行的，對黨交給我的工作是認真負責的。不管是抗日時期，還是港澳工作時期，直到我受隔離審查的前夕，我都是日以繼夜地工作的。

1967年5至8月初，領導派我到港澳辦公室工作時，正是國內、外階級鬥爭非常尖鋭、複雜的時候，當時毛主席黨中央關於港澳的長期方針受到嚴重干擾。一開始，便在香港反迫害鬥爭的方針上發生激烈的爭論。鬥爭的過程中不斷出現形左實右的做法和部署——不請示訂購700打蔗刀(我知道時，已運到深圳)，挪用護航武器(已運進香港)，要搞限期照會(請示報告已送到總理辦公室。不是8月下旬那一次)等等。我看到這些做法，嚴重違反中央方針和總理關於那次鬥爭的指示，將陷中央於被動，我都設法加以截留或撤回來。但由於我的世界觀未改造好，階級鬥爭、路線鬥爭覺悟低，幾十年，在革命實踐上我有許多缺點錯誤，嚴重錯誤，要批判。但要停止我的黨籍，停止我的政治生命，是不能理解，不能接受的。

至於我(1948年)是重新入黨，或是恢復組織關係，仍待組織審查決定，以下只是我個人的一點看法：饒彰風劉談風是直接解決我的組織關係的負責人，如果饒同志是批准我重新入黨，他們應該會告訴我，我重新入黨的介紹人是誰，但他們沒有這樣做，饒彰風同志聽了我的歷史，便把我交給劉談風編入小組過組織生活，因此我理解饒彰風同志是批准我恢復組織關係。現在饒彰風同志已不幸去世了，但劉談風還在，他應該向黨證明饒同志當時是怎樣決定的，劉自己又是根據什麼給我編小組過組織生活的，趙渢、林彥群也可以證明當時我在小組的黨員身份。

去年12月我提出要求重新複查，又已五個多月了，今年2月初支部雖已通知我重新交黨費，但組織生活未恢復，心情很焦急。知道老首長關心我的問題，特此匯報。

敬禮！

吳荻舟1973. 6. 4

附：1973年9月1日吳荻舟致張佩華的信*

下面談談我的事。不出我所料，還是有些人要踩死人。

據説毛主席又講了話，説是十大前要把幹部問題解決，來一個大家歡喜，問了一下還有多少司局長以上幹部未做結論，要加速搞，可是現在十大開了，並沒有完全解決。但，我聽了十大的勝利閉幕還是很高興，並不因為我的問題還沒最後得到合乎事實的解決。

星期五(8月24日)馮、馬二人把結論的稿子(未交群眾討論的)給我看了。(前兩天鍾XX、莊XX(同院住的那位)來找我談，還是那一套。莊不同意我的「掛名」，還説要和我辯論，鍾則威脅説，我還沒有真正實事求是，説首先要把事實交代清楚，否則可能把問題掛起來，要我好好想想……我沒有和他們爭，我只聽，最後，我説，我沒有什麼不實事求是的了。)果然結論稿子還扣我「編造情節入黨」，説我1948年入黨是對饒説「我的問題解決了」，饒相信我的説法，給我編小組的。

這次結論，開頭肯定我1930年入黨，這部分和以前基本一樣，就是簡單一點。接下去就審查我四個問題和審查結果。

一、被捕問題。審查結果是沒有暴露黨員身份，沒有……(和上次一樣)但，畫了「立地」「苦海」，犯了喪失立場的錯誤(未提要處分，也未説是嚴重的政治錯誤。)(「黑報告」那條不提了。)

二、擔任劇宣七隊隊長，審查結果是：1942–1946擔任劇七隊長，劇七集體加入國民黨後，被委任區分部書記，但無活動(過去未交代，文化大革命中被揭發才交代)，1943年寫吹捧蔣介石的獻詞，登在隊的油印刊物上(未提把分部推給徐XX，也未説「擔任」是錯誤，只擺了這點情況。這段只用了一個「吹捧」，未用其他定性的用語。不用「掛名」，而用「無活動」。)

---

* 吳荻舟從幹校回京養病，等待審查結論和分配工作，張佩華還在湖北咸寧幹校。這封信比較全面講述了吳荻舟被審查情況，也與給廖承志的信互補互證，故附在這裏。

三、據公安部門反映，美特機關說可在吳XX處得到我方的情況，審查結論：吳在港工作期間，沒有此事。

(8月8日于和我談話時，問我劉粵生的逃跑及和我聯繫的事，我說劉是中調部使用的，委託我聯繫，1962年我已交回中調部的孟XX，1966年逃跑。原來就是這回事。)

四、黨籍問題，開頭擺了我的簡單交代：1946年在香港向夏、饒提出，未及解決，饒便派吳去新加坡了。臨走前夏說吳可以重新入黨。1948年饒到新加坡，吳又提出，並稱夏說可以重新入黨。不久，饒便把吳交給劉XX編入黨小組。饒彰風證明：吳1946年在香港提出，未及解決，便要吳去新加坡，1948年饒去新加坡，吳又提出，並稱「問題已解決」，饒相信我的說法，給吳編小組。

審查結果，吳編造情節入黨，但入黨後沒有重大問題，表現還好，可以承認吳1948年重新入黨。

(由於是草稿，未交群眾討論，所以支部未署名，也沒有年月日。)

我看後提了意見，我又單獨找馮談了一次，要他(支部)重新研究，並向上級反映。

我提的意見，主要是不同意「問題已解決」，饒相信我的說法，給我編入小組，而定我是「編造情節入黨」。我的根據是1966年，專案組因夏不認賬，要我承認撒謊說「夏衍同意我重新入黨」。1969年5月10日讓我回家前，專案組還專門為了要我承認對饒彰風撒謊：「夏衍同意我重新入黨」的黨字後還有一個「了」字，辦學習班，這些是說我編造情節的唯一根據。1970年張瑞川告訴我三次找饒彰風，要我在一個「審查報告」上簽字(該報告說我隱瞞歷史，編造情節混入黨來)也沒有改變。所謂的我撒謊的內容只是「夏說我可以重新入黨」。現在夏認了，趙渢證明饒把我的關係交給他時說我的入黨問題已經分局批准了(趙還說是他接了關係後，通知我參加會成立小組的)，「編造」的基礎已不存在。至於所謂的「我的問題解決了」這句話，整個審查過程，專案組都未提出過，也未要我交代。甚至去年12月1日支部提出的結論，也沒有這樣一句，只說我編造情節，隱瞞歷史(沒有具體內容)。所以我說我對草稿的結論有保留。他答應研究一下，但也說饒已死，要弄清楚不容易，我說趙渢的意見不是很好的證明、不是因為相信我的說法解決我的問題嗎？最後他承認這只是草稿。

我現在決定(初步)：1. 我找6組* 直接談，2. 寫一個材料(報告)簡單地反映和把上述情況做個客觀分析，請上級審查考慮(商量的態度)。3. 如支部還這樣提，我只好用保留意見的方式，在「結論」上簽字，結束這一階段的「審查」，等恢復了組織生活後再說。

你有什麼意見，有什麼看法？

我考慮到還會再拖，這有什麼辦法。但，我們實在受不了了，孩子們也受不了了，如果再拖的話，又不知會有什麼變化，所以不得已時採取保留意見的方式簽名†。

現在十大也開了，就要開四屆人大了，還要拖多久呢？據說主席在十大前又講了一次關於加速解決幹部問題，說，要快點處理，甚至希望在十大前解決全部幹部問題，還提了四個原則，要在十大開幕來一個大家歡喜，可是現在又落實不了。難呀！有個人的問題，但主要是執行政策幹部對政策的貫徹問題。

就拿外辦來說吧，未解決的，就是未解決，還是和幾個月以前的情況一樣。

我現在一面考慮寫那個報告，一面找他們談(包括(主要))找上級談，必要時找核心組成員談。)

這一周我又很煩惱，我覺得有些人，就是不承認自己有錯，據李X說，他也不同意給他做的結論，拒簽了。

---

* 外交部一個小組，負責審核下面報上來的幹部審查結論。

† 後來吳荻舟還是沒簽字，家人也支持他不要在不符合事實的結論上簽字。

22. 給廖承志的信和申辯(1978年)

編者說明

這裏四份資料：1. 吳荻舟1978年6月17日寫給廖承志的一封信；2. 一份申辯：《我執行的是毛主席的革命路線不是「左」傾路線》；3.《總理的指示》(10點)；4.《路線鬥爭的一些重大現象》。3和4估計是供廖瞭解當時情況的，廖當時被困在中南海。

《我執行的是毛主席的革命路線不是左傾路線》是一份殘缺的草稿，沒有署名和日期，不過可以判斷是吳荻舟寫於《給廖承志的信》之後，因為在《給廖承志的信》開頭寫着：「中組部徵求分配意見，問我去港澳辦如何，我說非常高興能有機會在老首長身邊再工作幾年」，喜悅之情溢於言表，而在《我執行的是毛主席的革命路線不是左傾路線》結尾卻寫着：「[我]是不是『左』，請組織審查，我不要求回港澳辦，要求弄清問題。」根據後來看到的事實，曾經極左的人回港澳辦了，曾經力抗極左的吳荻舟沒能回去，他還被指責為「左」，需為自己申辯。

把這些資料放在一起看，編者解開了兩個疑團——1. 除了歷史問題，還有什麼「作梗」影響他這麼久？2. 是什麼原因，「平反」之後，吳荻舟沒有能夠回到他熟悉的香港業務工作崗位？這四份資料裏，留下一個個吳荻舟努力為香港抗衡極左傷害、最終導致自己受傷害的關鍵鏡頭。吳荻舟在給廖承志的信裏說：「不把是非弄清楚，不把錯誤批透，幹部思想認識不上去，將來免不了要搖擺。」張佩華1995年6月13日在一張紙片上寫了一段話，和這些文件夾在一起：「給廖公的信……的確是事實。但時過境遷都無從『追究』了。廖公走了，周公走了，荻舟也走了。暫留一段時間，讓下一代毀了它，如果不再有什麼是非的話。」

一、給廖承志的信

廖承志同志：

日前，中組部徵求分配意見，問我去港澳辦* 如何。我說非常高興能有機會在老首長身邊再工作幾年。

最近聽說為了肅清「四人幫」在港澳的流毒，你決定召開會議進行批判，這決定很英明†。不把是非弄清楚，不把錯誤批透，幹部思想認識不上去，將來免不了要搖擺。

以下幾件事，是春節前口頭向你匯報過的，很能說明，1967年反迫害鬥爭一開始，林賊–四人幫‡ 便插手干擾：

1. 1967年6月3日人民日報社論《動員千百萬群眾支持香港鬥爭》，據說，未送周總理審批，當時就有人要我同意用電話全文發下去。我說新華社一定發，當晚就可以收到，用不着，讓他們收聽就是了。

2. 6月6日§ 周總理召開各線會議，聽取匯報並對聯辦提出的《反迫害鬥爭總部署》作指示的會議，原定計劃總理指示後，還要務虛兩天，以便吃透指示精神再回去。

---

* 此「港澳辦」全稱「國務院港澳事務辦公室」，不是吳荻舟以前供職的「國務院外事辦公室(外辦)」，「外辦」已於1970年6月以精簡機構的名義撤銷，業務併入外交部。港澳辦是1978年新成立的，與中共中央港澳工作領導小組的辦事機構、中共中央港澳工作領導小組辦公室一個機構兩塊牌子。首任辦公室主任是廖承志。

† 根據香港中華書局出版陳敦德著《香港問題談判始末》：1978年8月鄧小平指示擔任國務院華僑事務辦公室主任的廖承志在北京主持召開了新時期港澳工作預備會議。會議開了20多天，重點是港澳工作撥亂反正，這次會議形成了關於港澳工作會議預備會情況的報告。另根據中國共產黨新聞網「1978年大事記」：1978年8月13日中共中央批轉《關於港澳工作會議預備會情況的報告》，中央批示說，港澳工作必須深入調查研究，實事求是，一切工作都要從當地實際情況出發，不能照搬照套內地的做法。參加了這次會議的李後在其關於香港問題的專著中回顧，廖承志在北京主持召開了關於港澳工作的會議，會議清算了極左路線對港澳工作的干擾和破壞，重申了中央對港長期打算，充分利用的方針。隨後新成立了國務院港澳事務辦公室。

‡ 林賊–四人幫：林賊指林彪，四人幫指江青、王洪文、張春橋、姚文元。中國人「習慣性」「簡單化」把一切壞事都以之「冠名」。

§ 根據前出「與朱曼平等人談話記錄」和「幹校日記」，應是6月7日。

可是突改變計劃，會議的第二天一早大家就回去了。記得會議的中途，總理要我和小馬、大劉(均群眾線負責幹部)到裏屋草擬另一方案，待擬好出來，會議已散，待總理對我們草擬的方案做完指示，我趕完對三線行動計劃的擬批意見送給秘書後回到飯店，聽説機票已買，明天就走，感詫異。當晚只解決了楊松同志提出要改善公開線與秘密線溝通的問題*，已來不及務虛了。當時有人提把《總部署》帶一份下去，我説等總理書面批了再説，他的指示大家都聽了，照着辦就是了。

3. 六月下旬(或7月上旬)三線反映，鬥委會要了二、三百名群眾骨幹名單，名單放在已受港英監視的鬥委會機關。這與總理關於要保證三線組織安全和不暴露力量的指示相違背，當即通知撤回名單。

4. 七月中下旬廣州海運局來人反映，香港方面稱中央有指示，已將穗港船上護航武器搬去岸上使用，還要他們當港英攻打招商局時，船上的武器要配合夾攻，問我中央有無這樣的指示。我説聯辦未轉達過這樣的指示。報告總理以後，總理指示立即安全撤出來，並告訴廣州來人，以後有這樣的情況，需先請示，不能把武器交出去。我並把電話號碼給了他們。

5. 七月下旬(羅在廣州開會未回)外貿部劉今生同志反映：香港方面以華潤公司名義來電訂購700打大鐮刀，已起運在中途，問我知道否。我請他查明是否正常貿易，如非正常貿易，先運到哪裏停在哪裏，等請示總理後，深圳截住並退回。

6. 據反映，廣州開航運會議時，香港有人參加，提出每天要保證若干艘船停泊在香港待命，還要船上的電台供鬥爭使用。我説按海事法規定，輪船泊在港內，電台受管制，不能使用。建議，遇緊急，可把船開出香港水線外(即公海)發報，但密碼要另立，船上的電碼，是全國統一的，出了毛病，影響大，而且使用船上的電台，要得到交通部的同意。

---

* 見前出《與朱曼平等人談話記錄》。

7. 七月下旬(羅貴波、鄭偉榮等同志還在廣州時)聯辦寫了一個報告，請示周總理，由外交部照會英代辦，限港英48小時內釋放所有鬥爭期間被捕的人員，否則，一切後果由英方負責。當時，我要總理的秘書錢家棟同志暫時壓下該報告，羅一回，我立即向他匯報我的意見，這樣的照會不能送，否則，港英不做出正面的回應，便陷中央於被動，建議撤回來。羅同意後，由我去電話錢家棟同志把該報告退回。

以上這些事，都未事先請示，而且都違反周總理關於那次鬥爭的：「反迫害是當地的群眾鬥爭」，「長期打算，充分利用」的方針不變，「不能陷中央於被動」，「還是有理有利有節」，「不能設想在香港打一仗」。

7月26日，我被通知要交代問題，以後的事我就不清楚了。簡單報告這些供參考。

敬禮！

吳荻舟

78. 6. 17

二、我執行的是毛主席的革命路線不是左傾路線

1967年4–5月間，港英逮捕、關禁、毒打香港膠花廠工人引起的反迫害鬥爭時，根據周總理指示，外交部和國務院外辦組織臨時聯合辦公室(簡稱「聯辦」)，由羅貴波同志負責，我擔任群眾工作組組長，是負有一定責任的工作幹部，在某些人看來，我當時確實違抗過一些人的意志，做過一些我認為是維護毛主席路線、周總理關於鬥爭的具體指示的事。可能就是所謂的「左」吧*。

1967年，我是外辦港澳組副組長，周總理指定我參加「聯辦」

* 可能就是所謂的「左」吧——這句話以及吳荻舟在下面列舉的事例，應該是某些人質疑他，而他自辯。

工作。開始我不知道林彪、四人幫已經利用篡奪到的《人民日報》的部分權力，干擾毛主席對港澳工作的路線、方針，和周總理對反迫害鬥爭的具體指示。6月3日該報針對反迫害鬥爭發表了一篇《動員千百萬群眾支持香港同胞的鬥爭》的社論，我沒有看出問題，曾通知香港方面收聽、學習。但後來逐漸看出有些工作越來越離開毛主席制定的港澳工作的長期方針，離開周總理對此次鬥爭的具體指示——總理在幾次會議上反復指示：「不能設想在那裏打一仗」，「不能陷中央於被動」，「反迫害鬥爭仍然是當地群眾的政治鬥爭」，「毛主席所定的港澳工作的長期方針不變」，「鬥爭還是要有理有利有節」等。從1967年6月中旬起，出現了一些下述的不尋常情況。或經我發現，或由有關單位反映，經我及時報告周總理(當時指定我負責隨時向周總理報告請示)，根據總理指示予以阻止或改正了。

一、六月中，反迫害鬥爭指揮部(在香港成立的、由工委派祁峰同志負責，直接受總理領導的臨時指揮機構)宣佈九龍倉長期罷工。九龍倉是港英官管商辦的倉庫，部分倉位由港英政府直接控制，存放大米。長期罷工將影響港九四百萬居民的生活，也會影響工人的生活，因此，長期罷工有堅持不下去的危險，我建議不如宣佈定期罷工較主動，到期問題不解決，可視情況宣佈延續*，總理同意我的意見，傳達下去後，是否改變過來，記不清楚了。

二、六月底七月初，香港群眾線黨組織(6月5日起總理指定我單線聯繫，向總理負責)反映，「指揮部」向他們要了二三百名群眾骨幹名單，放在已被港英監視的「指揮部」。總理一再強調群眾線不能暴露。曾在1966年6月5日† 討論《反迫害鬥爭總部署》(鬥爭方案)會議的中途，指定我和群眾線的兩位幹部離席，就群眾線

---

* 此段被吳荻舟劃掉：同時，我也考慮居民的用米，認為在宣佈定期罷工時，要宣佈大米出倉的辦法。

† 應為1967年6月7日。

的工作單獨起草一個方案。方案起草完成後還做了特別指示(指示時群眾線的兩位幹部也在場)。我接到群眾線的反應後，考慮到這是違反總理關於群眾線工作方案的指示精神。立即通知「指揮部」把名單銷毀，以免萬一指揮部遭襲擊，名單落入港英手中，群眾線組織有可能遭嚴重破壞。

據後來反映，這二三百名群眾線骨幹，是準備遊行示威時當班長的。

三、七月上旬，有人私下把劉寧一在一次會上的順口溜「要把新界鬧翻，九龍鬧亂，港英搞到癱瘓，把香港打個稀巴爛」(大致如此)作為方針、指示捅出去。我知道後馬上提出批評，記得「聯辦」為此事開過批評會。在會上，我一再強調「聯辦」不是一級黨委，是周總理的辦事機構，不能頭腦發熱，不能下指示。未經總理批准的意見不能傳下去。

四、七月中旬末，廣州海運局的一位處長、一位保衛科長，經交通部介紹，向我反映：香港「指揮部」說中央指示：把穗港線輪船上的護航武器(包括機槍、步槍、手榴彈等)運上岸(香港)武裝了新華社、中國銀行、招商局，要我設法補充船上的護航武器。當時《星島日報》刊過一條消息：港英正追查一個大木箱的下落。我聯想到如港英追查，萬一暴露上述三個單位有武器，他們即可依法查封。這和總理「仍然是當地群眾的政治鬥爭」的指示也不符合。我告訴他們，中央沒有這樣的指示，「聯辦」是唯一下達指示的渠道，今後這類事，請先向「聯辦」反映，已搬上岸的部分武器，等我請示周總理後處理。後來總理指示，「立即安全撤出來」。

五、七月下旬，外貿部劉今生同志問：「港英通知我方，擴大我大米進口額，應如何答覆」。我考慮由於反迫害鬥爭，香港社會有些緊張，曾發生過居民搶購大米的情況，如我拒絕增加大米出口額，對港英來說，確有一定壓力。但港英一向限制我大米進口額(23%)，不到居民用米的四分之一，現在放寬，從長遠看對我有利。把正常貿易和反迫害鬥爭搞在一起，不符合「長期利用」方針，於是，我告訴劉今生同志這是正常貿易，請向李先念同志請示，得到順利解決。

六、七月下旬，羅貴波同志在廣州開會未回，外貿部劉今生同志電話，問我知不知道五金出口公司接到以華潤公司總經理個人名義電報訂購700打(大)鐮刀出口，已起運的事？我說不知此事，請他查明這批鐮刀是正常貿易還是「鬥爭」用。如非正常貿易，請他通知運到哪裏，截[停]在哪裏，等我請示後處理。劉今生同志查復是反迫害鬥爭用的，已截運在深圳了。我當時考慮到這樣做如造成流血事件，便陷中央於被動了。報告總理後，總理同意撤銷出口。

七、七月下旬，「聯辦」送一個報告給周總理，要求批准照會英國代辦，限港英48小時內，全部釋放反迫害鬥爭中被捕的我方人員，否則，一切後果由港英負責。我考慮照會送出後，如港英不做相應反應，我們對下一步沒準備，將陷中央於被動，因此我請錢家棟同志把報告壓一壓。* 第二天，羅貴波同志回來，我向他匯報了我的意見，取得他的同意後，我通知錢家棟同志把該報告退回。

1967年8月5日我被撤回國務院外辦，以後的事就不清楚了。八月下旬，我看到報上火燒英代辦的消息，感到終於使中央被動了。†

三、總理的指示(日期、先後記不清楚，不全是原話)

1. 報道要實事求是，不能誇張。

---

* 此段被吳荻舟劃掉：當時我已感到處境困難，比如，原定我去廣州參加會議，行李已拿到辦公室，突然通知我留下，因此，在那次和錢同志通話時談到有些事「聯辦」事先不知道，等知道後香港已幹起來了。錢說，他們那裏的壓力也很大。

† 此段被吳荻舟劃掉：我提出以上情況說明，主要說明儘管我在工作上有這樣那樣的缺點錯誤，但總的來講，我當時堅持執行毛主席黨中央制定的港澳工作路線、方針、政策，堅持周總理關於那次鬥爭的具體指示。是不是「左」，請組織審查，我不要求回港澳辦，要求弄清問題。至於工作……

2. 情報要及時可靠。

3. 這次鬥爭不能違反長期方針。還是有理有利有節。

4. 鬥爭是長期的、波浪式前進的。

5. 不能開殺戒。

6. 這次鬥爭是靠當地力量的政治鬥爭，不能依賴國內的力量，不採軍事行動。

7. 不能迫中央上馬，在那打一仗。

8. 不能設想像省港大罷工一樣，把港九同胞撤回來，也不可能撤回來，進步的回來了，把廣大中間落後的送給敵人，日本人正想利用，他們一定會利用。

9. 敵人機要部門安上的釘子不要使用。

10. 來往台灣、西貢等地區的船上力量不能使用。

四、路線鬥爭的一些重大現象

1. 周總理指示廖、羅、吳成立黨組抓港辦業務，但，羅未在任何會上宣佈，也未召集黨組會。

2. 港辦組長以上名單中記得沒有宦鄉，但，羅去廣州開會時期，他要宦鄉主持港辦辦公會議，未知羅做這一決定前請示過總理。

3. 1967年5月底姜海(或陳秀霞)提出港辦要反右傾。當時外辦同志堅持鬥爭的長期性，鬥爭高潮與高潮之間必須有間歇。他們主張鬥爭高潮要一直線上升，雙方辯論很激烈。

4. 六三社論是一篇別有用心的東西*，未付印前姜海等便拿到了該社論的清樣，要港辦宣讀，提出要佈置學習，要用長途電話提前發給港澳工委。當時我說不必這樣做，新華社會全文發出，香港《文匯》、《大公》會全文照登。

---

* 此段被吳荻舟劃掉：當時，我雖然覺得調子高了一些，但，總以為這是國內支援，對反迫害鬥爭起鼓舞力量，看不出他是路線鬥爭的反映。

5. 六月下旬，海員及太古碼頭起卸工人宣佈罷工前，我考慮到十幾年工會線未搞過大的政治鬥爭，怕群眾沒有長期罷工的思想準備，曾向羅建議，為了掌握主動，只宣佈定期罷工，羅同意，告訴總理。總理批准後通知指揮部，但，指揮部還是宣佈長期罷工，結果很被動。

6. 七月中，交通部反映，香港方面將護航武器搬上岸，說是中央有指示。我向羅匯報，認為這樣做非常危險，要設法撤出來。羅要我馬上報告總理。撤出來後，我又報告總理。

7. 七月中外貿部劉今生同志電話告訴我，香港方面以急電訂了700打甘蔗刀，問我知道否，是否可以發貨。我說不知道，要劉弄清楚是何用，再決定辦理。但可先押一押。劉瞭解後說是鬥爭用，刀已運到深圳，我說暫時留在深圳，我考慮到如果因此造成大流血事件，勢必迫中央上馬，建議羅不發，羅同意。我通知劉，將刀截在深圳。

8. 據下線反映，指揮部向他們要了幾百個骨幹的名單，準備參加遊行當骨幹力量使用，名單放在指揮部。我馬上檢查是否有此事，必須馬上把名單銷毀。

9. 七月下旬羅去廣州開會後，宦鄉一次主持辦公會議，提議照會英駐華代辦，限它48小時(24小時)內釋放所有被捕人員，否則一切後果由它負責。討論結果通過，寫報告請示總理，記得報告最後還提了一筆，行動計劃另行報告(暗示採取軍事行動)。報告送出後，我曾打電話給錢家棟同志，告訴他有這樣的報告，錢問有可能嗎？我說可能不大，討論時大家也認識只是對它施加壓力。過兩天，羅回來，我考慮到這樣的報告容易被動，如英帝不作出相應的答覆，勢必陷中央被動，因此建議羅重新考慮，羅同意，我打電話給錢，說羅要重新考慮，要他把該報告退回。

23. 在從化溫泉的訪問記錄(經吳荻舟本人修改)

時間：1986. 11. 14–16

地點：廣東省從化溫泉療養院

訪問人：劉先秀，邱子江

記錄整理：劉先秀

打字：吳輝

我是1946年去新加坡的，1948年回到香港，在饒彰風領導下的《華商報》以讀者版編輯的身份負責輸送幹部的具體工作。當時華南分局書記是方方，成員有連貫、章漢夫等，分局下面有港澳工委，書記是章漢夫兼。1949年夏秋起，方方、連貫、章漢夫先後回內地，工委也撤銷了，只留下饒彰風和張鐵生。饒彰風於1949年10月中也調回廣州。張鐵生原來是工委下面統委的負責人。我原只是在饒彰風同志領導下負責一個方面的工作。工委撤銷後由張鐵生、溫康蘭和我三人組成中共香港工作組，直接受省委領導，1950年張鐵生調回國內即由黃作梅接張任工作組組長，分工黃作梅負責新華分社(社長)和外事工作，溫康蘭負責工商統戰工作，我負責文化、新聞、電影、出版工作。教育線的工作主要是城工委管，我只是聯繫上層的統戰工作。1954年黃作梅犧牲後，工作組由我負責，補充了譚幹，仍然是三人，這個工作組一直保持到1957年港澳工委成立為止。

港澳工委成立時我是委員，1958年工委推到香港時我是常委，至1962年調回國內工作。我在香港的公開身份第一段是《華商報》讀者版編輯，第二段是1950年招商局起義後任招商局顧問，第三段是1957年起是《文匯報》社長。1961年孟秋江調下去任社長時我仍未註銷社長職，我以常委兼省委宣傳部四處處長、實際是工委的後方辦事處主任，港澳來回跑。1962年調外辦時才正式向香港政府註銷社長職務，改由孟秋江為社長。

工作組時期黨組織有電影支部、新聞支部、出版支部，教育支部的關係是在城工委方面，我只是和上層有聯繫，如培僑中學有杜伯奎，杜回廣州後的吳康民，香島中學有盧動，漢華中學有張泉林，張回廣州後是黃啟立，中業中學的成慶生，新僑中學的XXX[許鳳儀?]。

電影支部最早的負責人是司馬文森，1952年1月他被港英政府驅逐出境後由齊聞韶* 負責，齊回上海後從工商統戰方面調廖一原任支部書記，張佩華同時從工商統戰線調入電影線。國內並派鍾瑞鳴來香港，參加電影支部。

新聞線最早是李沖負責，以後是金堯如負責。

出版支部最早是陳祖霖，陳回北京後是藍真。1956年唐澤霖調香港後，整個出版線工作便從我這裏移交給他，我只與他有聯繫，由唐聯繫藍真。出版方面有新民主出版社、三聯書店，有灰色的學生書店等。

各線統戰工作通過三個專業支部開展外，其他由工作組去做。如雲南起義、兩航起義、招商局起義、西藏和平解放等都是我以招商局顧問的姿態出現去做，用這樣的關係與有關上層人物來往。儘管我是文化線幹部，但在饒彰風領導下工作時，跟航運界已有來往。後來因國內人少的關係，工作便更集中到幾個人身上了，如兩航起義開始是喬冠華、張鐵生抓，他們一走工作便交到我這裏來。

* 吳荻舟關於齊聞韶的記述似有誤。齊聞韶是和司馬文森同時被遞解出境的，他在文革後曾寫信給吳荻舟：被捕後「集中在打鼓嶺的警署，不加審問，到第二天早晨又被押上囚車到羅湖警署，才宣佈我們違反皇家法律XX條，為不受歡迎的人，當即押解終身遞解出境。我們十分憤怒。」早在被遞解出境之前，司馬文森已經把部分工作交給齊聞韶，吳荻舟曾回憶：「大概在1951年，組織上通知他直接和我聯繫工作。他和我十天半月見一次，彙報重要情況，再根據我的指示，有些事找司馬文森商量落實，有些事直接佈置給民盟分部。」也許因此吳荻舟有此印象。

招商局的關係是連貫走時(48)留下來的，他和住埠船長(總船長)陳天駿1938年由馮白駒叔父介紹認識。他臨走前也把這關係告訴饒彰風。1949年，饒要我去找陳，從此我做陳天駿的工作。1949年8月起，我把組織起義的事下達給陳，通過陳聯繫各船長做工作，最後組織起義。

電影方面較早有南國公司、五十年代公司、龍馬公司等，拍的影片比較進步，如《冬去春來》等。「長城」、「鳳凰」當時還是私人的。長城公司是呂建康的產業，我們只是派一些人進去做工作，「鳳凰」比「長城」要進步些，沒有資本家。廖一原來後電影線又搞了一個灰色的新聯公司，面向海外的，專門拍粵語片。1957–58年電影支部感到自己沒有攝影棚，曾考慮在深圳建一座，後覺得不好，向領導請示，批准投資搞一個以私人姿態、歡迎左中右影片公司拍片的電影製片廠，便向霍英東買了一塊山地，搞了個清水灣片場，是由陸元亮、許敦樂等以個人投資的姿態出現的。

當時的建廠方針是純屬商業性質，租賃給各公司拍片，即如與台灣有來往的邵氏等也歡迎租用。發行方面，除已有的南方電影發行公司外，還投資搞了一個電影放映發行線。至此，電影製片、發行形成了一條龍，以租賃、聯營、合資、投資等方式形成了國泰、高陞、快樂、銀都、珠江、南洋、南華等戲院一條放映線。普慶既放電影又演舞台戲。新光戲院是我調外辦後用原來是商務印書館的地皮投資建的，以接待國內藝術團蒞港演出為主。

港澳工委未推進香港前，貿易、銀行、文化、航運……分線管，1958年後工委推進香港後便統起來了。各線負責人參加了工委常委，實現了在香港的集體領導。

同工會方面沒有組織上的關係，只是工作上的聯繫，有些工作非配合不可，如工會開會需要宣傳，罷工需要輿論支持，我們掌握了宣傳武器(報紙)，工人醫療所需要醫生也通過我們協助做工作，子弟學校要捐錢，我們也動員上層人物支持。儘管組織上沒有關係，橫向關係還是有的，最早我跟陳耀材、李生、楊光、吳理廣、張振南等都有聯繫。同樣群眾線(工會)也支持了文教交通、貿易銀行線，如海員工會在原招商局起義後的護產鬥爭中便給很大的支持，通過張振南、吳理廣等同志動員海員做了各輪員工的工作，調海員上船護航等。

策反工作除招商局外還有：

1. 西藏的和平解放問題

西藏解放前夕，有幾個頭面人物陸續跑到香港，主動通過《文匯報》找我們掛鉤。我們做了些工作，後來把這些關[係]向領導匯報。中央派了軍隊方面的張經武，中聯部的局長申健進西藏談判。他們是從香港經印度進入西藏的，我記得還帶了一些雲南的茶花。離港前申健先到我家交換過意見，談到該用什麼名義的問題(因為西藏是我們的國土)，確定以中央和西藏地方當局談判。他們進西藏時沒有一兵一卒，只有張經武、申健和幾個工作人員。

2. 關於雲南起義和龍雲回來

雲南起義經過兩段工作，第一段是我和張鐵生一起做，周總理通過李克農那裏帶來一封信說雲南派兩個人(宋一萍、白XX)來香港，要我們(工作組)去接頭，張要我與他們聯繫，張鐵生回內地後，全部工作由我負責。這件工作很秘密，不便交給太多人。

記得盧漢起義經過有關的人有龔自知，李一萍(原在香港)，我們通過他們與龍雲來往。宋、白來港後曾去北京見過李克農，並通過李，得到周總理的接見。後來起義前夕，又派林南園來。等中央關於起義的具體部署，後來通知與鄧小平直接聯繫。

龍雲回來也是很曲折的。他早就把軍權交給了盧漢先到了香港。盧漢起義後，我們便把龍雲的房子保護起來，他的房子在淺水灣。最早跟我們聯繫的是龍雲的心腹、雲南銀行總經理龔自知，通過他做龍雲的工作，我們也逐漸接近龍雲，我與張鐵生去找龔自知談雲南起義的聲明(通電)，記得還徵求了龍雲的意見，然後報中央。

做盧漢的工作，主要是我黨在雲南的地下組織。我和張鐵生主要是通過龔自知做龍雲的工作，和起些盧與我中央的聯絡[作用]。龔自知回國前，他介紹一位[姓]薛的女同志和我聯繫，安排龍雲回北京的問題。當時有國民黨特務監視他們，想暗殺龍雲。該女同志說一天晚上有國民黨特務爬上龍雲家的圍墻。起初龍怕回北京不能抽大煙，很遲疑。經過一段時間的工作，請示中央後決定送他回國內，並允許提供方便。但他終於決心戒了。他回來的途中還經過一段曲折。當天我們安排車子送國內特地派來接他的李一萍到他家，然後和他的車子對換，先把龍接走。龍坐我們安排的車子，開進我們地下公司的碼頭，乘電船到了九龍。原定乘車經文錦渡入境，並事先和港英打了招呼。哪知到了警戒線，車子被英國警察攔住了，說上面沒有通知。我先到文錦渡迎接他，龍雲警惕性很高，他馬上爬上火車，改在羅湖入境。我接到他和李一萍，安排他們上了去廣州的車，我便回香港了。

3. 兩航起義是1949年11月9日。最早由喬冠華做工作，喬走後交給張鐵生，張走後交給我負責。起義及護產鬥爭詳見羅修湖整理的回憶錄。

關於報紙和宣傳方針問題

1949年上海解放前後，曾有五年內解放香港的打算，工會線佈置過護廠準備，1951年以後周總理指示新的港澳工作方針：「長期打算，充分利用，宣傳愛國主義」。不宣傳新民主主義、社會主義。這個方針到我回來在外辦工作仍有效，這是總方針。後來還下達了一些具體工作方針。如解放台灣問題，是和平解放還是武裝解放？起初強調武裝解放，後來強調和平解放。最後是兩者並重，爭取和平解放。統戰工作總的方針是廣泛團結。談問題有層次，進步的多談些，談深些，調子高些，如對王寬誠、李崧等，中間落後的談少些，調子低些，還有一些屁股坐在國民黨方面的，來往又不同。《華僑日報》的岑維休是一般的往來，聯絡感情。新聞界的幾個報紙，《文匯報》、《大公報》、《新晚報》，還有《商報》，《晶報》都有區別。《文匯報》調子很高，愛新中國，立場很鮮明，但不提愛社會主義祖國，除採用新華社消息外，也採用外國通訊社的稿子。《大公》、《新晚報》多採用中新社消息，香港《商報》多採用美聯社、法新社消息，《商報》、《晶報》基本不採用新華社消息，採用外國的消息，它的任務是打進落後家庭。刊登廣告也有區別，《文匯報》可以登華潤公司、國貨公司、中國銀行的廣告，《晶報》則主要拉一般商人的廣告，一些灰色的、爭取跟台灣有關係的商人登廣告以保護自己。層次不同，做起來的政策也不同。總的是愛國主義，日常工作都是按照這個方針去做，具體由新聞支部掌握分寸，有時也會出一些亂子，宣傳過了頭。

比如對解放台灣的宣傳就有反復，一時偏重武裝一時和平，一時又是並重。以金堯如當支部書記時，新聞線的幹部經常到北京開會聽取指示。大概是廖承志提到應該加強宣傳和促進和平解放台灣的工作。這個方針還沒有傳到香港，廣州召開一個包括香港工商界參加的什麼會議，陶鑄提到「新漢奸」(具體怎麼說，為什麼提出，我不清楚)。可是傳到香港，工商界震動了。香港商人跟台灣多有生意往來，第一個跑到我這裏來的是長城公司的呂建康。他說：「吳先生，這不行啊，我的船走台灣是國內交的任務，我是漢奸囉。」他很緊張，我只好解釋，你的情況我了解，不會的。我們這樣宣傳和做統戰工作後，外國通訊社便捕風捉影開始說中共和台灣談判了。有一天《新晚報》未經請示把法新社繪聲繪影地說中共已在巴黎與國民黨談判和平解放台灣的消息登出來，人家知道《新晚報》是我們的，便說你中共都承認了，證實了。其實根本沒有這回事，中央一看到這個消息我們就挨批評了。對大躍進的宣傳也出了問題，新華社報道誇大失實，我們沒有阻止，但，這不能怪下面的同志。

電影的宣傳也隨着長期方針而改變製片方針。最早是宣傳動員華僑回國，後來是宣傳雙重國籍，接着是鼓勵華僑在當地落籍。像馬來西亞、新加坡如果華僑都回國，不但他們的人口減少一半以上，而且經濟也要瀕於崩潰，所以很害怕。其實既不可行，也不應該。這是我們對華僑工作的重大決策，在當地的製片方針是宣傳向上向美，宣傳高尚的道德品質。拍電影主要是對外，爭取能進入台灣。國內主要是以買片的方法幫助香港的電影事業，選擇幾個主題思想較健康的影片在國內放映，價錢可貴一些。用買賣的方式來掩護我們對愛國公司的支持。如果公開給錢，公司裏面的人員也不那麼純，傳出去不好。在製片方面，起初還生產出一些好片子，對外還賣得出去，後來越來越糟，虧本越來越厲害，尤其國語片，總是到最後有個光明的尾巴，公式化。記得那時他(廖承志)還說爭取對東南亞各地的發行，調子可以低些，甚至主題是白開水都行，喝下去沒毒。製片應該面向海外，不要面向國內。

當時電影線從業員對廖承志的白開水方針不理解，甚至害怕犯錯誤。記得我曾在中國南方影業公司召開過一個編、導、演的座談會，針對大家的思想情況，談了幾個小時。強調了為了打出去，在勸人向上向善外，便是白開水也行。當時還有一個問題：劇本荒，我也寫過反映華僑的劇本如《桃李滿天下》、《敗家仔》、《家家戶戶》。我在海外住過，懂得一點華僑的生活和思想情況。真正的白開水是很難辦到的，總會有點含義，應該從精神去理解，目的是把調子降低，使各公司面向海外，能打開海外市場。當時在國內反右鬥爭的思想影響下，港九的一些創作人員和演員對低調子的愛國主義宣傳方針、尤其對「白開水」的創作方針不理解，有點害怕，怕將來被批評不愛社會主義祖國了，不得了。我們召開座談會談了三、四個小時，他們問我什麼是白開水。我說第一白開水沒有毒，是健康有益的，你們不要害怕，何況我們說即使是白開水也可以，當然放些少鹽也是可以嘛，問題是要把我們的影片打開最廣泛的市場，而不起壞作用，取得長期生存的條件，白開水可以起沖淡有毒的東西(的作用)嗎？第二我們拍片要適應海外的政治環境，要能通得過，群眾能接受。如果我們的影片宣傳愛社會主義祖國或勸華僑回國，東南亞的國家就不歡迎。當然在資本主義的國家裏勸人向上為善，勤儉持家，不嫖不賭總是好的，不要刺激當地政府就是了，強調要民主之類政治鬥爭就難辦了。《家家戶戶》、《敗家仔》不是很受華僑歡迎嗎？

統戰方針上，對中間落後的、甚至有一定傾台的報館要爭取，如《星島日報》、《華僑日報》我們要爭取，對胡文虎，我們分析了他在國內還有產業，不可能和我們完全決裂。胡仙的弟弟胡浩原來的傾向就比較好，固然要團結他，後來到新加坡主持新加坡《星洲日報》，和我們的關係就不錯。就是胡仙本人也要做工作。她是長女，《星島》系報紙的總負責人，除了《星洲日報》外，在泰國有《星暹日報》，香港的《星島日報》、《星島晚報》、《虎報》。我們通過在《星島日報》工作的張問強、葉靈鳳、曹聚仁做了一些工作。如副刊上開個小天窗，又罵又幫忙，筆下留情。《成報》算是中間報紙，對陳霞子當然要做工作，《文匯報》李子誦同他的關係很好，做了不少工作，最後我們想辦一個十分隱蔽的報紙，便是以他個人的名義辦的。《華僑日報》的岑維休也做了工作。總之除了死硬的《香港時報》和我們針鋒相對外，甚至《工商日報》也有個別工作人員和我們的記者、編輯有來往。總之千方百計開展新聞界的工作。

工商統戰工作也分層次，分門別類的開展工作。當時，記不得是陳毅同志還是廖承志同志説過，工商界有出錢愛國的，有一毛不拔愛國的，有愛錢(我們的錢)愛國的，也有愛錢而不愛國的，只要不搗亂，不反對我們，都可以來往，都可以團結，應該團結。而且還舉例説：比方何賢可以説什麼人都來往，對香港政府，對我們都會説很友好的話，説不定碰到與台灣有很深關係的人也會滿親熱的呢。正因他有這樣的關係，我們更應和他交朋友。我們交辦的事他做了，香港政府交辦的事他也會做。統戰工作要廣交，要吃魚就得不怕衣服潮，說不定會遇上一個特務。

領導這番話很解決我們的思想問題。解放前，解放初期，我們的思想就是有點「左」，不敢放手交朋友，不願做統戰工作。後來就不同了，統戰工作就廣泛打開了。比如有個醫生叫王通明，還是有一定名氣的，開始我們對他就有戒心，但照樣來往。總之你心中有數，立場堅定，不給他拉過去就是了。在香港就是這樣，你中有我，我中有你，很難說不遇上一個壞人。

關於「九暴」事件

發生於1956年的「九龍暴亂」事件，是蔣幫挑起的。1956年10月10日，親台分子在青山道尾李鄭屋邨進步工人的樓上插上「青天白日旗」，為進步工人扯下來*，他們就尋釁打人、鬧事，攻打進步工會，蔣幫特務趁勢擴大事態，越搞越大，後來糾集了黑社會、流亡地主及解放初流竄到香港為港英當局集中安置在筲箕灣對海調景嶺的散兵游勇約6、7000人，上街打砸搶。不僅打工會，國貨公司，也搶劫金鋪等。對此，陶鑄同志的指示只兩句話：香港政府的態度是坐山觀虎鬥，要把保護我人身財產安全的責任交給港英政府。同時，暗中採取自衛。要我主持成立一個聯合辦公室負責指揮鬥爭。根據陶鑄同志的指示，我向李生等同志傳達了指示，交換了意見，馬上在中國銀行八樓建立了聯合辦公室，我坐鎮辦公室。我們研究後來採取以下的應變措施：一是把責任交給港英政府，要他阻止蔣幫鬧事，保護香港居民的生命財產的安全；二是自衛為主，要各工會、報館、通訊社、銀行等根據自己的特點，因地制宜，秘密組織自衛武器和自衛力量，在原單位做堡壘式的抗擊，不上

---

* 香港政府《九龍及荃灣暴動報告書》說「青天白日滿地紅旗」是被徙置事務處職員移除。

街，不出大門，又不能把力量暴露給港英。例如我們的報館，我們熬了幾大鍋鑄字的鉛，敵人如敢衝上樓梯來便把鉛潑下去，把他燙得半死，這種武器港英來檢查也抓不住把柄。因為我是報館，每天都要鑄字，鉛是要用的，既要可以「殺退」敵人，又合法。又如多儲備幾瓶鑄版用的硝酸水，敵人攻打我們，便向他們潑下去。這種武器的殺傷力很強，沾上不僅很痛，連眼睛也會瞎掉。各個機構都根據自己的條件準備自己的武器。有鐵欄的單位，便把窗上的鐵枝弄鬆，頭上磨尖，要用時拿下來，便是長矛！甚至啤酒、紅墨水也是武器，敵人聽到爆炸聲，見紅都會害怕。三是走群眾路線，組織情報網，及時掌握敵人的動向。港九的每個角落都有進步工會的會員，會員家屬和愛國單位的職工及其家屬，他們是憎恨蔣幫搗亂的。只要我們把掌握敵情的任務交給他們，就是說把情報網撒下去，敵人的一舉一動都能反映上來。同時為了使鬥爭合法化，一切情況都集中到《文匯報》，我們安排新聞支部的書記金堯如坐鎮《文匯報》，把收集到的情況反映給我，我坐鎮中國銀行，經過分析，然後以報館記者的身份打電話給港英政府。

一九六七年的「反迫害鬥爭」

這次鬥爭是由於膠花廠的勞資糾紛，港英拘捕工人，才引起該廠工人罷工，更由港英繼續武力鎮壓使事態不斷擴大，終於釀成大規模的反迫害事件，群眾遊行示威，我幹部及群眾數以百計被捕入獄，遭毆打及判刑，激起廣大港九同胞的義憤，紛紛捐款支援抗議，幾乎出現總罷工和流血鬥爭。

5月23日總理在北京召開會議，當時廖承志受隔離保護未參加，而城委、工委領導同志李生、梁威林等十餘人參加。周恩來同志指出不能在香港打仗。這只能是群眾運動，還是有理有利有節，政府絕不參與。但「文革」左的風吹下去，影響了工委對總理指示精神和港澳長期方針政策界線的分寸[掌握]。

外辦抽調我、鄭偉榮、鄧強，外交部的羅貴波、張海平和中調部的葉XX等組成「聯辦」，香港方面也成立了指揮部。

當時受文革的影響，有些未經周總理批准也未經聯辦轉的個人意見傳了下去，造成許多左的做法。我記得有幾點：

一是群眾線反映反迫害鬥爭指揮部要了三線兩百多個骨幹的名單，這些名單擺在指揮部，準備示威遊行作為骨幹用。我得到反映後，認為這與5. 23會議時總理關於三線力量決不能暴露的指示[不符]。當時恰好有反映港英警察在九龍檢查行人時在我單位的一名幹部身上搜到一份名單。因此緊急通知指揮部馬上燒毀該兩百名三線骨幹名單。

二是以華潤公司總經理的名義訂購了出口七百打大鐮刀。當時外貿部劉今生同志問我知道是什麼用途否？並說已付運。我說不知道，同時告訴他在未查清用途之前，先不要往下運，到什麼地方就停在什麼地方。待我們查清是準備組織遊行示威用，已運到深圳了，幸好及時截住。否則，如果用七、八千大鐮刀武裝群眾示威遊行，港英一鎮壓，勢必造成流血事件。

三是廣州海運局一批護航的槍支被提上岸——這是交通部介紹廣州海運局一位姓齊的科長和一位業務處長向我反映。齊說據船上反映，提取槍支時說是中央指示，問我知情否？並說據說槍支提上岸是準備武裝新華社、中國銀行和招商局自用。而且要海運局繼續供應武器。海運局不敢決定，報告交通部，交通部認為這是有關港澳鬥爭的事，他們沒有發言權，要問聯辦。他們對我說香港方面說中央有指示，並且已經有一批送上去了。我說中央沒有這樣的指示，不能再提供武器。提上岸也要馬上撤下來，並告訴齊等二人，中央如有指示，一定經過聯辦。今後有類似情況，請及時向我(曾任交通部招商局顧問，所以交通部介紹齊等來找我)反映，我把電話給了齊，並提醒齊船上的武器是護航用的，不能離開船。我一面做了緊急處理，一面向總理報告。總理聽報告後很生氣，後來我進一步了解，就在那個時候香港《星島日報》刊登了一條消息，說香港政府正在追查招商局從廣州來的船上運香港的、不知下落的一個大箱子。我覺得這與提上岸的槍支有聯繫。如果被查出來那是違法的，港英甚至可以提出控告和查封我們的新華社、招商局、中國銀行。如出現這樣的情況，問題就大了。像這樣的事情究竟是什麼人假傳中央指示，我就不知道了。不過，運武器進香港武裝三個機構，這是違反總理這次鬥爭只能是群眾鬥爭，政府不參與，我們不能設想在這裏打仗的指示。如果鬥爭照這樣發展下去，勢必導致武裝衝突，使群眾性的鬥爭發生質的變化，逼得政府不得不出面干預，那就成了中英對立的問題了。

的確在5. 23會後，在某次匯報會上，曾經有人說過要把香港打得稀巴爛之類的話，但那是個人的意見，不能作為指示來執行。

還有一點就是火燒英代辦處。那是有些人奪了外交大權後的事。事件發生前幾天，我被撤下來了。我還在「聯辦」時就看到了那個請示，內容大意是限港英48小時內把抓的人全部放出來，否則一切後果由港英負責。報告已送到總理秘書錢家棟同志處。當時羅貴波去深圳開會(原來我也要去，行李已拿到辦公室，鄭偉榮同志突然通知我別去，說是總理要我留守)。我馬上打電話給錢家棟同志，要他把該報告暫時壓下來，過兩三天後羅貴波同志回來了，我馬上報告羅貴波，這樣的報告要陷政府於被動，要他同意把它撤回來。我又打電話給錢，把報告撤回來。可是就在這事發生後一兩天，我就被通知回外辦受隔離審查。回到外辦沒兩三天，火燒英代辦處的事就發生了。後來知道是姚登山等包圍總理，逼總理在報告中簽字，僵持2、30小時，醫生護士給總理送藥時說總理有病，不能這樣做，要讓總理休息，他們就是不聽，搞疲勞轟炸，最後總理被迫簽字。總理為此一再向毛主席自我檢討。毛主席說外交大權旁落了四天，你是被迫簽字的，別再檢討了。我進了「牛棚」*，後來反迫害鬥爭如何發展，如何結束，完全不知道了。

補充幾個問題

一、章漢夫是1946年6月間到香港的，任港澳工委書記兼報委書記，下面有饒彰風等。章漢夫除了負責報委工作外，主要負責籌辦《群眾月刊》。抗戰勝利後，國民黨發動全面內戰。我在廣州，國民黨特務黃珍吾要迫害我們，總理批准我們撤退到香港，香港東縱正準備北撤，方方與國民黨方面談判時，他們不讓方出來，軟禁[他]。廖承志知道後，指責他們，才讓方方出來。這件事是《大公報》的一位記者陳凡在採訪北撤消息時知道方方被軟禁，是他出來報告的。

二、東江供水問題

1959年香港鬧水荒，要求國內供水，我們答應了，建了深圳水庫，仍然不夠。港英政府想了很多辦法，人工造雨，海水淡化都沒有成功。到62、63年缺水最嚴重，陳郁同志同意他們派船到虎門附近運水，也解決不了問題。港英政府通過何賢提出試探，希望我們再增加供水。當時我們計劃從東江引水到深圳，一次周總理到廣州，陳郁同志反映了這問題，周總理當即口頭批准建設東圳引水的擬議。後來省水利(廳)在林李明領導下，提出了引水工程方案，報總理批准。在這基礎上，梁威林開始和太平紳士周埈年接觸。最後決定從東江引水供香港，並提出供水方案報中央，經陳毅同志擬批同意並轉外交部，轉報總理。總理批准後我負責一些具體工作，比如召集各有關單位討論如何保證按時保質保量完成和供應各種提水設備等問題。省裏是由水利廳負責組成具體落實班子。共勘測了三條路線，最後確定了沿與東江合流的司馬河，經塘廈——雁田水

---

* 牛棚是文革流行起來的用語，指關押「牛鬼蛇神」的地方。吳荻舟曾形容自己的牛棚生活是「失去了自由，除每天出來掃廁所的自由外，就在不滿30平方的房裏，與十來個人擠在一起，誰也不與誰談真心話，只講違心的謊言過了兩年。」

庫——深圳水庫。並與香港政府簽合同保證一年供水。該工程原定1964年三月動工，65年三月落成供水，但，由於周總理抓得緊，群眾思想[工作]做得深入，人人急香港同胞之急，提早於1965年1月就竣工了。經過認真調試，到三月公開舉行落成大會，一次放水成功。這使港英當局都感到驚異。

開始港英政府對我們供水有點顧慮，怕我們將來卡他們。所以我們在宣傳上不過分從政治上去宣傳，國民黨正在挑撥説中共供水給香港將來更容易控制香港了。同時我們在對外宣傳上很注意政策，不要使人認為我們是專為港九而修建這個供水工程，我們説引東江水一方面是為了灌溉十六萬畝農田，一方面是為了供水給香港。開工時總理指示不要大肆宣傳，竣工時宣傳可以大些，盡量不要刺激港英。鳳凰影片公司拍了部大型紀錄片《東江之水越山來》，梁上苑負責抓這項工作，廖承志批示説在解説詞上不要提高到政治上來，要宣傳工程的艱巨，宣傳群眾的勞動熱情。

水費問題，簽合同前有一種意見，不收費，白送。香港政府害怕，港九同胞喝了祖國白送的水，香港政府卻收錢，甚至還加水費，港九同胞和港英當局的矛盾就尖鋭起來了。此事請示了總理，總理説不收錢不好，象徵性的收一點。最後決定每千加侖收人民幣壹角錢。

三、深圳戲院的建成

約1958年，解放後港英一直害怕我們的影片去港九戲院放映，每部影片放映前都要送審，剪去許多鏡頭，有的就乾脆不讓上映，也不歡迎我們的藝術團體去港九演出，影響港九同胞觀看祖國的電影藝術。因此電影線的幹部建議在深圳修建一戲院，不僅為當地的群眾，港九同胞過深圳方便，所費不多，國內的文藝團體到深圳也可以演出。工委認為可行，而且還可以收入一些外匯，報請上級批准後便在深圳興建一座影劇兩用的戲院，工委電影線負責協助進口一些設備，如放映機、空調機、音響和效果光、座椅等都是從香港買來的。還有舞台設計和要求也是由電影線負責找專家。設備很好，舞台也大，中央芭蕾舞團，歌劇團都到那裏演出過，在對外宣傳上發揮了一定的作用。

四、協助動員一些有名望的人員回國

馬師曾、紅線女、容國團、傅其芳等人回國我們從中協助做些工作，容國團、傅其芳主要是工會做的工作，京劇名演員馬連良好像是通過費彝民動員回來的，杜月笙的老婆孟小冬是唱青衣的，我們也通過中華書局的吳叔同做過工作，但她不回來。香港大學教授、名醫侯寶璋是位研究癌症的專家，早期是黃作梅做他的工作，黃犧牲前張鐵生聯繫的黨員曹日昌和侯是港大同學，張回北京時把曹的組織關係交給我，曹曾介紹我與侯聯繫，繼續做他的工作，黃作梅犧牲後，後來是譚幹也聯繫過，最後我們請他回來了。他很有學問，有很好的研究條件。在香港他是驗屍官，凡是死人都要經過他鑒證，證明是否正常死亡。利用這個方便，把肝臟取出來製成標本，光研究癌症的標本就有上萬件。62年我和他一起回來時，他把所有的標本、資料都搬回來，對我們的醫學做了很大的貢獻。

對一些過境的人員我們也盡量協助做保護工作並送他們回來。如華羅庚、李四光1950–51左右回來，與蔣特鬥爭很緊張。

李四光回來時的鬥爭：他原住在瑞士，有一個女作家淩叔華告訴他，聽説國民黨要暗殺他。他便離開瑞士去英國，(我們)通過關係勸他回國。國民黨特務一直跟到香港。我們接到通知後，我與張鐵生決定一定要想盡辦法送他安全回來。李四光有個舅舅在統一碼頭開一個巨源貨棧，由他舅舅去接船，因為我們目標太大不方便，接上岸後馬上秘密安排他住在石澳的一所房子隱藏起來。過了幾天便秘密從文錦渡送他回來。這一鬥爭取得勝利是地下黨員的功勞。

華羅庚回來時乘飛機到達機場，我們帶他先進半島酒店，馬上從後門出去住到九龍飯店去。我們還派了一人住進該飯店暗中保護他，很快便送他回來了。這是張鐵生回來後的事。

24. 晚年有關香港散記

編者説明

即使離開香港工作崗位，吳荻舟仍然十分關心香港，編者在他晚年的日記、書信等文稿中發現點點滴滴與香港有關的內容。根據他的日記，1979年在青島療養期間，到海邊散步，他想起香港的清水灣；在市區瀏覽，他想起香港半山；看香港長城七十年代拍攝的電影《巴士奇遇結良緣》，他認出幾位老友記：「演技不錯，可是都發胖了。李嬙、張錚、劉戀，幾乎不認得。」和一批香港遊客聊天：「他們説有一段過左，反感。」他甚至遇到一位姓張的遊客，聊起來知道是恒星的夥計，郭宜興的手下，吳荻舟曾與郭打過交道。看《參考消息》，其中一條消息説「邱德根(新加坡華僑富商）在香港荔枝角按宋代名畫家張擇端的《清明上河圖》以六萬平方英尺的地建了一座『宋城』」，吳荻舟覺得「在旅遊事業上動這樣的腦筋，的確不壞」。

這裏是在他八十、九十年代遺文中有關香港的部分記錄。

1981年12月24日

去沙頭角走了一趟，沿途所見，民房、田舍都是新建的，多數是兩層，有的三層，都是新式洋房，沙頭角也有變，過去沿海都是破房子，現在都二三層的小洋房了，街上也有不少新建的商店，與我五十、六十年代去那時的情況大不相同了。

1981年12月26日

萬墨英母女來見，觀了夜場，住一夜。女兒已27歲。已長大成人，現在她先父生前的招商局工作。周去世後，政府還是很照顧她們，除給他們一層樓，二房一廳，還有一個儲藏室等，月租二千多，由公司付外，每月還給生活費1300元，女兒900多(學徒工，明年便升正式工，可加工資若干)，生活過得很安定，自在。

我們認為這樣照顧是必要的，而且也只有社會主義社會才能這樣，資本主義社會人老了也沒人管，何況死了的。她們說很感激國家和我的關懷，這我是同意她們這樣說的，在左的年代，的確有人對起義的人刻薄和冷淡的，我頂住了那股風，認為他(周)在起義時表現怕事，不敢擔風險，有消極，曾因受氣想辭職，我勸阻了他(起義後)，不如陳天駿、湯傳篪，但他並沒有洩密(當時是廖一原接近他)。不像陳天駿，敢於聽我的話，以總船長的地位，來一條船，就說服一個船長，想一切辦法，把船扣在港內，一共扣了十三四條大船，還有拖頭、泊船，最後與湯傳篪一起連公司及所有公司所屬機構(倉庫等)起義。

這些往事，當我看到她們母女時，像電影一樣再現在我的腦際。

晚接通知《文匯》的李子誦、金堯如、王家禎等人明天來夜場。為了表示歡迎，市委安排了文化局長來通知我，並由他去接車。我順去見見羅湖擴建的新情況，我也去接接吧。

1981年12月27日

這次市委一直要我住市委的招待所，我一直沒去住。這招待所是大躍進的產物，1960年前去住過幾次，但，現在聽說陳飾已非常富麗堂皇，現代化，每個房都有冷氣、電視和電器浴室等。如果這樣，那就真的夠豪華了，每次中央的部長們來住、辦事都下榻於此。

於是我決定去住一兩天，順便和李等談談香港的情況，也為兒藝去港做點鋪墊。我到站上，進入禁區。車未到，海關的同志很客氣，給我們找了三張椅坐下，看着數以千計的來往旅客，匆匆去，匆匆來，大包小包，五顏六色。

接到後已經四點，我原就帶好洗臉用具，就一起去第六棟。規劃雖是原來的，但，花草樹木早已和往昔不同。進入六所，那已大不同，紅毯自電梯、走廊，房裏沙發，冷氣，彩電，豪華已非北京的大旅店可比。

這晚談到深夜3時，回房後，我躺在錦緞的床上，還看一點電視，實在睡不了。

我未想到金也對王不滿，我未去港 ，真也是一個幸事，如去了也不知如何應付。甚至李俠文都說，「你們為什麼這樣傻，要這樣苦，做生意養報紙。《大公》就不同，沒有錢就去銀行低利借，100萬、100萬的借，既滿足了同人的生活，也不要傷腦筋……」金說，老費很聰明，把《大公》的全部財產寫了一個清單，簽了字，說這些都不是我個人的，都是公家的。正本送律師樓，副本送新華社。王、金還誇他做得漂亮，《大公》，可是將來欠了銀行不管多少，他死了，一點責任也沒有，還不是你公家的事。而且，金繼續說，「李俠文說，你(指公家)要我們辦報，有錢，就辦，沒有錢，不給錢，就關門，幹嘛像你們那樣現在還是過窮日子。」

金說到夏夢當上政協委員，我就在會說了，她是個退役了的電影演員，代替文化那一界，還不是……捧了一個夏夢，丟掉了三個公司(也有一個廠) 的人：「就是大家堅持工作，感到心涼啊。」

對余 ，說他老了，幾乎死了，既不能做事，早該引退，可是他不敢引退，因為私用了報館六萬元，會計是他安排的，要用就拿。王早說讓他「辭職」，安排他到廣州文史館。金說不應，他是有缺點，但《文匯》在香港他是有功有勞的。王又說，讓他退休。金說退休辦公未妥，與其他機構不一致，他有病，沒有功，也有苦勞。退休，能得幾個錢，如果用完，未死，沒錢活命，對我也是不好的。還會給費等不良印象，最後才決定他當顧問，一切待遇照舊，住在報館(家庭不和，買給他的房子只小小的兩房，還有女兒未出閣吧)，汽車照用。最近對金承認他過去堅持不當顧問，是錯的，對金不住。

金等對祁也大有意見，余曾在祁前告金(金說)「我已是百般保護他了，他說我的不是，但，一句為金解釋的話都不說，這不就是承認我金某人克扣他？」他說，「我真想不到祁為什麼如此，他是參加每次對余的處理的討論會的，不能說不知我金某對余的態度，不是官僚，是……」

王家禎也同意金的意見，金還為李子誦抱不平，說上面只捧費，對李就壓。他實際連民革的中央委員也不是，他在中央(民革)用的是李紫重(是祁給他定的名字，不知如何用意)，誰知道是《文匯》的社長李子誦呢？政協沒有他的，人大就更不用說了。

王有事出去，金對王認為太無能，什麼也不敢。

這次聽了這些，真有點感到人太複雜。

此外還談到電影界現狀已不可收拾。最近說要改革已告到上面(查來也說他們寫了一個報告給中宣部，提出要求改變當前的現狀)。金說，廖公在王下去前，說，一切包到底，現在什麼也不包了。人紛紛要走，片子拍不出……

我談到國內重視兒童教育。金不以為然，說，他曾介紹了一個願出5000萬、只要給X萬米地。由他先建中心，再以一半地讓他建房子，搞地產。結果，他得到同意，四人乘飛機，把願贊助、搞兒童教育中心的某某某等(老闆，工程師，還有一位)帶到北京，找到婦聯的吳某某(金叫他小吳)，可是吳冷冷地對他們說了一句「已下馬」，害得人家花了幾萬港元，空跑一場。說大姐們走了辦不了事了。這話，我不信，我說：中央確實很重視，還是要搞。我問如果我們再重提此事，某某某還願意嗎？金說會同意的，當然要做些工作，太失信了。

此外還談到兒藝、青藝出去演出的事，他對某某某(劉天龍)誇口可搞5000萬，他懷疑。

我是姑妄聽之的，有懷疑。

後來我向馮局長瞭解，他也說劉有幾件事是說了不守信用的。

總之我要多方面聽聽，不要輕信。

1981年12月28日

八點我告別了金等，參加去蛇口參觀。先到西瀝水庫後到蛇口，吃午飯前到碼頭和各沿海岸的其他建設參觀。參觀後到漁業一隊和公社辦學校(小學到初中，約800人，明年起辦高中)等(包括隊辦禮堂和已建了部分的戲院)參觀。

這裏原是一個只有千把人口的小漁村，我1958年左右來過這裏，十分小而且荒涼的地方，當地人說過現在已啟用的三千噸位碼頭，填了一部分海的山區是連砍柴火都不敢去的，房子(嶺上的)不多也舊，雖然解放後七八年已有了一些新的建設，但，仍然許多用蠔殼為牆的，大部分人在船上住，都有雙重戶口，記得漁民上岸買米都有限制。總之，我當時看見的原是受兩地剝削的地方，解放後在我方當然不再受剝削，可是生活用品，漁具還是要從香港買，魚要以廉價(必須通過香港仔香港政府控制的魚行，實際是HK官商的)收購，十分苦的一個小漁村。解放後，魚由水產公司收購，糧由公家供，用人民幣買，但，打的魚為了要在香港購買用具，漁行就卡他們非把好魚賣給他們，收入HKD，在我銀行兌換後才上岸購柴米油鹽。

這次看到的，僅僅兩年已是一個8000—1萬人口的特區港口，已有幾個工廠投產，開發可以說是很快的，比起內地來，那是快得多了，已有微波通訊站，自來水，供電站。蛇口公社有四個漁業隊，三個養蠔隊，人平年約8—900。如以個人工值算，有的達一千多元。這裏的群眾不願搞生產責任制，堅持集體生產，現已實行8包，食每10元，免費上學，醫療，住(隊建宿舍，一戶一樓一底，兒孫分開各算一戶，所有住宅都雙兩層 。「退休，飯飽，葬喪，棺材」，大件傢俱(電視也是由隊分給各戶)，水、電。各戶存款不一，但比如漁一隊最富，全公社共存400萬元。

兩年三個月改變這樣大說明速度的。

西瀝水庫遊覽區，公路還是泥土的，遊覽區有跑馬，遊船，度假房，雙房，飯店，冷餐等俱全，尚在興建中，可爬山，山上有亭閣，還有野餐區等，建成後確是一個好的度假區。

1981年12月30日

會見余鴻翔，已是弱不禁風了，瘦骨如柴，說話上氣不接下氣，留他過夜看戲，都謝了，說只是來看看我。訴了苦。

余也承認欠了報社12000元，自己工資7000，廣告佣金每月2000，夠了，每月給家3000。同意當顧問，也承認待遇用車不變，可參加社務會。

余開口就哭。總之各有一番說話，我姑聽下，打算向有關領導反映，只說「聽起來問題很多，為了黨的事，還是派人下去找各方面瞭解一下，也聽聽群眾的反映」，但我絕不表示誰對誰不對，因為我只兩方，未聽群眾的反映，不能表態。

為什麼變得這樣快，這樣複雜?!

1981年12月31日

今天是1981年的最後一天，兒藝上午9點-12點演出一場，中午1點多，全體去沙頭角。以慰問隊名義才去成，這點，他們的情緒就像出國一樣，興奮得很，早早就在門口等車了，是好奇？還是體驗生活？張奇虹在廣州就說過，一定要到那去體驗生活，其實那沒有什麼生活去體驗，走馬看花。當然瞭解那的界線環境的輪廓，所謂中港交界在一條街上嗎？羅英說她看了很有興趣，像小孩「過家家」，一線之隔不敢來往，將來一定以那為兒童寫一個劇本。實際當地的兒童並不如此，來往是沒有什麼不自由的，只有對外來的人是有這條限制，不能過線去買東西，但踩線是完全自由的。方擲芬去看了羅湖橋頭，曾回來對我說，她看到一個老婦挑了一擔紅紅綠綠的東西從香港回來，很激動地說：我的國家一定要搞好，生產一定要搞上去，為什麼樣樣要到那邊挑去來呢？「為什麼一橋之隔有這樣大的差距呢？」這倒是一個使痛心的事。她的激動，倒是有道理的。我也有這樣的感覺：物質上的差距，固然是一個問題，精神上的差距就更是一個問題。如果不是清王朝的腐敗，賣國，在鴉片戰爭原可勝利的情況和英國簽那樣可恥的租借條約，在祖國的領土「出賣」。我這樣回答她，我們一定要振興中華，將來使這塊土地回來，撤掉物質和精神上的這條「線」(是12月28日從蛇口參觀回來的路上交談的)。

這天我沒有出去，補記1981年最後幾天的日記。晚上市文化局婦聯宴請兒藝。

去沙頭角參觀的人尚未回來，後來知道他們到那兒除了看看，主要買東西外，還到當地駐軍的一個營地演出慰問，這作風是抗日戰爭、解放戰爭繼承紅軍時代傳下來的，很使我感動。

深圳搞經濟特區後，我感到不把社會主義的精神文明搞上去是很危險的。十多天來，根據我很窄的範圍的接觸，問題不少。(1)日夜不停的意識形態的資產階級思想的影響。從電視、廣播、旅遊者的談話，物質「文明」的誘惑，現在向錢看的思想很重。(2)工資制度不同，懸殊、差距之大驚人。多者，一個司機，一個普通技工，每月可拿到600元，外資的工廠工人工資一般達300，還有整套設備的宿舍免費居住。飯店、茶室的廚師，可拿按香港幾千元港幣待遇的數字折算，拿一千多至2000元。(3)浮動的工資，合同工作制的資本主義經營方式。(4)香港青年帶女孩過來開房胡搞，影響很壞。高級風景(遊覽區)的小旅店，即假日飯店，都有他們的常去處。(5)教師待遇低，把教室拿來營業，收入來做獎金。(6)的士司機隨便開口，火車站到百花園兩公里要旅客82—120多元不等。(7)幹部家裏的設備遠超過目前我社會經濟可能有的生活標準。(8)「合法」走私，一些在這做工的人，每天可以來兩次，現在一批人就利用這個方便，出去時什麼也不帶，回來時拿一把傘，帶上一個手錶，穿上一套新衣和新鞋，過來後就拿出來賣，這樣的東西隨時可以買到。來往的船，也常常把一架兩架收答錄機、甚至電視機埋在運糖之類的雜物裏。關警檢查時只用一支簽刺進去探探，插中了，算倒楣，但也不過碰傷一點點而已。我問這裏為什麼市面上人人都有許多代用券？「可以到處找換嗎？」人民幣40–45可換100港幣(牌價30幾)，再用港幣去換代用券，而用代用券買東西可以比人民幣便宜得多。這樣一轉很有利，香港回來的不願去銀行，而把香港錢流入社會，社會上就有那樣一批人以高價收買它，再以更高的價賣給需用代用券的人取得港幣，去換代用券。據羅英說，院裏一位小女孩(青年)就這樣取得代用券買了一架收錄機，還比以人民幣買便宜80元。

總之，不抓緊和採取必要的措施，就無法「利用外資，支援社會主義的大後方」，這個特區的「社會主義櫥窗」就難保了。

六點多盛主任來坐，談了這些情況的一些，最後問起參觀對港供水工程的事，我說已決定元旦約幾位來座談，二日去參觀。這是早上我去李為然同志處探訪提出，和我同去的有戲院鄭經理和麥經理——廣州演出公司。李部長當即要鄭同志去文化局安排，由鄧同志代約，並安排車。

晚在聚敘，每桌150元，林江同志、盛主任、李為然、馮局長、黃(婦聯)主任，還有一位未見過面的工作主席都參加了，情緒很熱烈。我不料在深圳過1982的元旦，我托招待所的經理(曾)代買一些糖果給院的同志，因為他們把我也列在名單裏，得到50元港幣的慰勞金，我是覺得可以不要我一份的。

年夜飯前，盛主任又來坐，說錄像機他不能批，要國務院批。這事我沒有正面向他提，兒藝的領導要我向吳南生說了，我也只在他們問起他們這次去深圳演出時，我就這樣的答，要普通少年兒童藝術教育，是困難的，這次來廣州還虧了三千元，曾想毀合同不去深圳，後來院領導把情況向部裏匯報後，部裏允補助，才決定去時，提出他們如果有一架錄音機(實際只是錄放機)把每次的新戲錄下，送到學校、少年宮、縣文化館……這樣就可以把這些好的藝術普及了。吳誤以為是錄像機的全套設備，說「不易，要七萬多。」他們到了深圳向婦聯提，也要我提，我對他們說，我們原不知道這次是為兒童福利募集福利基金，到此後，聽說外商贊助很踴躍，我說，我們來此演出的結果，總要能對當地兒童福利事業有所幫助，如籌款結果有上百幾十萬，提出還可以，否則不提好。

只告訴戲劇副經理，提了一個大概，說：必要是一回事，但如籌款不甚理想，就不提此事。可能是他們向盛反映了此事，所以盛才這樣說。我覺得兒藝的個別同志(如張)有時想得天真，也提得天真，而且露骨了些。有一次我向羅、伍反映了情況，羅說，曾為此批評了他。

盛還要我轉達，說他不能參加晚飯，要趕着去廣州，要我代向兒藝領導解釋。這些，我後來都代轉達了。今晚一人在房想到孩子們。

1982年1月2日

延到9:20才出發。既有供水工程的專線車，也就很方便。路是很不平的，有幾小段，簡直跳的很厲害。我的計劃是先到管理局所在的塘頭廈(據呂昨天午飯時說，他先打電話約好工程師在那等)，談完，如他們同去東江河口最好，談完有了一個印象，再去實地走走，就更有深刻的印象。約好一站站退回到深圳，當天來回160公里。

但到了塘頭廈，工程師因司馬站閘門漏水，趕去解決，只好等他回來，同時站上(局方)已準備了很豐富午飯，吃完已兩點，談完，又恰好「鳳凰」拍的大型紀錄片《東江之水越山來》還保留在局裏，又放映到4點。到此，我問盧局長，下一段的路況如何？他說不好走，不平，豐田車尾巴底座低，易出事。我想了一下，(1)已錄了音(詳細談，幾個人補充)。(2)轉錄對旅遊者的解釋工作的介紹錄音帶。(3)看了紀錄片，可以不必到現場。(4)便改變計劃，就從此回程，直奔雁田水庫，這是提水工程的最後一站，從此就是下坡水流入深圳水庫。到那已太陽下到西山頭，照了幾張照片(在塘頭廈也照了幾張)，就直放深圳回百花園，已是6:30過了，車不到深圳水庫已要開燈了。

這次最大的收穫是這一次的參觀，搜集到比較全面的材料，並得到盧局長等的允許和邀請，如來那裏寫，他可供住和一切方便，他們完全同意我提出的寫這回憶錄和劇本的意義和目的。我這一應諾的完成，還要找一些具體的文件和當時群眾不顧個人安全和利益的積極和無私的材料了。我到廣州，決定找黃施民、梁威林再收集，必要再去水庫沿線，找群眾。這等我回家後，先把劇的構思先寫出後再說。我說老了，能完成這一有意義的工作，也就心償了。當然這是開玩笑，不過我決心已下，就不能中途而廢了。寧願不再任劇協書記。

1982年1月3日

上午我沒有出去，托譚旭勳同志代我買一個壓力壺，買不到，結果把別人送給的結婚禮的一個抱來給我。我一定要他收錢，我說別人送你的結婚禮物，還是留着紀念。他非給不行，說他隨時可以買到，只35元港幣買來的，小意思。再三不收我的錢。只好收下。

中午兒藝宴請部分領導人，到了盛紀明(市委辦公廳主任)、馮兆才(文化局長)、黃冰、李為然(市宣傳部副部長)，百花園的經理，劇院經理等，吃的是北京風味。經理與兒藝的張領隊在抗美援朝時在同部隊，但不認識，談起了知是同事，就優待了菜價。我第一次吃到鹿肉丸子和真正的葱爆羊肉(用鐵盆燒熱，把切的很薄羊肉及葱等倒入，端上來，然後各人用筷拌上幾下就吃)。剛要開座時，《新晚報》的副刊編輯馮偉才也在「北方」吃飯來找我，他們是來看戲的，可是，戲院方面因為最後一場包不滿(1200位，只有400學生)就臨時撤銷，害得他們空跑一場，很不好意思。雖然這

[不]關我的事，但，從這次以我的名請三報刊登免費廣告，及按我的意圖三報發表了我、羅、張三篇文章和消息，都給予我的「面子」。我可不能讓他們掃興回去，就與招待所的領導和業務負責人、兒藝的領導商定，不收房租，住了一夜(15元房的，所中最高級的)回去。馮帶了羅承勳、李俠文、費社長的口信，說承我的邀請，因事不能前來觀看，十分抱歉，表示謝意云云。

從這次的情況看，和來人所反映的情況看，我在當時的工作，給文化藝術以及其他各界的印象還是好的，他們還念念不忘我在那裏沒有目前一些領導那樣不易接近。他們很不滿兩年多，只在初到時下去過一次。我很不理解，為什麼作風如此「官僚」？這樣給黨帶來的影響是十分不利的，難道這點也不明白？

晚上馮偉才頭痛，我和盧愛珠談了約一小時(「中業」不是我在時已辦的「中業專科學校」？)。香港所以那樣「繁榮」，還是靠群眾的血汗，她說了幾件十分使人痛心而感到難受的事，有一對夫婦，兩個孩子，一個八九歲，一個才一歲不到。生活難，丈夫失業，去賭錢。衣物什麼典光賣光，結果吵架，母親就把小兒子捆在身上，從高樓跳下慘死(二人)。至於女孩下火坑，男孩帶毒，吸毒等等，被捕被殺的人無日無之。

現在一些暴發戶，多虧「文革」時，怕我們解放香港，大批資金要逃，就大賣樓宇，樓宇地產一度大跌，而一些中產者就大筆買進，一穩下來就暴漲上去，他們比老戶更猛，無度地起價，加租，不到幾年就成了巨富，搶在我收回港九之前發夠其財。結果老百姓就慘囉，有的就求死不得地活着，被剝削，吸血啦，淒淒慘慘的事多得很。

過去我們在香港常說，什麼是香港的大新聞呢？哪天港聞版沒有自殺，他殺、劫案的消息，本身就是大新聞。現在不但仍然如此，而且有過無不及。

早上帶同兒藝的領導去市委告別，這是兒藝的同志未想到的，其實我昨日就已安排了車子。9點左右，馮局長已到百花園，不久，車也來了，三位兒藝的副院一起上了車，直奔市委，只見到了周市長和市委辦公廳盛主任。我說我們就回廣州，特來向梁湘同志等告別。這次兒藝到深圳演出，得到同志們的支持，十分感謝，但由於同志們很忙，梁湘同志處，請代轉達。出來照了相，他們向我講解深圳開發的規劃圖。(1)蛇口西灣將闢為石油基地，據說珠江口的石油勘探說明海底是一個比大慶還大、而且油質比大慶也好，蠟少。(2)將由落馬洲開一條高速公路到廣州。(3)虹口東北六平方公里地及東施沿海到羅湖30平方公里將開闢為新市區，建高級住宅及商業區。(4)福田區也將建大居民區，一共由胡應湘40億，整個特區將可住100萬人。

1991年吳荻舟訪港行程表

日期/星期

6. 3一　上午12:30歷山大廈2607陳，晚，劉曉燕約。

6. 4二　上午，小燕馬上來。許叔約。晚上，鄭偉榮約(與羅君雄、李俠文通過電話)

6. 5三　上午，配眼鏡，下午，山頂。

6. 6四　10:30譚幹，下午《文匯報》6點半來車。

6. 7五

6. 8六　晚六點整，盧成約西灣河地鐵站

6. 9日　玩一整天

6. 10一　上午參觀中銀(11:30，14樓港澳銀行管理處)晚，楊奇、李俠文

6. 11二　上午11點，盧敦、查良景來

6. 12三　10點到銀都看《東江之水越山來》。午茶。下午三點後李枚

6. 13四　9–10時祥[?]來(新洲)，3:00藍真來接，看書店

6.14五　10時廖一原來
6.15六　9:00許諾
6.16日　遊九龍、新界，今天端午、父親節
6.17一　下午五時郭清娥一家來
6.18二　下午3時小容來
6.19三　中午袁麗、敦叔來家，可能還有許敦樂
6.20四　2點去黃佩球家(運動場道15號京華大廈9字H)
6.21五　金芝來
6.22六　上午許顯輝來，下午3點盧成家
6.23日
6.24一　王素華約，星光行東座二樓，金島酒樓，4點南方公司，晚飯
6.25二　上午11點廖安祥來家(決定中午)12:30
6.26三　廖一原來，中午吃飯，飯後回家來談。6點半張雄海請吃飯
6.27四
6.28五　上午與許去眼鏡店，旺嫂約去探三姑
6.29六　探周太午餐，5:30廖叔約，鄧坤吃飯
6.30日　安安請
7.1一　2時後金查來
7.2二　翁太晚飯(七到八點之間)敦煌3樓
7.3三　10:00書店來人接，集古飲茶。晚8時許敦樂請聽音樂(文化中心)
7.4四　4:00招商局約，或參觀友聯，吃晚飯
7.5五　上午10點劉芳，羅君雄午餐，莊世平晚餐
7.6六　上午飲茶(譚幹、李微、佩瑛、潘德聲)，北角敦煌三樓(12點)，七時小菁來
7.7日　遊香港全島，海洋

7.8一　上午學生來，下午3點去《文匯》

7.9二　9點車到，參觀招商局碼頭、倉庫、船廠

7.10三　媽媽生日

7.11四　潘粦(上午、晚未定)(11點)

7.12五　上午邵博年約飲茶

7.13六　上中午廖一原約去深圳，3點回來，晚陳潔宜來

7.14日　上午安友請午餐。下午4點李俠文來，陸羽居茶室，下午去小容家，

7.15一　上午九時藍真到家談，下午1:45-2點天后地鐵站淦

7.16二　9點許來談，中午飲茶，下午看小容，晚去鯉魚門

7.17三　吳漢英9:30來，下午去海洋公園，晚去小菁家

7.18四　全天準備、休息

7.19五　回去，10點(左右動身)

7.20六　深圳去廣州，去前須約許、藍分別來家

1991年10月9日

吳荻舟給子女

一回來就想寫信給你們，可是一拖再拖，今天才寫，幸虧媽媽先給你們寫了一封，回來後的大致情況，都告訴你們了，不在這裏重複。我想告訴，我們的國家，巍然不動！香港有些人說了一些過頭話，我們不但不要聽，而且還要批評他！提醒他！幫助他！他們將來會後悔的！

你們應該多訂幾份報，香港訂報，買書是很花錢的，但別的地方省點，這方面不要省，不要把自己孤立起來，封閉起來。現在我們應該過更豐富的生活(不指物質生活)，吸收更廣泛的知識，知道更多的情況，只訂一份報，不管是進步的，中間的，落後的或者是反動的是不夠的，當然以看進步的為主，要學會分析問題，判斷問

題(不要輕易下結論)，就要看「辯證唯物論」，也要看黑格爾。

在港的一個多月，我們有點為你們的生活擔憂。你們天天為生意忙，電視看到深夜，早上起不來，很少、幾乎可以說沒有時間到國內農村、城市仔細看看，有些印象還是舊的。當然有些地方還很落後，但更多的原有現象是改變了，或正在改變。困難也是有的，而且比較重，但有很大發展，很大改善。還有很多人在工作，中央不會不知道。最近中央電視台通過亞洲一號衛星播出一套節目，香港台灣都可收到，你們要收看，你們用的電視機，如果經過處理，只能看香港的，就要重新處理。

舊印象牢牢地遮住眼睛，也就必然沒有任何新的東西了，對一切都懷疑了，一切都沒有改變了。比如說這次國內遭災，香港同胞熱心捐款，香港有些人就擔心捐款到不了災民手上，落入一些貪官污吏口袋裏(至於趁火打劫也有，搶劫、盜竊公私財物，趁機引起群眾的糾紛鬥毆的不法分子，壞分子，有，少數，但有關機關已通報，要堅決打擊。七月《文匯報》已有報導，有的現在也已處分，官貪未有所聞)，這些舊的(包括國民政府時代的)、對事物不加分析和區別的說法，是錯誤的，至少是不完全。國際有關組織、香港許多團體不是派人進來看過嗎？不是一致說救災工作做得很認真很好嗎？如果一個人肯動點腦筋，比較其他國家遇着這樣重大的天災，結果又怎樣呢？要死多少人(包括災後瘟疫死人)？可是國內全民動員(其他國家能這樣動員嗎)，包括兒童(當然不包括幼稚園、學齡前兒童)，捐錢、捐物，派了幾千上萬醫療人員，帶了藥物……具體點說：國家下撥了三十多億現款，加上港澳同胞、台灣同胞、海外僑胞、國際機構、國際友人的捐款，還有物資、糧食、衣被、醫藥折合現款，保險公司賠款……一共100多億。現在為止沒有瘟疫發生，113萬多戶群眾(安徽、江蘇，浙江、河南，湖北，湖南，貴州，黑龍江，吉林等九個省份)的房子(在這次水災中倒塌或已成危房需拆了重建)到9月底已新建成永久性房屋43. 78萬間，過冬庵棚284.98萬間，已有65.56萬戶災民從無房之困中解脱出來，還有48.36萬戶也可在冬季來臨之前有溫暖的安身之處。不是社會主義的國家，能解決得這樣好、這樣快嗎？

也許又有人會説，社會主義好，為什麼東歐、蘇聯會搞成現在這樣呢？這由他們去仔細思量，仔細回答吧。

我説過我們不是沒有缺點、錯誤，不是沒有貪官、污吏，不是沒有走私、漏税……但要總的看，大的看，向前看。今天的缺點錯誤，貪官、污吏；走私、漏税；……原因很多，歷史的、政策一時失誤造成的，也有國際環境強加的影響。但問題是改不改。過去有人説首鋼某某司長、深圳特區某某局長，貪污了幾十萬，多的幾百上千萬，他們照樣過得很好，照樣當他的司長，局長，可是現在怎樣呢？不是槍斃了嗎？也許還有大的，上千萬的，上億的。除了逃出去，受到他國保護的，我看只要我們堅持什麼，反對什麼，總有一天會倒楣的！當然，我們也不能説一百個，一個逃脱法網的都會沒有。有，又能損害我們的機體嗎？

所以説千萬不要因為看到社會主義自我完善過程中的缺點、錯誤，便説社會主義不好，也不能説列寧説一個國家可以革命，也可以建社會主義的學説已是過時了。

多訂幾份報，多讀書，不要把自己封閉起來，其次，一個人一定要做點於國家、民族、世界、人類有益的事，如果只想到自己如何過得舒服，不想到別人，不想到國家民族，世界人類的前途，那還是像世界最有錢的人，養好了，享盡了，像一個最可憐的窮叫花子一樣死去，爛掉！只在臨死前想到要死了，最後死了！

當然，我們做了事，也爛掉！可不同，至少我們死前回想起來，總是在新舊世界轉化這個偉大的、從個人「幸福」，轉化眾人(人人)幸福，平等、自由的偉大的事業中，做了一點事，吃了苦，冒過險而平靜地死去，哪怕這事業要一百年、幾百年才能完成！當然，也想到「我要死」，最後死了。

你們是愛國的，切盼國家向好裏改革、發展的，不過有時急躁起來，有點恨鐵不成鋼，怪責幾句，不像有些人站到另一個立場上，唾罵中國，好像自己的臉皮不是黃的、不是炎黃的子孫！

這封信也給大妹小妹看！

祝你們都好！

爸爸1991. 10. 9

有什麼意見，來一信，有很多話想說，可是太長了，留給你們好好看報、讀書吧。

1992年5月15日

吳荻舟給子女

本來你們多少有點不願犧牲自己，目光較短、較淺的，對現實只看到消極的的確存在的一面，沒有看到積極為十二億人民謀共同富裕的、更主要的一面，對即使本人一生看不到大同世界，甚至失敗，但，大同世界，必然是社會發展前途，大同理想終歸是要實現的信心！或者也[有]這個信心，但，缺乏犧牲自我去實踐的小資意識的擁抱者，同時，你們不理解黨為什麼犯「左」「右」錯誤，我公職人員(包括黨員)會有那麼多問題，貪污腐敗的歷史根源和社會根源，你們和我們過去犯的錯誤一樣，以為推翻三座大山，一切就會好的幼稚想法，但我們現在覺悟了，而你們沒有，把革命看得太簡單太容易，以為我們這一代，應該交給你們一個共產主義國家。這有點太天真了，太無知了！

1992. 5. 15

25. 在《文匯報》職工大會上的講話*

原編者按：我報首任社長吳荻舟先生於7月26日在北京與世長辭。為了紀念他，我們特發表他的一篇講話摘要。這篇講話是去年7月間他到報館探望大家時發表的，講話很平實，從中可見這位長者謙虛樸實、嚴於律己，對後輩循循善誘的可貴品德。

我今天來這裏有機會同大家見面很高興，以前我在這裏工作時，國慶或五一時開大會，大家見一見，但是這已經是30年前了。當時十幾歲的年輕人現在都四、五十歲了，認識的人固然還有一些，但今天能見到這麼多人，我就更加高興了。我們的報社大廈有十幾層樓。這個十幾層樓是大家的功勞，大家努力的結果。我自己感到有點慚愧，過去我們搞《文匯報》是每日只出幾張紙，報社呢，才三、四層，在波斯富街。當然，當年《文匯報》的同事也都是十分努力的。他們兢兢業業，為今天的發展打下了基礎，其中許多同事當年為報館奔忙的情景，至今還如在眼前。

我是1957年來報館的，1962年初就返北京，去國務院外事辦公室工作了。剛才張總介紹我時講得太客氣了。實際上我1927年參加革命的時侯，比任何一個同事都小，十幾歲，初中學生。那時北伐戰爭，有的同鄉說，不要讀書了，出來參加工作吧。我就聽他了，好，走出校門，就參加北伐軍宣傳，後來做地下工作，斷斷續續讀了幾年書。當時工作是很艱難危險的。到了1930年，坐牢了，被國民黨抓去坐監，坐到抗日戰爭，1937年出來參加周總理領導下的工作。所以講起來，「工齡」已有六十幾年，但是實際上大學都未真正畢業，因為剛剛把大學的論文交了上去，就被抓起來了，所以

* 原載香港《文匯報》1992年。

經驗又很少。對於報館工作，我是1948年到《華商報》搞了一陣，搞到1949年《華商報》停辦了，所以實際上報館的工作經驗很少。你們在報館工作時間比我長得多，經驗豐富得多。我加上《華商報》、《文匯報》的工作經驗，最多就是四、五年。所以說到做報館工作，經驗就沒有，不過教訓倒是有的。

香港《文匯報》原來是上海《文匯報》的香港分版，所以由創辦的1948年到1957年未有社長，社長在上海嘛。當時時常有一個來這裏領導工作的：徐鑄成，大家都知道了。他來港時間在1948年，即是解放前沒多久他來到這裏辦分版。那時我在《華商報》，他在《文匯報》，大家都是搞報紙，都有來往。《文匯報》當時財政很困難，我舉一兩個例子來講。比如1949年，剛剛解放以後沒多久，物資極其缺乏，白報紙供應常常斷絕。有時今天印了報紙，明天的報紙有沒有白報紙都不知道。有一次，徐鑄成買了一些汽車胎，說準備賣出去買報紙，哪裏知道他買的汽車胎都是舊貨，賣不出去。所以那段時期大家是很辛苦的。至於說薪水，雖然有，但很低，報館經常「撲水」度日。

到了1957年以後，條件依然很艱苦，好像我，工資也不過幾百元，很多同事和我一樣，收緊褲帶，收得很緊，肚皮都塌了進去。這情況今天講起來，還有些傷心哩。所以《文匯報》實際上講來很艱苦的，當時又有過左情緒，比如報紙第一版不準登廣告。香港嘛，又不是別處，在香港你如果第一版不準登廣告，如此一來有很多人有廣告都不拿來給你登了。後來，大家在實踐中懂得了極左的東西行不通，第一版開始登廣告了，又想方設法籌了些錢，買了位於波斯富街的樓，總算有了自己的寫字樓。成立了廣告公司，經濟上才稍有好轉。

有好多事回憶起來心裏都很難受的。像不登廣告那些過左的思想我都有的。過分「清高」，脫離了實際。這是一方面，但另一方面，當時工友也好，編輯部同事也好，大家都不覺得工作生活上有什麼苦，大家能捱就捱，因為共同有一個愛國信念，我們和國家一條心。這是很重要的。像今日一樣，做新聞工作，依然比經商或其它行業報酬往往低一些，甚至很多，但付出的一定不比其它行業少。

但我們從事的是愛國新聞事業，大家每日做的，是將國家改革開放的新風貌、新事物介紹給港澳及海外同胞。這樣的工作，其意義又不是能以金錢衡量的了。

再講講報館工作經驗。以前香港這個地方沒有九七問題，那時我們想到的就是要使香港人慢慢了解國家，即所謂愛國主義的宣傳。所以當時我們做這些工作的人的信念，就是使香港同胞個個認識到自己是中國人。如今九七將臨，香港同胞中有這樣那樣的憂慮，這是很現實、很自然的。

今次我來香港，聽説好多人離開香港移居加拿大、美國，但又有好多朋友跟我講，移去後又移回來。到那裏語言不通，他們講英語，我們講中國話，認識的朋友又少。有的人説，晚上不認識路，走錯了語言不通回不了家；又有人説，去到那裏，人家表面上很客氣，但一到關鍵的時候，就説你是黃面孔不是白面孔，就要歧視你。所以好多人去了又回來。將來會不會有更多人出去又更多人回來呢？我看這是有可能的。所以我們愛國報紙怎樣宣傳一國兩制，是一大課題。以前，我們宣傳上有些問題未搞通，出現過這樣那樣的偏向。舉例來説，報館曾犯過一些錯誤，一個是宣傳大躍進，我也犯錯誤了。大躍進説一畝地可以收多少萬斤糧食，我們也跟着宣傳，報紙照登。但有時有些事我們應當考慮一下，比如究竟是否一畝地能產這麼多呀？沒有研究，人云亦云，結果就錯了。後來什麼時候覺得不對了呢？我去廣東參觀番薯地，他説畝產十幾萬斤，我將手指插入土裏，一摸，成堆都是番薯。仔細一看，藤是枯的，明白了，原來是假的，把好多畝地的番薯埋到一起，上面用一層薄薄的土蓋住，當然可以有十幾萬斤了。回來後我説這樣宣傳不行，他再説畝產幾十萬斤都不要搞了，因為親自調查清楚了這個問題，知道不會有這種事。所以我認為做新聞工作一定要多多學習，多多了解情況，多多調查研究，不要人云亦云。

至於目前中國怎樣，現在的中國同舊中國比較又怎樣，我看五十多歲的人都知道，大家回過頭來看一看嘛。11億人口，佔了全世界人口的四分之一左右，解決了吃飯問題。國民黨時期我在上海讀書時生活很苦，經常吃不上飯，有時讀書讀得忘記了，回來房間門口沒有放飯菜的竹筒，就只好捱餓了，明天再吃了。當時許多女孩子，十幾個姐妹，只有一條爛褲子，姐出門，妹妹就不能出去，這種事是很多的。如今一個中國百姓至少有幾百斤米可吃，不是自己講大話，全世界都承認中國的糧食解決了。當然，「左」的思想在我國確實害人，大躍進、文革等等，阻礙了我國的發展。如我們像香港一樣順順利利地搞經濟，就不止像今天這樣了。這是可以肯定的。現在內地一些地方部門有些人的作風較差，這是事實，那麼國家能否將黨風搞好？可以的，慢慢來，一個房子要蓋好還要一兩年哩！何況一個11億人口的國家。當然，如果已經錯了，不能再犯錯，這我們應當相信，不會再這樣了，不會再有文化大革命，所以我想大家要有信心。大家只要看一看改革開放十來年中國所取得的飛躍發展，就一定會對我們的事業充滿信心。《文匯報》是進步的報紙，是和祖國的發展、進步共命運的，也是和一切關心祖國、熱愛中華的炎黃子孫共命運的。可以預料，《文匯報》的事業，將同祖國的四化同步，前途無量。我的講話完了，有錯的請大家指教。

後記：飛鴻踏雪泥

在後記裏，編者想補充一些前面沒有涉及的事，以呼應編者在前言中的那句話：「了解吳荻舟和他的同志們，對理解中共歷史和吳荻舟那代『共產黨人』也會有幫助。」

忍辱負重多年，吳荻舟反復回顧自己的一生：「我對自己很清楚，決不是階級敵人，歷史問題也有數，我沒有出賣同志、黨和人民的利益，三十年來積極做黨的工作……這些我既沒訴過苦，也沒炫耀過功，這是一個黨員應該做的。」(1970年5月26日幹校日記)「我那麼幾件事，早已內查外調清楚了，而且也承認我還做過許多進步工作。我對黨的工作，真比保護自己眼珠更重要，沒考慮過自己的生命……同志們不相信我，也不相信自己的反復外調。那什麼時候才放下心來呢？」(1971年2月11日幹校日記)

1972年3月3日吳荻舟被准許從幹校回到北京，換了一個地方挨批判，寫檢查，等待對他的「結論」，家中更發生了白頭人送黑頭人的悲劇。

編者細閱與吳建有關的大約10萬字家書，意識到那裏面充滿人與人之間信與不信的矛盾，「黨性」和人性的矛盾，家長「泥菩薩過河自身難保」又如何教育子女的矛盾，家庭教育、書本知識和社會現實的矛盾等等，這些矛盾的「後果」就是吳建1976年1月6日自縊身亡。家人到處申訴，從1976年一直到1985年，中紀委駐水電部紀檢組才給他做出最後結論——他當時受到迫害，患上妄想型精神分裂症，有幻聽幻覺，包括自殺行為都是無責任能力。迫害他的主要人物受到處分。

1968年吳建十五歲，下放在內蒙(後改歸屬吉林)農村插隊，他在1972年11月給吳荻舟的一封信裏傷心地說：「我這五年多的生命簡直連糞土都不如，像是根本不屬於我的樣子。爸爸，你把你生命中最可貴的一段給了天下三代受苦的百姓們，為了使他們獲得政治和經濟的解放，可是到今天，你還不能把你的兒子解放出來。你解放了，你兒子還在冷宮裏，做一個來歷不明的自由人，工人不行，升學不行，參軍更是妄想。你兒子還帶着手銬和腳鐐呢。造反派的餘惡深重，還有你們外辦的那條XXX，便更是混蛋官僚的偶像，也許是你的功榮太大了，打不倒你，也不願讓你紅出他們一頭，所以就變着法的拖你。」

1973年底，吳建終於得到機會到新建的水電部下屬白山水電一局技校上學。雖然學校簡陋，開學半年老師還沒有到齊，但是吳建珍惜這個機會。他早就自學了數學和物理，每次考試都是90多分，他聰明，愛動腦筋，知識面廣，還是俠肝義膽，組織同學互助，輔導功課，幫助弱者，深受同學們喜愛，不到一年評上三好學生，入了團。

可是由於技校領導嚴重任人唯親、拉幫結夥、搞小山頭，影響大家學習，吳建提意見，被認定是領頭「搗亂」。整他的人竟惡狠狠地說：「看來殺你要用一把特別的刀了。」學校給他辦學習班，孤立他，讓他批判自己，讓同學們批判他，誰不發言一起挨整，短短幾個月就把他弄成精神分裂。有同學向學校反映，但是學校變本加厲，以延期畢業處分他，還要開除他的團籍(後來沒有執行)，更別提給他治療。

他去世之前回過北京，但是學校並沒有通知家長他的精神狀況，倒是小妹妹看到他情緒不好，勸他「留下來，跟我去順義」(她那時已經被下放到京郊順義縣插隊)，可是他執意回東北「執行任務」，1976年1月6日他在幻聽狀態下「執行任務」，自縊身亡，時年僅有25歲。有人為了洗脱自己的責任，污衊他是畏罪自殺，他的同學冒着挨整的風險向家裏反映情況，一直到80年代家裏才為他爭取到做精神病鑒定。

1968年吳建下鄉的時候，編者十四歲，1969年編者也下鄉了。之後幾年探親偶爾相聚十天八天，記憶已經很模糊。唯編者印象深刻的是，吳建聰敏，勤於思考，讀書多，一有時間就看各種雜書。編者當時在內蒙古鄉下沒有條件看雜書，一切「聽從黨指揮」，被吳建批為「天真無知，渾渾噩噩」。那麼問題來了：是站着死，還是跪着生？是清醒地死，還是糊塗地生？為什麼要逼十幾二十歲的孩子面臨這樣的抉擇!?真是令人心碎的問題。

小兒子遭遇不幸的消息如晴天霹靂落在父母頭上，他們一直以為自己對子女的教育是正確的：比如要善良，要聽黨的話，要和錯誤作鬥爭，服從安排，安心工作學習，講道理講規矩……豈料這些「正面教育」非但不能保護孩子，反而害了孩子。張佩華說：「眼淚也乾了，從此即使哭也沒有眼淚。」從1979年吳荻舟在青島療養期間寫的一篇日記可以看到，他的心在滴血——他一直深深責怪自己連累了摯愛家人：

> 8月6日，接到瓊的信，知道他們尚未去白山。又說先要找到上層打通後再去，否則，怕不但無效，反會弄糟，真難呀！
>
> 有些事我也拿不定。這是我們這一代，處於大改組，大變動的過渡社會的一代的痛苦事。1957年以來，現在看，不只上億的人受到冤屈，死的死，瘋的瘋，病的病，意志消沉的意志消沉，家破人亡，思緒混亂……我們的孩子小建的不幸被迫死，只不過是其中之一。這種沉冤，就具體的一個事例說，得到伸直的怕沒有萬分之一吧！這真是革命的、翻天覆地的變革年代的最大痛苦，而又無法訴的真實！我該怎麼辦呢！大妹寫了一篇散文*，我曾答應給她改，可是我不知幾十次拿起筆來，並告訴自己，這次該冷靜地改下去，可是，一開始就淚水盈[眶]，終於幾個月，沒有改成。她也很急，我也急。至於去白山，我們是應該去的，這是

* 大妹即編者，寫了關於吳建的文章欲訴諸媒體。

為萬分之一的遭迫者伸冤的行動，可是，可是，今天還是「立法易」，「執法難」的時代，多少特權，多少阻力呀！這些是「四人幫」出現的數千年封建社會的殘餘，但，它還相當牢固地盤踞在中國大地上呀！要突破它，是不易的，儘管這是完全可能的！

一是要有來自上面的幫助，有人肯出來從上面施以壓力，支持，伸冤也要有後門！二是要有群眾的，來自下面的壓力、支持。如果過去支持小建的同學，敢於起來鬥爭，那是有力的，他們清楚小建是對的，是被迫害的！我曾想到到那裏貼一張大字報！

這樣做，正義的同學能起來嗎？恐怕，他們也要考慮自己的困難，現在還得不到自由！何況他們也還有一個「私」字。

我上面沒有有力的人，下面遠離白山，對當地群眾政治覺悟又不摸底，怎麼進行呢！但又不能就把這「冤案」、這口氣吞下去！矛盾、矛盾、矛盾，痛苦、痛苦、痛苦，就是今天這個過渡社會，在前進中，仍然存在着的現實。

後來為吳建「成功伸冤」主要是趕上胡耀邦主政組織部，抓緊辦冤假錯案，「伸冤材料」輾轉上達，再由上面批覆下來，基層才加以重視，最終解決。

自1969年底，吳荻舟就出現間歇性心律不齊症狀，1976年起又出現房顫症狀，在幹校以及回京後都一直沒有得到很好的治療，到了1978年已經是幾乎每月發作，有時很快過去，有時長達四小時。誘因包括累，太夜睡，突然動作和受到驚嚇，忘記吃藥，趕稿，噩夢等等。不過他不顧及自己身體，在1978年個人還沒有得到「平反」的情況下，為了給演劇隊平反，一批原負責人不斷到家裏開會研究，給中央寫報告，終於促成中央發出組通字八號文件，給演劇隊平反。當年9–11月，吳荻舟自費帶着8號文件副本去南京、上海、杭州、長沙、廣州、武漢六個城市，不僅為自己的隊，也為兄弟隊向當地政府和有關單位宣講8號文件，組織座談，推動落實政策。

圖1 1972年6月11日吳荻舟出院，和張佩華、次子吳建和小女兒在宿舍樓下合照

1979年5月22日—8月31日，外交部安排他去青島療養，這是他平生第一次療養，以前有過幾次機會他都讓給別人了。在青島療養院裏，他遇到一些三十年代、四十年代的老朋友，又結識了很多新朋友，跨界了解到一些「八卦」。他在日記裏記下一些想法，那是積年思考的折射。下面僅選幾例：

> 6月10日，管子説過：「知而能用。用而能忍，忍而能信，聽讒言而不動(搖)。」(記不很清楚，大概如此。)領導人一定要做到這樣。「偏聽則暗，兼聽則明。」唐太宗李世民，魏徵説的話聽，並以女兒許給魏子，魏死時還給他立碑題字，國興。後來聽小人説魏的壞話，既毀其碑，復收許女之言。並聽小人之計，興兵攻朝鮮，敗。悔曰：如魏徵在，則有建議不去打了。這是聽小人讒而動搖的典型史例。
>
> 我看歷代皇帝沒有一個能做到管子的四句話。我一定注意要

做到。解放以來，小人很多，也害死不少人，不應引為戒嗎？

6月27日，一些過去整人、搞假材料，整死人的人為什麼不處理，而且還在位上掌權呢，幹部落實不了，安置不了，全在這些人還卡住。當然，我是這樣想，「不降人」是可以，但問題總要向人民説清楚，好讓人民監督他們改、立功嗎？捂住不説，或只少數人知道，群眾就怕嘛，正氣就不敢上來嘛，是非就不清楚嘛。中央這樣的人有，地方上有，能不令人擔心、疑慮？積極性能調動的起來嗎？只要把該辦的辦，群眾的積極[性]還需「調」嗎？自己就起來了。

7月13日，過去的反反復復，是多少年政策的左傾，造下的問題太多。現在有法也難依，執行起來，一時也翻不過某些大石頭。

7月16日，據説政協一些黨外人士、也包括一些黨員，被勸要收回檢舉一些人的特殊化和胡作非為的提案後，感於57年的教訓而心有餘悸，思想又沉悶下來了。

8月1日，不問官多大，要在黨紀國法上一律平等，不能「刑不上大夫」。

8月13日，今天看了邢堯思的《生產鬥爭比階級鬥爭更根本》和另一文摘《有沒有洞察一切的人？》我覺得寫得很好，過去把社會主義社會的「階級鬥爭」説成始終為綱來強調，這是錯誤的。這是根本不認識馬、恩、列對階級鬥爭的理論。社會主義這個歷史階段既是從資本主義過渡到高級共產主義(社會主義社會是初級共產主義)社會，那就是階級消滅的過渡，就不可能始終如一地存在着不變的階級、階級矛盾、階級鬥爭，否則就根本談不上過渡。

圖2　1986年11.14–16日吳荻舟在廣東省從化溫泉療養院接受訪問期間和劉先秀、張佩華、黃施民合影。

這本就是形而上學的階級鬥爭觀點，由於這樣來強調，就人為地擴大了階級鬥爭，必然造成社會的災難。四人幫、林彪就是以這種「以階級鬥爭為綱」的片面性行其極左路線，坑害千萬革命幹部和群眾！

在反右、反修中也就必然產生一些被干擾的、引致擴大化的惡果！我看，就是應該繼續在理論戰線上貫徹放的方針。從思想、理論上澄清一些混亂糊塗的觀點！

8月18日，章漢夫同志的追悼會就要開了。不是也是一個「叛徒」嗎？真是多餘的一場「革命」。

吳荻舟去療養時正值《周總理和抗敵演劇隊》付排前的關鍵階段，這是他和幾位老同志牽頭組稿、由他主編的各隊紀念文章總匯，他要校對，寫後記，與十幾位作者和出版社密切聯繫，交換意見，核對史實，日夜工作。大夫說他不是來療養，一再警告他，吳荻舟說：「大夫怕我太累，連日記也不讓記，如這樣，我的創作計劃全落空了，餘年還有什麼用？」他根本閒不住，1975年他就自動借調到革命歷史博物館資料室搞資料工作(包括翻譯日文黨史資料)。他說過：「要不是自己找點工作做，那比在國民黨獄中的八年還浪費。心情的不快，則遠超後者，後者是為革命坐敵人的牢，前者是為革命而坐自己的牢，多冤！」

青島回來後，吳荻舟調去中國戲劇家協會擔任書記處書記兼研究室主任。他為創刊《中國戲劇年鑒》、《文史資料》、搶救各劇種、推陳出新和少年兒童藝術的發展，發揮了特長。可是他對文革導致的人性崩壞大感意外，曾發誓以後再也不和某些人合作。不過那是沒可能的，在組織出版《周總理和抗敵演劇隊》和抗宣一隊(後改為演劇七隊)隊史《南天藝華錄》的過程中、在劇協工作中，他還是要與發誓「不合作」的人合作。

下面是他回顧甫到劇協時就提出的劇協急需做的七件事：

(1)編輯話劇史料集，先遠後近，搶救，準備話劇史的編寫。

(2)成立評論組，加強與評論隊伍的聯繫和擴大評論組隊伍。

(3)當時《外國戲劇》歸研究室領導，談到編輯方針時，我說，這刊物的出版目的是擴大我國戲劇界的眼界和起借鑒作用。推進我國話劇的創作和運動，所以方針是客觀的介紹，不評不贊。但要先近後遠。(即先介紹世界各國劇運資訊、思潮、流派、作家、作品等。至於古代的可以慢一點。)

(4)密切與劇作家聯繫。會的刊物要多留篇幅反映和刊登外地的劇運和理論創作。儘快傳達中央對文藝的方針政策，幫助各地解決問題。

(5)出版社以暢銷書養專業書，分層次，多層次的方針。

(6)加強與戲劇(戲曲、藝人，話劇)界的聯繫，組織一些研究會、學會，進行一些業餘講座，請老藝人、老一輩的表演，導演講課，要提高戲劇藝術，也要和體育界一樣搞群眾運動。舉了我國乒乓球衝出去，是大張旗鼓地在全國範圍興起乒乓球的群眾運動，到處看到乒乓球台。(水泥的、木的，室內的、室外的)

(7)一定要搞《年鑒》，目的是為劇運史做準備，鑒於過去資料失散和史料不確切，遭到趙尋反對刁難。

在劇協工作中，最令吳茯舟費心及欣慰的就是《中國戲劇年鑒》的創刊。馬彥祥、龔啃嵐、陳默等幾十位專家一致肯定《年鑒》出版意義重大：我國是個戲劇大國，劇種繁多，戲劇文化源遠流長，早就應該出版一部史料性的「誌書」——《中國戲劇年鑒》，用真實確鑿的資料留下中國戲劇歷史面貌。他們並建議由吳茯舟牽頭。吳茯舟受命負責此工作後，逐個走訪夏衍、陽翰笙、曹禺、馬彥祥、張庚等戲劇界元老、專家，從方針、方向、史料提供上爭取支持；建立包括各地劇團、各省文化機關，解放軍文化藝術部門，中央藝術團體在內的《年鑒》通訊員聯絡網；建立《年鑒》編輯部，從人事安排上保證《年鑒》的編寫進度；說服戲劇出版社以暢銷書養《年鑒》，吳茯舟甚至為《年鑒》聯絡廣告贊助，以保證長遠出版。1981年底，第一輯《年鑒》終於問世。

除了業務，吳茯舟還不忘呼籲政治方面的改革：

我們黨吃了長期存在黨內「左」錯誤的大虧，今後不能再搞「左」，當然也不能搞右；落實政策不能有私，落實政策在加強團結上是有重大意義的；任何小圈子都絕對不能允許；一定要認真發揚民主集中制，一定要把提出的問題反復調查研究後，做出既弄清問題、又團結同志的結論來；要經過充分的民主醞釀後才選舉，而且是堅決用無記名投票(一次支部會上的發言提綱)。

圖3　1991年夏吳荻舟訪港期間到《文匯報》參觀時合影，左起：劉偉昌、周佐強、張晴雲、胡煥長、張佩華、吳荻舟、張雲楓、吳荻舟長子及編者。

吳荻舟退居二線後，仍以書記處書記身份參加「全國少年兒童文化藝術委員會」工作，在晚年他馬力全開，迸射出千縷餘暉。1985年他在張佩華、長子與編者的陪同下回老家，「少小離家老大回」，南京、無錫、福州、泉州、廈門、龍岩一路南下，圓了一個心願，回程時還到廣州參加了關於香港回歸的座談會和《華商報》紀念活動。1991年夏天，他回到心心念念的香港，參觀、座談、見老友，不亦樂乎。1992年5月5日，他寫了一首打油詩，慶祝自己的生日，要爭取1997年香港回歸時再上扯旗山歡聚一番。

只是，他沒有等到那一天。他因為藥物中毒住進醫院。醫生說，他的心臟還很健康，身體狀態猶如七十歲的人，所以他是很樂觀的，還在醫院讀書看報，看鄧小平南巡講話，計劃出院要做的十件事，卻在準備出院那天一早猝然離世。那天是1992年7月26日。

這是張佩華寫於1992年8月8日的日記：

今天給荻舟舉行了告別儀式，告別了。

就像多少年那樣出門說一聲「走了」！

就像抗日戰爭年代，我帶孩子在桂林，他來來往往。

就像在梅縣他送我住進醫院割盲腸，我出院時才來接我。

就像1948年在新加坡說一聲「組織調我回香港」，丟下我和三個孩子走了。

就像1962年搬回北京，跨進23組187號的第二天，他說走了，回廣州開會。

就像「文革」期間，走了，他到寧夏平羅農場，丟了我和六個孩子。是的，他不好受，我也不好受。但是他走了。

現在真的走了。就那麼一秒鐘，我們便永遠分離了。

五十多年過去了，現在永別了，人生如夢，老套話都有現實意義，如夢啊。我一個土頭土腦的孩子，走上和中國革命結合的路。工作，學習，成長，有堅定的信念，盡了自己的力。這是荻舟身教的，我感謝他，報答他。

1998年，由張佩華帶領編者徵稿、寫文章，在廣東省黨史研究室的幫助下出版了《吳荻舟》紀念集，張佩華當時已經八十歲，為此花費莫大精力。

2010年，看到張佩華整理吳荻舟的遺文越來越吃力，編者承諾接手。

2014年4月6日，張佩華也走了，享年九十六歲。

至此，不知是否寫出了吳荻舟的一生輪廓？編者忐忑期待各位的反饋。

謹以此書獻給親愛的父母和二哥，愛你們！

吳輝　2021年秋

附錄：吳荻舟同志回憶錄

編者說明

編者手上這份「吳荻舟同志回憶錄」草稿，是一份手寫稿的影印本，上有吳荻舟大量修改刪補的筆跡。1986年前後，吳荻舟曾接受新華社等多個機構採訪，當時中英談判已經結束，香港回歸提上議事日程，國內各行各業都十分關注香港情況，這份「吳荻舟同志回憶錄」雖然沒有日期，但估計就是根據其中一次採訪整理而成，再由吳荻舟修改。行文中「護產鬥爭的具體情況，由陸元彬、陳耀寰幾位在北京談了，我不再重複」、「上海中國油輪公司董事長于眉頒發給邵良全權代表證書(見《海員起義》頁360)」、「藍真是我們現在香港出版方面的總負責人，以後可請他回來談談」以及「(參閱我在《華商報》45周年紀念由史學會編印出版的《白首記者話華商》中《版面內外》(1985年底)」等表述顯示，他在為採訪者提供更多線索，而且是在《白首記者話華商》1985年底出版後的事。

全文提綱挈領，不足三萬字，並不是完整的個人回憶錄，屬於工作性質，而且只寫到他調任北京之前。

此回憶錄中沒有的內容，可以在他留下的其他文稿中看到，而其他文稿中也沒有的部分，編者已在後記中略加補充，以求呈現一個比較完整的吳荻舟。雖然他曾和朋友、家人數次提及想寫回憶錄，最終還是選擇把時間用在他認為更重要的事情上。

目錄

一、我的家庭及我在家鄉讀中學時的情況

我是福建龍岩大池鄉秀東村人。我的祖父是個雇農，祖母討過飯，母親十三歲來我家做童養媳。祖父窮得沒辦法，四十多歲隨同鄉離開家鄉徒步去到湖北武漢，在同鄉的煙店裏當絞煙師傅，其實是出賣苦力。一次絞繩斷了，差點被壓死。我父親十二歲時被祖父帶到湖北，在同鄉店當學徒，掃店堂，站櫃台，洗痰盂，連老闆娘的底褲都得洗。一直到三十多歲積了點錢，才回家鄉結婚，婚後

繼續去湖北。幾年後我父親借同鄉店鋪的窗台寄售點日用雜貨，攢了些錢，與同鄉合夥開了一爿小雜貨鋪。父子倆像工蜂採蜜省吃儉用，三五年可以回家一次，每次回家便在家鄉買幾畝田。田大部分自己種，小部分租出去，母親在家下地種田。有個遠房寡嫂，住在我家，幫媽媽下地。舊社會婦女都纏小腳。可我媽媽是雙半大腳，下田赤腳，走親戚，在家幹活兒，便得把腳裹上。母親姓陳，大概是冬天生的，叫冬玉，小池鄉人。她弟弟留下一個孤兒我的表哥陳錦章，從小便和我們一起生活，沒讀多少書，為人很忠厚，但很機靈。長滿一頭癩瘡，母親給他治好了，但不長頭髮。母親答應給他娶媳婦，可沒有女子肯嫁給他。1929年家鄉暴動，他參加鬧革命，給國民黨殺了。

父親六十歲左右就不再到湖北去了，這時我家的生活也比較好些了。我母親一共生了七個孩子，前四個孩子，三個哥哥，一個姐姐，有的因家窮養不活，有的因母親上山挑柴勞累小產死亡，活下來的就只有一個哥哥(保麟)、我(麒麟)和弟弟(香麟)，我已變成老二了。

1914年，我六歲從師遠房族叔吳鴻慶讀了一年私塾。七歲家鄉辦了興文學堂，我轉讀小學。八歲時，遠房叔叔吳德峯在縣城新羅小學教書，我和弟弟便跟他到縣城，進了新羅小學。老師有林仙亭(鄧子恢同班同學)、黃庭經等。讀到高小時，在林先亭、黃庭經等老師帶領下，開始參加一些學生活動。尤其讀到高中，成了學校裏的活動分子之一，參加組織同學演文明戲、反封建、反迷信、反對軍閥內戰、反對賄選議員，還和同學出版《苔蘚》油印刊物，宣傳五四運動思想，鼓吹婚姻自由等。1921年考上龍岩九中。當我讀到三年級時，中學學制由四年制改為三三制，即初中三年，高中三年。我讀完初中，父親要我學做生意，我鬧着要讀高中。為了自籌學雜費，給學校寫講義。當時我的數理老師郭慶光、語文老師郭秉廉很同情我，幫我找了幾位老師(包括他們自己)講課用的講義，讓我抄寫。那時候不是用鋼針刻蠟紙，是用毛筆蘸鏹水寫在蠟紙上，雖然辛苦些，但解決了我升學的困難。

早我好幾班畢業的同學鄧子恢，留學日本回來，常來九中，有時還住在九中，和同學常在一起，也很同情我。我受他的思想影響很大，他介紹我讀了《新青年》、《嚮導》、《覺悟》等進步刊物。當我讀到高中三年級，1926年夏，北伐軍到龍岩，同鄉張旭高、林一殊(此人後來變壞了，藉「社會民主黨」問題，殺害了許多同志，鄧子恢代表中央處決了他)等從外地回去，鼓勵我休學，參加北伐的宣傳工作，我便離開了九中。後來，張旭高當了行政督察專員，專員公署的「招牌」還是我寫的。在「明倫」舉行「北伐軍蒞岩慶祝會」的横額幾個一米見方的大字也是我寫的。遊行示威，組織農會，還有破迷信打城隍廟等等，我都參加了。

1927年4月12日，蔣介石背叛革命，在上海「清黨」殺人，不久波及龍岩，5月開始大捕殺。鄧子恢早已去江西，在中央工作。張旭高帶我和幾位同學跑到廈門。不久，張旭高轉地下，先到同安，後到上海並去菲律賓，太平洋戰爭中，他在家被日寇抓走關在集中營，日寇投降前遭殺害。張旭高轉入地下後，我潛回龍岩，不敢回家，由九中老師郭秉廉、郭慶光介紹，在距家鄉四十多里的胡邦鄉郭姓族辦(設在尚德堂)的積山小學任高年級班主任，同事有郭樂生等。我感到課本脱離農村需要，還自編適合農村用的低年級課本給初小同學用。1928年秋，我在在上海讀書的好友郭有才、黃震村(馬寧)和九中同學邱若深影響和鼓勵下，和母親的暗中幫助下到了上海，考入上海藝大二年級。

二、我在上海讀書時繼續參加革命工作和被捕坐牢的情況

我讀中學時喜愛文藝，與一些同學辦刊物，寫文章，基礎比較好。到上海後，考進了上海藝術大學二年級。教授有馮乃超、朱鏡

我、王了一等。學校裏有不少參加過北伐工作、和我一樣來到上海的，在學校裏繼續搞進步活動。僅讀了一年，學校被封掉了，我轉到中華藝術大學繼續學習，校長陳望道，教授有李初黎，潘梓年，王學文等。我讀的是西洋文學史。我一邊讀書，一邊寫小說，現在能查到的有《車輪》、《煙囪》、《老祖母》、《野火》等。《車輪》是寫我家鄉龍岩開公路，遭到靠肩挑謀生勞動者反對。他們想奪回生路，把車輪砸爛，恢復肩挑賺錢。小說的主題思想是破壞車輪沒用，只有幹革命，把舊社會推翻，才能取得自己的出路。《煙囪》的主題思想是資產階級工廠的煙囪還能冒煙的話，無產階級是得不到幸福的。《老祖母》的主題思想是統治者把老祖母的孫子抓走，污蔑他是強盜槍斃了。可是老祖母深信她的孫子不是強盜，是好人，趴到孫子的屍身上痛哭。《野火》的主題寫冬天一群伐木工人用篝火取暖，把森林燒了，可是，被主人指稱他們有意放火燒森林，統治者說他們是暴動，把他們抓進城來，要殺他們。工人的無辜，激起廣大勞動者的氣憤不平。野火終於變成了革命的「熊熊大火」，抗議統治者殺人，把他們救了出來。這些小說都發表在魯迅支持的「太陽社」出版的進步雜誌《拓荒者》、《新地》上，用的筆名是秋楓。我也寫過長篇如《兩代人》，說的是父子對救國的看法不一致，他們代表着改良派和革命派的救國態度。

我到上海的第二年，由中華藝大同班同學蕭抱真介紹認識曹正平(蕭的同鄉，後來知道他是中共地下黨員，1982年遇到曹被捕後接他工作的嚴啟文，知道他是區委書記)，當時我只知道，北伐時他在武漢參加過革命工作。認識後，在他引導下參加工人運動。到工廠散發鼓吹革命的傳單和書寫標語，參加遊行示威，如反對南京蛋廠英國老闆開除工人，反對國民黨政府封閉「曉莊師範」。他還要我起草過遊行示威散發的傳單稿子。記得「曉莊」被封閉時，國民黨政權正召開教育會議，大吹要改進和興辦更多的學校。我把這兩件事結合起來，指控他提倡教育是假，摧殘教育才是真，以反對他封閉「曉莊」。在學生運動中，我和上海公學的李梅(華僑學生)認識，後來一起被捕(後來知道李也是中共黨員，區委宣傳部長)。1930年1月，曹正平介紹我加入中國共產黨。為紀念「五一」國際勞動節，4月27日曹正平通知我去英租界仁濟堂開籌備會。由於叛徒出賣，會場被英巡捕包圍了，我和曹正平一起被捕(他改名曹福生，我改名蔡時*)。和我們同時被捕的共一百多人，先關在巡捕房，後引渡給國民黨，關在漕河涇模範監獄，不久又被解送到南京。不久曹被釋放，曹出獄時還説要來營救我，但始終未見他來營救。

1986年，我見到前江蘇省省長惠浴宇，是中華同學，和我同一案子被捕，他告訴我，曹正平是叛徒，出獄後被我方「打狗隊」處決了。

國民黨反動派判我9年11個月徒刑。按「反革命緊急治罪法」，這是有期徒刑的最高一級，超過便是死刑了。1936年12月12日西安事變，國共談判合作抗日，釋放政治犯，我和惠未坐滿刑期，於1937年3月提前出獄。(據惠回憶是3月17日)

我出獄後，身體不好，回湖北雲夢弟弟家休息了約兩個月，便到上海找組織。那時已是七七盧溝橋抗日烽火點燃的前夕。

三、我參加抗日活動的情況

我到上海後，找不到組織(找不到介紹連絡人)，沒辦法恢復組織關係，就參加了上海文化界救國會的抗日工作。這是郭沫若、錢俊瑞領導的(現中央已承認救國會是黨領導下的抗日救國團體)。我參加救國會的抗日宣傳工作，還參加他們辦的學習班。813抗日戰爭爆發後，我與柳乃夫合作編寫一套抗日宣傳小叢書。我寫了一本《從國際法論中國抗日》，並拿小叢書的稿費在救國會(813前後不久改為上海文化界救亡協會)支持下由郭沫若同志撥了一些錢組織

* 前面有「蔡四」，大概緣於家鄉話「四」、「時」同音。

了一個「上海文化界內地服務團」到江、浙、皖流動工作。

1984年，楊應彬同志在《羊城晚報》發表一篇文章，提到這件事。我與楊應彬一起參加了上海文化界內地服務團，團長是柳乃夫。柳乃夫是救國會的宣傳部長，與我一起在南京坐過牢，柳比我早出獄，出來後他到日本留學，抗日戰爭爆發後，錢俊瑞要他回來。在錢俊瑞、鄭天保(難友，獄中名何英)的《引擎》出版社擔任《引擎》月刊主編和救國會宣傳部長。我與柳不是同案的，彼此不知道是黨員。我到上海後，一次去《引擎》出版社遇到他。他說要出一套小叢書，要我寫一本《從國際法看中日戰爭》，我就從國際法有關戰爭的條文論證了日本侵華是違反國際和平的，是非正義的。中國抗日是被迫應戰，是反侵略，維護和平，維護國家主權，是正義的。肯定我們的抗戰會得到各國廣大人民支援，得道多助。加之我國地大、物博、人口眾多，只要堅持長期抗戰，全國抗戰，便能得到國際上的支持，抗戰一定會勝利。此書出版後，1938年秋我在武漢曾買到，可惜以後在流動中又遺失了。

服務團成員一部分是南京中央軍人監獄的難友，如柳乃夫(趙宗麟)、李竹平、史亞璋(史照清)和我，其餘是山海公學團成員和知識青年：楊應彬，林淡秋，丁寧，俞明德(于紅)，李剛，石雪書，杜展朝、徐華珍等。有幾位黨員，由於匆忙出發，組織關係未轉來，未建立支部。我們日行夜宿，住破廟，生活雖苦，卻工作得很歡，演街頭戲，唱歌，寫標語，畫宣傳畫，講演，宣傳黨的抗日救國方針、政策，動員有錢出錢，有力出力，爭取勝利。服務團活躍於江蘇、浙江、安徽等地。1937年冬到達安徽舒城，經柳乃夫(他是黨員，但只有錢俊瑞、張勁夫知道)聯繫，準備留在安徽打游擊，到國民黨的部隊接受訓練。1938年6–7月間，柳乃夫被組織派到國民黨一個部隊去。柳走時把這個團體交給了我，因我原是副團長。但經費無着，我們曾去找過章乃器(當時他是安徽省財政廳長)，想解決經費問題，可是，國民黨政府不同意，他也沒有辦法。為了維持團體，我把唯一的一張毯子和一件大衣也賣了，付清了寄居的縣抗敵後援會食堂費，還是無法維持，有的團員去武漢，有的去延安，剩下的少數人在舒城抗敵後援會支持和安排下，分散到四鄉工作。我被分配到西門外的蔡家店。直到舒城淪陷，四鄉失去聯繫。有的留在敵後，參加了地方工作，我和幾位同志翻越大別山，回到武漢參加工作。柳乃夫臨走時問過我是否和他同走，我說不去，我要到漢口找組織。當時，上海已淪陷，國民政府搬到漢口，國共合作，成立國民政府軍事委員會，周恩來擔任軍委會政治部副主任，陳誠是主任。我1938年9月5日到了漢口，意外地遇到中華藝大老師潘梓年，他又是我在南京坐牢時的難友。當時他是中共機關報《新華日報》的總編輯。不久我得到通知，參加周恩來同志親自領導組建的、建制在政治部第三廳屬下的抗宣一隊，擔任隊長。當時三廳有四個抗宣隊，十個演劇隊，一個孩子劇團。我向他提出恢復組織關係的要求，他答應幫助，但要我找證明人。在宣傳保衛大武漢的活動後不久，武漢局勢緊張，三廳指示我帶隊撤往長沙，我的組織關係未及解決。其實抗宣一隊有地下黨組織，支部書記是徐方略。「文革」中我被審查，徐方略曾給我寫證明，他當時要發展我入黨，為此向上級了解我的歷史，上級組織告訴他：「吳是老黨員，他的組織問題，由上級來解決。」

抗宣一隊流動的範圍包括廣西、貴州、雲南、湖南、廣東等省。1940年桂南戰爭爆發，日本人在北海登陸，打到南寧以北，迫近賓陽的昆侖關。我隊派了一組隊員，其中有蔣湘軍(組長)、金海、張梅俊。金海還單獨負責編刻一份油印小報《前線》到前沿散發。同時，我參加桂林戲劇界勞軍團(京劇演員劉筱衡任團長)到賓陽勞軍。我在賓陽遇到南京牢中難友左洪濤，他當時是張發奎的機要秘書，與周恩來有聯繫。但我不知道他的底細，不敢和他多說話(其實，當時第四戰區有我黨的特別支部，成員有左洪濤、孫慎、劉田夫、何家槐、楊應彬。而左洪濤直接負責和南方局(周恩來)聯繫，支部書記是孫慎)。後來左兩次路過桂林都到我家密談，告訴我許多難友出獄後的情況，分析當前形勢等。我察知他有組織聯繫，第二次便告訴左，我的組織關係尚未恢復。他答應幫助我，但也要我找入黨證明人。1941年皖南事變後，組織停止活動，負責領導隊的桂林八路軍辦事處(李克農)也被迫撤銷。周恩來安排左洪濤負責西南幾個隊的工作。這時左根據國民黨要改組抗宣隊的指示，將抗宣一隊改稱劇宣七隊，調駐七戰區韶關。後來南方局又決定黨員轉地不轉組織關係。抗宣一隊的黨組織撤退了，新來的幾位(當時只知道徐洗塵是黨員)不帶組織關係，隊內便不再建立支部了，這樣我連重新入黨的可能也沒有了。隊的工作只好由我與左洪濤建立「工作領導關係」。武漢出發前周恩來同志指示，隊長是組織遴選的，要堅持工作到底(抗戰勝利)。我的關係雖未接上，但我是黨員，當然遵守組織決定，即使家庭有困難，我還是堅持了八年。儘管由於南方黨遭到破壞，我的組織問題一直得不到解決，但黨對隊的工作的領導，始終保持。周恩來同志通過左洪濤把各項指示傳達給我(我們在西南的幾個隊)——詳見我撰寫的《抗宣一隊——劇宣七隊》。1944年冬，日寇進攻湘桂，左指示隊(當時在柳州演出)速回韶關，聯繫如中斷，即需獨立作戰。直到抗戰勝利後的1946年初，我們回到韶關，左已隨張發奎進駐廣州，我從韶關到廣州，重新與左取得聯繫，並請他設法策動張發奎把隊調到廣州，在左協調下迴避了七戰區調隊到華東內戰前線。這時左傳達周恩來指示演劇隊除以前的「三不」外，再加「不上反動前線」，我隊做到了。1946年國民黨發動內戰，派黃珍吾(十三太保之一)擔任廣州行營政治部主任，監視張發奎，也監視我隊的活動。我們根據指示留在廣州配合民主運動，支持學生的反饑餓、反迫害、反內戰運動。到當年6月，黃珍吾要抓我們時，左洪濤派張發奎身邊的地下黨員吳仲禧(國民黨中將，軍法總監)帶着密寫信去上海向周恩來報告五、七兩隊處境，敵人已準備抓兩隊隊長。周立即指示「相機撤退」。於是在地下黨(左洪濤出面)策劃下，經過合法鬥爭我們兩隊撤出了國統區。

兩隊安全撤到香港後，左洪濤把我與他的聯繫關係轉給香港地下組織領導人之一的饒彰風(當時他是地下「報委」成員，公開身份是《華商報》董事)。兩隊到香港後在他與「文委」(夏衍)領導下成立了「中國歌舞劇藝社」以保存實力，並以職業劇團姿態去南洋巡迴公演，宣傳祖國的新文化藝術，在華僑和當地人民中擴大民主愛國思想。我任社長與饒彰風聯繫，副社長丁波與夏衍聯繫。

這時，我第二次向饒彰風提出我的組織關係問題。饒彰風突然要我去新加坡執行新的任務。組織問題仍未能解決。

四、我在新加坡工作的情況

我在香港領導「中藝」僅三四個月，在饒彰風積極領導支持下，「中藝」先後在基督教青年會、海軍俱樂部、孔聖堂演出三次(詳見《新文化史料》第X期)，1946年11月下旬，組織派我到新加坡，請陳嘉庚先生協助安排一批幹部去星馬開展教育工作。我的同鄉黃柏堂(即前面提到的馬寧)抗日戰爭前在新加坡住過，他以他的居留關係給我辦了證件，我便到新加坡去了。到後得福建同鄉張楚昆、莊希泉、李鐵民等的幫助，見到陳嘉庚先生，説明來意，得到他的允諾，並在他們的幫助下擔任了育英中學的教務主任。11月26日我經香港飛經曼谷，帶了饒彰風同志給我的介紹信，找到莊世平，會見譚友六，給「中藝」去南洋，先到曼谷打了前站。

在陳嘉庚幫助下，組織先後派了二、三十多個幹部到新加坡、印尼教書。陳嘉庚是南僑總會會長，是個影響力很大的華僑領袖。派去南洋的幾十名文教幹部全由他擔保。我到新加坡後至1948年上半年一直在育英中學任教務主任。1947年秋冬，饒彰風到新加坡組織出版「新華通訊」，我又向他提出恢復組織關係問題。由於仍找不到能證明曹正平的黨員身份和黨內職務的證人，最後決定重新入黨。饒把我介紹給僑黨負責人之一的劉談風，饒說「我們又找到了一個三八式幹部：他八年讀書，八年坐牢，八年抗日。」

在劉談風領導下，成立了一個文教特別支部，書記是趙渢(現中央音樂學院院長)，成員有林彥群和我(我改名吳昆華)。這個特別支部由劉談風親自聯繫。我負責宣傳。我們的支部積極在華僑教師中開展愛國統戰工作，成立了華僑教師公會，薛永黍(中華中學校長，民盟成員)任主席，我任秘書長。團結了廣大的華校教師，開展華校的愛國活動，和教師間的互助工作。記得後港一所小學的校長，因生活困苦和家庭不和睦，感到悲觀，要自殺。我們做了工作，和教師對他進行幫助，恢復了家庭和睦，放棄了自殺的念頭。1948年初，新馬華僑文藝界發生文藝應為當地服務還是應為祖國服務的論爭。傾向「馬來亞共產黨」的一批華僑作家認為應為馬來亞革命服務；《華僑日報》影響下的一批作家則認為應該為祖國服務。饒彰風要我根據我黨的文藝思想、路線和政策寫一篇文章以個人名義發表。我便按照毛主席《講話》精神提出華僑作家應寫當地熟悉的生活為主，為當地民族獨立和民主服務，但如果有適當的祖國題材也可以寫，不排除為祖國民主解放戰爭服務。我的文章送給饒、劉看後，他們同意我的意見，便送到《南僑日報》以秋楓(這是我三十年代用的)筆名發表。記得這篇文章發表後得到共鳴，大家思想一致了，爭論也就結束。

1948年5月，馬來亞英殖民政府頒佈緊急法令，開始反共，逮捕馬共。饒彰風通過劉談風的交通員小黃叫我趕快秘密撤退回香港，留下張培德(我愛人，當時是育英中學小學部教員，還有三個孩子)作掩護，一時不會有問題，也會有人照顧她。

我通過同鄉同學張義深買了一張船票，避開紅燈碼頭，他在新加坡河找了一隻小船，送我到海上上船。我走後，饒彰風也無法待下去，不過他是坐飛機經曼谷回到香港。

記得我是在學期考試前不久，約6月下旬撤退的。撤退前還到龍岩九中同鄉同學張義深(開自行車行)家隱蔽了幾天，6月底回到香港。不久梁愈明(朝政)、胡一聲、張兆漢、陳彬等同志也相繼回到香港，由饒彰風在皇后道西找到一間鋪子的二樓，我們關起門來三查三整。認識到我們在星馬兩年做了不少工作，但對英國戰後的殖民地政策認識是不足的。它對殖民地的進步力量是「欲擒先縱」，星馬如此，港九也如此。它宣傳要把這些地方搞成民主的櫥窗，馬共上當，紅出臉來了，遭到打擊。在港九，連貫家被炒，司馬文森等九人被驅逐出境。這些都應總結，吸取教訓。

五、在香港《華商報》讀者版工作時的情況*

1. 1948年6月，我從新加坡回到香港後，頭一個月參加學習，一起學習的有胡一聲、梁愈明、陳彬、張兆漢(現福建省統戰部部長)等。我們談歷史，談家庭出身，談思想，其實是按照延安的「三查三整」，但在港九不這樣提。1948年8月初，饒彰風調我到《華商報》擔任讀者版編輯兼黨內外交通聯絡工作，這是黨與外界的接觸面。參加《華商報》黨支部，當時報館的支部書記，記得最早是楊奇。在《華商報》還擔任過有利印務公司的「印務工會主席」，負責職工的福利和教育工作。

《華商報》讀者版編輯專門負責黨與社會、廣大群眾聯繫，利用這個公開身份，接見、組織和安排民主人士、幹部和知識青年、作者、即將在北京(還叫北平)召開的新政協代表、文代會、婦代會、青代會代表、起義軍人家屬以及科技人員等等去解放區。最近我寫了一篇回憶文章，發表在華商報《史學會》出版的《白首記者話華商》(四十五周年紀念刊上)，題目叫《版面內外》，反映了當時的情況。

* 原註：參閱我在《華商報》45周年紀念由史學會編印出版的《白首記者話華商》中《版面內外》一文。

這些工作直接由饒彰風領導，參加輸送人員去解放區的還有香港新華分社副經理馬鶴鳴(共產黨員)和廖安祥。廖起初是非黨員，但他與我黨發生關係的歷史很長，從1938年起他為黨做了不少工作。1949年我和馬鶴鳴發展他入黨。

從1948年秋天至1950年，我們輸送了數以千計的黨內外幹部、華僑青年、學生……到解放區去。

《華商報》讀者版還有一個重要任務。《華商報》的政治面目是很鮮明的。國統區呆不住、抗日時期由於政治形勢等故，失掉組織關係的共產黨員到了香港，找不到組織就找《華商報》，都是由我出面接待，問明情況，向組織反映。如果他的證明人在香港，就幫他接上關係。要是證明人在解放區，我們就安排他到那個解放區去。

現簡單把這段工作分述於後：

一些進步青年，要到解放區參加學習或工作，其中有國統區出來的，有香港漢華、香島等進步學校的學生，也有馬來亞、印尼回來的華僑青年、學生(包括1947–49年去的一批幹部教育出來的學生)，經瞭解，認為可以，就輸送他們到解放區。

一種是民主黨派和他們介紹來的人，民主黨派是我們黨的統戰對象，他們或他們的親戚、朋友、子女要到解放區去，我們也負責輸送。

還有一種是解放區需要的人，如鐵路要通車，航線要恢復，氣象站要建立……我們就在香港通過關係尋找，經過動員，他們願意回去，我們就把他們送回去。如現在中央戲劇學院的教授倫敦，過去他在香港幫我們搞電影。他有一位在國民黨空軍裏的親戚，我們通過他這個親戚，動員了幾位地勤、航空人員回去，創辦了我國第一個航校。又如香港氣象台的譚丁先生(現在是南京氣象學院的教授)，他是《華商報》的讀者，送了很多氣象情報給我們。我們成立一個《華商報》讀書會，他也參加，我負責輔導，最後動員了他和愛人、還有他的同事回來。1979或80年，譚的單位決定發展他入黨，向我外調，我寫材料證明了他這段歷史，已經批准他入黨了。空軍有一位梁贊勳，也是通過這樣做把他送回來的，是一個飛機製造廠的工程師，也已入黨。

鐵路方面，從廣州到九龍，那時還是國民黨控制的。我們從那裏也找到一些技術人員，成立了一個小組，動員並送他們回來。

還有國民黨起義人員及起義人員的眷屬。毛主席與蔣介石簽訂了和平建國的協定，不久，蔣介石撕毀協定，發動內戰，不顧我黨一再提出和平團結建國的願望，依恃美國支持，結果從東北敗到長江。1946年6月，在香港的一批國民黨人士在《華商報》發表時局聲明，反對蔣介石破壞團結建國、發動內戰。這些人要求回國，我們也負責送他們回來。有些國民黨官員的家屬，在解放戰爭中，她們的丈夫對打仗失去信心，把妻子送到香港，後來他們起義了，要求我們把家屬送回國內，如長沙和平解放時，國民黨的一個軍長(或師長，記不清了)叫康樸，他的妻子在香港，他參加和平解放長沙後，我們也應他的要求，把他的妻子送回去。1950年台灣第一架起義飛機回大陸，愛人在香港，我們也把他的妻子送回來。

開始東北還沒解放，送回來的人只能到朝鮮仁川登陸再轉回解放區。隨着解放戰爭的發展，登陸點逐步南移，即從仁川、秦皇島、天津、青島、煙台、上海直到深圳。深圳解放後，海上交通線便基本不再使用。從1950年起即改由陸路回內地，或由我自己陪送或由我出證明介紹入境。1948–49年，海上輸送幹部租用的船有蘇聯的，也有我地下黨控制的船公司的船，如華東局管的潤通公司的船，掛的是巴拿馬或丹麥的國旗，潤通公司和我聯繫的地下黨員叫蘇世德(現叫劉若銘)。

從1948年秋開始至華南解放，我們輸送的人，每批人數由幾位、十幾位到幾十位不等。數以千計的幹部、青年、技術人員、學生送回內地，這件事香港政府很注意，國民黨特務也很注意。但在華東黨組織(通過蘇世德等)幫助下，我們的船從未在台灣海峽出事，這主要是十分注意保密。有些民主黨派領導人和學者社會名流回來，為了減少人知道，饒彰風和我親自登門運送行李，送他們上船。

另外，補充一點有關楊杰被害的情況。楊杰被暗殺發生在雲南起義之前，大概是1949年夏。楊杰從雲南到香港，我們考慮到他的安全，建議由我們給他安排駐地，可能他覺得不方便，便自己找地方，住到親戚家去了，結果遭國民黨特務暗殺了。

楊杰在香港住下後，張鐵生給楊杰寫了封信，讓我交給他。楊看後沒有把信毀掉，被暗殺後，這信落在港英政府手上。英警把我找去，但很客氣，沖了一杯牛奶咖啡招待，訊問我有關情況。我說我是《華商報》讀者版編輯，無論哪個讀者提要求，我都願盡力幫助。那個英警客氣地送我走了。他當然不敢懷疑我暗殺楊杰，他們清楚地知道，暗殺楊杰的是國民黨特務。後來聽說殺楊杰的那個國民黨特務逃到泰國去了。

2. 開展和平簽名運動：抗美援朝戰爭前夕，第三次世界大戰的流言風雲密佈，引起香港人的思想波動，當然也有說戰爭打不起來的。那時我國正在進行解放戰爭的緊張時刻，美國也的確在那裏耀武揚威，我們也擔心美國要發動世界戰爭，支持蔣介石。因此，香港工委決定發動「和平簽名運動」，發動10萬人簽名，呼籲世界和平。由讀者版具體負責這一工作，做法是由郭沫若題寫「和平呼籲」，由我另外寫個簽名運動的說明，然後登在報上，發動港九讀者簽名。我再用墨印製郭的和平呼籲「簽名箋」，隨每天的報紙發出去。讀者簽了名寄回來，再整理後登報，然後把讀者簽名箋彙集起來，再由郭沫若題封面，燙金裝釘成四厚冊，交郭沫若帶到1950年X月在歐洲舉行的「世界和平會議」。「世界和平簽名運動」發動起來後，許多讀者響應把簽名箋寄回報社。開始我一個人整理，處理不過來，每夜忙到一二點鐘，才能截稿，影響報紙出版時間(香港報紙必須趕早晨四點前出報，送到派報社，再分給各報攤，遲了便要影響報份)。後來由組織向《大公報》借調張學孔(現《香港商報》社長或主編)來幫忙整理。初時登半版，後來擴展到整版，簽名運動發展到澳門，連小商販、碼頭工人、木屋區貧民都簽了名，人數越來越多，真是欲罷不能，最後無法一一登報。說明廣大群眾需要和平，反對戰爭，這運動使我們在政治上擴大了影響，報份也因此增加了。也説明1951年美帝發動侵朝戰爭(參戰者包括英國等共14國)，遭到世界人民唾棄，這是必然的。

組織讀者通信學習：為了廣泛聯繫群眾，迎接全國解放，發現進步讀者，讀者版開展了一次讀者通信學習活動。1949年初起，解放軍事發展迅速，廣大讀者對黨的理論、政治和解放後建國的各方面的方針、政策提出很多問題，要求讀者版回答。過去我都直接回答，或在報面上回答來聯繫讀者。後來覺得這樣做很吃力，也不深刻，往往還會因其他業務忙而拖延回答，影響讀者求知情緒，因此悟出不如讓讀者之間互相切磋，讓讀者自己教育自己。做法是：讀者有什麼問題提出來，我不記名把問題登在報上，發動和徵求讀者解答，許多讀者讀到後寫信到讀者版，如果是很多人想瞭解的問題，我便選其中回答最正確、完滿的，或略加刪改在報上發表；如果只是一個讀者要知道的，不登報，由我原信轉給提問的讀者，但通信地址保留在讀者版編輯部。

為什麼報上不登地址？香港報紙上經常有「徵友」活動，「徵友」往往是徵求對象，他們公開姓名、性別、地址甚至職業、文化程度，想找個朋友，但這樣的「徵友」出了很多亂子。不少壞青年「徵友」，使女讀者上當受騙，以致墮落、自殺。為了避免發生這樣的亂子，包括出政治問題，我們便替讀者保密。讀者的地址掌握在讀者版手裏，經過多次聯繫，我們就知道哪些讀者對哪些理論問題有興趣，對馬列主義有研究，以及其政治思想情況如何，讀者版便走訪他，經過瞭解，便把他們組織起來，成立學習小組*，便於

* 據知有些學習小組是香港市民自發組織的。香港天文台的李炳煌回憶：他是在1949

去輔導他們。通過這項活動，我們培養和發現了很多進步讀者。

《華商報》是1949年廣州解放後10月15日停刊搬回來的。停刊後饒彰風及全體職工都秘密經葵涌、沙魚涌到惠州轉廣州籌辦《南方日報》。饒彰風走前幾天和我談話，要我留下處理報紙停刊後的工作，首先是把報館的全部資料(包括個人的書籍等)運回廣州，其次把干諾道123號(包括辦公用具和印刷機)交給《大公報》使用。我表示要去廣州，饒説沒有適當的人，而且我還策劃國民黨在港機構起義等工作，我便又接受新的任務留下來了。我把報社的財產處理完以後，1950年4月便到招商局當顧問。

六、在中共香港工作組時的情況

廣州解放前後，從1948年夏起至1949年冬，原香港工委的連貫、章漢夫、夏衍、喬冠華及一大批幹部幾乎全撤回國內，留在香港的幹部沒有多少人。為了繼續開展香港工作，上級指示由張鐵生、溫康蘭和我三人組成了中共香港小組。張鐵生任組長，直接向廣東省委負責，抓全面工作。溫康蘭主管工商統戰工作，我除繼續抓「交通」工作之外，全面主管文教線的工作，包括教育、文化、藝術、新聞、電影等。另外黃作梅主管新華分社，沒有參加我們這個小組。張鐵生於1951年初調回北京，改由黃作梅任組長。黃因參加萬隆會議的採訪工作、飛機失事犧牲後，由我接替黃任組長。1957年某月決定重建工委，設在廣州。先由區夢覺同志任書記，後改由王匡同志任書記，吳荻舟以工委委員具體負責香港工作。後來周恩來同志認為工委設在廣州對香港工作的領導不方便，決定把工

年廣州解放前夕經伍覺天介紹認識吳荻舟的。當時香港天文台部分氣象員和報務員組織了一個讀書班，每星期召集一次。學習內容主要是有關中共政策的《整風文獻》、《新民主主義論》、《論聯合政府》、《論人民民主專政》、《六評白皮書》、《共同綱領》等。他到《華商報》見吳荻舟，吳説：「你們繼續學習吧，我會來參加。」從此吳每星期必到。

委推進香港，由中共中央外事小組辦公室(副主任廖承志具體負責)與廣東省委雙重領導。後來又把香港群眾線、即香港城委領導的工會和三線群眾工作與上層(金融、貿易、交通及文教宣傳線)分開。前者由省委領導，後者由外辦(具體由廖承志負責)領導。並決定把香港工委改為港澳工委，調梁威林代書記，推進香港。

中共香港小組一直工作到重建工委、推進到香港止。在長達八年的時間裏我主要做了以下工作：

1. 繼續輸送人員回國

廣東解放後，我和馬鶴鳴、廖安祥繼續負責輸送香港或途經香港的學者、幹部、青年等回內地。

深圳那時已解放，但是軍管時期，由我簽證介紹入口。深圳軍管會由葉劍英同志為首的軍委會領導。深圳(寶安)軍管會主任姓黃(不記得名字)及祁峰也是成員之一。我由組織(張鐵生)介紹，從香港到深圳與他們取得聯繫，以後凡經香港回內地者，均持我的介紹信，或由馬、廖攜帶我的印信送其入境，如曹日昌等，有時亦由我陪同入境，如李四光、華羅庚、龍雲、侯寶璋等。

2. 策劃國民黨在香港的財貿、交通機構起義

國民黨在香港設有不少金融、貿易、交通機構。有早已設立的，有隨解放戰爭軍事發展，從南京、上海等地遷來的。全國解放前夕，尤其1949–50年初，香港地下黨組織(包括華東線)便開始通過各種關係與這些機構的上、中、下層成員取得聯繫，進行思想、政治工作，最後組織他們帶機構護產起義。比如溫康蘭領導下的羅哲民與資源委員會的梁燊、孟頌南有了聯繫(據後來瞭解，資委會負責人孫越崎早在上海解放前已與我地下黨有聯繫)，華南解放前，他來到香港阻止資委會在港機構遷台，準備起義。有的機構原來便有地下黨員在起作用，比如福建銀行的劉朝晉(福建人)是中共黨員，1949年工委通過我把關係交給陳明聯繫，銀行起義前，劉、陳、我在該行研究策劃過。

招商局起義經過：1948年冬連貫臨回解放區時把關係留下。饒彰風讓我去聯繫。這工作我在《華商報》讀者版時就開始了。招商局原設在上海，香港只是分支機構。南京、上海相繼解放後，總局雖撤到台灣，但它的大批人員和船隻都集中在香港。招商局高級職員陳天駿，1938年起已認識連貫同志。據連說，1938年經馮白駒的叔叔介紹認識的。陳曾要求連幫他把大兒子送去延安學習，未成(到重慶時被其舅舅——國民黨官員留下了)，又要求把二兒子送去，是否去成，不清楚。連還說，陳天駿是留英學海軍的。1938年，他在上海一家英商鋼窗廠當經理，曾出錢支持過新文字運動，抗日時鋼窗廠搬來香港，陳也就來到香港，1948年冬連貫回華北解放區，走前連把這個關係告訴饒彰風，1949年夏饒要我與陳取得聯繫，當時我與航運界已有些來往，便以《華商報》記者身份與陳取得聯繫。陳天駿是總船長，也稱駐埠船長，其任務是管理並指揮各船的船長。1949年8月，我開始通過陳天駿做各船的工作。另外，蘇世德同志又以航運界(華潤運輸公司經理)的關係接近招商局副經理湯傳篪。1950年4月我任招商局顧問後，另一副經理周魯伯告訴我有位姓廖的曾一度和他來往過。在與陳天駿來往中，我幫助他分析解放形勢，指出國民黨即將垮台，同時分析了招商局內部情況，指出大部分船員家屬住在上海，這也是起義有利條件，加之進步海員工會也做海員工作，到1949年12月，陳已聯繫了十幾位船長並簽字同意起義。在這之前，中央指示：不搞單獨起義，要做好工作，待時機成熟成批宣佈起義。為了掩護這項工作，我們有意安排一些船隻攬貨航運，以迷惑敵人，如安排「登禹輪」攬貨開往泰國曼谷。在策動招商局船隻起義的過程中，國民黨特務並沒有睡覺。在他們逐漸察覺後，曾使用慣用手法，企圖阻止起義，如秘密拉攏一些船員上岸吃喝玩樂，還組織聯誼會。他們還坐着小船到海上叫喊：「你們投共是受騙的。」「共產黨殺人放火。」「既往不咎，只要你們現在把船開回台灣，不僅歡迎，而且記功論賞」等等。另外，特務還妄想搞武裝破壞。我們的對策是：組織船員學習，建立保衛組織，所有船隻集中到公司(招商局)對面的海域上，公司樓上設了監視哨，各輪船熄火。香港海員工會、潤通公司組織了一批力量保護碼頭、公司機關、船隻、倉庫、船廠，鬥爭是很劇烈的。國民黨特務搞的「海員聯誼會」也公開活動，拉海員去跳舞，飲酒。有些海員在威迫利誘下被拉過去。1950年1月15日起義後，國內派董華民以總公司代表名義，進駐招商局，秘密的護產委員會改為公開活動。

到了颱風季節，還要與颱風作鬥爭。十幾條大船密集在招商局對面的海域上，雖然有利於看管，但颱風一來就很危險，難免船與船互相衝撞。可能移位，前船撞翻後船。要想不發生移位，便需生火頂風，但生火又怕特務劫船，所以十分矛盾。在香港停泊時間過長，遭特務破壞的可能性便愈大。到1950年7、8月，張鐵生，董華民因工作需要相繼調回北京、上海。中共香港工作組組長黃作梅與我研究是否把船開回廣州。當時我軍正積極準備解放海南島，國民黨飛機經常到珠江及廣九鐵路轟炸。船留在香港則沒有這方面的危險，相反，開回廣州便有這方面的不利。於是工作組決定由我回廣州向葉劍英同志匯報請示。記得葉帥接見我時，李嘉人同志在場。我把招商局起義的過程簡單匯報後，就說到護產工作上的困難，葉帥聽完後說：可以把船開回來。他打開地圖，在珠江沿線選擇了可以隱蔽船隻的停泊點。當時香港外圍的公海上常有國民黨軍艦出沒，為了確保起義船隻的安全，葉劍英同志決定派海軍沿途保護。並指示船隻回來時，盡可能在我們軍力控制的水域航行。當時還傳說國民黨敗退時曾在珠江航道上沉了很多船隻，要先開一條船試航，探明航道後再分批開回去。另一個是試一下船員的思想工作做得如何。這時國民黨看到船要向廣州開，馬上放謠言，煽動船員反對，並在反動報紙上公開煽動：「這條船再不能回香港來了，船員一定要給共匪扣押起來」等等。但試航的船很快開回來，敵人的謠言便不攻自破了。我們探明航道後，船身塗上新的顏色，有的還進行改裝。最後，一切就緒，招商局在香港起義的13條輪船便全部開回廣州了。有葉劍英同志事前的嚴密安排和解放軍海軍的沿途保護，人民的財產安全回到人民的懷抱，有的投入解放海南島的戰役，贏得了解放海南島的勝利。

所有的船回去後，所有海員在港的家屬也回去了。

原中國油輪公司所屬一萬多噸的永灝油輪，繼招商局及其所屬大小船隻起義後，也升起了五星紅旗。帶頭起義的是該公司在香港的代表兼總工程師邵良。永灝輪是一艘一萬多噸的龐然大物，它當時在九龍黃埔船塢修理，不能航行，也沒有船長。起義後，未能與招商局的船一起回來。港英有一條法律：凡是在船塢修理的船隻，產權歸船塢保管。我們便決定設法把油輪脱出船塢，停泊在七姊妹海面，再委派原招商局船長左文淵擔任該船船長，與邵良共同負責護船鬥爭。這時國民黨藉口菲律賓交通銀行曾借款給油輪，聘請香港羅文錦大律師控告以爭產權。上海中國油輪公司董事長于眉頒發給邵良全權代表證書(見《海員起義》頁360)。招商局及其船隻在香港宣佈起義後不久，朝鮮戰爭爆發了。新中國成立後，英國雖已承認了新中國，但朝鮮戰爭發生後，它又和美國一起，派軍參加朝戰，支持美國對我軍事禁運，竟宣佈要徵用永灝油輪。周總理發表聲明，油輪是我國人民財產，按國際法規定，國旗下的甲板就是自己的國土，船長是這國土上的行政長官，行使本國法律的權力。左文淵船長率領全體船員據理鬥爭，堅守國土，護衛國旗，抗議和拒絕港英當局派來的水上警察登上永灝輪的甲板，相持了好幾天。當時工作組分析，港英一定會強行上船奪取永灝輪。我們請示上級，一旦英警強行上船，除非他們簽字書面承認是By Force(武力)徵用，船員絕不離船。並建議國內當我們取得港英書面承認是武力徵用後，馬上徵用英國在我國的石油公司和造船廠。很快上面便批准了工作組的請示和建議。港英當局果然派武警強行上船，在我們的堅決鬥爭下，他們不得不簽字承認武力徵用。左等取得了對方的簽字徵用狀後，申明五星紅旗不是我們自己降下來的是英警強行降下；我們的船員不是自己下船的，而是英警強迫下來的。左等被迫離船後，國內立即徵用英國人在中國的石油公司及其所有的加油站和江南造船廠等財產。

此外，還有一些民族資產階級的航運企業，如民生公司的盧作孚先生，我們做了他的工作，靠攏人民，都升起了五星紅旗。民生公司的6、7隻門字型大小的內河客貨船，也先後回到廣州，有的擔負了珠江客運，有的還擔負了解放海南島的光榮任務。還有一些上海解放前把機器轉到香港的紗廠，我們也動員他們回國開工廠。

3. 關於兩航起義

所謂「兩航起義」即指1949年11月9日中央航空公司和中國航空公司在香港聯合起義。除十二架飛機(其中央行一架，中國航空公司十一架)同時飛回祖國外，兩公司還有七十多架飛機起義後留在九龍啟德機場，另外還有修配廠和辦公樓、倉庫、宿舍等財產。全體(包括家屬)人員3000人，中國航空公司的負責人劉敬宜、中央航空公司的總經理陳卓霖均隨機回國。

兩航起義後，國民黨由行政院長何應欽簽字把兩航的財產「賣給」美國人陳納德。於是陳納德到香港向港英政府提出扣押留在啟德機場的七十多架飛機，並起訴要奪回兩航的財產。港英當局偏袒陳納德，把七十架飛機判給他。

策動兩航起義的工作1949年8月以前便開始了。這一段工作是喬冠華通過關係做劉敬宜、陳卓霖的工作。喬回解放區後，張鐵生接替喬與劉陳聯繫，做他們的工作。及起義後，張調回內地，臨走前才把關係交給我。我接手後，主要是護產鬥爭。中國民航公司內原有我地下黨員三人：何鳳元是公司的中層幹部，陸元彬是機上的電訊員，也是我們的地下交通。陳耀寰從台灣中航秘密轉移到香港。開始他們是分頭工作的，我是從任以沛同志處接到陸元彬的關係，及張鐵生把何、陳的關係轉給我後，三人才建立一個黨小組，組長何鳳元，做央行基層人員工作，三人的組織關係1950年4–5月間才先後轉到我處。

國內還派任泊生出來專門負責護產鬥爭。他的組織關係在國內，他是兩航起義機構在國內建立民航機構後黨派在民航機構的負責人，任來香港是公開出面進行搶運物資和上法庭的。我們是地下黨，秘密和組長何鳳元聯繫，進行幕後配合。

護產鬥爭的具體情況，由陸元彬、陳耀寰幾位在北京談了，我不再重複。

4. 關於雲南起義與龍雲返回內地的情況

解放軍進軍川貴前便已開始策劃雲南起義。雲南地下黨組織早已在盧漢身邊做工作，但就香港的時間來說，那是解放軍進軍川貴時開始的。據林南園1984年告訴我，盧漢曾在我們和龔自知、宋一痕和林等聯繫上前，派他到香港《華商報》找我們，估計沒有掛上，宋一痕便去了北平。這還是1949年6月，宋在北平見到周恩來同志，表示盧漢決定靠攏人民。周要他們不要急於行動，需待我軍力量接應得上時，才行動，否則太危險(大意如此)。宋回到香港沒有馬上回雲南，在香港呆下。當時龍雲、龔自知已在香港，龔和我們有來往，是我們的統戰對象。後來周恩來同志通過李克農(中央社會部)把對雲南的方針通知香港工作組，並要我們與盧漢派來的人聯繫。張鐵生從龔自知(前雲南教育廳廳長，在港一直與龍雲關係密切)處知道宋的住址，要我去與宋一痕聯繫。記得我第一次見到宋一痕是在九龍彌敦酒店。當時國民黨特務很注意雲南到港活動的人，我的行動也很被注意。1949年6、7月間，龍雲與一批國民黨人在《華商報》發表過時局聲明，反對內戰。要求和平建國。龍雲是雲南的首要人物，掌握過雲南的軍、政、財大權，他把雲南政權交給盧漢來到香港後，盧漢還是要看他的態度行事的，當然雲南起義與否，主要是看盧漢的決心如何。所以要做好盧漢的工作。第一次我見宋一痕時，還有一位姓白的在場。我聽了他的來意後，也就解放形勢做了一個分析，結論是全國解放只是個時間問題，歡迎雲南當局做好準備。經過幾次與宋、龔的來往，八九月間，盧又派他的財政廳長林南園來港，並帶了盧漢決心靠攏人民的信。表示：1. 部隊接受改編。2. 行政人員經訓練後量材錄用。3. 請大員主持。4. 他本人只要求行動自由。這封信由張鐵生轉中央，張對第四點當即以湖南的陳銓[程潛?]為例，說這是不成問題的。

中央表示歡迎。到了劉鄧大軍進軍川貴時，和林南園在龔自知家又一次見面，起草了起義通電，一面送中央，一面給龍雲過目。告訴林待解放軍打到川貴邊境時與鄧小平同志直接聯繫。林回去了。到了某月某日一切就緒，時機成熟。盧一面與劉鄧大軍取得聯繫，一面發表通電，劉鄧大軍日夜兼程趕往昆明接應。

龍雲回國是我經手安排的。因為雲南起義後，龔自知等有關人員回去了，走前介紹一位姓薛的參謀與我聯繫。不久張鐵生也調回內地，走前把安排龍雲回內地的工作交給我。

龍雲住淺水灣，自雲南起義後，國民黨特務便監視了他的行動，隨時都有危險。龍雲又不願馬上回內地，我們必須保護他的安全，任務很重。可是龍雲有顧慮，主要是怕生活不習慣，他抽鴉片，後來請示了中央，一切尊重他的意見。中央並派龍的老友李一萍來港接他。我們通過李一萍告訴龍雲，生活方面尊重他自己的意見。另方面，那位姓薛的女士告訴我們，發現有人爬過龍雲家的圍牆。自發生楊杰被國民黨特務暗殺事件後，我們就十分警惕，考慮到龍雲繼續住在香港，對他的安全一定不利。於是我們一面加緊做他回內地的工作，一面採取保護措施。龍雲也覺得回去後繼續抽鴉片不好，便下決心戒煙。據李一萍說，他帶一位護士，準備在龍戒煙期間，在龍身邊護理。不料他說戒便戒了，無需經過減量的過程。

龍雲戒煙後，我們便積極安排他回去，為了造成國民黨特務的錯覺，保護龍雲生命的安全，我們先派車到龍雲家，由李一萍隨車進去，然後，李換乘龍雲的車出來，接着龍雲乘李一萍的車子出來，龍雲的車直開潤通公司倉庫小碼頭，在那裏換乘小電船到九龍，轉搭預備好的汽車到文錦渡。而李一萍的記憶則是我們開車直接把龍雲從家接出來的。

龍雲和李一萍的車子開到上水時，發現在他們車子後面尾隨一部英國警車。李一萍開始以為可能是英國當局擔心龍雲一旦被國民黨特務打死，他們要負責任，才派警車保護。但當龍的車子要過境時，警車攔住了龍的車，查問車子為什麼要出境。事後我們估計有兩個因素：一是英國政治部沒有向警署講清楚(龍雲要回國內我們已通知英當局)，一是英當局覺得警署人員複雜，怕走漏風聲，沒有將此事下達，所以發覺我們的車進入禁區時便攔住了。李一萍很靈活，看到車子過不了境，帶着龍雲上了火車，從羅湖出境了。我在文錦渡接不到龍雲，正擔心時，羅湖方面通知他們已乘火車到了。我安排他們上了開往廣州的火車。

協助我與龍雲聯繫的薛女士也要回內地，問我能不能介紹她去讀書。我便寫了一封信，讓她去見林默涵同志。林把她介紹到中國人民大學讀書。「文革」中，有人找我調查她的情況，問我當時有沒有給姓薛的寫過介紹信，為什麼寫，我説明了情況，給她寫了證明。

5. 關於九龍暴動的情況

1956年10月10日，即國民黨雙十節，居住在九龍徙置區(香港政府安置無屋工人居住區)李鄭屋村中，一些傾向國民黨的人在房上掛上青天白日滿地紅旗，被一些進步工人扯下來，於是雙方發生了劇烈衝突。

我國大陸解放後，國民黨的一些殘兵敗將退到九龍，香港政府指定了一個叫「調景嶺」的地方安置了這批人，最初達一萬多人，後來部分跑出來做工。到九龍發生暴動前夕，還剩五六千人。這些人中有國民黨的兵，也有軍官，聽説最大的是個師長。他們一直堅持反共反人民，但也不願到台灣去。扯旗事件發生後，國民黨反動派想借機把事態擴大，於是把這些人發動起來，並滲入一些特務和香港流氓，黑社會人物，組成了一支龐大的暴動隊伍，攻打我進步機構：如工會、國貨公司，砸爛東西，搶奪財物。最先受到襲擊的是我九龍青山道工會診療所。這些暴徒不僅把診所內的東西砸壞，還姦污、殺害了一位女護士，把屍體丟到河邊。接着又把我中建國貨公司門窗砸爛，把東西搶走。

香港政府對國民黨反動派的惡劣行徑，本應採取措施予以制止。但他們卻坐山觀虎鬥，以為雙方鬥得兩敗俱傷，對他們有利，因此，事態越來越嚴重。到十月十五、六日，發展到有上萬暴徒上街。他們從九龍向香港擴展，攻擊搶劫的對象也不再限於進步的，連一般商人的金鋪……也遭殃了。

我們及時把情況向陶鑄同志作了匯報。陶鑄同志指示我們要堅持以自衛為主，但要港英政府負責我們的安全。我們當時對陶鑄同志這一指示的體會是：我們靠港英政府來保護是不行的，一定要做好自己的準備；但在做法上，一定要責成港英政府保護我們的人身安全和人民財產的安全。要求港英當局負起社會安全的責任，取締暴徒。那時我是中共香港工作組組長(張鐵生回內地後，黃作梅任組長，黃因採訪萬隆會議飛機失事犧牲後我任組長)，陶鑄同志指示以我為首成立一個「反暴鬥爭聯合辦公室」，工會線參加的是李生。聯合辦公室設在中國銀行八樓我的辦公室內，當時港九與內地之間的交通斷了，港九之間的來往也受阻，尤其夜晚，所以我除有時到一些單位巡視外，幾乎日夜留守在辦公室。

我們根據陶鑄同志的指示精神，一面通知港英要他們負責我們的安全，一面採取了幾項自衛的措施。首先通知我們駐港的所有機構(包括銀行、貿易、新聞、出版等)和各工會人員不要上街，因為在街上遇到暴徒挑釁，雙方打起來，英警開槍，免不了遭到意外。但要充分做好合法與非法結合的自衛準備，即要把鐵門關好，根據各單位的條件，準備好自己的武器。

各單位根據我們的佈置，都做了自衛的準備。如報館要化鉛鑄字，工人堅持日夜不熄火，煮好幾鍋鉛溶液，如暴徒來襲，就用鉛溶液對付；有的單位把窗戶的鐵枝卸下磨尖，不用時插在原處，必要時拿下來就是一根長茅；有的單位備好了石灰或啤酒甚至紅墨水。因為石灰一撒出去，眼就睜不開，啤酒瓶甩下去會爆炸，紅墨水撒下去好像受傷流血，沾在暴徒身上，嚇退暴徒；有的單位煮好幾鍋開水，一旦暴徒來襲，就從樓上倒下去。其他如磚石、菜刀等等。

我們為了指揮好這一鬥爭，最重要的是掌握敵人的動態、敵情，故建立了情報系統。所謂情報系統就是通過各工會(包括其他進步機關)通知散居港九各處的會員群眾，一旦發現暴徒集中，馬上打電話到報館。我們指定《文匯報》的金堯如坐鎮在報館，隨時把掌握到的暴徒動態一面通知我，一面通知港英警方，責成警方去驅散和監視。有一個晚上，暴徒從調景嶺對海的筲箕灣登陸，到香港好幾處集結，群眾紛紛通知報館。金立即通知警方。據後來瞭解，那個晚上英警出動十多次，拘捕了幾百個暴徒，結果一處也未鬧成。九龍暴動時，我愛人張佩華正在廣州省黨校學習，不能回來，我便把家裏三個小孩託付給我的司機照管。

由於建立了情報系統，我雖然沒有離開辦公室，但我能及時掌握港、九各地暴徒的動態，甚至有的特務在房內開會，他的保姆(我們的群眾)便把情況告訴了我們。這樣我們就可以早做準備，同時正式通知港英政府，要他們保證我們的人身及財產安全。

國民黨反動派借着扯旗事件糾集一些人搞打砸搶，原以為可以撈到點什麼，但這種卑劣行徑遭到香港市民的憎惡，到頭來成了過街老鼠，人人喊打，比以前更加孤立了。後來事件已發展到不是單純的兩派鬥爭問題，而是關係到香港的治安問題了。於是港英當局不得不通知香港的國民黨頭頭，不能這樣搞下去了，並且開槍射殺、打死了不少暴徒，到11月20日後，事件才基本平息。

暴亂一平息，我們預料到港英政府會找我們的麻煩，檢查我們的自衛武器，他們是知道我們搞自衛的。我們及時通知各單位立即消除所有設置的障礙，銷毀一切自衛武器。果然不出所料，港英派警察搜查我們的工會，但搜不到任何武器，抓不到任何把柄。還放風要搜查我們的報館(《大公》、《文匯》)，記得我們的報紙以社論批評過港方。

英國當局原來採取坐山觀虎鬥，以為雙方一定會鬥得兩敗俱傷，讓他漁翁得利，但由於我們貫徹了上級的正確方針，沒有人上街，所以我們損失很少。除了一個診所被砸，一個國貨公司被搶，和一位女護士遭姦殺外，沒有其他損失。相反，國民黨反動派不但政治上進一步被孤立，還死傷了很多人。據當時工會線的反映，死了二三百人，屍體不敢在香港火化，偷偷地把屍體運到台灣去，作為英雄來奠祭。如留在香港處理，既要通過登記、驗屍……就必然要暴露其搬石頭砸了自己腳的醜惡行徑。

6. 在文教、電影、新聞、出版等方面開展工作的情況

1949年8、9月間，香港工委成員絕大部分已撤回內地，只有饒彰風和張鐵生等幾位負責同志還在香港。不久饒也回廣州了。至此工委撤銷，改為張鐵生、吳荻舟、溫康蘭組成的中共香港組主持公開線的工作。在廣州解放前夕，我還擔任《華商報》讀者版編輯的時候，上面傳下來五年解放香港方針。我當時除分工負責讀者版具體工作外，主要抓文教、電影(司馬文森等被驅逐出境後)、新聞、出版工作。曾按此方針佈置工作，比如說，加緊護產、組織群眾等。但中央及時糾正，正式下達周總理「長期打算，充分利用，愛國主義」的宣傳方針。長期利用香港的方針，直到「文化大革命」我在外辦港澳組工作時都是貫徹這個方針，而且越來越明確。包括1967反迫害鬥爭周恩來在幾次會上都一再重申這個方針。尤其1958–59年幾次工作會議上，陳毅同志闡明長期方針的意義，說香港是我們對外的跳板，對外的口子，必須長期保持。

在中央正確的方針下達前，香港的工作一度出現「左」的情況，如電影創作上反映階級鬥爭，新聞方面做社會主義宣傳，教育方面一度考慮用國內的課本，群眾工作方面搞讀書會學習社會主義、共產主義理論等等。發展到盧動、司馬文森、劉瓊等九位同志被港英驅逐出境。

先說教育方面。香港有些學校是我黨領導的，如漢華中學，校長張泉林，張回廣州後是黃建立；培僑中學，校長杜伯奎，杜回廣州後是吳康民；香島中學，校長盧動；中業學校(會計學校)，負責人成慶生；新僑中學(是從國民黨人領導下的華僑中學分裂出來的，現已停辦)，校長是誰已不記得了，這些校長(負責人)中除盧動、杜伯奎、成慶生已去世外，都還健在。另外，統戰人士辦的中華中學，校長黃祖芬，還有以民主人士出面辦的達德學院，大陸解放，幹部撤回來就關閉了*。

工作組對學校着重在教育方針上的領導，組織關係不在我們處。長期方針下達後，我們就按新方針佈置工作，決定繼續使用當地課本，要求教好功課，踏踏實實的把教育質量抓好。在黨員活動上立足長期，注意隱蔽。學校的行政工作，主要靠學校的幹部，我們只是幫助他們解決一些困難。如經濟有困難了，我們就發動上層人士募捐資助，在學生中開展愛國愛校的思想活動。

由於學校工作「左」了一陣後，一些人暴露了，不得不撤回來，有些人被遞解出境，如盧動等。

第二，電影方面：領導電影界的負責人最初是司馬文森，他寫過很多作品，是個多產作家。因為他回國參加過文代會，又在五年解放香港方針的影響下暴露了，被港英政府遞解出境。其職由齊聞韶接任。齊回上影工作後，由廖一原接任(廖現仍在香港)。電影線黨員有許敦樂、潘萍、潘國麟、姚蕙夫婦(從澳門調來)等。1957年起，鍾瑞鳴、張佩華調入電影線，由廖、鍾、張組成電影支部，廖

* 關於達德學院，另一說法是1949年2月被港英取締。

任支部書記，鍾在「長城」工作，張則到南方公司。

為了扭轉「左」的思想，長期方針下達後，電影製片方針提出：主題可以是「白開水」，意即不一定要有積極意義的主題，只要有娛樂性而無害即可。當時進步電影界覺得很難做到，也怕犯右傾錯誤。我們曾在中國銀行大樓的辦公室內召開過一次包括編、導、演員參加的座談會，傳達和闡明方針，以求解放大家的思想。

我們有愛國商人呂建康的長城電影製片公司，左翼電影界辦的鳳凰公司，還有洪猷等主持的「五十年代」公司，後來又建立我們自己的「灰線」新聯公司(廖一原負責)搞粵語片，建造了深水灣電影製片廠以及專門發行進步影片的南方影業公司(最初的負責人為民主人士王逸鵬，任經理，許敦樂副經理。1957年張佩華任經理室秘書，張原在灰線開展婦女統戰工作)。長城、鳳凰是原來就有的電影製片公司，新聯影業公司和清水灣電影製片廠是五十年代中下期建立的，以灰色面貌出現。長城、鳳凰以普通話拍片，新聯是拍粵語片，進行低調的愛國主義宣傳，主要面對海外，反映華僑勤儉持家，艱苦創業，為人正直，愛國，熱心教育事業等美德，所製影片以發行海外為主，部分影片也在國內發行。

以上各製片公司由於主題的局限，發行收入不好，各公司經濟都很困難。國內(即港澳辦公室)便由中影公司出面每年在他們生產的影片中選出10–12部左右，以購買國內版權形式付款，實際是在經濟上支援他們(中影公司有文件可查—張佩華補充)。

那時我們在香港逐漸租賃和購置了電影院和戲院，想組織自己的院線，以免在發行放映上受制於人。在我1961年離開香港前，先後租賃的有普慶戲院(是位於九龍彌敦道的首輪戲院，可以上映中西影片，同時亦有舞台，國內多次派出的京劇、越劇、歌舞團、雜技團都是在這家戲院演出的)、國泰(大陸解放前我們已做好國泰老闆邵柏年的統戰工作，這是一家有名的左派影院，開始演出蘇聯影片，我們自己有片子後，蘇聯，香港，國內的影片都演出)。還租過快樂影院，以後合建過銀都、南華影院，便擁有了自己的院線。

當時各公司每年都要拍6–8、9部片子，創作劇本的力量薄弱，我也曾從國內組織少量劇本支援，如周偉同志創作的《？》，我也曾寫過劇本或協助加工劇本給新聯使用，如《家家戶戶》、《敗家子》、《萬世師表》、《少小離家老大回》等，都是歌頌華僑頑強勇敢的創業精神、勤勞節儉的優良品質，反映華僑生活。為了貫徹長期利用的方針，長城、鳳凰等一線公司不寫國內題材，針對港九社會，取材當地生活，攝製了一些鼓勵向上向善的、宣揚互助奮鬥有為、抨擊悲觀失望的和歷史題材民間傳說的古裝片。

電影線發生的較大事件是在抗美援朝戰爭爆發後，國際上出現了反共逆流，港英對我改為敵視，逮捕了暴露較多的司馬文森、盧動等九人，驅逐出境。他們雖都是電影線的骨幹或黨員幹部，但我們處於地下，只能由新聞線的第一線報紙《文匯報》、《大公報》加以報導、揭露和評論，並通過有關公司和學校、如劉瓊便由長城公司向港英當局要人，盧動是香島中學校長，便由香島中學提出抗議。但港英當局毫不理會，仍然驅逐出境了。

第三，關於新聞線貫徹長期、愛國方針的情況

工作組時代初期，新聞線的領導是黃作梅以新華社香港分社社長的身份聯繫《文匯報》、《大公報》。《大公報》原來是個中間偏右的報紙，1949年才把傾向轉過來的。《文匯報》總社設在上海，1947–48年間在香港建立分社，傾向比較好。我們曾派劉思慕去任它的總編輯。廣州解放後，張鐵生和我曾與該報的創始人徐鑄成(社長)、余鴻翔(總經理)談判接辦這家報紙，當時《華商報》已終刊，全體人員回廣州籌辦《南方日報》。《文匯報》被接辦後，它的傾向更鮮明，是以傾向社會主義祖國的面目出現的進步報紙，色彩相當於解放前夕的《華商報》。為了貫徹長期方針，香港工作組後期還創辦了一些色彩多層次的報紙，如《新晚報》、《香港商報》、《晶報》等。

新聞線支部成員有黃作梅(書記)、金堯如、李沖、譚幹、潘德聲、羅承勳等。黃作梅同志犧牲後，我擔任工作組組長，支部也直接由我聯繫。支部成員為金堯如(支部書記)、羅承勳、周南懷、廖靄文等。新華社香港分社單獨成立一個支部，由譚幹、李沖、潘德聲等組成。譚幹後期參加工作組，負責外事，與我聯繫。

《商報》負責人是張學孔(創辦後他才入黨的)，《晶報》負責人是陳霞子，《新晚報》的負責人是羅承勳。

新聞線貫徹長期方針，因為各報色彩層次不同，也就更複雜，不能不因報而異了。如《文匯》《大公》除因讀者對象不同，《文匯》側重文教，《大公》側重工商，報導的內容不同外，調子基本相同，都是傾向社會主義祖國，多用新華社稿，也用西方通訊社稿。而《晶報》《商報》則根本不用新華社稿。而且兩報也有區別，前者調子更低。

新聞線當時曾出現兩個差錯。一是《新晚報》的羅承勳未經金堯如同意，擅自引用了巴黎法新社一條消息，說中共已在某某地方與台灣開始和平統一的談判。爭取台灣和平解放的問題是1955年中央提出的，只是一個願望，只做政策上的宣傳和開展這方面的統戰工作，並沒有要我們具體宣傳。但實際上我們當時並沒有這樣做。這條西方通訊社的消息把和平談判的地點、和平解放的條件都提出來了。法新社這條消息在香港引起了很大的震動，有各種各樣的猜測和說法，使我們陷入了被動，當天我看到《新晚報》這條消息，認為不顧真偽的搶新聞，這是資產階級的新聞觀點。

另一個是報紙的版面問題，當時國內批評我們報紙的版面搞得太過五花八門。這是由於我們在掌握政策和策略上有缺點造成的。在版面的處理上，我們應該把正面的和灰色的報紙加以區別，如各種各樣的廣告，各報都登。應改成由於各報的政治面貌不同，對版面的處理也有所不同。《文匯》雖是正面的報紙，但在香港出版，可以在嚴肅中搞活潑些，又不能為了銷路搞得過分花俏。《大公》

是以統戰面貌出現的，可以適當放寬些。《新晚報》、《香港商報》、《晶報》雖都是以灰色的政治面貌出現，但調子、色彩也有層次，在報紙的版面處理上要結合各自的實際。如《新晚報》是從《大公報》分出來的，是以《大公報》的晚報姿態出現的，《香港商報》是以工商面目出現的，登廣告可以放寬些，調子可以低些，副刊可以小市民些。而《晶報》是絕對灰色的，連愛國主義思想都提得很低。

此外，新聞支部中還有一個思想，即爭取報紙平衡開支，減少國家外匯補貼，這當然是對的，也是符合中央指示精神的。但在做法上，要爭取平衡開支或者減少補貼，就要多登些廣告，報紙的銷售量才大，報紙的銷售量大，來登廣告的人就多，收入就增加，在經濟上才可以平衡或少補貼。但這在執行上各報應有所不同。像《文匯報》這種正面的報紙就不能靠賭馬、贈送冰箱之類低級趣味的東西招徠和推銷報份。首先是搞好報紙的內容，改進版面處理來爭取讀者，在讀者中建立威信。而灰色面貌出現的報紙，有的就可以多拉些廣告，有的可以登些迎合小市民的文章，小說可以登些情節迷人的武俠小說，也可以登些卿卿我我的言情小說。

《文匯報》是經過港英政府認可作為法律根據的報紙，登在《文匯報》上的廣告有法律專利等的保障，可以根據這條廣告打官司，如果報紙登了非法廣告，報紙要付法律責任。人家也可以依據這條告你報館，如果我登的是專利，專利權就屬於我的，若你把這專利權偷過去了，專利所有者就可以根據《文匯報》某年某月某日的報紙提出控告，所以像《文匯報》這樣的報紙就不能亂登廣告。但有一個問題，過去國內不同意把廣告登在第一版，這是應考慮的。我們第一版拒登廣告，商人就不把廣告送給我們，因為商人一打開報紙，首先要看的就是廣告。你不把廣告登在第一版上，廣告的社會效果就不大嘛。所以我認為對問題要進行具體分析，不可籠統說我們的報紙版面太花俏。

第四，出版方面：我們的機構在大陸解放前有《華商報》附屬機構「有利印刷服務公司」。這是專為印《華商報》由陳嘉庚投資辦的。新民主出版社也屬《華商報》系統，另外面貌較隱蔽的有三聯書店，做一般的愛國宣傳，也賣國內出版物，還有一間更隱蔽的學生書店。大陸解放後，我們又開設了兩間出版社，一是《文匯報》辦的集文出版社，一是學習出版社。1958年又建一間專賣古字畫、古書的集古齋。在出版戰線上貫徹長期方針也和報紙一樣，也分為一線二線三線。新民主出版社為第一線，三聯為二線，其餘為三線，而三線中又有層次的區別，一二線主要發行國內出版物，三聯也出版當地作者的作品，而三線就只出當地作品。我們掌握一條界線，即宣傳做好人，做正派人，勸人向上向善，抨擊不良風氣，不鼓吹爾虞我詐等資產階級那套東西。出版機構中也有幾位黨員。建立出版支部，最早書記是陳祖霖(新民主出版社的，已逝世)，陳調回北京後，是藍真，藍是我們現在香港出版方面的總負責人，以後可請他回來談談。

香港的中華書局、商務印書局，他們是以前從上海搬去的。大陸解放後，上海的中華、商務恢復了，香港這兩家也歸我們工作組領導了，由我與吳叔同、張子宏聯繫，並通過他們做這兩個機構的職工思想工作，有時也和他們到廠裏去看看，但，業務上都由他們自主，歸上海總機構管。這兩家規模很大，有很完美的印刷設備，中英文都可以排印。記得在承接業務時，只有一次張子宏先生徵求我的意見。那是承印一批聖經，他不敢做主，問我可不可接，我說可以嘛，他才承接了。

當時出版界一、二、三線分得很清楚，新民主出版社是公開的紅色書店，國內出版的許多書、包括馬列主義的書都在那裏賣。三聯書店是比較中間的，賣的書不光是馬列主義的，也賣些知識性圖書。中華、商務按國內中華、商務的分工而分工，翻印出版古書、科技書籍等。

1956年左右工作組擴大，國內派了唐澤霖出來專管出版工作，在他來後才開設了集古齋賣舊古書畫，這是沒有什麼政治色彩的。

那時我負責審查稿件(包括電影劇本)，主要掌握是否符合長期利用，只做愛國主義宣傳的原則。報紙方面，除我擔任《文匯報》社長時看看社論大樣，《大公》、《新晚》等我不看也看不過來。而且國內對報紙抓得很緊，尤其後來廖承志同志經常找報館的幹部到北京直接指示和傳達中央的方針政策。我主要審查二、三線的電影和出版物，目的是掌握分寸，不可把我們二、三線暴露出來。

在電影、新聞出版線，各個支部都很注重做統戰工作。出版界：《星島日報》是胡文虎辦的，是親台灣的報紙，該報有一個葉靈鳳，是三十年代的老作家，我們做他的工作，使他愛國。《成報》是中間的報紙，有一位陳霞子，我們動員他出來辦一張灰色報，結果他以個人名義辦了個《晶報》。長城電影製片公司老闆呂建康是大資本家，司馬文森等做了工作，他後來靠近我們。其他的還有中華書局的吳叔同、張子宏等等。我們的統戰工作是收到效果的。

我從1950–57年在招商局是顧問身份，除發動起義，參與他們的護產工作外，業務上也給他們拿拿主意。比如起義後，十幾隻大船開回國內，大部分職工也回內地了，以後幾年都不發展業務，靠撥外匯養着，我認為是不對的，建議它以開展業務來養活自己。於是修建了碼頭、冷藏庫，建造了駁船，雖一時不能走遠洋，但港內駁運、走內河都開展了。

我在招商局期間，也方便我開展工商航運界的上層統戰。如中華輪船公司的程餘齋，中興輪船公司的周某某，以及當時有船王之稱的董浩雲都有來往。工商界的王寬誠、趙藹初、高卓雄、澳門的何賢等。我轉到《文匯報》後，對美術、音樂、粵劇電影上層如伍步雲、陳復禮、白雪仙、任劍輝、袁躍鴻等也經常來往。

這些上層對我們開展工作有很大的掩護作用，對開展和擴大愛國主義統戰起了很好的推動。

7. 關於兩航起義後護產鬥爭的補充

兩航的飛機都是人民的財產，當時我們的方針是能夠搬回來的就儘快搬回來，不能搬回來的就想辦法隱蔽起來。港英政府把70架飛機判給陳納德了，我們不能坐視這巨大的一筆人民財產被搶走。從陳納德向港英法院提出要70架飛機產權起，我們便決定先掏空它：即把飛機引擎、部件、儀錶一切能拆卸的都拆卸下來，隱蔽起來，官司打贏打輸都運回來。可是當時兩航黨員只有三人(何鳳元、陸元彬、陳耀寰)，分別由張鐵生和我單線聯繫，張回北京，三個黨員的關係才集中到我處，成立一個小組。何鳳元任組長，由我聯繫。在護產鬥爭過程中，我經常去運動場道和他們研究，決定秘密拆卸、裝箱、轉移出機場，放進秘密倉庫，然後通過「亞貿公司」(廖安祥經理也不詳知箱中何物)，運回內地。為了完成這一繁重而艱巨的任務，中共香港工作組一面通過兩航黨小組做好職工的工作，一面通過群眾線(工會)暗中配合護產鬥爭。國內民航方面派了任泊生來港護產(包括出面打官司)時，我們緊密配合任泊生同志出面和陳納德打官司(我們聘請進步律師陳丕士等)，加強國內外的聯繫和領導。

最後終於完成了這一艱巨的護產鬥爭任務。在完成這一艱巨任務中，工會領導吳理廣、張振南做好在機場工作的群眾積極分子的工作是有功的。飛機引擎部件大都是大件東西，要用船或火車運，目標比較大，但港英政府始終未發現，我們的人也沒暴露。這有兩個原因，一是保密工作做得好，二是各方面參加護產鬥爭工作的人配合得比較好。如兩航的群眾把機器零件搬出來，香港地下黨就負責立即轉移。當官司打輸了時，全部工作都完成了。70架飛機已成70個軀殼，而且裝卸下來的東西全部轉離機場，並採取了各種可行的辦法運回國內，最後陳納德只好用船把軀殼運去台灣。

參考資料

書目/文章：

梁上苑《中共在香港》(廣角鏡出版社，1989年)
余長庚《周恩來遙控反英抗暴內幕》(《九十年代》1996年5月號)
李後《百年屈辱史的終結》(中央文獻出版社，1997年)
中共廣東省委黨史研究室《吳荻舟》1998年
陳敦德《香港問題談判始末》(香港中華書局，2009年)
余汝信《香港，1967》(香港天地圖書有限公司，2012年)
程翔《香港六七暴動始末：解讀吳荻舟》(牛津大學出版社，2018年)
吳輝《以史為鑒　理解現實》(香港《明報》星期日版2018年3月8日)

訪談：

吳輝與張佩華，2010–2014年
吳輝與羅孚，2012年
吳輝與李榭熙，2013年

網站：

中國共產黨新聞網http://cpc. people. com. cn/GB/64162/64164/4416109. html
六七動力研究社https://hk1967. org/
蘆蕩小舟https://1967. hk. com/